**Für registrierte Leser halten wir
zusätzliche Informationsangebote bereit.**

Bitte geben Sie Ihren Code auf der
Verlagswebsite ein:
www.galileodesign.de

**Ihr persönlicher
Registrierungscode**   04GP47512756

Leseproben · Artikel · Angebote · Newsletter · BuchScanner · Foren · Glossar

Liebe Leserin, lieber Leser,

wir freuen uns, dass Sie sich für ein Buch der Reihe Galileo Design entschieden haben.

Galileo Design ist die Reihe für professionelle Screen-, Web- und Grafik-Designer und Experten im Prepress-Bereich. Unsere Bücher zeigen, wie man es macht – strikt aufgabenbezogen und mit Beispielmaterial professioneller Designer erschließen sie die Anwendung aller relevanten Tools und Techniken. Sie vermitteln das technische Know-how, und sie sind Ideengeber und überraschen mit originellen und inspirierenden Lösungen. Wissen teilt sich nicht nur sprachlich, sondern auch visuell mit. Satz und Layout tragen dem Rechnung. Und wo immer es dienlich ist, ist ein Buch vierfarbig gestaltet. Unsere Bücher sind eine Augenschule: indem sie gefallen, setzen sie Kreativität frei. Denn Designer lesen anders.

Jedes unserer Bücher will Sie überzeugen. Damit uns das immer wieder neu gelingt, sind wir auf Ihre Rückmeldung angewiesen. Bitte teilen Sie uns Ihre Meinung zu diesem Buch mit. Ihre kritischen und freundlichen Anregungen, Ihre Wünsche und Ideen werden uns weiterhelfen.

Wir freuen uns auf den Dialog mit Ihnen.

Ruth Wasserscheid
Lektorat Galileo Design

Galileo Press
Gartenstr. 24
53229 Bonn

ruth.wasserscheid@galileo-press.de
www.galileodesign.de

Gerhard Koren
Franz Buchinger

Adobe Photoshop CS professionell

Mit Insidertipps für einen besseren Einsatz

Bibliografische Information Der Deutschen Bibliothek
Die Deutsche Bibliothek verzeichnet diese Publikation in der Deutschen Nationalbibliografie;
detaillierte bibliografische Daten sind im Internet über http://dnb.ddb.de abrufbar.

ISBN 3-89842-475-8

© Galileo Press GmbH, Bonn 2004
1. Auflage 2004

Der Name Galileo Press geht auf den italienischen Mathematiker und Philosophen Galileo Galilei (1564–1642) zurück. Er gilt als Gründungsfigur der neuzeitlichen Wissenschaft und wurde berühmt als Verfechter des modernen, heliozentrischen Weltbilds. Legendär ist sein Ausspruch **Eppur se muove** (Und sie bewegt sich doch). Das Emblem von Galileo Press ist der Jupiter, umkreist von den vier Galileischen Monden. Galilei entdeckte die nach ihm benannten Monde 1610.

Lektorat Ruth Wasserscheid
Einbandgestaltung Helmut Kraus, Düsseldorf
Herstellung Vera Brauner
Korrektorat Sandra Gottmann, Bonn
Satz Conrad Neumann, München
Gesetzt aus der Linotype Syntax mit Adobe InDesign
Druck J. P. Himmer, Augsburg

Das vorliegende Werk ist in all seinen Teilen urheberrechtlich geschützt. Alle Rechte vorbehalten, insbesondere das Recht der Übersetzung, des Vortrags, der Reproduktion, der Vervielfältigung auf fotomechanischem oder anderen Wegen und der Speicherung in elektronischen Medien.

Ungeachtet der Sorgfalt, die auf die Erstellung von Text, Abbildungen und Programmen verwendet wurde, können weder Verlag noch Autor, Herausgeber oder Übersetzer für mögliche Fehler und deren Folgen eine juristische Verantwortung oder irgendeine Haftung übernehmen.

Die in diesem Werk wiedergegebenen Gebrauchsnamen, Handelsnamen, Warenbezeichnungen usw. können auch ohne besondere Kennzeichnung Marken sein und als solche den gesetzlichen Bestimmungen unterliegen.

Orientierung

Um Ihnen beim Lesen die Orientierung zu erleichtern und ein besonderes Lesevergnügen zu ermöglichen, haben wir für unsere Reihe Galileo Design ein spezielles Layout entwickelt.

Durch visuelle Hilfen wurde der Text in Funktionseinheiten gegliedert:

Durch das farbige Registersystem ist es Ihnen ein Leichtes, auf die einzelnen Kapitel und Teile des Buchs zuzugreifen.

In Blau gehaltene Texte beinhalten Zusatzinformationen, Denkanstöße oder besondere Hinweise.

Texte mit roten Überschriften kennzeichnen Beispiele bzw. Schritt-für-Schritt-Anleitungen.

Spezielle Symbole in der Marginalspalte machen auf besonders wichtige Textstellen aufmerksam:

Achtung-Icon
Diese Abschnitte sprechen eine **Warnung** aus.

Tipp-Icon
Hier verraten unsere Autoren Tipps und Tricks zur Erleichterung Ihrer Arbeit.

Hinweis-Icon
Weiterführende Hinweise werden Ihnen so nahe gebracht.

Step-Icon
Step-by-Step können Sie unsere Beispiele nachvollziehen.

Bitte beachten Sie auch die Webseiten des Verlags unter www.galileodesign.de, auf denen Sie als registrierter Käufer dieses Buchs weiterführende Informationen finden.

Inhalt

10 Vorwort

12 Neues in Photoshop CS
12 Vergangenheit, Gegenwart & Zukunft
13 Neue Features in Photoshop CS
21 Aktivierung

22 Dateiverwaltung in Photoshop
22 Neuerungen im Dateibrowser
31 Die Macht der Metadaten
37 Mit Skriptsprachen auf Metadaten zugreifen
40 Bildsuche
47 Effizienter Bildimport
48 Verbesserungen bei den Dateiformaten: Camera RAW, JPEG 2000 u.a.

60 Bilder von Scanner und Digitalkamera optimieren
60 Rauschen & Moiré entfernen
68 Schärfe rekonstruieren

90 Von der Qual der Auswahl

- 91 Auswahlen in den Augen von Photoshop
- 94 Die Auswahlwerkzeuge
- 105 Auswahl-Arithmetik
- 109 Das Auswahl-Menü
- 121 QuickMask – der temporäre Alpha-Kanal
- 125 Extrahieren
- 136 Alpha-Kanäle
- 149 Ebenenmasken
- 154 Freistellpfade
- 166 Vektormasken

172 Farbmanagement

- 172 Einführung
- 178 Farbmanagement einrichten
- 185 Farbeinstellungen in Photoshop
- 190 Farbmanagement in der Praxis

194 Bilder veredeln mit Filtern & Effekten

- 194 Filter-Typologie
- 204 Filter richtig einsetzen
- 214 Füllmethoden
- 224 Ebeneneffekte
- 233 Text auf Pfad
- 237 Verläufe
- 241 Malwerkzeuge

246 Bildmontage & Retusche

247 Retusche vs. Bildmontage

247 Retuschewerkzeuge in Photoshop

254 Montagewerkzeuge in Photoshop

260 Tipps für überzeugende Fotomontagen

261 Porträtretusche

262 Ein Gesicht analysieren

266 Porträtretusche in der Praxis

273 Retusche-Variationen speichern mit Ebenenkompositionen

278 Farb- & Tonwertkorrektur

279 Farb- und Tonwertkorrektur im Bildbearbeitungs-Workflow

281 Tonwertkorrektur

299 Geeignete Farbmodi zur Farbkorrektur

300 Farbkorrekturwerkzeuge

319 Farbkorrektur im Schnellverfahren

326 Druckvorstufe in Photoshop

326 CMYK-Separation in Photoshop

328 Farbkataloge

329 Duplex-Bilder

331 Schmuckfarben in Photoshop

334 Dateiformate für den Druck

336 Screendesign mit Photoshop und ImageReady

337 Die Oberfläche

338 Ein Screendesign entsteht

340 Slices & Imagemaps

350 Datengestützte Webgrafiken

354 Animationen

357 Exportieren

360 Design-Teamwork mit Version Cue

360 Was ist Version Cue, und wofür braucht man es?

361 Installation

363 Konfiguration & Verwaltung

370 Version Cue in Photoshop

374 Was wird wo konfiguriert?

374 Version Cue in der Praxis

378 Beschränkungen von Version Cue

380 Automatisieren

381 Die Aktionen-Palette

386 Stapelverarbeitung

386 Droplets

387 Photoshop mit Skriptsprachen fernsteuern

404 Photoshop effizient bedienen

404 Paletten und Arbeitsoberfläche

412 Verborgene Talente in der Werkzeug-Palette

424 Tastaturbefehle bearbeiten

428 Index

Vorwort

»Photoshop CS professionell« prangt auf dem Cover dieses Buches. Diesem Titel umfassend gerecht zu werden, gleicht fast einer Quadratur des Kreises. Zu breit gefächert sind die Nutzergruppen der weltweit führenden Bildbearbeitung: von Screendesignern, Bildrestauratoren, Retuscheuren bis zu Zeitungsgestaltern und 3D-Experten reicht das Anwenderspektrum dieses Programms. Ein »Leib-und-Magen«-Buch für zwei, drei, geschweige denn für all diese Nutzergruppen zu entwickeln, ist ein Ding der Unmöglichkeit. Sich dem Anspruch des Titels zu verschließen und quasi ein erweitertes Grundlagen-Buch zu schreiben, kam natürlich für uns ebenfalls nicht infrage.

Erfahrungen aus unseren Schulungen zeigten, dass ein Photoshop-Profibuch in erster Linie ein thematisch breit gefächerter »Wissenslücken-Füller« sein muss. Durch die zunehmende Spezialisierung im Bildgestaltungs-Bereich kratzen selbst Profis nur mehr an der (Funktions-)-Oberfläche von Photoshop. Althergebrachte Bediengewohnheiten und starre Workflows werden oft nicht mehr dem Leistungsspektrum von Photoshop gerecht und lassen sowohl Kreativität als auch Produktivität sinken.

Mit tief gehenden Kapiteln zu Bildbearbeitungsthemen, an denen kein Profi vorbeikommt, wollen wir Scheuklappen lüften und sowohl in kreativer als auch in funktioneller Hinsicht neue Inspirationen aufzeigen. Natürlich sind wir nicht im Besitz der alleinigen Photoshop-Weisheit und hatten bei der Recherche zum Buch auch manches Aha-Erlebnis. Doch gerade das permanente Dazu-Lernen macht einen Großteil der Faszination Photoshop aus.

Am Entstehen dieses Buches haben viele Personen gewichtigen Anteil: das Team von Galileo Press, im Speziellen die Lektoren Ruth Wasserscheid und Thorsten Mücke. Ohne die ausgezeichnete Unterstützung durch Adobe Deutschland wäre das Buch wohl hier zu Ende. Deshalb an dieser Stelle ein riesengroßes Dankeschön an die Adobe München-Crew insbesondere an Maggie Leitner, Andrea Merforth, Simone Rösner, Michael Mörtl, Davor Kantuser und Matthias Schulze.

Tief in der Schuld stehen wir auch bei der video2brain-Crew, Christine Bodlos, Stefanie Penz und Martina Wassermann. Insbesondere aber auch Tom Kraetschmer, Thomas Lauter und Barbara Luef gaben einige wertvolle Anregungen zum Gelingen dieses Buches. Auch bei unseren Familien möchten wir uns herzlich für die Unterstützung während den unzähligen Schreibstunden bedanken.

Für wertvolle Unterstützung jenseits von Photoshop und Pixel möchte Franz Buchinger Clemens, David, Heph, Dio, Gerda, Magda, Tante Christl, Karin, Brian, Lee und Thales danke sagen. Aufrichtige Dankesworte an meine Eltern müssen leider entfallen, ansonsten wäre dieses Buch um einige Kapitel ärmer. Danke auch an die Lektoren und Studenten der FH St. Pölten. Ihr seid der beste Beweis dafür, dass gute Mediengestalter nicht nur in Köln, Wien oder Hamburg zu finden sind.

Gerhard Koren liegt insbesondere daran, einigen Leidtragenden sowohl für das wohlwollende Ignorieren kleinerer »Menschlichkeiten« als auch für die Mithilfe bei der Arbeit abseits des Photoshop-Buches zu danken. Hierzu zählt wiederum insbesondere das video2brain-Team, Christine Bodlos, Stefanie Penz, Martin Rabitsch und Martina Wassermann. Danke aber auch an meine Eltern, meine kleine Schwester und meinen großen Bruder. Auch Christoph Schreinlechner, Dominic Neumann sowie Harald Puchtler sei ein besonderes Dankeschön ausgesprochen.

Ein spezieller Gruß und Dank geht natürlich an unsere noch unbekannten Lebensabschnittspartnerinnen. Wir wissen zwar noch nicht, wer ihr seid, aber wir finden es toll, dass ihr es bis zu unserer ersten Begegnung so spannend macht. Als finanziell vollversorgte, mit sehr viel Tagesfreizeit gesegnete, juvenile Fachbuchautoren fehlt uns manchmal der Kick im Leben. Ein Spontan-Flug nach Nizza zwecks improvisierten Speedgolf-Turniers verliert schließlich auf Dauer genauso seinen Reiz wie das tageweise Anmieten von Waschstraßen zur Reinigung des eigenen Fuhrparks.

Doch nun genug der Fadesse, viel Spaß mit Photoshop CS!

Gerhard Koren
gkoren@video2brain.com

Franz Buchinger
fbuchinger@video2brain.com

Neues in Photoshop CS

Adobe Photoshop wird erwachsen

Camera RAW-Import, erweiterte 16-Bit-Unterstützung, neue »smarte« Farbkorrekturfilter – Adobe hat der neuen Photoshop-Version einige interessante Profi-Features spendiert, durch die wir hier einen kurzen Streifzug unternehmen möchten.

Das vertraute Auge ist verschwunden, die gewohnte Versionsnummer hinter dem Programmnamen auch: Mit Federn und dem trendigen Kürzel »CS« begrüßt uns der Splash-Screen der neuen Photoshop-Version. Wenn Adobe diese fast schon lieb gewonnenen Konventionen über Bord wirft, dann scheinen die Zeichen auf Revolution zu stehen. Der trotzig-geheimnisvoll klingende Beta-Versionsname Dark Matter (dunkle Materie) dürfte wohl weniger auf Harry Potter als auf das geheimnisvolle Brodeln in der Programmier-Hexenküche von Adobe zurückzuführen sein.

Doch keine Sorge, die freundlich grün-orange gefärbten Federn symbolisieren keinesfalls dunkle Hexenkunst, sondern viel eher den Abflug in höhere Gefilde. Beginnen möchten wir unseren Streifzug jedoch bei der Vergangenheit von Photoshop.

Vergangenheit, Gegenwart & Zukunft

Es begann 1987, als ein Student der Universität von Michigan, USA, im Rahmen seiner Doktorarbeit Graustufenbilder auf dem Schwarz-Weiß-Monitor seines Mac Plus-Rechners darstellen wollte. Bei dem Studenten handelte es sich um Thomas Knoll. Sein Bruder, John Knoll, wurde auf seine Arbeit aufmerksam und fragte nach einer Möglichkeit, das Programm so weiterzuentwickeln, dass damit digitale Bilder generiert werden können. John arbeitete zu dieser Zeit bei Industrial Light and Magic, der Spezialeffekt-Schmiede von Lucas Film, und hatte im Bereich der Gestaltung, Bearbeitung und Produktion von Bildern entsprechendes Fachwissen. Das war die Geburt einer fruchtbaren Zusammenarbeit der beiden Brüder. Während Thomas das Programm stetig weiterprogrammierte, gab John Anregungen und entwickelte Bildbearbeitungsroutinen.

Im September 1988 wurde Photoshop der Firma Adobe demonstriert und per Handschlag lizenziert. Photoshop 1.0 wurde ab Februar 1990 von Adobe vertrieben. Besser konnte das Timing nicht sein: Gerade als Desktop-Publishing zum Schlagwort wurde, war Photoshop verfügbar. Die weiter entwickelte Version 2.0 war ab Juni 1991 erhältlich. Mit der CMYK-Unterstützung, Separationsfunktionen und Importmöglichkeiten für Illustrator-Dateien

▲ Abbildung 1
Dunkle Materie? Der Beta-Splash-Screen von Photoshop CS

wurde Photoshop 2.0 klarer Marktführer und Adobe zum Quasi-Industriestandard.

Im Laufe der Jahre wuchs Photoshop nach den Bedürfnissen der Benutzer. Obwohl manche glauben mögen, dass neue Produktversionen nur für Adobes Geldtasche gut sind, konnte noch jede neue Version von Photoshop mit sehr brauchbaren Neuheiten glänzen. So war zum Beispiel Version 2.5 die erste Windows-Version, ab Version 3.0 konnte mit Ebenen gearbeitet werden, mit Photoshop 4.0 wurde neben einigen Neuheiten, wie zum Beispiel Einstellungsebenen, auch die Benutzerführung komplett überarbeitet und die Applikation auf die intuitive Bedienbarkeit optimiert. Photoshop 5.0 wurde mit einer Protokollpalette ausgestattet, und Version 5.5 glänzte durch ImageReady, eine beigepackte Applikation zur Optimierung von Bildern für das Web. Mit Photoshop 6.0 wurde die Benutzeroberfläche abermals komplett überarbeitet, Webfunktionalitäten wurden verbessert, Vektorwerkzeuge und vieles mehr integriert. Über die Jahre war es eines der Hauptziele der Entwicklung von Photoshop, die Zusammenarbeit mit anderen Programmen zu optimieren und die intuitive Bedienbarkeit zu gewährleisten. Version CS markiert eindeutig eine Zäsur in der Photoshop-Geschichte: Photoshop wandelt sich von einer Stand-alone-Applikation zu einem mächtigen Teamplayer, der zusammen mit Illustrator, InDesign, GoLive und Acrobat eine starke Komplettlösung für alle Bereiche des Web- und Print-Designs bildet.

Neue Features in Photoshop CS

Wer oberflächlich die Menüs von Photoshop CS durchklickt, wird enttäuscht sein: nur wenige neue Werkzeuge und Funktionen. Augenfällig komplett überarbeitet wurde allerdings der Dateibrowser, der mit neuen Such- und Katalogfunktionen immer mehr zum eigenständigen Medienverwaltungsprogramm wird.

Durchforstet man die Oberfläche genauer, stößt man auf einige Innovationen: Zum ersten Mal können in Photoshop eigene Tastenkürzel für häufig benötigte Menüs und Werkzeuge vergeben werden, drei neue Farbkorrektur-Filter verbessern falsch belichtete und farbstichige Fotos, der neue Lens Blur-Filter erzeugt die aus der Fotografie bekannten Tiefenschärfe-Effekte, Text kann auf Pfaden und in Formen platziert werden.

Auch an Bildbearbeitungs-Profis hat Adobe gedacht: Alle Farbkorrektur-Funktionen und zahlreiche Filter in Photoshop unterstützen 16-Bit-Bildkanäle, und durch die Unterstützung des Camera RAW-Formats kommen Besitzer von High-End-Digitalkameras in den Genuss unkomprimierter Bildqualität. Ob diese neuen

▲ **Abbildung 2**
Version Cue gestattet das Sichern mehrerer Dokumentversionen in einer Datei.

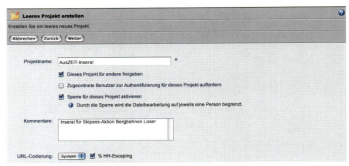

▲ **Abbildung 3**
Das Web-Interface von Version Cue

Features auch in der Praxis überzeugen, möchten wir im Folgenden herausfinden.

Creative Suite & Version Cue

Betrachtet man das neue Konzept der Creative Suite, so ist klar Adobes Ansinnen zu erkennen: weg von den klassischen Stand-alone-Applikationen Photoshop, Illustrator & Co, hin zu einer für den Workflow freundlichen, medienübergreifenden Produktionsumgebung mit Photoshop CS im Zentrum. Doch nicht nur der nahtlose Datenaustausch zwischen diesen Programmen steht im Vordergrund der Creative Suite, sondern auch das Problem der Archivierung und Versionierung von Projektdaten. Adobe hat bei Untersuchungen herausgefunden, dass Mediengestalter bis zu 20% ihrer Arbeitszeit mit dem Suchen von Projektdaten verbringen. Hauptschuld an diesem Problem tragen die zahlreichen Projektversionen, die von der ersten Reinzeichnung bis zum finalen Entwurf entstehen. Mit der neuen programmübergreifenden Projektverwaltung Version Cue können diese Daten auf einem zentralen Server gesichert und archiviert werden. Mit der neuen VERSION SPEICHERN-Funktionalität lassen sich Änderungen an Dokumenten nachverfolgen und bei Bedarf zurücknehmen. Zudem können Berechtigungen für den Datenzugriff vergeben werden. Mehr zu Version Cue erfahren Sie ab Seite 360.

Der Dateibrowser

Der Dateibrowser hat sich von der einfachen Palette zu einer vollwertigen Anwendung mit Menüleiste emanzipiert. Aufgerüstet wurde vor allem bei den Such- und Katalogisierungsfunktionen: Mit der neuen Metadaten-Palette können auf Basis der EXIF-Daten Copyright-Hinweise und Beschreibungen für Bilder rasch editiert werden. Mit der Stichwort-Palette können ganze Bildordner mit wenigen Mausklicks mit Schlagwörtern versehen werden. Beide Paletten sind auch in der Lage, XMP-Metadaten von Bildern zu editieren. Mit dem XML-basierten, offenen Metadaten-

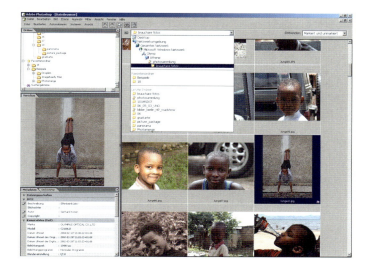

◀ Abbildung 4
Die Oberfläche des Dateibrowsers

▲ Abbildung 5
Die neue Suchfunktion durchstöbert auch die Metadaten von Bildern.

format XMP können Bildbeschreibungsdaten wie Copyright-Informationen, Schlagwörter oder Beschriftungen anwendungsübergreifend genutzt werden. Im Unterschied zu den Metadatenformaten der Digitalkamera – EXIF und IPTC – kann XMP auch mit eigenen Tags erweitert und damit die Informationsstruktur beliebig angepasst werden. Da Adobe dieses Format entwickelt hat, profitiert man innerhalb der Creative Suite ein wenig mehr von XMP: So kann beispielsweise GoLive auf Stichwörter zugreifen, die in Photoshop vergeben wurden.

Positiv am Dateibrowser fällt auf, dass die Generierung der Vorschaubilder schneller vonstatten geht als in Photoshop 7. Auch die Vorschauoptionen wurden erweitert: Angezeigt werden nun auch Vektorbilder zum Beispiel in den Formaten EPS und PDF. Zur einfacheren Auswahl der Bilder wurde das Flaggen-Symbol eingeführt: Mit ihm können Bilder permanent ausgewählt und dann einer bestimmten Bearbeitung zugeführt werden. Dies ist besonders beim Sichten von Bildmaterial praktisch. Auch die erweiterten Automatisierungsfunktionen im Dateibrowser ersparen viele unnötige Mauswege: Selbst definierte Aktionen können direkt auf selektierte Dateien angewandt werden, auch einige vordefinierte Automatisierungsfunktionen wie die PDF-Präsentation sind direkt aus dem Dateibrowser aufrufbar.

Beeindruckend ist die neue Suchfunktion: Bilder können anhand verschiedenster Kriterien (Dateiname, Dateityp, Metadaten, Größe) aufgespürt werden, bis zu zwölf Bedingungen sind dafür möglich. Allerdings hat Adobe hier ein wenig nachlässig gearbeitet: Die einzelnen Bedingungen können nur durch ein logisches UND verknüpft werden. Andere Operatoren zur Kombination von Bedingungen stehen dem Anwender leider nicht zur Verfügung. Auch die schwache Such-Performance ist kritikwürdig. Zum vollwertigen Katalogisierungsprogramm für Bildbestände taugt der Dateibrowser nicht, dafür fehlen ihm entsprechende

▲ **Abbildung 6**
Ein dunkles Foto vor und nach Anwendung des Filters TIEFEN/LICHTER

Archivierungsformate, eine entsprechende Geschwindigkeit und erweiterte Suchfunktionen. Für das Dateihandling während der Arbeit ist der Dateibrowser aufgrund der integrierten Funktions- und Informationsvielfalt wunderbar geeignet.

Farbkorrektur

Im Bereich der Farbkorrektur zeigt sich Adobe sehr bemüht: Gleich drei neue Filter sollen die Änderung der Farbgebung erleichtern. TIEFEN/LICHTER verbessert unter- oder überbelichtete Bildbereiche und sorgt für gute Resultate. Massive Belichtungsfehler kann aber auch dieser Filter nicht korrigieren.

Mit GLEICHE FARBE kann die Farbgebung eines Bildes an die eines anderen angepasst werden. GLEICHE FARBE besticht durch die simple Bedienung und die Vielzahl an Anwendungsmöglichkeiten. Nützlich ist dieses Feature insbesondere auch bei Fotoserien: Durch Änderung der Perspektive und des Lichteinfalls können bei mehreren Aufnahmen eines Motivs störende Farbdifferenzen auftreten, die dieses Tool beseitigt. Aber auch für Fotomontagen lohnt sich der Einsatz dieses Filters und kann einiges an manueller Korrekturarbeit ersparen. Nach unserer Einschätzung könnte sich für viele Anwender alleine aufgrund dieses Tools das Update auf Version CS lohnen.

Weniger innovativ hingegen ist der FOTO-FILTER. Er gestattet das Kolorieren von Bildern ähnlich den Farbfiltern in der traditionellen Fotografie. Mit wenigen Schritten mehr kann derselbe Effekt auch über die Verwendung von konventionellen Einstellungsebenen erzielt werden. Zu bemerken ist, dass die Foto-Filter nicht nur einfach Ebenenfüllmethoden verwenden, sondern tatsächlich darauf achten, die Bildinformation nicht durch Tonwertverschiebungen zu zerstören.

Näheres zu diesen Filtern erfahren Sie im Kapitel »Farb- und Tonwertkorrektur« ab Seite 278.

▲ **Abbildung 8**
Die Filter-Galerie bietet eine übersichtliche Oberfläche zur Anwendung verschiedenster Filter.

▲ **Abbildung 7**
Tiefenschärfe-Effekt mit dem Verwackeln-Filter

Filter

Bezüglich neuer Filter kocht Photoshop CS auf Sparflamme: Nur zwei neue Weichzeichnen-Filter spendierte Adobe dem Programm. Der Verwackeln-Filter hat es jedoch in sich: Mit ihm können die Tiefenschärfe-Effekte der klassischen Fotografie nachempfunden werden. Auf Basis einer Tiefen-Map, die entweder in Form eines Alpha-Kanals oder einer Ebenenmaske definiert wird, zeichnet der Filter Bildbereiche mehr oder weniger weich.

Dadurch verfließen weich- und scharfgezeichnete Bildbereiche ineinander. Sogar die Form der Blende und das Verhalten der weichgezeichneten Glanzlichter berücksichtigt der Lens Blur-Filter. Wesentliche Verbesserungen ergeben sich aber im Handling der Filter: Die neue FILTER-GALERIE ermöglicht die Anwendung mehrerer Filter innerhalb eines Dialogfelds. Auch eine filterübergreifende Vorschaufunktion wurde in diesen Dialog integriert, der sich damit ideal zum Feintuning verschiedener Einstellungen eignet. Leider sind nicht u.a. die Weichzeichnen-Filter nicht über die Filter-Galerie zugänglich, wodurch der Nutzen dieser an sich guten Idee geschmälert wird.

Die Filter-Galerie bringen wir Ihnen im Kapitel »Bilder veredeln mit Filtern & Effekten« ab Seite 194 näher.

▲ **Abbildung 9**
Text kann in Photoshop CS entlang beliebiger Pfade ausgerichtet werden.

▲ **Abbildung 10**
Text kann auch innerhalb geschlossener Pfade und Formen platziert werden.

Text auf Pfad

In Version CS wird Photoshop fast schon zum Satzprogramm: Neben den bekannten Standards wie Textrahmen und Blocksatz-Varianten beeindruckt Photoshop mit einer Text-auf-Pfad-Funktion. Text kann entlang beliebig geformter Pfade oder in Formen gesetzt werden, wodurch kreative Layouts noch einfacher von der Hand gehen. Die Nutzung dieser Funktion ist sehr intuitiv: Einfach mit dem Textcursor auf einen Pfad klicken, und schon richtet sich der eingegebene Text entlang des Pfades aus. Selbstverständlich stehen auch erweiterte Bearbeitungsfunktionen wie das Spiegeln, Verschieben und vertikale Ausrichten von Pfadtexten zur Verfügung.

Die Text-auf-Pfad-Funktion bringen wir Ihnen im Kapitel »Bilder veredeln mit Filtern & Effekten« ab Seite 194 näher.

Optimierte Bedienung

Nicht nur neue Funktionen, sondern auch eine verbesserte Benutzeroberfläche zählen zu den Innovationen von Photoshop CS: Die von After Effects entlehnten »Scrub«-Slider erlauben die Änderung nummerischer Werte per Mausbewegung – der nervige Griff zur Tastatur entfällt.

Das mit Abstand wichtigste neue Usability-Feature sind aber die frei definierbaren Tastenkürzel. Unter BEARBEITEN • TASTATURBEFEHLE können für alle Menüs, Palettenmenüs und Werkzeuge eigene Tastenkürzel gewählt werden – das Ende von Adobes manchmal sehr eigensinnigem Hotkey-Diktat. Die festgelegten Tastenkürzel können nicht nur als Set gespeichert, sondern auch als HTML-File exportiert und ausgedruckt werden.

Auch alle Retuscheure werden jubeln: Das Hand-Werkzeug kann nun Bilder frei auf der Arbeitsoberfläche positionieren. Das ständige Verschieben von Paletten rund ums Bild hat damit ein Ende.

▲ **Abbildung 11**
Deckkraft ändern ohne
Tastatur: Der Scrub-Cursor
machts möglich.

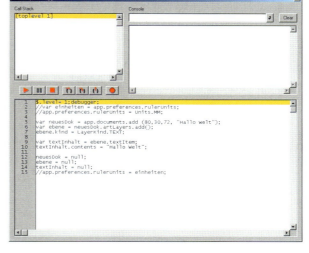

Abbildung 12 ▶
Der JavaScript-Debugger

Abbildung 13 ▶
Eigene Hilfe-Menüs
in Photoshop CS

Viele weitere Tipps zur Photoshop-Oberfläche finden Sie im Kapitel »Photoshop effizient bedienen« ab Seite 404.

Scripting

Obwohl die Photoshop-Aktionen nahezu unverändert geblieben sind, können sich Automatisierungs-Profis über ein wichtiges neues Feature freuen: Das Photoshop-Scripting-SDK unterstützt nun auch das Programmieren von GUI-Dialogen. Photoshop-Dialogelemente wie Auswahlfelder oder Schieber können in eigenen Skripten verwendet werden. Durch die Möglichkeit der Benutzerinteraktion steigt nun auch das Einsatzspektrum von Photoshop-Skripten. Nützlich ist auch das neue @include-Statement zur Einbindung externer Funktionen und Code-Fragmente. Als plattformübergreifende Skriptsprache dient nach wie vor JavaScript, unter Windows kann zusätzlich Visual Basic, unter Mac OS X AppleScript zum Einsatz kommen.

Knowledge Management durch Tipps

In Photoshop CS ist auch die Hilfe anpassbar: Durch Editieren der Textdatei Add_001.howto im Ordner Photoshop CS\Hilfe\Additional How To Content können zusätzliche Tipps in das Hilfe-Menü aufgenommen werden. Die Tipp-Einträge verweisen entweder auf lokale HTML-Dokumente im Photoshop-Hilfe-Ordner oder auf Internet-Seiten. Sie sind nach dem Neustart des Programms verfügbar. Eine wunderbare Möglichkeit, um firmen- oder projektspezifische Informationen wie Farbmanagement-Richtlinien, Separationseinstellun-

Abbildung 14 ▶
Photomerge-Panorama

◀ **Abbildung 15**
Mehrere Fotos auf einmal gescannt ...

▲ **Abbildung 16**
... werden mit FOTOS FREISTELLEN UND GERADE AUSRICHTEN freigestellt und auf mehrere Dateien verteilt.

gen und Q & A-Dokumente in Photoshop zu integrieren. Die Nutzung dieser frei definierbaren Tipps bietet ermöglicht einfaches, aber effizientes Knowledge Management und trägt zur Verringerung des Support-Aufwandes bei.

Nützliche Helferlein

Tief verborgen im AUTOMATISIEREN-Menü befinden sich einige neue, nützliche Hilfsfunktionen, die schon in den Vorgängerversionen schmerzlich vermisst wurden: Der Befehl FOTOS FREISTELLEN UND GERADE AUSRICHTEN gestattet das Scannen mehrerer Fotos in einem Arbeitsgang und generiert für jedes Bild automatisch eine separate Datei.

Beeindruckend ist auch die Funktion PHOTOMERGE, mit der auch Laien realistisch wirkende Panoramabilder erstellen können. PHOTOMERGE überzeugt nicht nur durch gute Resultate, sondern erleichtert mit einer intuitiven Benutzerführung auch das manuelle Zusammenstellen von Panoramen. Allerdings verfügt das Tool über Schwächen beim Erstellen perspektivischer Panoramabilder und kann sich deshalb nicht mit professionellen Applikationen in diesem Bereich messen.

Schon seit mehreren Photoshop-Versionen ist die Web-Fotogalerie die wohl beliebteste Hilfsfunktion, da mit wenigen Mausklicks aus beliebigen Bildbeständen überzeugende Bildergalerien entstehen. In Version CS hat Adobe erneut nachgelegt: Mit integrierten JavaScript-Funktionen kann jetzt auch Feedback zu den Bildern gegeben werden.

Aktivierung

Adobe hat die verpflichtende Produktaktivierung zum Schutz vor nicht autorisierter Verbreitung seiner Software neu eingeführt. Bisher ist als einziges Programm die Windows-Version von Photoshop CS betroffen, eine Ausweitung auf andere Produkte ist aber geplant. Binnen 30 Tagen nach Installation muss der Benutzer via Internet oder Telefon die Aktivierung durchführen, nach Verstreichen dieser Frist verweigert Photoshop den Dienst.

Standardmäßig versucht Photoshop beim ersten Start die Aktivierung über Internet durchzuführen, unterbindet der Benutzer dies, zeigt ihm ein Dialogfenster die Restdauer der »Gnadenfrist« von 30 Tagen an. Primitive Überrumpelungsversuche, wie beispielsweise das Zurückstellen des Systemdatums oder eine Neu-Installation, sind wirkungslos.

Die Internet-Aktivierung läuft vollautomatisch ab, es werden neben der Photoshop CS-Seriennummer auch eine für jeden Rechner eindeutige Aktivierungsnummer übermittelt. Obwohl in dieser Nummer auch die Hardware-Konfiguration des Computers kodiert ist, sollten gängige System-Upgrades (Wechsel der Festplatte, des Prozessors oder des Betriebssystems) nicht zur Annullierung der Aktivie-

▲ **Abbildung 17**
Die Web-Fotogalerie verfügt über eine integrierte Feedback-Funktion.

rung führen. Tritt dieser Fall dennoch ein, so kann man beim Adobe-Support eine erneute Freischaltung von Photoshop erwirken.

Verfügt der Computer über keine Internet-Anbindung, so kann die Aktivierung auch telefonisch durchgeführt werden, entweder über den Adobe-Support oder ein automatisiertes Wählsystem (AVR), das rund um die Uhr zur Verfügung steht.

Adobe betont ausdrücklich, dass im Zuge der Aktivierung keinerlei persönliche Daten des Benutzers übermittelt werden.

Dateiverwaltung in Photoshop

Leuchtturm im Bildermeer

Kreatives Chaos beim Design ist schön und gut, beim Verwalten der Bilddaten aber eher hinderlich. Die neuen Such- und Metadatenfunktionen des Dateibrowsers versprechen Abhilfe.

Die Medienverwaltung in Photoshop, eigentlich erst ab Version 7 wirklich existent, steht in Photoshop CS schon vor dem Erwachsenwerden. Der Dateibrowser hat sich von der einfachen Palette zum mächtigen Subprogramm verwandelt, das einige Neuerungen bereithält. Als wichtigstes neues Feature wurde ihm eine umfangreiche Suchfunktion beschert, die zahlreiche Bildformate anhand zwölf verschiedener Suchkriterien aufspüren kann. Damit einher geht ein massiver Ausbau der Metadaten-Unterstützung des Dateibrowsers. Gleich zwei neuen Paletten, die Metadaten- und die Stichwörter-Palette, erlauben die effiziente Bearbeitung der inhaltlichen und technischen Bildinformationen. Nachgebessert hat Adobe auch bei der Vorschau: Die Generierung der Miniaturbilder geht deutlich schneller vonstatten als unter Photoshop 7, außerdem werden nun auch Vorschauen von Vektorgrafikformaten gezeigt.

Erfreulich ist auch die gute Anbindung des Dateibrowsers an die Automatisierungsschnittstelle von Photoshop: Die fünf wichtigsten Automatisierungstools (PDF-Präsentation, Bildpaket, Kontaktabzug, Online-Bildbestellung, Photomerge, Web-Fotogalerie) sind direkt aus dem Dateibrowser abrufbar, eigene Aktionen können mittels Stapelverarbeitungs-Dialog auch auf markierte Bilder im Dateibrowser angewendet werden.

Eine eigene Menüleiste erlaubt einen besseren Zugriff auf die verschiedenen Dateibrowser-Funktionen, sie löst die kryptischen Flyout-Menüs des Photoshop 7-Dateibrowsers ab.

Nach dieser kurzen Innovations-Rundschau wollen wir die Neuerungen des Dateibrowsers im Detail besprechen.

Neuerungen im Dateibrowser

Die Oberfläche

Vergleicht man den Photoshop CS-Dateibrowser mit seinem Pendant aus der Version 7, so fällt sofort die neue Menüleiste auf, welche die rudimentären Menüfunktionen des Vorgängers ablöst ❶. Das Datei-Menü erlaubt bequemen Zugriff auf die erweiterten Bildinformationen sowie die für gute Performance essenziellen Cache-Einstellungen, welche die Generierung der Miniaturbilder steuern. Im Bearbeiten-Menü finden wir Funktionen zum Drehen und zur Rangvergabe an Bilder. Besonders nützlich ist das Automatisieren-Menü, das eine direkte Anbindung des Dateibrowsers an die Automa-

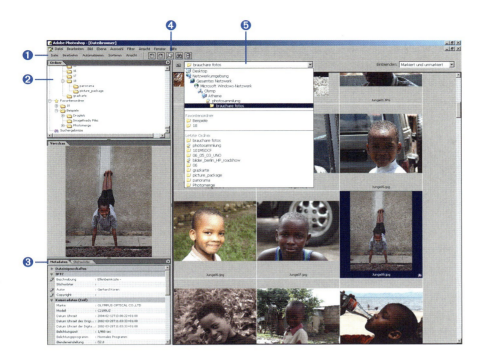

◀ **Abbildung 1**
Dateibrowser reloaded: Neben einer Menüleiste beeindruckt der Photoshop CS-Dateibrowser mit besserer Performance und vielen neuen Features.

tisieren-Schnittstelle von Photoshop erlaubt. Sie können beispielsweise direkt den Stapelverarbeitungs-Dialog aufrufen, um alle im Dateibrowser ausgewählten Bilder einer bestimmten Aktion zu unterziehen. Das Sortieren- und das Ansicht-Menü sind weitgehend identisch mit den Popup-Menüs des Dateibrowsers in Photoshop 7.

Die Icons zum Drehen, Beflaggen, Suchen und Löschen von Bildern sorgen für einen intuitiveren Bedienkomfort. Verzichten müssen wir auf die bequeme »Verstauungsmöglichkeit« des Dateibrowsers im Paletten-Dock, da er keine Palette mehr ist, sondern eher ein Photoshop-Subprogramm.

Gleich geblieben sind die Ingredienzien des Dateibrowsers, verfeinert wurden allerdings die Details: Die Ordner-Palette ❷ dient zum Festlegen des aktuell betrachteten Bildverzeichnisses. Sie beinhaltet den neuen Eintrag SUCHERGEBNISSE, mit denen auf die Ergebnisse der zuletzt durchgeführten Suche zugegriffen werden kann. Als FAVORITENORDNER können Sie häufig verwendete Bilderordner festlegen, auf die dann besonders rasch zugegriffen werden kann.

Bilderordner öffnen per Drag and Drop

Um einen tief versteckten Bilderordner zu öffnen, müssen Sie sich nicht durch die gesamte Verzeichnishierarchie kämpfen. Sie können ihn auch aus einem Finder- bzw. Explorer-Fenster per Drag and Drop in die Speicherort-Auswahl des Dateibrowsers ziehen, und seine Bilder werden im Vorschaubereich angezeigt.

Neuerungen im Dateibrowser **23**

Die rein statische Metadaten-Ansicht des Photoshop 7-Dateibrowsers wurde in zwei Paletten (METADATEN und STICHWÖRTER) umgewandelt ❸, die bequeme Editierungsmöglichkeiten für inhaltliche Bildbeschreibungen bieten.

Der Vorschaubereich wurde mit einem Einblenden-Popup ergänzt, das in Zusammenhang mit der neuen Markierungsfunktion (Flagge-Icon) funktioniert. Wahlweise können beflaggte, unbeflaggte oder alle Bilder eingeblendet werden ❹.

Das Speicherort-Popup ❺, das zur Anzeige der zuletzt betrachteten Bildverzeichnisse dient, präsentiert die Verzeichnispfade nun aufgeräumter und übersichtlicher. Die Einblendung der kompletten Ordnerhierarchie gestattet das rasche Wechseln in übergeordnete Verzeichnisse. Separate Bereiche für »Favoriten«-Bilderordner (die mittels Kontextmenü in der Ordner-Palette definiert werden können) erlauben einen schnelleren Zugriff auf häufig benötigte Bilderordner.

Da alle Elemente des Dateibrowsers mit Ausnahme des Vorschaubereichs nun Paletten sind, können sie per Drag and Drop beliebig arrangiert werden.

Aktionen aus dem Dateibrowser starten
Ein angenehmes Novum in Photoshop CS: Aktionen können nun auch direkt auf selektierte Dateien im Dateibrowser angewendet werden. Damit haben Sie ein ideales Mittel, um einzelne Dateien innerhalb von Photoshop einer bestimmten Aktion zu unterziehen. Bislang musste man in diesem Fall alle Dateien in Photoshop geöffnet haben oder den umständlichen Weg über ein Droplet gehen. Version CS macht alles einfacher: gewünschte Bilder auswählen und per AUTOMATISIEREN • STAPELVERARBEITUNG die gewünschte Aktion ausführen lassen.

Sollten die geänderten Bilder auch gleich gespeichert werden, empfiehlt sich das Aufnehmen der Speichern unter-Einstellungen in der Aktion. Im Dialog STAPELVERARBEITUNG wählen Sie dann SPEICHERN UNTER in AKTIONEN ÜBERSCHREIBEN, damit Sie die Dateibenennung und den Speicherort selbst festlegen können. Insbesondere wenn Sie JPEG-Dateien verarbei-

Nützliche Tastenkürzel zur Navigation im Dateibrowser

Tastenkürzel	Wirkung
Strg/⌘ + ⇧ + O	Dateibrowser anzeigen
Strg/⌘ + Klick auf Dateibrowser-Symbol in Optionsleiste	Dateibrowser in maximaler Größe anzeigen, Paletten ausblenden
Alt/⌥ + Doppelklick	Bild in Photoshop öffnen und Dateibrowser schließen
⇧ + Doppelklick	Optionsdialoge beim Öffnen unterdrücken
Pos1	Zum ersten Bild in der Vorschauansicht springen
Ende	Zum letzten Bild in der Vorschauansicht springen
↑ ↓ → ←	Navigation in den Bildminiaturen
Strg/⌘ + ↑	Ins übergeordnete Verzeichnis springen
F5	Ordner- und Miniaturansicht aktualisieren

▲ Abbildung 2
Die Quelldateien werden ausgewählt.

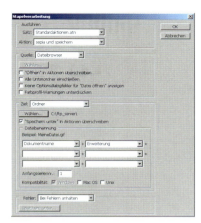

◄ Abbildung 3
Im Stapelverarbeitungsdialog als Quelle
»Dateibrowser« angeben …

▲ Abbildung 4
… und schon erstrahlen die gewählten
Bilder in Sepiatönen.

ten, sollten Sie diese Vorgehensweise wählen, da Photoshop die Anweisung Speichern und Schliessen bei diesem Dateiformat ignoriert und die Speichern-unter-Dialogbox bei jedem Bild einblendet. Näheres zu Aktionen finden Sie im Kapitel »Automatisieren« ab Seite 380.

Drehen von Bildern

Bilder können innerhalb des Dateibrowsers entweder gegen oder im Uhrzeigersinn gedreht werden. Hauptzweck dieser Funktion ist das richtige Ausrichten von hochformatigen Bildern. Zur Drehung eines Bildes können Sie die Icons der Dateibrowser-Menüleiste benutzen oder die Tastenkürzel `Strg` + `Ö` (90° Drehung im Uhrzeigersinn) und `Strg` + `Ü` (90° Drehung gegen den Uhrzeigersinn). Da-

Tastenkürzel zur Bild- und Dateimanipulation im Dateibrowser

Tastenkürzel	Wirkung
`Strg`/`⌘` + `Ö`	Bild 90° im Uhrzeigersinn drehen
`Strg`/`⌘` + `Ü`	Bild 90° gegen Uhrzeigersinn drehen
`Strg`/`⌘` + `Ä`	Bild markieren (beflaggen)
`⇧` + `Strg`/`⌘` + `A`	Markierte Dateien auswählen
Klick in Dateinamen + `↵`	Bild umbenennen
`⇥`	Nächste Datei umbenennen (im Umbenennungsmodus) bzw. Rang der nächsten Datei ändern (im Rang-bearbeiten-Modus)
`Alt`/`⌥` + Ziehen der Datei auf Verzeichnis in Ordner-Palette	Datei in das jeweilige Verzeichnis kopieren

▲ **Abbildung 5**
Das Drehen-Symbol in der rechten unteren Miniaturecke zeigt, dass das Original noch rotiert werden muss.

▲ **Abbildung 6**
Ein schreibgeschütztes Bild

Dateioperationen

Der Dateibrowser ermöglicht auch das Kopieren, Verschieben, Löschen und Umbenennen von Dateien. Zum Verschieben ziehen Sie die markierte(n) Datei(en) auf ein anderes Verzeichnis in der Ordner-Palette, für das Kopieren führen Sie die gleiche Aktion bei gedrückter [Alt]/[⌥]-Taste aus. Per Drag and Drop können Sie Dateien in die Miniaturansicht des Dateibrowsers ziehen. Diese Dateien werden dann in den angezeigten Ordner verschoben. Das Löschen von Dateien funktioniert mit der [Entf]-Taste, gelöschte Dateien werden in den Papierkorb des Betriebssystems verschoben. Ordner können entgegen den Angaben der Online-Hilfe nicht gelöscht werden. Für solche Löschaktionen empfiehlt sich ein Wechsel zum Dateimanager Ihres Betriebssystems, was der Menüpunkt SPEICHERORT IM EXPLORER ANZEIGEN (Windows) bzw. SPEICHERORT IN FINDER ANZEIGEN (Mac OS X) ermöglicht. Er befindet sich im Kontextmenü der Ordner-Palette.

Durch Anklicken des Dateinamens wird dieser editierbar. Bestätigen Sie diese Änderungen mit [↵], so wird die Datei umbenannt. Löschen Sie dabei auch die Dateierweiterung, so quittiert Photoshop dies mit der Annullierung der Umbenennung. Mehrere Dateien können Sie schnell umbenennen, indem Sie nach der Eingabe des neuen Dateinamens die [⇆]-Taste betätigen. Photoshop benennt dann die erste Datei um und lässt Sie gleich den Dateinamen des nächsten Bildes editieren.

Ist eine Datei **schreibgeschützt**, so kann sie nicht umbenannt, verschoben oder gelöscht werden. Dieser Umstand ist am Schloss-Symbol links oben an der Miniatur erkennbar (Abbildung 6). Den Schreibschutz können Sie nur im Dateimanager Ihres Betriebssystems aufheben.

neben kennt das Bearbeiten-Menü noch das Kommando 180° DREHEN, das zum horizontalen Spiegeln von Bildern verwendet werden kann.

Das Drehen von JPEG-Bildern ist verlustbehaftet, da dafür ein erneutes Speichern der Datei erforderlich ist. Durch die im JPEG-Format eingesetzte DCT-Quantisierung wird dabei Bildinformation verworfen. Um die Speichervorgänge zu minimieren, werden die Bilder standardmäßig erst beim Öffnen in Photoshop gedreht. Hintergedanke dieses Verhaltens: Nach der Bearbeitung in Photoshop werden die Bilder meist in nicht verlustbehafteten Dateiformaten wie PSD oder TIFF gesichert. Der Qualitätsverlust beim Rotieren wird so weitgehend vermieden.

Deshalb zeigen lediglich die Miniatur- und Vorschaubilder im Dateibrowser die Rotation an. Falls Sie eine sofortige Drehung der Originaldateien wünschen, müssen Sie den Befehl DREHUNG ANWENDEN aus dem Kontextmenü der Miniaturen wählen.

▲ **Abbildung 7**
Ansicht KLEINE MINIATUREN

Abbildung 8 ▶
Ansicht DETAILS

Miniaturen und Bildcache

Vor allem bei der Miniatur-Vorschau hat Adobe nicht mit neuen Funktionen gegeizt: Die Vektorformate AI (Illustrator), PDF und EPS werden ebenfalls in der Miniaturvorschau angezeigt. Neben den vorgegebenen Einstellungen für Miniaturen, welche über das ANSICHT-Menü abrufbar sind, kann in den DATEIBROWSER-VOREINSTELLUNGEN eine persönliche Miniaturgröße festgelegt werden. Diese wird mit ANSICHT • EIGENE MINIATURGRÖSSE auf die Bildminiaturen angewandt. Miniaturgrößen über 256 Pixel konterkarieren einerseits den Zweck der Miniaturansicht, außerdem geht die Generierung der Miniaturen deutlich langsamer vonstatten als bei kleineren Größen.

Um die Miniaturen möglichst rasch anzeigen zu können, generiert der Dateibrowser beim ersten Aufruf eines Verzeichnisses einen Bildcache. Das sind Dateien, in denen die Miniaturen und Vorschaubilder eines ganzen Bilderordners gespeichert werden. Bei erneutem Aufruf des Ordners brauchen nicht mehr alle Bilder geöffnet und verkleinert zu werden, der Dateibrowser greift dann auf die Cache-Dateien zurück, nur geänderte Dateien werden erneut gelesen. Dadurch läuft der erneute Zugriff auf einen Bilderordner viel schneller als beim ersten Mal ab.

Mit der Funktion BILDCACHE EXPORTIEREN (Menü DATEI) können Sie den Cache im betreffenden Bilderordner in Dateiform erstellen lassen. Der Dateibrowser legt dann im betreffenden Bilderordner drei Cache-Dateien an, die Miniatur-, Vorschau- und Metadaten beinhalten. Besonders bei der Archivierung Ihrer Bilder auf CD oder DVD bietet sich diese Funktion an, da das zeitaufwändige erneute Generieren der Vorschaubilder beim Einlesen des Datenträgers entfällt und die Reihungsinformationen erhalten bleiben.

Der Nachteil des Bildcache ist jedoch auch evident: Betrachten Sie zahlreiche Bilderordner im Dateibrowser, so beansprucht der generierte Bildcache einiges an Speicherplatz. In einem Verzeichnis mit 200 JPEG-Dateien (Auflösung 1600 x 1200) brachte es der exportierte Cache auf 15 MB Größe, also fast 15 % des normalen Speicherplatzes der Bilder.

Deshalb bietet der Dateibrowser mit den Funktionen CACHE ENTLEEREN und GESAMTEN CACHE ENTLEEREN (Menü DATEI) die Möglichkeit, sich vom unerwünschten Speicherfresser Bildcache zu trennen. Während CACHE ENTLEEREN nur die Miniaturdaten des aktuellen Ordners löscht, werden bei GESAMTEN CACHE ENTLEEREN alle Miniaturdaten außer den exportierten Caches gelöscht. Nebenwirkung dieser Speicher-Radikaldiät: Auch Markierungen (Flagge), Rangfolgen und Reihungsinformationen der Bilder gehen mit dem Löschen des Caches verloren.

Eine weitere Möglichkeit, den Cache »schlank« zu halten, bieten die Dateibrowser-Voreinstellungen. Bei umfangreichen Bilderordnern lohnt sich das Deaktivieren der Option VORSCHAU IN HOHER QUALITÄT, die Generierung der Bilddaten geht dann schneller vonstatten und beansprucht weniger Speicherkapazität.

▲ **Abbildung 9**
Flaggen erlauben eine permanente Markierung von Bildern.

Beflaggen von Bildern

Mit der neuen Flagge-Funktion wird ein lang gehegter Wunsch von Viel-Fotografierern wahr: Bilder können mit ihr permanent markiert werden. Dadurch gestaltet sich das Sichten großer Bildmengen weitaus komfortabler: Geglückte Bilder werden mit einer Flagge versehen, misslungene durch Umschalten im Einblenden-Popup einfach ausgeblendet oder gelöscht. Der größte Vorteil der Flagge im Vergleich zur konventionellen Auswahl: Während des Beflaggens mehrerer Bilder können beliebige Arbeitsschritte ausgeführt werden, das Aufrechterhalten der Auswahl per ⇧-Taste entfällt. Sie können also ein Bild in Photoshop öffnen, um seine Qualität in Originalgröße zu beurteilen, ohne dass eine bereits erstellte Bilderauswahl im Dateibrowser verloren geht. Um ein Bild zu beflaggen, markieren Sie es und klicken auf das Flagge-Icon in der Dateibrowser-Menüleiste. Alternativ können Sie das Tastenkürzel Strg/⌘ + Ä verwenden (Abbildung 9).

Natürlich können Sie auch mehrere Bilder auswählen und diesen kumulativ eine Flagge zuweisen. Ein erneuter Klick auf das Flagge-Icon entzieht den Bildern diese Markierung.

Über das Einblenden-Popup können Sie festlegen, ob markierte (eigentlich: beflaggte), unmarkierte oder alle Bilddateien angezeigt werden sollten. Der Begriff »markiert« (flagged in der englischen Photoshop-Version) ist meiner Ansicht nach schlecht übersetzt, da er zu viele Verwechslungsmöglichkeiten mit dem herkömmlichen Markieren von Dateien bietet. Das Einblenden-Popup berücksichtigt aber nur »beflaggte« und »unbeflaggte« Dateien, per Maus markierte Bilder werden ignoriert. Mit ⇧ + Strg/⌘ + A wählen Sie alle beflaggten Dateien aus. Damit können Sie die markierten Dateien rasch einer bestimmten Aktion unterziehen. Auch erspart das umfangreiche Miniaturen-Kontextmenü lange Mauswege bei der Weiterverarbeitung markierter Bilder.

Flaggen werden nicht in den Metadaten der Bilder gespeichert, sondern im Miniatur-Cache. Durch Löschen des Caches gehen die Markierungsinformationen verloren.

Vergabe von Rängen an Bilder
Ränge erlauben ein exakteres Klassifizieren von Bildern als Flaggen. Sie wurden als Bewertungssystem für Bilder konzipiert. Sie können damit beispielsweise Ihre digitalen Urlaubsbilder benoten und danach von den besten Fotos Abzüge bestellen. Ein Rang kann eine beliebige Bezeichnung enthalten, einzig empfehlenswert ist allerdings die Bewertung nach dem Schulnotenprinzip (1–6) bzw. eine alphabetische Buchstabenfolge (z.B. A–D). Nur dann kann der Dateibrowser die Bilder nach den vergebenen Rängen sortieren.

Um Ränge zu vergeben, müssen Sie zunächst die Ranginformationen einblenden (Ansicht • Rang anzeigen). Klicken Sie in die Rangzeile des ersten Bildes, um mit der Bewertung zu beginnen. Mit der ⇥-Taste wechseln Sie zum nächsten Bild, mit ⇥ + ⇧ springen Sie zurück.

Mit Sortieren • Rang können die Bilder nach ihrer Bewertung sortiert werden. Besitzen zwei Bilder denselben Rang, werden sie in alphabetischer Reihenfolge angezeigt.

Der Dateibrowser speichert Ranginformationen nicht in den Metadaten der Bilder, sondern im Bildercache. Wenn Sie diesen löschen, gehen auch die Ranginformationen verloren.

◄ **Abbildung 10**
Mit der Tabulatortaste können Sie rasch aufeinander folgende Bilder bewerten.

Rangfolge löschen und Cache entleeren
Um eine bestehende Rangfolge zu löschen, wählen Sie den Eintrag Rangfolge löschen aus dem Kontextmenü oder aus dem Palettenmenü des Dateibrowsers. Die Rangfolge aller ausgewählten Dateien wird daraufhin gelöscht. Der Eintrag Cache entleeren geht sogar einen Schritt weiter: Es werden die berechneten Vorschauminiaturen samt Rangfolge gelöscht.

Groß- und Kleinschreibung
Photoshop verhält sich bei der Belegung von Dateien mit Rängen wie Unix: Es wird zwischen Groß- und Kleinschreibung unterschieden. Achten Sie deshalb darauf, dass Sie stets dasselbe Bezeichnungssystem für die Rangordnung der einzelnen Dateien verwenden.

◀ **Abbildung 11**
Das Sortieren-Menü

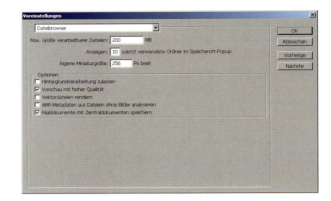

Abbildung 12 ▶
Die Dateibrowser-Voreinstellungen
(Bearbeiten • Voreinstellungen)

Sortieren von Bildern

Ein unschätzbarer Helfer beim Bändigen des Bilderchaos ist das Sortieren-Menü (Abbildung 11). In Photoshop 7 war es noch sehr dezent in der Fußleiste des Dateibrowsers versteckt, in Version CS präsentiert es sich übersichtlich in der Menüleiste. Neben den »Sortierstandards« wie Dateiname, Dateiformat oder Bearbeitungsdatum kann es Bilder auch nach Kriterien auflisten, die im Dateibrowser nur schwer zugänglich sind. Dazu zählen die Auflösung, das Farbprofil oder die Copyright-Information.

Grundsätzlich wird dabei nach aufsteigender Reihenfolge sortiert: also von A bis Z bei textuellen Kriterien (z.B. Farbprofil) oder von 0 bis unendlich bei nummerischen Kategorien (z.B. Auflösung). Durch Deaktivieren der Option Aufsteigende Reihenfolge kann dies aber geändert werden.

Ist bei einem Bild das Sortierkriterium nicht vorhanden (z.B. Copyright-Information), so wird es ans Ende des Suchergebnisses gereiht.

Sie können sich aber auch per Drag and Drop nach Lust und Laune eine eigene Reihung Ihrer Bilder zusammenstellen, ohne dass dabei auf irgendein Sortierkriterium Rücksicht genommen wird. Der Eintrag Eigene im Sortieren-Menü stellt diese Reihung wieder her.

Photoshop speichert die eigene Reihung im Bildcache, beim Löschen des Caches gehen diese Informationen verloren.

Voreinstellungen

Mit den Voreinstellungen (Abbildung 12) können Sie noch einiges aus der Dateibrowser-Performance herausholen. Die Max. Grösse verarbeitbarer Dateien bestimmt, bis zu welcher Größe der Browser Bilder einliest und Miniaturen davon generiert. Diesen Schwellenwert können Sie beliebig herabsetzen, um beispielsweise große, für die Druckvorstufe optimierte Dateien von der Miniaturvorschau auszuschließen. Das Speicherort-Popup wirkt mit zehn Einträgen relativ aufgeräumt, bei umfangreichen Bildarchiven ist ein höherer Wert zielführend. Die Option Vektordaten rendern bestimmt, ob aus Vektordaten (also Illustrator- oder EPS-Dateien) Miniaturbilder erzeugt werden sollten. Das Rendering von Vektordaten nimmt deutlich mehr Zeit in Anspruch als die Generierung von Bitmap-Bildern. Durch

Deaktivieren dieser Option erhalten Sie eine deutlich schnellere Verzeichnisvorschau.

Wie wir später demonstrieren, können die Metadaten eines Bildes auch in externe XMP-Dateien exportiert werden. Dabei handelt es sich um Textdateien, in denen die Metadaten nach XML-Standard strukturiert gespeichert werden. Mit der Option XMP-Metadaten aus Dateien ohne Bilder analysieren wertet der Dateibrowser auch XMP-Daten aus und zeigt Ihre Informationen in der Metadaten-Palette an.

Die Macht der Metadaten

Metadaten beschreiben Bilder einerseits aus **inhaltlicher**, andererseits aus **technischer** Sicht.

- Zu den »klassischen« inhaltlichen Bilddaten zählen Beschreibungen, Stichwörter oder Rangbezeichnungen.
- Die EXIF-Informationen (Exangeable Image File Format) von Digitalkamera-Fotos sind das Paradebeispiel für technische Metadaten: Hier werden alle Kameraeinstellungen bei der Aufnahme des Fotos wie Kameramodell, Belichtungszeit und Blitzeinstellungen festgehalten.

Metadaten verleihen Photoshop zusätzliche Hintergrundinformationen über das Bild und damit auch die Fähigkeit, bei der Bearbeitung »mitzudenken«. Der Trend geht also weg vom »dummen« Bearbeitungsprogramm zum intelligenten Assistenten des Grafikers.

Ein Beispiel, das noch Zukunftsmusik ist, soll Ihnen die »Macht« der Metadaten demonstrieren: Ein Pressereporter sendet fünf Minuten vor Redaktionsschluss ein Bild vom Formel 1-Grand-Prix in China an die Bildredaktion einer Tageszeitung. Dank der EXIF-Metadaten erkennt Photoshop das Kameramodell und versieht das Bild mit dem richtigen gerätespezifischen Farbprofil. Zusätzlich erhält Photoshop die Information, dass der Blitz ausgelöst und das Bild mit der Voreinstellung Porträt aufgenommen wurde. Deshalb sucht Photoshop im Histogramm nach auffälligen Blitzlichtern und entfernt diese durch automatisches Anpassen der Gradationskurven. Unterstützt wird das Programm dabei von der Intensitätskennlinie des Blitzgerätes, die Photoshop aus dem Internet lädt. Anhand der Uhrzeit und der mitgespeicherten GPS-Information kann Photoshop das zum Zeitpunkt der Aufnahme in Shanghai herrschende Wetter ermitteln. Es war ein diesiger Abend, was durch die schwachen Kontrastmerkmale im Bildhintergrund bestätigt wird. Die automatisch durchgeführte Tiefen-/Lichter-Korrektur schafft dabei Abhilfe. Ein Abgleich der Copyright-Information des Fotos (die den Namen des Fotografen enthält) sowie der GPS-Daten und des Aufnahmedatums mit der Terminbank der freien Mitarbeiter ergibt, dass der Fotograf beim Shanghai-Grand Prix in China war. Das Foto wird automatisch mit den richtigen Schlagwörtern versehen und ins Bildarchiv integriert. Für all diese Schritte ist keinerlei Interaktion des Grafikers erforderlich.

Metadaten sind also kein Marketing-Gag, sondern können wertvolle Hilfe bei der Bearbeitung und Archivierung von Bilddaten leisten. Obwohl die Entwicklung diesbezüglich noch in den Kinderschuhen steckt, kann bereits die in Version CS integrierte Technologie zu beachtlichen Produktivitätssteigerungen eingesetzt werden.

Zurück zur Gegenwart: Mit zwei neuen Paletten halten Metadaten im Dateibrowser Einzug:

1. Die **Metadaten-Palette** dient der Ansicht und Editierung aller in einer Bilddatei gespeicherten Metadaten, während
2. Die **Stichwörter-Palette** zum zeitsparenden Vergeben von Stichwörtern für Bilder eingesetzt werden kann.

Photoshop CS unter Windows unterstützt die Vergabe von Metadaten für die Bildformate PSD, PSB (neues großes Photoshop-Format mit maximal 30 000 x 200 000 Pixel), TIFF, JPEG, EPS und PDF. Unter Mac OS X können Metadaten in allen Speicherformaten außer GIF gesichert werden. Technisch gesehen werden die Metainformationen mit Adobes Entwicklung XMP wahlweise in die betreffende Bilddatei eingebettet oder in separaten Textdateien gespeichert.

Metadaten-Palette

Mit der Metadaten-Palette behalten Sie den Überblick über alle Informationen, die zusätzlich zu den Bilddaten gespeichert werden.

Was ist XMP?

XMP steht für eXtensible Metadata Platform und ist ein auf der Strukturierungssprache XML basierendes Framework zum Austausch von Metadaten. Es definiert ein Datenmodell, das die Speicherung verschiedener Informationsstrukturen und Datentypen gestattet sowie dessen Konvertierung in XML und die Speicherung der Metadaten in verschiedenen Grafikformaten. XMP wurde offen konzipiert und ist auf eigene Bedürfnisse perfekt anpassbar. Es gibt beispielsweise keine vorgegebenen Eigenschaftsbezeichnungen wie in früheren Meta-

Photoshop speichert darin folgende Informationen:

▶ **Dateieigenschaften:** Bestehen aus Dateiinformationen auf Betriebssystem-Basis (Dateiname, Größe, Erstellungs- und Bearbeitungsdatum, Dateiformat) und auf Applikationsebene (Größe, Farbmodus, Farbtiefe in Bit, Farbprofil). Die Dateieigenschaften können in der Metadaten-Palette nur gelesen, aber nicht geändert werden.

▶ **IPTC:** Die IPTC-Metadaten wurden zur Übertragung von inhaltlichen Informationen in Pressefotos und Videos konzipiert. IPTC (International Press Telecommunications Council) ist ein internationales, von nahezu allen wichtigen Nachrichtenagenturen getragenes Gremium, das den standardisierten Austausch von inhaltlichen Metadaten in Pressefotos und -videos gewährleisten soll. Zu diesem Zweck wurde ein Metadaten-Format entwickelt, das umfangreiche Bildbeschreibungsinformationen speichern kann. Die Metadaten-Palette unterstützt aber nur grundlegende Informationen wie Copyright, Autor und Beschreibung. Die

daten-Formaten, diese können frei in eigenen Schemata definiert werden.

Auf XMP basieren sämtliche Metadaten-Funktionen der Adobe Creative Suite. Da XMP als offener Standard konzipiert wurde, können auch Programme von Drittanbietern auf Metadaten in Bildern zugreifen. Adobe stellt auch ein SDK (Software Development Kit) auf C++-Basis zur raschen Einbindung von XMP-Funktionalitäten in eigene Applikationen bereit.

Nähere Informationen zu XMP sind unter http://www.adobe.com/products/xmp/main.html verfügbar.

Metadaten-Palette bietet sowohl Lese- als auch Schreibzugriff auf IPTC-Daten. Näheres zu den IPTC-Spezifikationen für Metadaten finden Sie unter http://www.iptc.org/metadata/.

▶ **EXIF-Kameradaten:** EXIF steht für Exchangeable Image File Format und legt quasi als Über-Format die Speicherung digitaler Bilder auf Digitalkameras fest. Neben der Spezifikation der eingesetzten Kompressionsverfahren und Dateistruktur (Thumbnail-Bilder etc.) speichert EXIF auch die Kameraeinstellungen zum aufgenommenen Foto. Dazu zählen Filmempfindlichkeit (ISO-Wert), Belichtungszeit, Blende etc. Welche dieser Informationen Ihre Digitalkamera aufzeichnet, hängt von der unterstützten EXIF-Version ab, die Sie dem Handbuch Ihrer Digitalkamera entnehmen können. EXIF-Daten können in der Metadaten-Palette nur gespeichert werden. Nähere Informationen zum EXIF-Format finden Sie unter http://www.exif.org.

▶ **GPS-Informationen:** Mit Zusatzmodulen ist eine Digitalkamera in der Lage, auch GPS-Informationen (Global Positioning System) aufzuzeichnen, die in der Metadaten-Palette aufzeichnen. Damit könnten Sie nicht nur im Nachhinein feststellen, welches Gebäude einer fremden Stadt Sie auf Ihrem Foto festgehalten haben, Zusatzinformationen wie Entfernungsmessung und Höhenreferenz erlauben eine präzise Nachbearbeitung der Bilder. Leider sind derartige GPS-Module nur in der Kartografie gebräuchlich.

▶ **Camera RAW-**Informationen: Das Camera RAW-Format übermittelt die Bilder so, wie sie von den Farbsensoren (CCD-Chips) Ihrer Digitalkamera gesehen werden. Normalerweise durchläuft ein Bild in der Kamera einen wahren Bearbeitungsmarathon, bevor es auf die Speicherkarte geschrieben wird: Neben Scharfzeichnung und Farbkorrektur ist es vor allem die Kompression, welche die Bildqualität verändert. Mit Camera RAW können Sie nicht nur die unverfälschten Bilddaten nachträglich in Photoshop bearbeiten (das beispielsweise wesentlich bessere Farbkorrektur-Werkzeuge besitzt), Sie erhalten auch wertvolle technische Informationen zur Aufnahme (z.B. Farbtemperatur, Farbbalance etc.). Auf das Camera RAW-Format gehen wir ab Seite 48 genauer ein.

▶ **Protokoll bearbeiten:** Zeigt die Bearbeitungsschritte an, die an einem Bild in Photoshop vorgenommen wurden. Damit diese Arbeitsschritte auch protokolliert werden, muss in den Photoshop-Voreinstellungen in der Registerkarte ALLGEMEINE die Op-

▲ **Abbildung 13**
Die Metadaten-Palette mit eingeblendeten Dateieigenschaften

Abbildung 14 ▶
Mit den Anzeigeoptionen bestimmen Sie die in der Metadaten-Palette enthaltenen Felder.

tion VERLAUFSPROTOKOLL aktiviert werden. Nützlich ist die Funktion PROTOKOLL BEARBEITEN vor allem in der Druckvorstufe. Beim Aufbereiten von Kundendaten für den Druck können beispielsweise alle Bearbeitungsschritte protokolliert und im Fall von Reklamationen als Beweismittel verwendet werden. (Gängiges Problem: Grünstich der Bilder im Druck, an dem das mangelhafte Color-Management des Kunden schuld war und nicht eine missglückte Farbkorrektur in der Druckvorstufe.)

Die verfügbaren Metadaten eines Bildes sind in mehrere Rubriken unterteilt, die mit dem Dreieck-Symbol ein- und ausgeblendet werden können.

Sie können das Dickicht an **angezeigten Metadaten** im Dateibrowser-Menü BEARBEITEN • ANZEIGEOPTIONEN FÜR METADATEN an individuelle Bedürfnisse anpassen (Abbildung 14). Durch Ein- und Ausblenden der Häkchen bestimmen Sie die angezeigten Metadaten-Felder in der Palette. Unbedingt aktiv bleiben sollte die Option LEERE FELDER AUSBLENDEN. Sie bewirkt, dass keine leeren Felder angezeigt werden, wenn in einer Datei bestimmte Metadaten nicht verfügbar sind. Insbesondere bei den EXIF-Daten empfiehlt sich eine Reduktion der Anzeige auf für die Bearbeitung relevante Informationen (Verwendung des Blitzgeräts, Belichtungszeit, Filmgeschwindigkeit).

Bearbeiten von Metadaten

Nur die IPTC-Metadaten sind editierbar, alle anderen Metadaten-Kategorien wie z.B. EXIF oder PROTOKOLL BEARBEITEN können nur gelesen werden. Das Stiftsymbol der Metadaten-Palette signalisiert, dass Sie das betreffende Feld auch bearbeiten können. Ein Klick auf das Symbol öffnet eine Eingabemaske, in der Sie die gewünschten Eingaben tätigen können. Mit der ⏎ können Sie zu dem nächsten Metadaten-Feld springen. Um die Änderungen zu übernehmen, betätigen Sie das Häkchen-Icon am unteren Palettenrand. Dadurch speichert Photoshop die geänderten Metadaten in den Bildern. Möchten Sie die Änderungen verwerfen, klicken Sie auf das Verbotsschild-Icon. Durch Drücken der Esc-Taste können Sie den Eingabemodus ebenfalls verlassen, ohne Änderungen durchzuführen.

Die Metadaten schreibgeschützter Bilder (erkennbar am Schloss-Symbol am linken oberen Rand der Miniatur) können nicht editiert werden.

Bilder mit Stichwörtern versehen

Neben der allumfassenden Metadaten-Palette hat sich Adobe mit der Stichwörter-Palette eine sehr effiziente Methode zur Beschlagwortung von Bildern einfallen lassen (Abbildung 15). Schon die Nachbarschaft von Metadaten- und Stichwörter-Palette lässt auf eine technologische Verwandtschaft der beiden Paletten schließen. In der Tat werden Stichwörter als XMP-Metadaten in Bildern gespeichert. Die Stichwörter-Palette ist in Stichwörter und Stichwort-Ordner organisiert, die durch die aus diversen Adobe-Paletten hinreichend bekannten Ordner- und Blatt-Icons erstellt werden können. Stichwort-Ordner wurden ausschließlich zur Gliederung der einzelnen Stichwörter erdacht. Sie können beliebig viele Stichwörter, jedoch keine weiteren Ordner enthalten. Wählen Sie im Dateibrowser mehrere Bilder aus und klicken doppelt auf einen Stichwort-Ordner, so werden alle darin enthaltenen Stichwörter den Bildern zugewiesen. Um Bilder mit bestimmten Stichwörtern zu beschlagworten, können Sie den entsprechenden Ordner expandieren und auf einzelne Stichwörter doppelklicken. Leider ist es nicht möglich, mehrere Stichwörter innerhalb eines Ordners mittels `Strg`/⌘ oder ⇧-Taste zu selektieren. Ein erneuter Doppelklick hebt die Zuweisung der Stichwörter wieder auf. Zugewiesene Stichwörter sind an dem Häkchen-Symbol in der Listenansicht erkennbar. Ein Minuszeichen bei einem Ordner-Symbol bedeutet, dass einige, aber nicht alle Stichwörter dieses Ordners vergeben wurden. Der Name des Ordners wird übrigens nicht als Stichwort zugewiesen.

In Photoshop CS sind Stichwörter nur beschränkt intelligent: Änderungen an den Stichwörtern wirken sich nicht auf die Dateien aus, denen sie zugewiesen wurden. Löschen Sie beispielsweise ein Stichwort in der Palette, so bleibt es trotzdem in allen zugewiesenen Dateien erhalten.

Öffnen Sie ein Bild mit fremden Stichwörtern, die nicht in Ihrer Palette enthalten sind, so fügt Photoshop der Stichwort-Palette den temporären Ordner <andere Stichwörter> hinzu. Er enthält alle fremden Stichwörter ungeachtet ihrer tatsächlichen Kategorisierung. Er geht nach einem Neustart von Photoshop verloren.

Organisation von Stichwörtern

Es empfiehlt sich, Stichwörter in Ordnern zu sortieren, wobei jeder Ordner als Kategorie für die darin enthaltenen Stichwörter fungieren sollte. Tunlichst vermeiden sollten Sie **Redundanzen**, d.h. das Anlegen mehrerer Duplikate eines Stichworts in verschiedenen Ordnern. Durch verschiedene Schreibweisen und nachträgliche Bearbeitungen eines Begriffs können Bedeutungsvariationen entstehen, die selbst die cleverste Suchfunktion nicht erkennen kann. Nehmen wir als Beispiel den Begriff »2003«, der auch als »´03« oder »03.« bekannt ist. Haben Sie Redundanzen in Ihrer Stichwortkollektion zugelassen und suchen anschließend nach »2003«, so ist es sehr wahrscheinlich, dass Sie nur einen Bruchteil der Fotos zum Thema »2003« angezeigt bekommen. Eine Suche nach »03« würde dagegen auch nicht zutreffende Resultate präsentieren, da »03« auch in zahlreichen anderen Stichwörtern enthalten sein kann. Ohne Duplikate ist diese Fehlerquelle weitestgehend ausgeschaltet.

Doch nicht nur Duplikate von Stichwörtern stellen Redundanzen dar, auch »Stichwort-Phrasen« sind dafür berüchtigt. Begriffe wie »Sommer ´03 in Wien« sollten Sie vermeiden und stattdessen diese Phrase in die drei atomaren (semantisch nicht weiter unterteilbaren) Stichwörter »Sommer«, »2003«, »Wien« aufteilen.

Ein Stichwort-Ordner sollte nur solche Stichwörter enthalten, die in ihrer Bedeutung

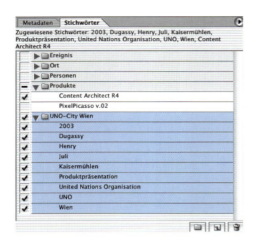
▲ Abbildung 15
Zwei separate Stichwort-Ordner helfen,
Redundanzen zu vermeiden.

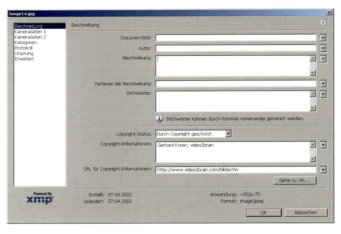
▲ Abbildung 16
In der Rubrik BESCHREIBUNG (Dialog DATEIINFORMATIONEN) können Copyright-Hinweise vergeben werden.

untrennbar mit ihm verknüpft sind. Verinnerlichen wir uns diesen Sachverhalt an einem kurzen Beispiel: Ein IT-Vertriebsmanager bereist verschiedene Kunden, um ihnen unterschiedliche Produkte anzubieten. Für Referenzzwecke nimmt er dabei auch Bilder der unterschiedlichen Firmengebäude auf. Zur Beschlagwortung dieser Bilder werden zwei verschiedene Ordner angelegt: einer mit dem gesamten Produktportfolio, ein anderer mit den Kontaktdaten des jeweiligen Ansprechpartners. Da ja die Produkte auch anderen Firmen präsentiert werden, würde es eine unnötige Redundanz ergeben, wenn auch diese Stichwörter in allen Firmenordnern aufgenommen würden.

Die Metadaten-Palette in Abbildung 15 enthält beispielsweise im Ordner UNO-City Wien den Namen der Stadt und des Stadtteils, in dem sich die UNO-City befindet, sowie die Daten des dortigen Ansprechpartners. Die dort präsentierten Produkte werden in einem anderen Ordner verwaltet.

Metadaten-Vorlagen
Um größere Bildmengen mit Metadaten zu versehen, sind die bisher genannten Werkzeuge wenig geeignet. Sie können zwar mehrere Bilder selektieren und in der Metadaten-Palette die gewünschten Daten vergeben, wodurch diese in allen ausgewählten Bildern gespeichert werden. Liegen die Bilder in unterschiedlichen Verzeichnissen, so ist dieses Vorhaben schon zum Scheitern verurteilt. Mit Metadaten-Vorlagen können Sie diese Situation zeitsparend meistern.

Metadaten-Vorlagen speichern häufig benötigte Bildinformationen in externen XMP-Dateien, die im Dateibrowser rasch Bildern zugewiesen werden können. Besonders für gleich bleibende Bildinformationen (Copyright, Kontaktdaten des Rechteinhabers) empfiehlt sich das Anlegen von Vorlagen.

Um eine Metadaten-Vorlage zu **erstellen**, klicken Sie auf ein metadaten-fähiges Bild und wählen aus dem Kontextmenü DATEIINFORMA-

TIONEN. Im nun erscheinenden Dialog erhalten Sie einen schematischen Überblick über alle verfügbaren Metadaten (Abbildung 16).

Die Kategoriespalte links dient zur Navigation der einzelnen Bildbereiche. Für die Vorlage geben Sie nur Metadaten von bildübergreifender Gültigkeit an. Bei einem Fotoshooting wären dies beispielsweise ERSTELLUNGSDATUM, ORT oder MITWIRKENDE (Rubrik URSPRUNG). Mit einem Klick auf das Dreieck-Symbol rechts oben blenden Sie das Optionsmenü ein. Aus diesem wählen Sie METADATENVORLAGE SPEICHERN. Vergeben Sie abschließend einen aussagekräftigen Namen für die Vorlage.

Alternativ können Sie die **Metadaten als Textdatei** exportieren. Dazu wechseln Sie in die Rubrik ERWEITERT und wählen die Schaltfläche SPEICHERN. Die Daten werden dabei im XML-Format strukturiert gespeichert, da dies die Basistechnologie für Adobes Metadaten-Plattform XMP darstellt. Mit den Schaltflächen ANHÄNGEN und ERSETZEN im Dialog ERWEITERT können Sie Metadaten-Vorlagen aus externen Dateien an jene des Bildes anhängen bzw. ersetzen. Dieses Vorhaben lässt sich aber über den Dateibrowser komfortabler abwickeln, und zwar über das Bearbeiten-Menü.

Im Dateibrowser können Sie erstellte Vorlagen über BEARBEITEN • METADATEN ANHÄNGEN rasch an ausgewählte Bilder vergeben. Der nächste Menüpunkt lautet ähnlich, nämlich METADATEN ERSETZEN. Der Unterschied: Bei METADATEN ANHÄNGEN bleiben bereits definierte Metadaten erhalten, nur undefinierte werden mit der Vorlage befüllt. Bei METADATEN ERSETZEN werden auch bereits vergebene Metadaten mit der Metadaten-Vorlage überschrieben.

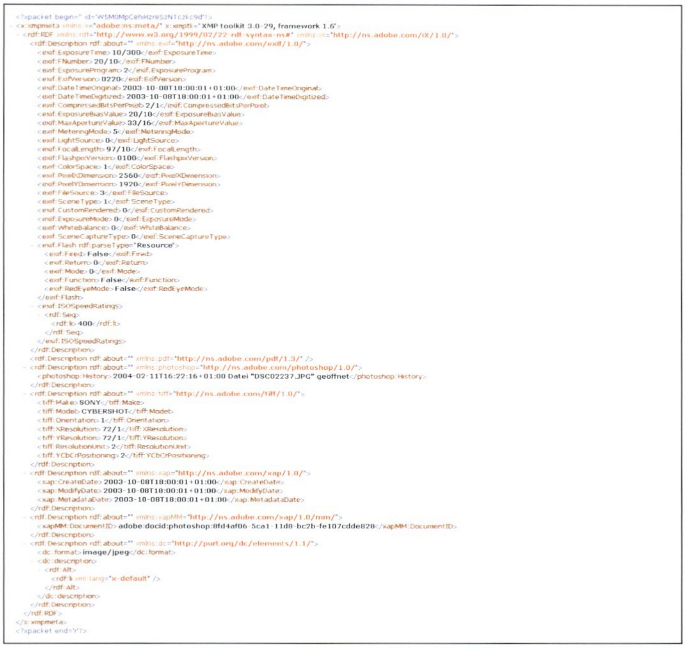

```
<?xpacket begin="" id="W5M0MpCehiHzreSzNTczkc9d"?>
- <x:xmpmeta xmlns:x="adobe:ns:meta/" x:xmptk="XMP toolkit 3.0-29, framework 1.6">
 - <rdf:RDF xmlns:rdf="http://www.w3.org/1999/02/22-rdf-syntax-ns#" xmlns:iX="http://ns.adobe.com/iX/1.0/">
  - <rdf:Description rdf:about="" xmlns:exif="http://ns.adobe.com/exif/1.0/">
     <exif:ExposureTime>10/300</exif:ExposureTime>
     <exif:FNumber>20/10</exif:FNumber>
     <exif:ExposureProgram>2</exif:ExposureProgram>
     <exif:ExifVersion>0220</exif:ExifVersion>
     <exif:DateTimeOriginal>2003-10-08T18:00:01+01:00</exif:DateTimeOriginal>
     <exif:DateTimeDigitized>2003-10-08T18:00:01+01:00</exif:DateTimeDigitized>
     <exif:CompressedBitsPerPixel>2/1</exif:CompressedBitsPerPixel>
     <exif:ExposureBiasValue>20/10</exif:ExposureBiasValue>
     <exif:MaxApertureValue>33/16</exif:MaxApertureValue>
     <exif:MeteringMode>5</exif:MeteringMode>
     <exif:LightSource>0</exif:LightSource>
     <exif:FocalLength>97/10</exif:FocalLength>
     <exif:FlashpixVersion>0100</exif:FlashpixVersion>
     <exif:ColorSpace>1</exif:ColorSpace>
     <exif:PixelXDimension>2560</exif:PixelXDimension>
     <exif:PixelYDimension>1920</exif:PixelYDimension>
     <exif:FileSource>3</exif:FileSource>
     <exif:SceneType>1</exif:SceneType>
     <exif:CustomRendered>0</exif:CustomRendered>
     <exif:ExposureMode>0</exif:ExposureMode>
     <exif:WhiteBalance>0</exif:WhiteBalance>
     <exif:SceneCaptureType>0</exif:SceneCaptureType>
   - <exif:Flash rdf:parseType="Resource">
       <exif:Fired>False</exif:Fired>
       <exif:Return>0</exif:Return>
       <exif:Mode>0</exif:Mode>
       <exif:Function>False</exif:Function>
       <exif:RedEyeMode>False</exif:RedEyeMode>
     </exif:Flash>
   - <exif:ISOSpeedRatings>
     - <rdf:Seq>
         <rdf:li>400</rdf:li>
       </rdf:Seq>
     </exif:ISOSpeedRatings>
   </rdf:Description>
   <rdf:Description rdf:about="" xmlns:pdf="http://ns.adobe.com/pdf/1.3/" />
  - <rdf:Description rdf:about="" xmlns:photoshop="http://ns.adobe.com/photoshop/1.0/">
     <photoshop:History>2004-02-11T16:22:16+01:00 Datei "DSC02237.JPG" geöffnet</photoshop:History>
   </rdf:Description>
  - <rdf:Description rdf:about="" xmlns:tiff="http://ns.adobe.com/tiff/1.0/">
     <tiff:Make>SONY</tiff:Make>
     <tiff:Model>CYBERSHOT</tiff:Model>
     <tiff:Orientation>1</tiff:Orientation>
     <tiff:XResolution>72/1</tiff:XResolution>
     <tiff:YResolution>72/1</tiff:YResolution>
     <tiff:ResolutionUnit>2</tiff:ResolutionUnit>
     <tiff:YCbCrPositioning>2</tiff:YCbCrPositioning>
   </rdf:Description>
  - <rdf:Description rdf:about="" xmlns:xap="http://ns.adobe.com/xap/1.0/">
     <xap:CreateDate>2003-10-08T18:00:01+01:00</xap:CreateDate>
     <xap:ModifyDate>2003-10-08T18:00:01+01:00</xap:ModifyDate>
     <xap:MetadataDate>2003-10-08T18:00:01+01:00</xap:MetadataDate>
   </rdf:Description>
  - <rdf:Description rdf:about="" xmlns:xapMM="http://ns.adobe.com/xap/1.0/mm/">
     <xapMM:DocumentID>adobe:docid:photoshop:8fd4af06-5ca1-11d8-bc2b-fe107cdde828</xapMM:DocumentID>
   </rdf:Description>
  - <rdf:Description rdf:about="" xmlns:dc="http://purl.org/dc/elements/1.1/">
     <dc:format>image/jpeg</dc:format>
   - <dc:description>
     - <rdf:Alt>
         <rdf:li xml:lang="x-default" />
       </rdf:Alt>
     </dc:description>
   </rdf:Description>
  </rdf:RDF>
</x:xmpmeta>
<?xpacket end='r'?>
```


▲ **Abbildung 17**
Die exportierten Metadaten in der XML-Ansicht des Internet Explorers

Mit Skriptsprachen auf Metadaten zugreifen

Der Zugriff auf Metadaten ist aber nicht nur Adobe-Bordmitteln vorbehalten. Auch mit Hilfe selbst geschriebener Programme und Skripte können Sie auf diese Daten zugreifen. Am komfortabelsten ist dies über die Photoshop Scripting API möglich, die wir im Kapitel »Automatisieren« ab Seite 387 näher besprechen. Allerdings kommt der Einsatz der API nicht immer infrage, schließlich ist ihre Nutzung an die Installation von Photoshop gebunden.

Besonders für die Nutzung von Metadaten im Internet ist natürlich eine von Photoshop unabhängige, in möglichst allen serverseitigen Programmiersprachen implementierbare Zugriffsmöglichkeit auf Metadaten interessant. Die gute Nachricht: Jede Skriptsprache, die Leseoperationen von binären Dateien unterstützt und über passable Analysefunktionen für Zeichenketten (ideal: XML-Parser) verfügt, kann Metadaten aus Bildern auslesen. Darunter fallen beispielsweise PHP, Perl, Python, ASP sowie diverse Java- und C++-Lösungen. Neben guten Kenntnissen der jeweiligen Programmiersprache sollten Sie auch XML- und Dateiformate-Know-how mitbringen, wenn Sie in eigenen Skripten mit XMP-Metadaten arbeiten möchten.

Zunächst müssen wir klären, wie Photoshop (und alle anderen Adobe-Produkte) **Metadaten in Bilddateien speichern**. Diese Vorgehensweise ist in der XMP-Spezifikation von Adobe (kostenlos abrufbar unter http://www.adobe.com/products/xmp/main.html) ersichtlich.

Aufbau der XMP-Pakete

Die Metadaten werden in Form von XMP-Paketen binär im Datenstrom des jeweiligen Bildes gespeichert. An welcher Position die XMP-Pakete zu finden sind, hängt vom jeweiligen Dateiformat ab.

▶ Header

Jedes XMP-Paket besteht aus einem Header, der mit der XML Processing Instruction `<?xpacket begin="" id="7dhgjsdv7479"?>` den Beginn des XMP-Paketes signalisiert. Das Attribut begin enthält als einziges Zeichen das Unicode-Zeichen U+FEFF (geschütztes Leerzeichen), das durch seine Bytestruktur auf die Enkodierung des XMP-Dokuments schließen lässt (UTF-8, UTF-16 oder UTF-32). Vereinfacht gesagt, gilt es herauszufinden, ob ein Zeichen nun durch 1, 2 oder 4 Byte kodiert wird.

Anhand des Attributs id kann jedes XMP-Paket eindeutig identifiziert werden.

▶ Metadaten

Anschließend folgen die eigentlichen Metadaten, die im XML-basierten **RDF-Format** (Resource Description Framework) gespeichert sind. RDF-Dateien bestehen im Grunde aus Eigenschaften, die sich wiederum aus Bezeichnung und Wert zusammensetzen.

RDF wurde einerseits dafür konzipiert, Datenstrukturen wie Zeichenketten, Ganzzahlen oder Arrays ins XML-Format zu überführen und dabei deren Charakteristika wie Datentyp, Reihung etc. zu erhalten. Andererseits werden durch den Einsatz von Namensräumen (Namespaces) Doppeldeutigkeiten bei ähnlichen Datenbezeichnungen vermieden. Beispielsweise kann die Eigenschaft DateCreated (Erstellungsdatum) mehrere Bedeutungen haben: Ist damit der Zeitpunkt der Aufnahme eines Bildes gemeint oder jener Tag, an dem es zum ersten Mal in Photoshop gespeichert wurde? Beide Deutungen haben ihre Richtigkeit, weshalb es die Eigenschaften <photoshop:DateCreated> und <exif:DateCreated> geben kann. Die Bezeichnung zwischen < und : gibt den Namespace an, jene von : bis > den Namen der Eigenschaft. In der Metadaten-Palette werden die unterschiedlichen Namespaces durch verschiedene Kategorien (z.B. EXIF, IPTC) ersichtlich (siehe Listing 1).

▶ Padding

Der nächste Bestandteil eines XMP-Pakets sind 2–4 KB mit Leerzeichen gefüllte Zeilen (Padding). Dieser Leerraum sollte das rasche Editieren und Hinzufügen neuer Metadaten

```
<rdf:Description rdf:about='uuid:63051862-
5f02-11d8-ac84-d79cf1086ab3'
 xmlns:exif='http://ns.adobe.com/exif/1.0/'>
  <exif:ExposureTime>10/30</exif:ExposureTime>
  <exif:FNumber>28/10</exif:FNumber>
  <exif:ExposureProgram>5</exif:ExposureProgram>
  <exif:ExifVersion>0220</exif:ExifVersion>
  <exif:DateTimeOriginal>2003-11-08T22:46:53+01:00</exif:DateTimeOriginal>
  <exif:DateTimeDigitized>2003-11-08T22:46:53+01:00</exif:DateTimeDigitized>
  <exif:CompressedBitsPerPixel>2/1</exif:CompressedBitsPerPixel>
  <exif:ExposureBiasValue>0/10</exif:ExposureBiasValue>
  <exif:MaxApertureValue>30/10</exif:MaxApertureValue>
  <exif:MeteringMode>5</exif:MeteringMode>
  <exif:LightSource>0</exif:LightSource>
  <exif:FocalLength>63/10</exif:FocalLength>
</rdf:Description>
```

▲ **Listing 1**
Ausschnitt aus den EXIF-Metadaten im RDF-Format

```
<?php

$xmp_parsed = xmp_extract ("testbild.jpg",1);

function xmp_extract ($filename,$drucken=0){

 $fp = fopen($filename,"r");
 $source = fread ($fp, filesize($filename));
 $xmpdata_start = strpos($source,"<x:xmp-meta");
 $xmpdata_end = strpos($source,"</x:xmp-meta>");
 $xmplength = $xmpdata_end-$xmpdata_start;
 $xmpdata = substr($source,$xmpdata_start,$xmplength+12);
 $md = simplexml_load_string($xmpdata);
 if ($drucken == 1){
 print "<pre>";
 print_r ($md);
 print "</pre>";
 }
 return $md;
}
?>
```

▲ **Listing 2**
PHP-Skript zum Auslesen von Metadaten

02_dateien/
xmpparser.php

ermöglichen, ohne dass deswegen die gesamte Dateistruktur umgeschrieben werden muss.

▶ Trailer
Der letzte Teil eines XMP-Pakets ist der Trailer, der den Abschluss des Pakets bedeutet.
`<?xpacket end="w"?>`

PHP-Skript zum Auslesen von XMP-Metadaten

Nun wollen wir in PHP eine einfache Lösung zum Auslesen der Metadaten demonstrieren.

Dieses Skript (siehe Listing 2) besteht aus einer Funktion zum Auslesen von Metadaten, die mit dem Dateinamen des Bildes als Parameter aufgerufen wird. Der optionale Parameter $drucken bestimmt, ob die Metadaten auch gleich ausgegeben werden sollen.

```
simplexml_element Object
(
    [RDF] => simplexml_element Object
        (
            [Description] => Array
                (
                    [0] => simplexml_element Object
                        (
                            [ExposureTime] => 10/30
                            [FNumber] => 28/10
                            [ExposureProgram] => 5
                            [ExifVersion] => 0220
                            [DateTimeOriginal] => 2003-11-08T22:46:53+01:00
                            [DateTimeDigitized] => 2003-11-08T22:46:53+01:00
                            [CompressedBitsPerPixel] => 2/1
                            [ExposureBiasValue] => 0/10
                            [MaxApertureValue] => 30/10
                            [MeteringMode] => 5
                            [LightSource] => 0
                            [FocalLength] => 63/10
                            [FlashpixVersion] => 0100
                            [ColorSpace] => 1
                            [PixelXDimension] => 2048
                            [PixelYDimension] => 1536
                            [FileSource] => 3
                            [SceneType] => 1
                            [CustomRendered] => 0
                            [ExposureMode] => 0
                            [WhiteBalance] => 0
                            [DigitalZoomRatio] => 0/100
                            [SceneCaptureType] => 0
                            [GainControl] => 1
                            [Contrast] => 0
                            [Saturation] => 0
                            [Sharpness] => 0
                            [ISOSpeedRatings] => simplexml_element Object
                                (
                                    [Seq] => simplexml_element Object
```

▲ **Abbildung 18**
Strukturierte Ausgabe der Metadaten im Browser

Die Funktion liest zunächst die gesamte binäre Bilddatei per fread ein. Anschließend wird mit strpos in dem binären Datenstrom der Datei nach der Zeichenkette <x:xmpmeta gesucht, die den Beginn der XML-kodierten XMP-Metadaten signalisiert. Das Gegenstück dazu ist </x:xmpmeta>, welches das Ende der Metadaten bezeichnet. Nun haben wir die Positionen dieser beiden Zeichenketten im Byte-Strom ermittelt und können durch Abziehen der Start- von der Endposition die Länge des Metadaten-Strings ermitteln. Diesen Wert benötigen wir eine Zeile später, wo wir mit der

Funktion substr den Metadaten-String aus der Bilddatei »ausschneiden«. Den Wert 12 (xmp-length + 12) müssen wir dazu addieren, damit auch die Zeichenketten </x:xmpmeta> noch in den Metadaten-String aufgenommen wird.

Zur Auswertung der XML-Daten benutzen wir die neue PHP5-Erweiterung SimpleXML, welche die XML-Daten in PHP-Datenstrukturen überführt. Optional werden die Metadaten strukturiert ausgegeben, dies besorgt der Befehl print_r, der die hierarchischen Strukturen der Metadaten durch Einrückungen visualisiert. Um diese auch im Browser darstellen zu können, ist die Ausgabe als vorformatierter Text (<pre>-Tag) erforderlich.

Schließlich werden die Metadaten per return-Anweisung an das aufrufende Skript zurückgegeben. Abbildung 18 zeigt die strukturierte Ausgabe der Metadaten im Browser.

Bildsuche

Die an Bilder vergebenen Metadaten wären natürlich ohne eine Suchfunktion, die sie unterstützt, sinnlos. Deshalb hat Adobe in Photoshop CS eine Suchfunktion (Menü DATEI • SUCHEN im Dateibrowser) integriert, die anhand dieser Metadaten selbst in das größte Bilderchaos Ordnung bringen kann. Doch

Weiterführendes zu PHP
Da dies ein Photoshop-Buch ist, möchten wir hier nicht näher auf die PHP-Programmierung eingehen. Falls Ihnen ein Befehl unklar ist, können Sie ihn auf der PHP-Website (http://www.php.net) nachschlagen. Natürlich bietet dieses Skript noch viel Platz für Verbesserungen, z.B. könnte durch Optimierung für

bestimmte Bildformate die Dauer der Auswertung verkürzt werden. Nähere Informationen dazu finden Sie unter http://www.adobe.com/products/xmp/main.html. Dort gibt es auch zahlreiche Dokumente, welche die Integration von Metadaten mit Hilfe anderer Programmiersprachen beschreiben.

nicht nur nach Metadaten, auch nach diversen Dateiinformationen (Bildformat, Größe, Erstellungs-/Änderungsdatum) kann gefahndet werden. Durch die Kombination von Bildinformationen auf Betriebssystem- sowie auf Applikationsebene stellt die Suchfunktion eine mächtige Fahndungsmöglichkeit nach längst verloren geglaubten Bilddaten dar, die zudem auch für Novizen einfach zu bedienen ist.

Die Suchfunktion des Dateibrowsers arbeitet nämlich kriterienbasiert. Jedes Kriterium besteht aus einer Bildeigenschaft (z.B. BILDFORMAT), einer Beschränkung (z.B. IST NICHT) und einem Suchwert (z.B. GIF). Klicken Sie im Bereich KRITERIEN des Suchen-Dialogs auf das Plus-Icon ❶, so wird ein neues Kriterium erstellt, und Sie können mittels Drop-down- und Textfeldern ein Suchkriterium formulieren. Umgekehrt dient das Minus-Icon ❷ zum Löschen nicht benötigter Kriterien. Die Drop-down-Felder der Kriterien passen sich dynamisch der Bildeigenschaft an. Haben Sie beispielsweise ERSTELLUNGSDATUM ausgewählt, so können Sie beim Beschränkungswert zwischen IST, IST VOR und IST NACH wählen. Ein Textfeld beim Suchwert gestattet Ihnen die Eingabe eines Datums, wobei diese Angaben vor Durchführung der Suche natürlich auf ihre Plausibilität geprüft werden.

Nach folgenden Eigenschaften können Sie suchen:

- **Dateiname** – entspricht der Dateiname ganz oder in Teilen einem Suchwort?
- **Dateigröße** in Kilobytes
- **Erstellungsdatum** – Wann wurde das Bild als Datei am Datenträger angelegt?
- **Änderungsdatum** – Zeitpunkt der letzten Bearbeitung eines Bildes.
- **Dateityp**
- **EXIF-Daten**

▲ **Abbildung 19**
Suche mit mehreren Kriterien

- **Flagge** – Wurde das Bild mit einer permanenten Markierung (Flagge-Symbol) versehen?
- **Rang** – Welche Rangbezeichnung enthält das Bild?
- **Metadaten** – Suche in den Metadaten eines Bildes.
- **Stichwörter** – Suche nach bestimmten Stichwörtern, mit denen die Datei zuvor versehen wurde (siehe »Bilder mit Stichwörtern versehen«, Seite 42).
- **Beschreibung** – Suche im Beschreibungstext zu den Bildern.

Der Einsatz der letzten sechs Suchkriterien dieser Liste macht allerdings nur Sinn, wenn das gesuchte Bild zuvor im Dateibrowser mit den betreffenden Informationen versehen wurde. Zu den Ergebnissen der letzten Suche können Sie übrigens jederzeit zurückkehren, indem Sie den Ordner SUCHERGEBNISSE in der Speicherort-Auswahl oder in der Ordner-Palette anwählen.

Mit dem Plus-Icon können Sie pro Suche bis zu zwölf Kriterien erstellen, der Dialogbereich KRITERIUM wird dann um eine Eingabezeile erweitert. Diese Bedienmetapher ist zwar sehr intuitiv, hat aber den Nachteil, dass Sie keinen Einfluss auf die logische Verknüpfung der Suchbedingungen haben. Diese ist mit einem logischen UND vorgegeben. Besonders für die

Suche in Bildarchiven ist diese Beschränkung hinderlich: Sie können beispielsweise keine Suche nach Bildern durchführen lassen, die im Winter 2002 ODER im Winter 2003 entstanden sind. Möchten Sie also für einen Artikel in der Firmenzeitung Fotos von den Winter-Incentives der letzten fünf Jahre finden, müssen Sie fünf Suchvorgänge durchführen.

Leider ist der Dateibrowser auch nicht in der Lage, Suchabfragen zu speichern. Nicht einmal beim erneuten Aufruf des Suchen-Dialoges bleiben die zuletzt verwendeten Einstellungen erhalten: Der Dateibrowser manipuliert aus nicht nachvollziehbarem Grund Suchkriterien und ersetzt beispielsweise Datums- durch EXIF-Metadaten-Felder.

Ein weiterer Haken: Obwohl die datenträgerweite Suche nach Bildern möglich ist und sich durch die ALLE UNTERORDNER EINSCHLIESSEN-Option förmlich aufdrängt, hinkt die Such-Performance des Dateibrowsers stark hinter jener des Betriebssystems (Mac OS-Finder bzw. Windows Explorer) her. Was nicht weiter verwunderlich ist, denn die Betriebssysteme suchen mit Hilfe des Datenträger-Index, in dem alle gespeicherten Dateien verzeichnet sind, während der Dateibrowser alle Verzeichnisse »abgrasen« und bei bestimmten Suchattributen auch Teile der Dateien einlesen muss.

Welch gravierende Performance-Unterschiede dabei entstehen, zeigte unser Test (alle JPEG-Dateien auf einer 33,6 GB-Platte finden, 800 MHz-G4 mit 768 MB RAM unter Mac OS 10.2.4). Während der Finder diese Aufgabe in einer knappen Minute bewältigt hatte, konnte der Dateibrowser in 20 Minuten erst 25 % der Platte durchforsten. Unter Windows konnten wir ähnliche Ergebnisse verzeichnen.

Fazit: »Einfache« Suchabfragen (Dateityp, Erstellungs-/Änderungsdatum) erledigt man besser mit den Werkzeugen des Betriebssystems, bei Sonderaufgaben (Suche nach Metadaten, sofortige Weiterverarbeitung der gefundenen Dateien) ist der Photoshop-Dateibrowser die bessere Wahl. Ein weiterer Vorteil des Dateibrowsers sind natürlich die erweiterten Vorschaumöglichkeiten. Wenn Sie den Dateibrowser für die Suche einsetzen, sollten Sie die zu durchsuchenden Verzeichnisse möglichst genau eingrenzen.

Bei aller Kritik sollen aber die Vorteile der neuen Suchfunktion nicht zu kurz kommen. Wie schon oben angekündigt, kann sie vor allem bei Bilderchaos für Ordnung und Übersicht sorgen. Gängigstes Beispiel dafür sind achtlos von der Digitalkamera auf den Rechner kopierte Bilder mit fortlaufenden, kryptischen Dateinamen wie DSC04832.JPG. Beschränkt man sich auf die vom Betriebssystem unterstützten Suchfunktionen, wird man wenige Chancen auf Erfolg haben. Zwar kann das Suchergebnis mittels Erstellungsdatum und Dateityp auf eine bestimmte Zeitspanne und ein festgelegtes Bildformat begrenzt werden, doch bei größeren Bildarchiven, zu denen mehrere Fotografen beigetragen haben, stoßen Sie damit rasch an die Grenzen. Eine Suche mit Hilfe von Metadaten verspricht wesentlich mehr Erfolg. Die Suchkriterien EXIF-METADATEN und ANDERE METADATEN erlauben das Aufspüren beliebiger Metadaten-Werte in Bildern, beispielsweise das Kameramodell, die Belichtungszeit oder der Name einzelner Bearbeitungsschritte im Verlaufsprotokoll. Leider können Sie nur bestimmen, ob ein Metadaten-Wert im gesuchten Bild enthalten oder nicht enthalten sein soll – alle Bilder mit einer Verschlussgeschwindigkeit kürzer als 1/60 Sekunde können Sie (noch) nicht finden.

▲ Abbildung 20
Mit diesen Einstellungen werden alle JPEG-Bilder gefunden, die zwischen 3. Januar 2002 und 3. Dezember 2003 von einer Sony-Digitalkamera fotografiert wurden.

▲ Abbildung 21
Einigen dieser Kartenausschnitte steht die Schärfung noch bevor.

Bilder finden, die von einer bestimmten Kamera aufgenommen wurden

Sollten Sie tatsächlich vor oben beschriebener Situation stehen, empfiehlt es sich zunächst, neben dem Erstellungsdatum und dem Dateityp in den Metadaten nach einem bestimmten Kameramodell zu suchen. Formulieren Sie daher die Suchkriterien wie in Abbildung 20 gezeigt.

In den EXIF-Metadaten wird der Name des Digitalkamera-Herstellers gesucht. Damit schließen Sie JPEG-Bilder aus, die zwar im gewählten Zeitraum entstanden sind, aber nicht von Ihrer Digitalkamera stammen. »Normale« JPEG-Bilder enthalten keine EXIF-Metadaten.

Bereits bearbeitete Bilder aufspüren

Ein weiteres gängiges Problem: Sie sollten eine Reihe von Bildern schärfen, werden aber mitten in dieser Tätigkeit für ein anderes Projekt abgezogen. Nach drei Tagen möchten Sie mit dem Schärfen fortfahren, wissen aber nicht, welche Dateien bereits bearbeitet wurden.

Bisher mussten Sie alle Bilder in Originalgröße betrachten, um den Bearbeitungsstand zu ermitteln (dezente Schärfungen sind in den Dateibrowser-Miniaturen nicht erkennbar). Mit der neuen Verlaufsprotokoll-Funktion von Photoshop CS hat diese Quälerei ein Ende. Nun können Sie in den Metadaten der Bilder gezielt nach dem Namen des Filters UNSCHARF MASKIEREN suchen, um die bereits bearbeiteten Bilder zu ermitteln (Abbildung 21–23).

Allerdings müssen Sie zuvor in den allgemeinen Photoshop-Voreinstellungen die Option VERLAUFSPROTOKOLL aktivieren und darunter den Radio-Button PROTOKOLLEINTRÄGE SPEICHERN IN METADATEN bestätigen. Damit werden all Ihre Bearbeitungsschritte in den Metadaten des Bildes aufgezeichnet.

Mit dem Drop-down-Feld BEARBEITUNGSPROTOKOLLEINTRÄGE können Sie die Genauigkeit der Einträge justieren. NUR SITZUNGEN zeichnet nur das Öffnen, Speichern und Schließen von Bildern auf, KURZ protokolliert alle Namen der erfolgten Bearbeitungsschritte, und DETAILLIERT speichert zusätzlich erweiterte Angaben zu den Bearbeitungsschritten (z.B. die Einstellungen eines Filters).

Um nach diesen Metadaten zu suchen, wählen Sie das Suchkriterium ANDERE METADATEN. Sollten alle unbearbeiteten Bilder an-

02_dateien/
suchen

▲ **Abbildung 22**
Die Datei 004.tif wurde bereits scharf gezeichnet.

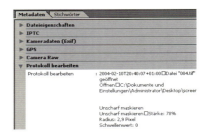

▲ **Abbildung 23**
Der Beweis: In den Metadaten Protokoll bearbeiten von 004.tif erscheint der Filter Unscharf maskieren.

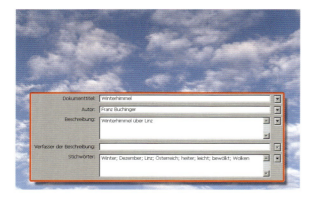

▲ **Abbildung 24**
Die an das Dokument vergebenen Beschreibungen

▲ **Abbildung 25**
Erfolgreiche Suche in der Version Cue-Umgebung

gezeigt werden, stellen Sie die Suchbeschränkung auf Enthält nicht. Als Suchwert geben Sie dann den Namen des noch anzuwendenden Bearbeitungsschritts (in diesem Fall der Filter Unscharf maskieren) an.

Mit Blitzlicht aufgenommene Bilder ausfindig machen

Auch zur zeitsparenden Nachbearbeitung großer Bildmengen können Sie die Metadaten-Suche verwenden: Lassen Sie Photoshop in den EXIF-Metadaten nach dem Wort »Ausgelöst« suchen, dann sollten alle Fotos im Suchergebnis aufscheinen, bei denen das Blitzgerät im Einsatz war (vorausgesetzt, Ihre Digitalkamera unterstützt die EXIF-Version 2.1 oder höher). Da der Blitz vor allem bei Porträtaufnahmen für ein »Spitzlicht-Gewitter« berüchtigt ist (stark überbelichtete Gesichtsbereiche, die durch Reflexion des Blitzlichts entstehen), haben Sie so mögliche »Problemkinder« in Ihrer digitalen Bilderkollektion isoliert und können sie einer optimierten Behandlung unterziehen; beispielsweise mit dem neuen Tiefen-/Lichter-Filter, den wir im Kapitel »Farb- & Tonwertkorrektur« ab Seite 319 näher besprechen.

Mit Version Cue in Metadaten suchen

Auch innerhalb von Version Cue haben Sie Zugriff auf die in den Projektdateien gespeicherten Metadaten. Wenn Sie innerhalb des Dialogs DATEI • ÖFFNEN in die Version Cue-Umgebung wechseln, erscheint eine Tab-Leiste. Diese enthält u.a. den Eintrag SUCHEN. In diesem Tab finden Sie das Textfeld PROJEKT DURCHSUCHEN NACH. Geben Sie hier einen Begriff ein, werden sämtliche Metadaten der Projektdateien nach Treffern durchsucht. Ich habe das Bild eines Winterhimmels (Abbildung 24) mit einigen Schlagwörtern und einer aussagekräftigen Bildbeschreibung versehen. Nachdem ich es in einem Version Cue-Projekt gespeichert habe, konnte ich mit der Metadaten-Suchfunktion von Version Cue das Bild mit dem Suchwort »Linz« problemlos wiederfinden. Voraussetzung zum Nachvollziehen dieses Beispiels ist natürlich die Aktivierung von Version Cue und das Anlegen eigener Projekte. Näheres dazu erfahren Sie ab Seite 360.

Blitzlicht-Autokorrektur

In diesem Workshop wollen wir ein leidiges Problem von Viel-Fotografierern lösen: Aufnahmen, die durch zu starkes Blitzlicht »verblendet« wurden. Die Metadaten-Suche in Kombination mit einer Korrektur-Aktion wird uns bei der automatisierten Behebung dieses Problems helfen.

1. Erstellen der Aktion

Zunächst müssen wir die Blitzlicht-Autokorrektur-Aktion erstellen. Öffnen Sie dazu ein Bild mit dominantem Blitzlicht oder die Dateien unter 02_dateien/blitzlicht, und aktivieren Sie die Aktionen-Palette. Klicken Sie auf den Aufzeichnen-Button, und führen Sie folgende Schritte aus:

Blenden Sie die Kanäle-Palette ein, und klicken Sie bei gedrückter ⌘/Strg-Taste auf den RGB-Kanal, um seine Luminanz zu laden. Anschließend duplizieren Sie die Bildebene mit ⌘/Strg + J und klicken auf das Ebenenmasken-Icon, um eine Luminanzmaske zu erstellen. Nun müssen Sie nur noch den Ebenenmodus auf FARBIG NACHBELICHTEN und die DECKKRAFT auf etwa 80 % stellen, dann werden die vom Blitz überhellten Stellen abgedunkelt, während dunklere Bildbereiche weitgehend verschont bleiben.

Abschließend können Sie die Ebenen mit ⌘/Strg+E *miteinander verschmelzen und auf* SPEICHERN UNTER *klicken. Hier wählen Sie das gewünschte Bildformat aus. Beenden Sie das Aufzeichnen der Aktion durch Klick auf den Stopp-Button.*

2. Blitzbilder aufspüren

Die Suchfunktion des Dateibrowsers leistet uns beim Aufspüren der Blitzbilder unschätzbare Dienste. Wählen Sie als Suchkriterium EXIF-ME-TADATEN, *als Verknüpfung* ENTHÄLT *und als Bedingung* AUSGELÖST. *Damit spürt Photoshop alle Bilder auf, bei denen der Blitz ausgelöst wurde.*

3. Suchergebnis analysieren

Betrachten Sie das Suchergebnis in der Miniaturansicht, und wählen Sie jene Bilder aus, die einer Belichtungskorrektur bedürfen. Hierfür bietet sich die bereits besprochene Flagge-Funktion des Dateibrowsers an. Nachdem Sie die unmarkierten Dateien über das EINBLENDEN-*Popup ausgeblendet haben, können Sie alle gewünschten Dateien mit* Strg/⌘ + A *markieren und über das Kontextmenü den Dialog* STAPELVERAR-BEITUNG *aufrufen.*

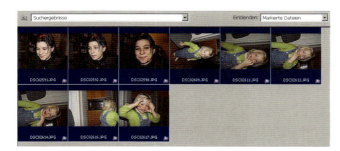

4. Stapelverarbeitung

*Hier wählen Sie die zuvor erstellte Aktion aus und bestimmen einen Ausgabeordner für die korrigierten Dateien. Als Quelle muss natürlich der Dateibrowser ausgewählt werden, zudem muss die Option "*SPEICHERN UNTER*" IN* AKTIONEN ÜBERSCHREIBEN *aktiv sein. Nur so können Sie den Speicherort und die Namen der Zieldateien bestimmen. Aus der Rückenlehne Ihres Schreibtischsessels heraus können Sie nun verfolgen, wie Photoshop zehn, 20 oder gar 100 überbelichtete Bilder auf einen Schlag korrigiert und speichert.*

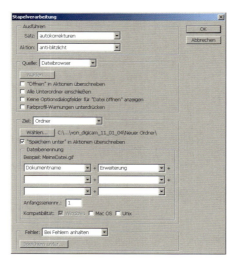

▲ **Abbildung 26**
Diese Bilder wurden in einem Scanvorgang erfasst ...

▲ **Abbildung 27**
... und dann mit FOTOS FREISTELLEN UND GERADE AUSRICHTEN auf verschiedene Dateien verteilt.

Effizienter Bildimport

Neben den hinlänglich bekannten Möglichkeiten, Bilder in Photoshop zu öffnen, bieten sich für besondere Bildquellen spezielle Importfunktionen in Photoshop an, die besonders bei größeren Bildmengen einiges an Zeit und Nerven sparen.

Fotos freistellen und gerade ausrichten

Das Scannen größerer Bildmengen war bisher eine (un-)dankbare Beschäftigung für Praktikanten oder verregnete Sonntage. Mit der neuen Funktion FOTOS FREISTELLEN UND GERADE AUSRICHTEN macht Photoshop leider/Gott sei Dank diesen Dauerzeitvertreib zunichte. Nun können Sie so viele Fotos wie möglich auf die Glasscheibe Ihres Scanners platzieren und nach erfolgtem Scan in Photoshop die Funktion FOTOS FREISTELLEN UND GERADE AUSRICHTEN auswählen (Menü DATEI • AUTOMATISIEREN).

Dieser fast schon selbsterklärende Befehl versucht die einzelnen Bilder aus dem Scan zu isolieren, gerade auszurichten und in separate Dateien zu verfrachten. Dies klappt sehr gut, wenn Sie genügend Platz zwischen den Bildern lassen und in den Bildern keine durchgehenden weißen Flächen enthalten sind. Diese Flächen beschneidet die Funktion nämlich, um die Bilder freizustellen. Außerdem sollten die Bilder möglichst gerade gescannt werden. Aus unerklärlichen Gründen verschluckt FOTOS FREISTELLEN UND GERADE AUSRICHTEN manchmal ein oder zwei Bilder, weshalb Sie die Resultate dieser Funktion immer kontrollieren sollten (Abbildung 26/27).

02_dateien/
alte_bilder.psd

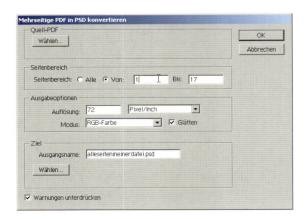

▲ Abbildung 28
Als Quelle wird eine PDF-Datei gewählt, diese wird in eine PSD-Datei mit mehreren Ebenen umgewandelt.

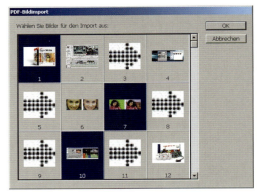

▲ Abbildung 29
Das Dialogfeld PDF-BILDIMPORT

Mehrseitige PDF-Dateien öffnen

Etwas versteckt findet man im Menü DATEI • AUTOMATISIEREN den Eintrag MEHRSEITIGE PDF IN PSD (Abbildung 28). Über diesen Menüpunkt können beliebige PDF-Dateien (sofern diese nicht geschützt sind) in PSD-Dateien umgewandelt werden. Photoshop liest dabei die PDF-Datei, die über den Button QUELL-PDF angegeben wird, seitenweise aus der PDF-Datei ein und speichert diese unter dem Ausgabenamen, der über das Eingabefeld ZIEL definiert wird, seitenweise als separate PSD-Dateien ab. Die zugehörigen Rasterungseinstellungen können über den Dialogteil AUSGABEOPTIONEN getroffen werden.

PDF-Bilder importieren

Nicht nur gesamte PDFs kann Photoshop öffnen, das Programm ist auch in der Lage, einzelne Bilder aus diesen Dateien zu extrahieren. Sofern die Schutzmechanismen des PDF diesen Prozess nicht verbieten, können Sie unter DATEI • IMPORTIEREN • PDF-BILD ein oder mehrere Bilder aus einem PDF extrahieren. Nachdem Sie das entsprechende Dokument ausgewählt haben, erscheint eine Übersicht der darin enthaltenen Bilder. Aus dieser Ansicht gewählte Bilder werden anschließend in Photoshop geöffnet (Abbildung 29).

Verbesserungen bei den Dateiformaten

Photoshop CS kann auch bei den unterstützten Dateiformaten mit einigen Novitäten aufwarten. Neu an Bord sind das Camera RAW-Format sowie die JPEG 2000-Unterstützung, beide waren in der Vorgängerversion nur über kostenpflichtige Plug-ins integrierbar.

Camera RAW – das digitale Negativ

Viele Profi-Fotografen stehen Digitalkameras skeptisch gegenüber, da sie sich von ihnen entmündigt fühlen. Tatsächlich erweist sich eine Digitalkamera als stures Wesen, wenn man versucht, selbst die Kontrolle über das aufgenommene Bild zu übernehmen. Essenzielle Funktionen wie Weißabgleich oder Scharfstellungsmethoden sind meist hinter kryptischen Knöpfchen oder rätselhaften On Screen-Menüs verborgen. Ein nicht unwesentlicher Teil der Bildmanipulation passiert aber nicht während, sondern nach der Aufnahme. Zwischen den Farbinformationen, die der CCD-Chip der Digitalkamera wahrnimmt, und dem Bild, das danach auf die Speicherkarte gebannt wird, liegen oft Welten. Dazwischen werden die Bilder einem wahren Bearbeitungsmarathon unterzogen: automatischer Weißabgleich, Schärfung oder gar Konvertierung in einen anderen Farbraum. Natürlich hinterlässt auch die JPEG-Komprimierung Spuren im Bild: Sie eliminiert die Hälfte der Farbinformation aus dem Bild (4:2:2-Abtastung in YUV) und greift mittels DCT-Quantisierung in Bilddetails ein.

Zwar lassen sich manche dieser »intelligenten Assistenten« in den Einstellungsmenüs der Digitalkamera deaktivieren, doch die Verarbeitung der CCD-Daten zum fertigen Bild bleibt dennoch eine »Black Box«.

Teurere Digitalkameras verfügen daher über die Möglichkeit, Bilder in einem RAW-Format zu speichern. Dabei werden die von den CCD-Chips der Kamera empfangenen Farbinformationen unbearbeitet auf die Speicherkarte geschrieben – quasi als »digitales Negativ«. Der Vorteil für den ambitionierten Fotografen: Er muss keine Zeit dafür verwenden, die von der Digitalkamera ins Bild eingearbeiteten Macken (schlechte Scharfzeichnung, unpassender Weißabgleich) zu eliminieren, sondern kann mit den hochwertigen Farbkorrektur-Werkzeugen von Photoshop eine gezielte Nachbearbeitung vornehmen.

Neben dem erhöhten Speicherverbrauch (RAW-Files werden unkomprimiert auf die Speicherkarte geschrieben) hatten Camera RAW-Bilder bis jetzt vor allem einen Nachteil: Camera RAW bezeichnet eine Speichermethode, aber kein standardisiertes Dateiformat. Hier kocht jeder Digitalkamera-Hersteller sein eigenes Süppchen. Außerdem unterstützen nur teurere Digitalkameras dieses Format.

Deshalb entschloss sich Adobe, die Camera RAW-Unterstützung angesichts der kleinen, aber investitionsfreudigen Zielgruppe nicht in Photoshop 7 zu integrieren, sondern als kostenpflichtiges Plug-in anzubieten. In Photoshop CS ist die Camera RAW-Unterstützung fix dabei – wohl auch, um den Nutzerkreis von Camera RAW von Profi-Fotografen mit entsprechender Ausrüstung auf anspruchsvolle Bildbearbeiter zu erweitern.

Allerdings werden nicht alle Camera RAW-Formate von Photoshop unterstützt, unter http://www.adobe.com/products/photoshop/Camera RAW.html gibt es eine vollständige Liste aller Digitalkameras, deren Camera RAW-Bilder von Photoshop gelesen werden können.

Ist Ihr Modell nicht dabei, sollten Sie diese Seite trotzdem im Auge behalten. Die Liste der unterstützten Modelle wird kontinuierlich erweitert. Um die Camera RAW-Fähigkeiten Ihrer Photoshop-Installation zu verbessern, können Sie das kostenlose Camera RAW-Update für Photoshop CS downloaden, das ebenfalls unter http://www.adobe.com/products/photoshop/Camera RAW.html verfügbar ist. Zum Zeitpunkt der Drucklegung dieses Buches ist das Camera RAW-Update 2.2 aktuell. Es unterstützt immerhin einige Dutzend Digitalkameramodelle von 13 verschiedenen Herstellern.

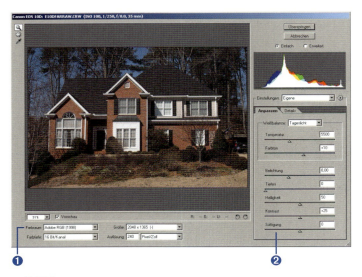

▲ **Abbildung 30**
Der Camera RAW-Importdialog

Camera RAW in Photoshop
Öffnen Sie ein Camera RAW-Bild (erkennbar an der Extension .CRW) in Photoshop, so wird automatisch der Importdialog für dieses Bildformat eingeblendet. Unterhalb des Vorschaubildes können Sie die grundlegenden Verarbeitungsparameter wie FARBRAUM ❶ (hierzu beachten Sie bitte unser Kapitel »Farbmanagement« ab Seite 172), FARBTIEFE, GRÖSSE und AUFLÖSUNG einstellen. Grundsätzlich sollten

Camera RAW-Bilder immer mit 16 Bit Farbtiefe geöffnet werden, um den höheren Farbumfang des Bildes auch bei späteren Farbkorrekturen nutzen zu können.

Richtig spannend wird es aber erst mit den Reglern im ANPASSEN-Reiter ❷. Damit können Sie die Farbgebung des Bildes ganz Ihren Intentionen bei der Aufnahme anpassen. Für optimale Resultate sollten Sie die Einstellungen der Reihenfolge nach vornehmen: Beginnen Sie mit der Weißbalance bzw. der Farbtemperatur, und regeln Sie erst dann die Werte für Belichtung, Tiefen und Helligkeit.

Der Regler TEMPERATUR bestimmt die bei der Aufnahme herrschende Farbtemperatur, die in Kelvin gemessen wird. Durch die Anpassungsfähigkeit des menschlichen Auges erscheint uns Tageslicht fast durchwegs weiß, obwohl es in Wirklichkeit durch die unterschiedlichen Sonnenstände von Stunde zu Stunde in Helligkeit und Farbe differiert. Kameras besitzen keinen solchen Adaptionsmechanismus, weshalb Sie Photoshop mitteilen müssen, unter welchen Lichtverhältnissen das Bild entstanden ist. Andernfalls droht ein Farbstich im Bild.

In der Tabelle sehen Sie eine Aufstellung mit den Farbtemperaturen gängiger Lichtquellen.

Mit dem Regler FARBTON können Sie eine Feinabstimmung der Weißbalance durchführen, um eventuell noch vorhandene Farbstiche zu eliminieren. Die Farbtemperaturen sind nämlich nur Richtwerte, die je nach Aufnahmesituation schwanken können. Bewegen Sie den Regler nach links, so werden die Grünanteile des Bildes verstärkt, die umgekehrte Richtung bewirkt eine Verstärkung der Magentaanteile.

Die Kombination von Farbtemperatur und Farbton stellt aber nur eine Möglichkeit dar,

Farbtemperaturen gängiger Lichtquellen

Lichtquelle	Temperatur (Grad Kelvin)
Kerzenlicht	1000
Kunstlicht	3200
Neonlicht	4500–5500
Tageslicht (vor-/nachmittags)	> 5600
Tageslicht zur Mittagszeit	> 10000

▲ Abbildung 31
Normale Belichtung

▲ Abbildung 32
Belichtung um drei Blenden erhöht

die Weißbalance des Bildes einzustellen. Sie können auch mit dem Weißbalance-Werkzeug an eine Stelle im Bild klicken, die entweder weiß oder neutral grau (R-, G- und B-Komponente besitzen denselben Wert) sein sollte. In unserem Bild wären dies beispielsweise die weißen Fensterläden. Photoshop justiert dann automatisch die Weißbalance und passt die Werte für FARBTEMPERATUR und FARBTON an.

Die folgenden fünf Regler befassen sich mit der Tonwertkorrektur.

Mit der BELICHTUNG können Sie die Helligkeit von Bildern in Form von Blendenwerten nachjustieren. Größere Blendenwerte bewirken ein helleres, geringere Blendenwerte ein dunkleres Bild. Halten Sie [Alt]/[⌥] gedrückt, während Sie am Belichtungsregler ziehen, so werden nur die hellsten Bildbereiche angezeigt (Helligkeitswert 255 in einem oder mehreren RGB-Kanälen). Sie können diese Anzeige nutzen, um bestimmte Bildbereiche gezielt zu übersteuern. Diesen Bereichen wird reines Weiß zugeordnet, und sie enthalten keine Zeichnung. Solche Übersteuerungen sind beispielsweise beim Foto einer eingeschalteten Lampe sinnvoll. Um den gleißenden, alles überdeckenden Lichtschein zu simulieren, könnte man den inneren Lichtkegel bewusst nach Weiß übersteuern lassen (Abbildung 31/32).

Mit dem Regler TIEFEN legen Sie die genau entgegengesetzte Einstellung fest: Damit wird bestimmt, welchen Bildbereichen Schwarz zugeordnet wird. Verschieben Sie den Regler nach rechts, erhält das Bild durch den höheren Schwarzanteil mehr Kontrast. Allerdings werden damit dunkle Bereiche beschnitten, in ihnen ist keine Zeichnung mehr erkennbar. Haben Sie beispielsweise ein Kohlenstück auf einem dunklen Fußboden fotografiert, so wird das Kohlenstück nach Anhebung des Schwarzanteils nicht mehr erkennbar sein, da die ganze Fläche schwarz eingefärbt ist (Abbildung 33–35).

Der Regler HELLIGKEIT passt die Gesamthelligkeit des Bildes an. Im Unterschied zur Be-

◄ Abbildung 33
Neutrale Tiefen

▲ Abbildung 34
Stärkere Tiefen mit leichten Übersteuerungen –
nicht alle Dachziegel sind noch erkennbar.

◄ Abbildung 35
Die Dachziegel sind aufgrund der übersteuerten
Tiefen kaum sichtbar.

lichtung wird das Bild dabei nicht in hellen oder dunklen Bereichen beschnitten. Stattdessen werden je nach Helligkeitseinstellung entweder die dunklen oder hellen Bildbereiche komprimiert, d.h., die Abstufungen zwischen den Abstufungen werden verringert. Die Regler KONTRAST und SÄTTIGUNG sind aus der Farbkorrektur hinlänglich bekannt und bedürfen hier wohl keiner weiteren Erläuterung.

Der Kartenreiter DETAILS beglückt uns noch mit Reglern zur Bildschärfung, Luminanzglättung und Farbstörungsreduktion. Bildschärfung ist eine intelligente Abwandlung des Filters UNSCHARF MASKIEREN. Aufgrund verfügbarer Metadaten (Kameramodell, Belichtungskompensation, ISO-Werte) berechnet Photoshop den idealen Schwellenwert für die Scharfzeichnung, um nur Bilddetails und nicht etwa das Bildrauschen zu schärfen. Mit dem Regler wird nur mehr die Stärke der Scharfzeichnung festgelegt. Grundsätzlich sollte eine Scharfzeichnung aber immer als letzter Bearbei-

◄ **Abbildung 36**
In diesem Bild verursachte die chromatische Aberation rote Farbsäume an den Motivkonturen.

▲ **Abbildung 37**
Vignette-Effekt – Schatten des Objektivgehäuses dunkeln die Bildränder ab.

tungsschritt erfolgen. Möchten Sie das Bild in Photoshop weiterverarbeiten, sollten Sie auf die Scharfzeichnung verzichten.

Die Regler LUMINANZGLÄTTUNG und FARBSTÖRUNGSREDUKTION versuchen, das Bildrauschen in den Griff zu bekommen. Während die Luminanzglättung im Prinzip durch selektive Weichzeichnung des Helligkeitskanals Herr über das Graustufenrauschen werden will, versucht die Farbstörungsreduktion Ähnliches mit den Chrominanzkanälen. Fazit: Der Preis für die Reduktion des Rauschens ist ein Verlust an Scharfzeichnung. Die Farbstörungsreduktion ist ein minder schwerer Eingriff in die Bildqualität, da die menschliche Wahrnehmung Farbinformation im Vergleich zur Helligkeit eher nachrangig behandelt. Subjektiv betrachtet ergibt sich durch die Eliminierung des Farbrauschens sogar eine bessere Bildqualität.

Der **erweiterte Modus** bietet zusätzlich Korrekturfunktionen für gängige Linsen- und Objektivfehler (sinnigerweise im Register BLENDE).

Bei der **chromatischen Abberation** (Abbildung 36) lenkt das Objektiv verschiedene Frequenzbereiche (= Farben) des Lichtes unterschiedlich stark ab. Üblicherweise versucht man diesen an sich natürlichen Effekt durch Kombination verschiedener Linsentypen zu eliminieren. Um den realen Farbeindruck des Fotos in der Kamera wiederzugeben, müssen sich die drei Lichtfarben Rot, Grün und Blau wieder in einem Punkt treffen. Andernfalls drohen Farbsäume auf dem Foto. Mit dem Camera RAW-Modul können Sie Rot-Cyan- (R/C-Regler) bzw. Blau-Gelb-Farbsäume (B/G-Regler) neutralisieren.

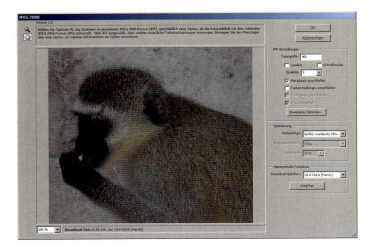

▲ **Abbildung 38**
Der JPEG 2000-Exportdialog

Software/
lurawave
JPEG 2000
Photoshop-
Plug-In (Demo)

Ein weiterer gängiger Objektivfehler ist der Vignette-Effekt (Abbildung 37). Dabei kommt es zur Abdunklung von Bildrändern, die bei Objektiven mit hoher Brennweite durch das lange Objektivgehäuse hervorgerufen werden. Das Camera RAW-Modul kann diese Abdunklungen weitgehend kompensieren und die ursprüngliche Helligkeit des Bildes wiederherstellen.

JPEG 2000

Neben der Camera RAW-Unterstützung machte Adobe auch das JPEG 2000-Format kostenfrei in Photoshop CS zugänglich. Um in den Genuss dieses innovativen Dateiformats zu kommen, ist freilich etwas Fleißarbeit vonnöten: Das JPEG 2000-Plug-in JPEG 2000.8BI muss von der Installations-CD nachträglich in den Ordner Zusatzmodule\Adobe Photoshop Only\Dateiformat kopiert werden. Danach steht im Dialog SPEICHERN UNTER das JPEG 2000-Format zur Verfügung.

Im Vergleich zum merklich angegrauten JPEG-Format bringt JPEG 2000 einige Verbesserungen:

Das **Kompressionsverfahren** wurde von DCT (Discrete Cosinus Transformation) auf DWT (Discrete Wavelet Transformation) umgestellt. Beide Verfahren teilen das Bild in quadratische Blöcke. Durch Verringern mit Hilfe von Farbangleichungen innerhalb dieser Blöcke und anschließende Komprimierung wird die Dateigröße gesenkt. Während JPEG eine fixe Blockgröße von 8 x 8 Pixel vorgibt, kann sie bei JPEG 2000 frei gewählt werden. Dadurch können störende Mosaikmuster bei höheren Kompressionsgraden unterbunden werden.

Die Frage nach der besseren Bildqualität ist schwer, weil nur subjektiv beantwortbar: In der Fachliteratur finden sich zwar Statements wie »Ein JPEG-Bild benötigt bei gleicher Qualität doppelt so viel Speicherplatz wie ein JPEG 2000-Bild«, doch diese Aussagen werden häufig mit sehr weltfremden Versuchsreihen belegt: Oder haben Sie schon mal versucht, ein Bild auf ein Zweihundertstel seiner Ausgangsgröße zu komprimieren? Unter derartigen Extrembedingungen mag die obige Feststellung stimmen, doch in der Praxis relativiert sich der scheinbar übermächtige Qualitätsvorteil von JPEG 2000.

JPEG 2000 unterstützt außerdem die Definition »**sensibler Bereiche**« (ROIs = Regions of Interest), in denen der Kompressionsgrad zugunsten der Bildqualität reduziert werden kann (Abbildung 39). Paradebeispiel für solche Bereiche sind Textelemente in Fotos, die bei starker JPEG-Kompression nahezu unlesbar werden. Die Definition sensibler Bereiche erfolgt per Alpha-Kanal. Mit einem eigenen Verbessern-Regler können Sie bestimmen, wie

◄ **Abbildung 39**
Regions of Interest extrem: Der obere Teil dieses Textes wurde per Alpha-Kanal als ROI definiert, der untere durch zu starke Kompression kaum lesbar.

Abbildung 40 ►
Die erweiterten JPEG-Optionen

stark die »Kompressionsschraube« gelockert werden soll. Allerdings geht diese Einstellung zulasten der Qualität im übrigen Bild.

JPEG 2000 ist ideal für **internet-fähige, mobile Endgeräte**, da der Betrachter nicht auf die Übertragung der gesamten Datei warten muss, um das Bild zu betrachten. Die ersten geladenen Kilobytes ergeben ein grobes Vorschaubild, das sich mit der übertragenen Datenmenge verbessert. Übertragungsfehler machen nicht das gesamte Bild unbrauchbar, sondern wirken sich nur auf einen beschränkten Bildbereich aus.

Optional können Sie mit JPEG 2000 auch verlustfrei speichern.

Photoshop ermöglicht das Speichern im Standardformat JP2 und im erweiterten Format JPF (unterstützt zusätzlich die Einbettung von Metadaten und Farbprofilen).

In den Einstellungsfeldern des Dialogs (Abbildung 38) können Sie beispielsweise die gewünschte Dateigröße festlegen, an welche die Qualitätsstufe angepasst wird. Natürlich ist auch die umgekehrte Vorgangsweise möglich. Die Optionen METADATEN EINSCHLIESSEN und FARBEINSTELLUNGEN EINSCHLIESSEN legen die mitgespeicherten Zusatzinformationen fest.

Über das Auswahlfeld REIHENFOLGE können Sie steuern, wie sich das Bild während des Ladevorgangs verhält. Über die Herunterladen-Vorschau kann der Ladevorgang bei einer vorgegebenen Datenrate (z.B. GPRS-Handy) simuliert werden.

Unter INTERESSENBEREICH können Sie einen im Bild enthaltenen Alpha-Kanal angeben, der »sensible« Bildbereiche festlegt, die weniger stark komprimiert werden. Das Einstellungsfeld VERBESSERN definiert die Bildqualität für diese Region.

In den ERWEITERTEN OPTIONEN (Abbildung 40) hat wieder einmal der Adobe-Übersetzungsteufel zugeschlagen: WAVELET wurde mit »Kleine Welle« eingedeutscht, auch der Begriff KACHEL (für das englische Tile) ist verwirrend, von EINHALTUNG ganz zu schweigen.

Im Unterschied zu JPEG, das die Bilder vor der Kompression in 8 x 8 Pixel große Blocks einteilt, sind Sie bei JPEG 2000 an keine fixe Blockgröße gebunden. Dies ist besonders bei feinen Bilddetails mit größeren Farbunterschieden (Haarbüschel, Schachbrett-Muster ...) von Vorteil. Bei der normalen JPEG-Komprimierung treten hier schnell hässliche Artefakte (Moskito-Rauschen) zutage, da die Blockstruktur des Bildes sichtbar wird. Bei JPEG 2000

▲ **Abbildung 41**
Ausschnitt aus einem JPEG-Bild (Qualitätseinstellung 30, Größe 46 KB)

▲ **Abbildung 42**
Ausschnitt aus einem gleich großen JPEG 2000-Bild mit auffallend starker Weichzeichnung

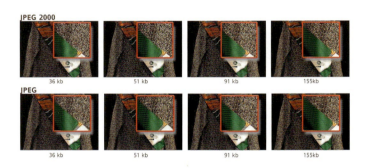

◀ **Abbildung 43**
JPEG 2000-Kompression im Vergleich zu JPEG

hingegen wirken die Details leicht verschwommen, durch die höhere Kachelgröße bleibt die Blockstruktur aber verborgen. Sie können zwischen einer quadratischen Kachelgröße von 128, 256, 516 oder 1024 Pixel wählen. Höhere Größen vermeiden Blockartefakte, sind aber auch aufwändiger zu dekodieren. Wenn Sie Ihre JPEG 2000-Bilder auf mobilen Endgeräten einsetzen wollen, sollte die Kachelgröße möglichst gering ausfallen.

Der Kleine-Welle-Filter (ach wie putzig!) bestimmt, ob bei der Discrete Wavelet Transformation Ganzzahl- (Integer) oder Gleitkomma-Koeffizienten (Floating Point) zum Einsatz kommen. Während bei verlustfreier Kompressionsmethode aufgrund der sonst drohenden Rundungsfehler nur die ganzzahligen Koeffizienten zur Verfügung stehen, ist die Gleitkomma-Einstellung die bessere Wahl bei verlustbehafteter Kompression. Sie kann nämlich die Bildschärfe besser erhalten als die ganzzahlige Methode.

Leider schaut es mit der Browser-Integration von JPEG 2000 noch relativ schlecht aus:

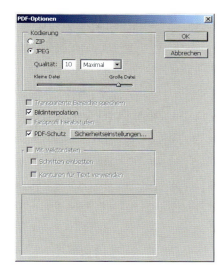

◄ **Abbildung 44**
Das Optionsfeld zum Speichern von PDF-Dateien

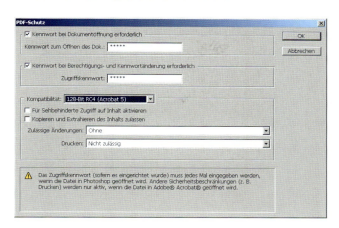

▲ **Abbildung 45**
Die Sicherheitseinstellungen für PDF-Dokumente

Weder Internet Explorer noch Mozilla oder Konqueror unterstützen die Einbindung von JPEG 2000-Bildern mittels <img>-Tag. Anstatt den User zum Download mehr oder minder aktueller Plug-ins zu zwingen, empfiehlt sich eine Einbettung von JPEG 2000-Bildern in QuickTime-Movies oder PDF-Dokumente. Acrobat Reader 6 (PDF-Version 1.5) und QuickTime 6 bieten beide Unterstützung für dieses innovative Bildformat.

Im direkten Vergleich mit seinem Vorgängerformat enttäuscht JPEG 2000 jedoch: Die üblichen Artefakte bei hohen Kompressionsgraden unterbleiben zwar, dafür nimmt die Weichzeichnung im Bild drastisch zu, so dass es oft schon verschwommen wirkt. Die versprochene Verbesserung der Bildqualität bei gleich bleibenden Dateigrößen kann das JPEG 2000-Interface von Photoshop CS noch nicht erfüllen. Dies dürfte wohl auch ein Grund dafür sein, dass JPEG 2000 nicht Bestandteil der Standardinstallation von Photoshop CS ist und für Adobe offenbar noch experimentellen Charakter hat.

Neu in PDF

Als besonders wertvolles Werkzeug zur Kommunikation von Designvorschlägen an Kunden hat sich PDF erwiesen: Es ermöglicht einerseits eine darstellungsgetreue Wiedergabe des Designs beim Kunden, ohne dass dieser in kostenpflichtige Software investieren müsste – der kostenlose Acrobat Reader genügt vollauf für diese Aufgaben. Andererseits kann durch die ausgefeilten Berechtigungsfunktionen geistiges Eigentum vor ungewollter Verbreitung geschützt werden – in den ausgefeilten PDF-Sicherheitseinstellungen können Sie das Ausdrucken und Ändern Ihrer Werke sehr detailliert beschränken. Gängige Praxis ist es, dem Kunden das Einfügen von Anmerkungen und

Kommentaren zu erlauben, das Extrahieren von PDF-Elementen jedoch zu untersagen.

Eine oft übersehene PDF-Sicherheitsoption ist NIEDRIGE AUFLÖSUNG im Drucken-Dropdown-Feld. Mit ihr wird die Auflösung des PDF im Druck auf 150 dpi beschränkt, wodurch sich der Ausdruck nur mehr zu Vorschauzwecken eignet.

Leider werden alle erweiterten Sicherheitsbeschränkungen nur aktiv, wenn die Datei in Acrobat oder Acrobat Reader geöffnet wurde.

Die in Photoshop CS neu hinzugekommene Unterstützung von PDF 1.5 erlaubt das unverschlüsselte Speichern von Miniaturen und Metadaten in an sich verschlüsselten Dokumenten, wodurch die Archivierung dieser PDFs erleichtert wird. Dieses neue Feature markiert auch den einzigen Unterschied zur an sich unveränderten Verschlüsselungsmethode 128 Bit RC 4, die von Ron Rivest an den RSA Labs entwickelt wurde und mit anderen Schlüsselstärken u.a. bei gesicherten Internet-Verbindungen (SSL) zum Einsatz kommt.

Photoshop unterscheidet grundsätzlich zwei PDF-Typen:
- Generische PDFs
- Photoshop-PDFs

Generische PDFs können im Unterschied zu Photoshop-PDFs mehrere Seiten und Bilder enthalten. Photoshop kann generische PDFs zwar lesen, konvertiert sie beim Öffnen aber in Bitmap-Bilder. Gespeichert werden kann nur im Photoshop-PDF-Format. Dabei werden alle pixelbasierten Bildelemente in eine PDF-Abbildung reduziert, auch wenn sie auf verschiedenen Ebenen liegen. Vektor-Informationen wie Texte oder Pfade bleiben aber erhalten, auch Schriften können eingebettet werden.

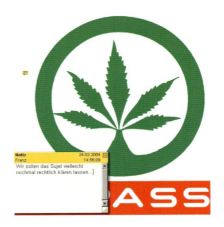

▲ **Abbildung 46**
Sowohl Photoshop als auch Acrobat können Notizen in PDF-Dokumenten vergeben.

Photoshop-Format
Auch das PSD-Format, das ja eng mit den neuen Features von Photoshop verwoben ist, glänzt mit einigen Innovationen. In Version CS bekam es einen großen Bruder, das **PSB-Format**. Während PSD-Dateien maximal 30 000 x 30 000 Pixel groß sein dürfen, kann das PSB-Format mit 300 000 x 300 000 Pixel hundertmal so große Bilddokumente erstellen. Gerüchteweise auf Betreiben der CIA implementiert (wofür die das wohl brauchen?), fristet es auch in Photoshop ein gut getarntes Dasein. In den Photoshop-VOREINSTELLUNGEN (Rubrik DATEIEN VERARBEITEN) muss es durch Anklicken der Option GROSSES DOKUMENTFORMAT AKTIVIEREN freigeschaltet werden. Vielleicht wollte Adobe durch diese Maßnahme allerlei Unbill von unbedarften Usern fernhalten: PSB sieht ja PSD zum Verwechseln ähnlich. Allerdings kann das PSB-Format nur in Photoshop CS und höher geöffnet werden und wird derzeit von keinem Drittprogramm unterstützt.

Das PSD-Format von Photoshop CS fungiert quasi als Trägermedium für zahlreiche neue oder erweiterte Funktionen der Bildbearbeitung. Als Beispiel seien hier nur die Unterstützung von verschachtelten Ebenen-Sets (bis zu fünf Ebenen-Sets können ineinander hierarchisch verschachtelt werden, um auch bei komplexen Bildmontagen den Überblick zu behalten) oder die neuen Ebenenkompositionen genannt, mit denen Zustände der Ebenen-Palette festgehalten werden können. Dadurch ist es leicht möglich, Variationen eines Photoshop-Designs zu erstellen.

Auch in der Quantität hat das PSD-Format zugelegt: Nun können bis zu 56 Alpha-Kanäle pro Dokument gespeichert werden, in Version 7 waren es noch 24.

Bilder von Scanner und Digitalkamera optimieren

Farbtreue, Schärfe und Restaurierung

Wie Sie digitalisierten Bildern Schärfe, Farbe und neues Leben einhauchen, erklärt dieses Kapitel.

Patient: Kleinbildpositiv, Alter: 10 Jahre, Anamnese: Bildinhalt kaum erkennbar, wirkt stark farbstichig, Diagnose: altersbedingte Farbdegeneration der Blautöne, angeborene Unschärfe im unteren Motivbereich. Immer häufiger mutiert Photoshop vom Kreativ-Atelier zur Notaufnahme für Bilder, an denen der Zahn der Zeit genagt hat.

Doch nicht nur alte Bilder sind ein Fall für die Notaufnahme. Auch Digitalkameras mutieren manchmal zu regelrechten Bildzerstörern. Besonders ultraleichte Digitalkameras sind dafür berüchtigt, nicht sonderlich stabil in der Hand zu liegen und das schönste Motiv durch leichte Verwackler zu stören. Schlechte Lichtverhältnisse oder ein »dummer« Automatik-Modus führen zu stark verrauschten Bildern, die unbearbeitet nicht reproduzierbar sind.

Eine weitere Schattenseite von Digitalkameras ist die Entmündigung des Benutzers: Elementare fotografische Kontrollinstrumente wie der Weißabgleich werden in schwer zugängliche Einstellungsmenüs verbannt. Dadurch spart sich der Hersteller zwar einige Knöpfe, gute Fotos in kurzer Zeit werden aber unmöglich.

Beim Scannen von gedruckten Vorlagen sind verwandte Probleme zu beobachten: Stimmen Druckraster der Vorlage und eingestellte Scan-Auflösung nicht überein, kommt es zu störenden Moiré-Effekten.

Rauschen & Moiré entfernen

Markantestes Problem von Digitalkameras im Vergleich zur analogen Bildtechnik ist das starke Bildrauschen. Verantwortlich dafür ist indirekt die Evolution der CCD-Chips: Waren es vor wenigen Jahren noch 1–2 Megapixel, giert der Kunde heute schon nach Kameras mit 4–5 Megapixeln. Um diesen Anspruch zu erfüllen, mussten immer mehr Lichtsensoren auf derselben Chip-Fläche untergebracht werden, die bei gleichen Belichtungs- und Blendenwerten natürlich eine ungleich geringere Lichtmenge erhalten und dadurch zu geringe Spannungswerte erzeugen. Durch Spannungsverstärkung kann dies zwar ausgeglichen werden, wodurch sich aber auch das Rauschen erhöht. Starkes Rauschen tritt meistens bei Nachtaufnahmen auf – aus einem banalen Grund: In der analogen Fotografie behilft man sich mit lichtempfindlichen Filmen (hoher ISO-Wert), stellen Sie bei Ihrer Digitalkamera einen hohen ISO-Wert ein, so wird einfach die Leis-

▲ Abbildung 1
Farb-Moiré an einem schwarzen Kreis

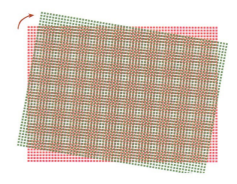

▲ Abbildung 2
Moiré entsteht, wenn zwei regelmäßige Strukturen einander in schrägem Winkel überlagern.

tung des Spannungsverstärkers hochgefahren – und damit auch das Rauschen erhöht.

Eine weitere Rauschverstärkung findet bei der Digitalisierung statt: Die analogen Spannungswerte werden gemessen und in digitale (begrenzte, durch die Auflösung festgelegte Anzahl von Werten) Helligkeitswerte umgewandelt. Dabei verstärkt sich durch Rundungsfehler das natürliche Bildrauschen. Wenn ein gemessener Spannungswert den Helligkeitswert 234,501 ergibt, sein unmittelbarer Nachbar aber nur 234,4981, so erfolgt bei dem ersten Wert eine Aufrundung auf 235, bei dem zweiten eine Abrundung auf 234.

Bei Moiré-Effekten hingegen kann man zwei Phänomene unterscheiden: Zum einen das **Farb-Moiré**, auch als Color-Bleeding bekannt (Abbildung 1): Bei sehr feinen Mustern mit hohem Kontrast (Paradebeispiel: Schachbrett-Muster) werden plötzlich Farbschatten sichtbar. Die Ursache für dieses Farbrauschen liegt in der Arbeitsweise der Digitalkamera-CCDs: Da jeder Lichtsensor eigentlich nur für Helligkeitswerte empfindlich ist, wird er mit Hilfe von Farbfiltern auf einen bestimmten Farbbereich (Rot, Grün oder Blau) beschränkt. Zwei der drei erforderlichen Farbwerte kann der Sensor also nicht ermitteln, sie werden durch Interpolationsverfahren genähert. Dieses Verfahren funktioniert zwar bei »natürlichen« Farbstrukturen, extreme Kontraste wie bei einem Schachbrett verursachen aber Moiré-Fehler.

Die zweite Spielart von Moiré-Mustern macht sich durch störende **Wellenmuster** in Bildern bemerkbar und tritt vor allem beim Scannen gedruckter Vorlagen auf. Grund dafür ist die Überlagerung zweier regelmäßiger Strukturen in einem bestimmten Winkel. Beim Scannen sind dies die regelmäßig angeordneten Farbsensoren am CCD, die an der gerasterten Vorlage vorbei bewegt werden. Bekanntlich sind die Rasterpunkte der einzelnen Druckfarben in bestimmten Winkeln zueinander gedruckt, um Moiré-Effekte zu vermeiden. Beim neuerlichen Scannen passiert aber das Gegenteil: Da die Farbsensoren ein regelmäßiges Raster darstellen, treten beim Erfassen der schräg gedruckten Rasterpunkte Moiré-Interferenzen auf.

▲ Abbildung 3
Unser verrauschtes Bild

▲ Abbildung 4
Nach der Verkleinerung auf die halbe Größe

▲ Abbildung 5
Nach anschließender Vergrößerung auf Originalgröße

03_bilder/ verrauscht.psd

Methode 1: Verkleinern

Die banalste Methode zur Entfernung von Rauschen und Moiré ist schlichtweg die Verkleinerung des Bildes. Wählen Sie hierfür am besten den Bildgröße-Befehl mit der Methode BIKUBISCH GLATTER an, und reduzieren Sie das Bild auf einen möglichst »geraden« Bruchteil der ursprünglichen Bildgröße (1/2, 1/4 …). Durch das Neuberechnen des Bildes mit der bikubischen Interpolationsmethode (die Farbwerte von 16 benachbarten Pixeln werden miteinander verrechnet) nehmen störende Rausch- und Moiré-Effekte ab. Zusätzlich sollten Sie die einzelnen Farbkanäle betrachten und sie je nach Intensität des Rauschens/Moiré vorsichtig weichzeichnen. Die verlorene Schärfe können Sie teilweise mit einem nachfolgenden Einsatz des Filters UNSCHARF MASKIEREN zurückholen.

Der Nachteil dieser Holzhammer-Methode: Die geforderte Ausgabeauflösung des Bildes lässt meist kaum Spielraum für Reduktionen der Bildgröße, und stärkere Rausch- bzw. Moiré-Effekte überstehen die Verkleinerung oft unbeschadet. Zudem tritt Rauschen selektiv auf: Betrachten Sie die Farbkanäle eines Digitalkamera-Bildes, so werden Sie feststellen, dass der Blaukanal meist am deutlichsten verrauscht ist, während Rot- und Grünkanal noch erträglich sind.

Generell sollten Sie das Rauschen eines Bildes anhand der einzelnen Farbkanäle beurteilen und nicht der Composite-Ansicht vertrauen.

Ein weiteres Problem der Bildverkleinerung (das diese mit allen Rauschentfernungsmethoden gemeinsam hat) ist der Verlust an Bildschärfe. Müssen Sie leicht verrauschte Bilder für den Druck optimieren, stellt sich die Frage nach dem Sinn einer Rauschunterdrückung: Schließlich werden für die Ermittlung eines Rasterpunkts mehrere Pixel herangezogen (Gütefaktor bei der Rasterung eines Bildes) und ein Durchschnitt ihrer Tonwerte gebildet. Dadurch verringert sich auch das Rauschen im gedruckten Bild, allerdings nimmt die Unschärfe zu. Der Preis einer eigentlich unnötigen Rauschunterdrückung ist dann ein weiterer Verlust an Bildschärfe, was im Druck natürlich negativ auffällt.

Methode 2: Selektives Weichzeichnen im Lab-Modus

Die Schlussfolgerung aus unserer ersten Methode wäre also, verrauschte Bildkanäle stärker und andere weniger intensiv weichzuzeichnen. Die Bildschärfe sollte natürlich weitgehend erhalten bleiben. Doch die menschliche Sinneswahrnehmung macht uns einen Strich durch diese etwas banale Schlussfolgerung: Unser Auge empfindet einen Gegenstand dann als scharf, wenn sich seine Umrisse gut und eindeutig von der Umgebung abheben. Will heißen: Die Konturen eines Objekts sollen einen möglichst hohen Kontrast zur Umgebung aufweisen.

Eine zweite, interessante Eigenschaft des Auges: Es besitzt ungleich mehr Rezeptoren für Helligkeit (ca. 120 Millionen Stäbchen) als für Farbe (ca. 6 Millionen Zapfen). Die Luminanzanteile eines Farbtons haben daher einen ungleich größeren Einfluss auf die Schärfe-Beurteilung als seine Farbanteile. Sie können diese Tatsache gerne in der Morgendämmerung verifizieren: Während es ein Leichtes ist, ein Auto von weitem zu erkennen, dauert es ungleich länger, bis Sie seine genaue Farbe festgestellt haben.

Doch zurück zu unserer Problematik: Würden wir einfach den Blaukanal (und damit auch seine Helligkeitsanteile) weichzeichnen, wäre auch seine Schärfe verloren. Eine weitaus bessere Möglichkeit ist, Helligkeits- und Farbanteile der Farbtöne zu trennen. Während Erstere maximal leicht weichgezeichnet werden, können die Farbanteile ruhig eine stärkere Behandlung erfahren. Damit wird das lästige Farbrauschen dezimiert und seine Schärfe erhalten. Doch wie werden Helligkeits- und Farbanteile getrennt? Durch die Konvertierung in den Lab-Modus, der aus den drei Kanälen

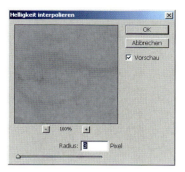

◀ **Abbildung 6**
Der Helligkeit-interpolieren-Filter

Luminanz sowie a und b (Farbkomponenten) besteht.

Wandeln Sie das Bild als Erstes über Bild • Modus • Lab-Farbe in unseren gewünschten Modus um. Anschließend aktivieren Sie einen der beiden Farbkanäle und zeichnen diesen mit dem Gauß'schen Weichzeichner weich. Führen Sie die Weichzeichnung in der 100 %-Ansicht durch, um die Auswirkung des Weichzeichners auf das Rauschen beurteilen zu können. Gröbere Farbübergänge sollten als Helligkeitsabstufungen auch nach Anwendung des Weichzeichners erkennbar sein. Im Allgemeinen genügen ja nach Intensität des Rauschens Weichzeichnungsradien von 2–6 Pixeln. Benötigt man höhere Werte, ist der Rauschunterdrückung ein eher zweifelhafter Erfolg beschieden.

Besitzt Ihr Bild sehr feine Farbnuancen, so empfiehlt sich stattdessen der Filter Helligkeit interpolieren (Filter • Störungsfilter) (Abbildung 6). Der Gausssche Weichzeichner neigt in höheren Stärken zum »Verschmieren« der Farben, mit Helligkeit interpolieren erreichen Sie sanftere Farbüberblendungen. Nachteil dieses Filters: die Stärke kann leider nur in ganzen Pixel geregelt werden.

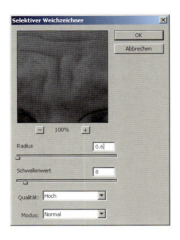

▲ **Abbildung 7**
Der selektive Weichzeichner

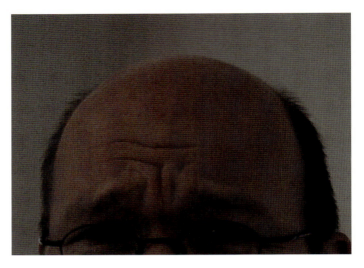

▲ **Abbildung 8**
Links vor, rechts nach der Lab-Rauschunterdrückung

Beim Luminanz-Kanal müssen wir schon vorsichtiger sein: Er ist entscheidend für die Schärfewahrnehmung des Bildes. Hier kann das Rauschen mittels des selektiven Weichzeichners unterdrückt werden. Dieser versucht, nur die Binnenflächen, nicht aber die Konturen eines Objektes weichzuzeichnen und dadurch den subjektiven Schärfeeindruck zu erhalten.

Mit dem SCHWELLENWERT legen Sie fest, welchen Helligkeitsunterschied zwei Pixel haben müssen, um als Kontur zu gelten. Hier müssen Sie höhere Werte (10–20) anwenden, um das Rauschen in die Weichzeichnung aufzunehmen. Allerdings sollten die Kanten davon verschont bleiben. Vorsichtig müssen Sie bei der Stärke sein: hier reichen im Allgemeinen 0,6–0,9 Pixel, bei Werten darüber nimmt die Gesamtschärfe des Bildes empfindlich ab. Greifen Sie hier lieber zu händischen Methoden (Scharf-/Weichzeichnungsmasken), die wir weiter unten besprechen.

Methode 3: Rauschen und Moiré entfernen mit NeatImage

Der Rausch-Problematik von digitalen Bildern haben sich auch einige Spezialtools angenommen, der vielleicht bekannteste Vertreter ist NeatImage von ABSoft (Eine Demo-Version liegt auf der Buch-CD im Ordner software). Dieses derzeit nur für Windows verfügbare Photoshop-Plug-in entfernt lästige Bildstörungen anhand spezieller Rauschprofile.

Hierfür öffnen Sie das verrauschte Bild in NeatImage oder rufen das Programm als Photoshop-Plug-in auf. Vorteil der zweiten Methode: Der Wirkungsbereich von NeatImage kann auf eine bestimmte Auswahl bzw. Ebene beschränkt werden, der lästige Export von Bildbereichen entfällt.

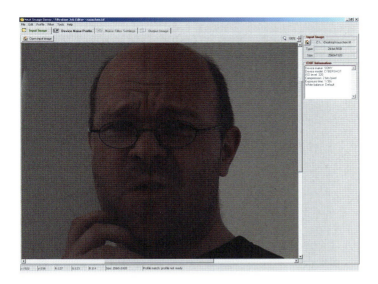

◄ **Abbildung 9**
Ein verrauschtes Bild in NeatImage

▲ **Abbildung 10**
Mit der Auto-Profile-Schaltfläche kann im zweiten Schritt das Profil erstellt werden.

Im zweiten Schritt gilt es, das Rauschen zu klassifizieren, was NeatImage mittels Rauschprofilen erledigt. Der schnellste Weg zum Rauschprofil führt über die Option AUTO-PROFILE WITH REGULAR IMAGE (Auto-Profile-Button): Hier sucht NeatImage selbstständig einen geeigneten Bildbereich zur Analyse des Rauschens, der möglichst monochrom und gleichmäßig beleuchtet sein soll. Allerdings ist die Schnellsieder-Taktik nicht bei jedem Foto empfehlenswert: Fehlen dem Bild einfarbige Flächen, tut sich NeatImage mit der Rauschanalyse schwer.

Aufwändiger, aber genauer ist die Erstellung eigener Kameraprofile: Hierzu muss das mitgelieferte CALIBRATION TARGET entweder ausgedruckt oder vom Monitor abfotografiert werden. Für jede gewünschte Einstellung von ISO-Wert, Belichtungszeit und Speicherformat muss diese Prozedur wiederholt werden, da davon auch die Intensität des Rauschens beeinflusst wird. Anschließend öffnen Sie die Kalibrierungsbilder in NeatImage (FILE • OPEN TEST IMAGE) und wählen AUTO PROFILE WITH CALIBRATION TARGET (Abbildung 10). Danach können Sie Ihr Profil in der Rubrik DEVICE NOISE PROFILE speichern.

Die Auswahl des Rauschprofils – ob nun automatisch oder manuell – bildet die Basis für die 3. Stufe auf dem Weg zum rauschfreien Bild: Nun ist der Rauschunterdrückungsfilter an der Reihe. Je nachdem, ob Sie sich im ADVANCED oder STANDARD-Mode befinden (einstellbar über TOOLS • ADVANCED MODE), wartet er mit mehr oder weniger Reglern auf, an denen Sie drehen können. Moment … Für was gibt es Rauschprofile, wenn nun erst recht wieder alles manuell eingestellt werden soll? Genauso wie es keine »perfekte« Maske gibt, gibt es auch keine perfekte Rauschentfernung, diese muss auch an das Bildmotiv angepasst werden. NeatImage könnte zwar das Rauschen aus dem Dreitagebart unseres Modells filtern, dann würde von diesem aber nur ein bräun-

software/
neatsetup.exe

▲ **Abbildung 11**
Die Einstellungsmöglichkeiten des Rauschunterdrückungsfilters im Standard …

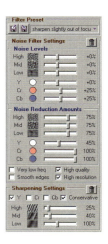

▲ **Abbildung 12**
… und im Advanced Mode

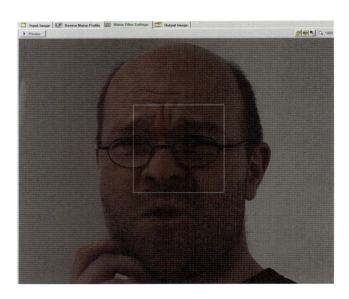

▲ **Abbildung 13**
Das Auswahl-Rechteck ermöglicht eine flexible Vorher-nachher-Beurteilung.

liches Etwas übrig bleiben. Deshalb werden wir das Bartrauschen lieber tolerieren, um diesen auch danach noch erkennen zu können.

Mit den FILTER PRESETS haben Sie bequemen Zugriff auf Filter-Voreinstellungen und können abhängig von der Ausgangsqualität des Bildes (leicht unscharf, Verrauschungsgrad …) eine geeignete Voreinstellung aus dem Kontextmenü laden.

Durch die Profile hat NeatImage den Rauschpegel (NOISE LEVEL) im Bild bereits identifiziert und damit jene Bildpixel festgelegt, die als Rauschen gewertet werden (Abbildung 11). Verschieben Sie die Regler, so wird der im Profil erhobene Rauschpegel angehoben oder abgesenkt, es werden also mehr oder weniger Bildbereiche als Rauschen klassifiziert. Im Standardmodus können Sie nur den Pegel für den Helligkeitskanal (LUMINANCE) und die Farbkanäle (CHROMINANCE) einstellen, im ADVANCED MODE können separate Pegel für hoch-, mittel-, und niedrigfrequentes Rauschen gesetzt werden und die einzelnen Farbkanäle separat beurteilt werden.

Falls Sie kein Esoterik-Fan sind, können Sie die Standardeinstellungen belassen, denn am wichtigsten sind ohnehin die im Rauschprofil erhobenen Werte. Entscheidender ist die zweite Rubrik NOISE REDUCTION AMOUNTS. Hier stellen Sie den Prozentsatz der Rauschunterdrückung ein: Je stärker, desto mehr Rauschen, aber auch Schärfe verschwindet aus dem Bild.

An letzter Stelle sind die SHARPENING SETTINGS, die ein Nachschärfen des Bildes bewirken. Ob Sie diesen Schritt nicht besser später mit interaktiven Photoshop-Werkzeugen bewerkstelligen anstatt mit dieser Dialogbox, die

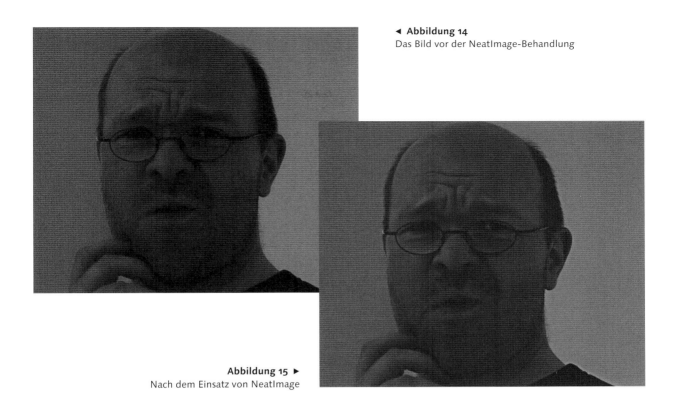

◀ **Abbildung 14**
Das Bild vor der NeatImage-Behandlung

Abbildung 15 ▶
Nach dem Einsatz von NeatImage

sehr an ein Blackbox erinnert, sei dahingestellt. Schärfen Sie nur den Luminanz-Kanal (Y), um Farb-Halos zu vermeiden. Mit High, Mid und Low bestimmen Sie den Scharfzeichnungsanteil für hochfrequente Bildbereiche (z.B. feine Haardetails), mittel- und tieffrequente Bereiche (z.B. Falten).

Durch Bewegen des Auswahl-Rechtecks können Sie die Auswirkungen Ihrer Filtereinstellungen an verschiedensten Bildstellen beurteilen.

Das Ergebnis in Abbildung 15 (für das die Filtereinstellungen in Abbildung 11 verwendet wurden) wirkt fast, als hätten wir literweise Clearasil über das Bild gegossen. Einzig der »Rauschebart« hat unter der starken Rauschunterdrückung gelitten und wirkt ausgewaschen. Durch dezenten Einsatz des Photoshop-Nachbelichters lässt sich aber auch dieses Problem beheben.

Ob und wie viel Sie in NeatImage investieren müssen, hängt von Ihrem Verwendungszweck ab: Das Programm kann in fünf verschiedenen Versionen lizenziert werden: Die Demo-Version ist zwar voll funktionsfähig, kann aber nur im verlustbehafteten JPEG-Format speichern und bietet kein Batch-Processing. Die kostenpflichtigen Home- und Pro-Versionen locken dafür mit Photoshop-Integration, 16-Bit-Farbtiefe und Aktionsunterstützung. Kostenpunkt: zwischen 35 und 80 €. Eine Mac OS X-Version ist bereits in Entwicklung.

Schärfe rekonstruieren

Paradefehler in der digitalen wie analogen Fotografie sind unscharfe Bilder. Ob verwackelte Aufnahme, falsche Blende/Belichtungszeit oder mangelnde Fokussierung – die Fehlerquellen für »unerwünschte Unschärfe« sind vielfältig. Die digitalen Korrekturmöglichkeiten dagegen fallen leider sehr beschränkt aus und können nur leichte Scharfzeichnungsmängel beheben.

Doch wie ist Unschärfe charakterisiert? Unserem Auge erscheinen Gegenstände als unscharf, wenn deren Umrisse nicht präzise ausgemacht werden können und verschwommen sind. Da unsere visuelle Wahrnehmung konturenbasiert arbeitet, müssen in einem als »scharf« wahrgenommenen Bild keineswegs tatsächlich alle Bildbereiche fokussiert sein. In einem Gesicht sind beispielsweise die Konturen von Auge, Nase, Mund und Augenbrauen hauptverantwortlich für den Schärfeeindruck, gefolgt von der Zeichnung der Haare. Die Schärfe der Haut (Sichtbarkeit der Poren beim Heranzoomen) ist relativ unwesentlich für den Schärfeeindruck des Gesichts. Im Gegenteil, vom ästhetischen Standpunkt aus betrachtet erscheinen uns überscharfe Bilder oft flach und langweilig (denken Sie nur an zahlreiche Blitzfotos), da durch die (Un-)Schärfe im Bild auch Tiefen-Information der Kamera transportiert wird (Welche Motivbereiche sind im Fokus, welche nicht?).

Eine optisch befriedigende Bildschärfung werden Sie also nur durch selektive Schärfung der Motivkonturen erzielen. Ähnlich wie bei der Auswahl gibt es auch bei der nachträglichen Schärfung von Bildkonturen kein Patentrezept, abhängig vom Bildmaterial müssen Sie das geeignete »Schärfe-Rezept« wählen – und auch Experimente mit den Filtereinstellungen sind erforderlich.

Trotz zahlreicher Schärfungstricks werden Sie leider auch bald die Beschränktheit der digitalen »Schärfe-Simulation« erfahren – über die fehlende bzw. mangelhafte Konturinformation kann auch selektives Erhöhen des Kontrasts nicht hinwegtäuschen. In der Praxis bedeutet dies, dass vom Auge deutlich als verschwommen wahrgenommene Motive auch nicht mit den besten Tricks in wohlfokussierte, gestochen scharfe Bilder zurückverwandelt werden können.

Zur Behebung leichter Unschärfen oder zur Kompensation des im Druck drohenden Schärfeverlusts sind die Scharfzeichnungswerkzeuge von Photoshop hingegen bestens geeignet.

Die Scharfzeichnungsfilter von Photoshop

SCHARFZEICHNEN und STARK SCHARFZEICHNEN erhöhen einfach den Kontrast zweier benachbarter Pixel – unabhängig vom bereits vorhandenen Tonwertunterschied. Im Klartext: Diese Filter berücksichtigen keine Konturen und Binnenflächen, sondern manipulieren alle Bildpixel. Diese »Holzhammer«-Methode ist nach unseren obigen Ausführungen über Schärfewahrnehmung kaum zielführend. Einziger Unterschied zwischen SCHARFZEICHNEN und STARK

Vorarbeiten
Um die (Un-)Schärfe eines Bildes objektiv beurteilen zu können, müssen Sie es natürlich in der 100 %-Ansicht betrachten. Ziehen Sie zudem eine Auswahl über die Hälfte des zu schärfenden Bereichs auf, um einen permanenten Vorher-nachher-Vergleich zu haben.

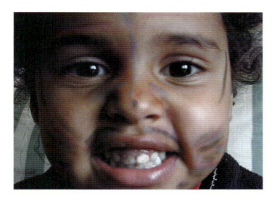

▲ Abbildung 16
Das unscharfe Quellbild wird mit einer noch unschärferen Version überlagert, …

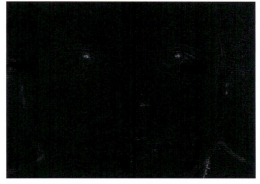

▲ Abbildung 17
… wodurch sich im Ebenenmodus DIFFERENZ eine Konturenmaske ergibt.

SCHARFZEICHNEN: Zweiterer wirkt ca. dreimal so stark wie der erste.

KONTUREN SCHARFZEICHNEN ist schon etwas schlauer: Damit ein Pixel scharfgezeichnet wird, muss er einen Kontrastunterschied von mindestens 10 % zum Nachbarpixel haben. Dadurch soll das Schärfen homogener Binnenflächen (Haut) und die damit verbundene Posterisierungsgefahr vermieden werden. Die fehlende Konfigurationsmöglichkeiten und die relativ schlechte Konturenerkennung auf Pixelbasis lassen diesen Filter für den Praxiseinsatz leider wenig tauglich erscheinen.

Unscharf maskieren

Einzig brauchbarer Scharfzeichnungsfilter von Photoshop ist UNSCHARF MASKIEREN, denn im Gegensatz zu seinen Kollegen SCHARFZEICHNEN, STARK SCHARFZEICHNEN und KONTUREN SCHARFZEICHNEN verfügt er über konfigurierbare Parameter und verfolgt auch eine intelligentere Scharfzeichnungsmethode als seine »dummen« Kollegen.

Sein rätselhafter Name stammt von einem gleichnamigen Schärfungsverfahren aus der traditionellen Repro-Technik. Dabei wurde die Bildschärfe durch Hinzufügen von Kontureninformation erhöht. Zu diesem Zweck montierte man über das unscharfe Bild ein noch unschärferes Negativ des Bildes und erzeugte im Kontaktkopiergerät eine Bildkopie. Da das Negativ durch die überstrahlende Unschärfe nicht deckungsgleich mit dem Bild war, verblieben Ränder an den Objektkonturen. Diese bildeten eine Konturenmaske, vergleichbar mit einer weichen Nachzeichnung der Umrisse.

Diese Konturenmaske wurde mit dem Bild überblendet, wodurch die Schärfe durch den gestärkten Konturenkontrast zunahm.

In Photoshop können Sie diese Technik leicht nachempfinden, indem Sie ein Duplikat der Originalebene duplizieren und weichzeichnen (Abbildung 16). Den Ebenenmodus des Duplikats stellen Sie auf DIFFERENZ, nun wird die Konturenmaske sichtbar (Abbildung 17). Kopieren Sie die Konturenmaske mit ⌃Strg + ⌥Alt + ⇧ + E bzw. ⌘ + ⌥ + ⇧ + E

03_bilder/
unscharf.psd

▲ Abbildung 18
Die invertierte Maske wird nach einer Kontrasterhöhung wieder mit dem Ausgangsbild überlagert, …

▲ Abbildung 19
… dessen Konturen dadurch geschärft werden.

auf eine neu erstellte Ebene. Invertieren Sie die Maske anschließend mit [Strg]/[⌘] + [I]. Wenn Sie diese nun mit der Originalebene überblenden (Modus ÜBERLAGERN), dann tritt der Schärfungseffekt zutage (Abbildung 18/19).

Aus dieser Vorgehensweise erklären sich auch die drei Parameter des Filters UNSCHARF MASKIEREN:

- STÄRKE: legt die Intensität der Kontrasterhöhung und damit der Scharfzeichnung fest. Werte von 0 bis 500 % sind möglich.
- RADIUS: bestimmt die Dicke der geschärften Kontur, die – wie oben beschrieben – durch Überlagerung mit einer weichgezeichneten Variante des Bilds entsteht. Höhere Werte sorgen für dicke Konturen, wie sie zur Schärfung markanter Motivumrisse (Mund, Augenhöhle) erforderlich sind. Niedrige Werte sollten Sie zum Schärfen von feinen Motivdetails (Haare etc.) einsetzen.
- SCHWELLENWERT: legt den erforderlichen Kontrastunterschied zum Erkennen von Konturen fest. Der Schwellenwert bestimmt, wie viel Kontrast zwischen zwei Pixeln bestehen muss, damit diese als Kontur erkannt und scharfgezeichnet werden. Mit niedrigen Schwellenwerten werden beispielsweise kleine Hautunreinheiten oder Sommersprossen als Kontureninformation wahrgenommen und geschärft (was selten erwünscht ist). Höhere Schwellenwerte erlauben den Erhalt von farbähnlichen Binnenflächen, bei denen sich eine Schärfung störend auswirken würde.

Anwendung des Unscharf-Maskieren-Filters
Die Regler des Unscharf-maskieren-Filters verleiten leider allzu häufig zum sinnlosen Herumspielen, bei dem der Filter eher als Bildeffekt denn zum Rekonstruieren der Schärfe missbraucht wird. Da die drei Parameter STÄRKE, RADIUS und SCHWELLENWERT in enger Wechselwirkung stehen, ist das Finden der richtigen Einstellungen keine banale Tätigkeit. In der Praxis hat sich daher folgende Vorgehensweise bewährt:

◀ Abbildung 20
In diesem Bild sollten der Augen- und Mundbereich geschärft werden.

▲ Abbildung 21
Mund und Augen wurden mit 100 % Stärke, einem Radius von 1,5 Pixel und einem Schwellenwert von 4 geschärft.

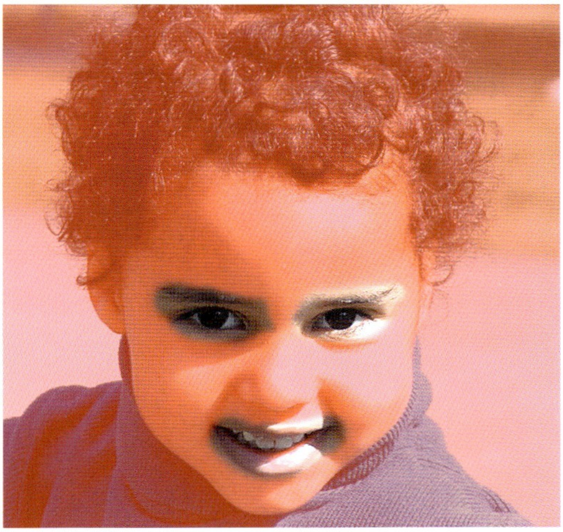

◀ Abbildung 22
Eine Ebenenmaske (hier in Farbüberzug-Darstellung) beschränkt die sichtbare Wirkung des USM-Filters auf Mund und Augen.

1. Das Bild aus Abbildung 20 sollte in der 100 %-Ansicht dargestellt werden. Trennen Sie mittels Auswahlen und Masken grob- und feinkonturige Bildbereiche voneinander, und schärfen Sie diese in mehreren USM-Durchgängen. In einem Porträt bilden die Haare und Brauen die feinkonturigen Bildbereiche, während Mund, Nase und Augen sowie Gesichtsumriss grobkonturige Bereiche bilden (Abbildung 21).
2. Selektieren Sie eine Hälfte des Schärfungsbereichs, und blenden Sie die Auswahlkanten mit [Strg]/[⌘] + [H] aus. So haben Sie eine permanente Vorher-nachher-Vergleichsmöglichkeit.

03_bilder/
kind.psd

Schärfe rekonstruieren

3. Rufen Sie den Filter auf, und setzen Sie den **Stärke-Wert** auf 100 %. So können Sie den geeigneten Scharfzeichnungsradius ermitteln. Ausschlaggebend dafür ist natürlich auch die Auflösung des Bildes. Als Richtwert können Sie für 150 ppi Ausgabeauflösung 1 Pixel Schärfungsradius rechnen, bei einem 300 ppi-Bild wären dies 2 Pixel.
4. Jetzt sollten Sie den **Radius** den zu schärfenden Bilddetails anpassen. Für Haare sind beispielsweise feine Radien (0,3–0,9 Pixel) angebracht, gröbere Gesichtszüge können Sie mit höheren Werten scharfzeichnen. An den scharfgezeichneten Bilddetails sollten keine hässlichen Konturverdickungen oder Kontrastkränze entstehen (Abbildung 23).
5. Nun können Sie den **Stärke-Wert** justieren. Erhöhen Sie ihn vorsichtig, um das gewünschte Maß an Scharfzeichnung zu erhalten, ohne dass Farbkränze und Übersteuerungen sichtbar werden. Generell sollten Sie den Stärke-Wert eher niedrig ansetzen, Sie können den Filter nämlich mit [Strg]/[⌘] + [F] noch einmal anwenden. [Strg]/[⌘] + [⇧] + [F] öffnet den Verblassen-Dialog, der den Filter nochmals anwendet und dessen Ergebnis in einem beliebigen Farbmodus mit dem Ausgangsbild überblendet. Dadurch haben Sie sehr präzise Steuerungsmöglichkeiten über die Scharfzeichnung.

Eine mehrmalige Anwendung des Unscharf-maskieren-Filters mit geringer Stärke führt fast zu denselben Ergebnissen, wie wenn Sie den Filter einmal mit hohen Werten anwenden. Durch die oben beschriebenen Möglichkeiten besitzt die »Kleine-Schritte-Methode« aber einen entscheidenden Flexibilitätsgewinn.

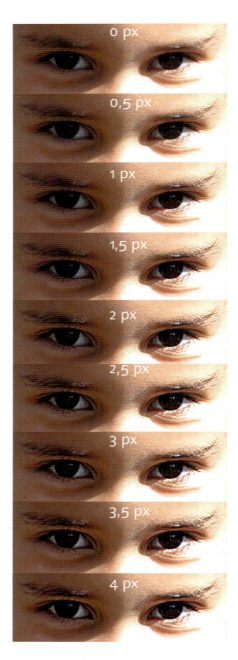

▲ **Abbildung 23**
Die Augenpartie wurde mit 100 % Stärke und verschiedenen Radiuseinstellungen geschärft.

6. Der letzte Parameter, der **Schwellenwert**, bildet den einzigen wirklichen Schwachpunkt des Unscharf-maskieren-Filters: Mit ihm definieren Sie den Mindestkontrast, den ein Pixel zu seinem Nachbarn haben muss, um geschärft zu werden. Alle Pixel unter der Schwellenwert-Grenze sind von der Scharfzeichnung ausgenommen. Ein fließender Übergang zwischen scharfen und unscharfen Bildbereichen ist leider nicht möglich.

   Bei stärkeren Scharfzeichnungen ergibt sich nun folgendes Dilemma: Ein Schwellenwert von 0 führt zu Posterisierungen und Farbabrissen an konturarmen Binnenflächen, die eigentlich gar keiner Schärfung bedürfen. Ein hoher Schwellenwert wiederum lässt die scharfgezeichneten Konturen wie übersteuerte Fremdkörper im Bild wirken, da die Binnenflächen vom Filter unberührt bleiben.

   Diesen Schwachpunkt werden wir in einem Auswahlrezept »Konturenmaske« manuell beheben. Für eine Scharfzeichnung »zwischen Tür und Angel« empfiehlt sich ein vorsichtiges Setzen des Schwellenwerts im einstelligen Bereich (Abbildung 24). Sollten Sie dennoch im »Richtiger-Schwellenwert«-Dilemma stecken bleiben und partout keinen passenden Wert finden, so können Sie die Scharfzeichnung mittels Verblassen-Dialog mit dem Ursprungszustand des Bildes mischen.

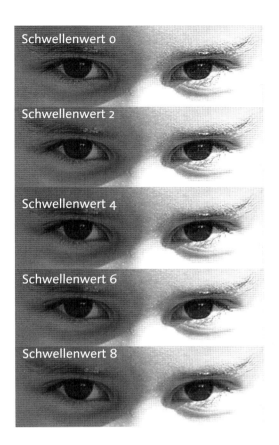

▲ **Abbildung 24**
Je höher der Schwellenwert, desto eher beschränkt sich die Scharfzeichnung auf die Umrisse.

Schärfe rekonstruieren

1. Ziel

In diesem Workshop wollen wir einige Techniken zur Rekonstruktion von Schärfe in einem durchgängigen Projekt demonstrieren. Neben dem bereits bekannten USM-Filter kommen auch die Malwerkzeuge und der Nachbelichter zum Einsatz. Das Beispielbild finden Sie unter 03_bilder/ unscharf.psd.

2. Ausgangsbild

Das Ausgangsbild leidet unter großflächiger Unschärfe, da das Kind von der Digitalkamera-Optik nicht fokussiert wurde. Zwei Durchgänge des USM-Filters (einmal mit STÄRKE 120 %, RADIUS 0,8 px und SCHWELLENWERT 4 für die Haare, einmal mit STÄRKE 140 %, RADIUS 2,4 und SCHWELLENWERT 4 für das Gesicht) konnten das Problem nur teilweise beheben: Die Augen wirken weiterhin unscharf, auch die Lippen sind noch verschwommen.

3. Schärfendes Make-up

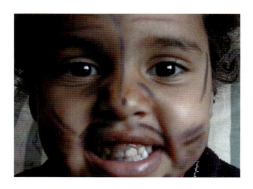

Die bereits etwas verschmierte Kriegsbemalung unseres jungen Indianers trägt auch zum unscharfen Eindruck des Bildes bei. Mit dem Nachbelichter (O) haben wir die Bemalung vorsichtig abgedunkelt (BELICHTUNG: 13 %, BEREICH: Mitteltöne) und damit den Kontrast zur Haut verbessert. Da das Auge des Betrachters nun genug scharfe Konturen im Gesicht findet, können dadurch andere unscharfe Gesichtsbereiche (z.B. Lippen) kompensiert werden.

4. Der Hochpass-Filter

Zusätzliche Schärfe erzielen wir durch den Einsatz des Hochpass-Filters (FILTER • SONSTIGE FILTER). Er wird mit einem Radius von 8,5 Pixel auf ein Duplikat unserer Bildebene angewandt und anschließend im Ebenenmodus MULTIPLIZIEREN mit der Quellebene überblendet. Der Hochpass-Filter reduziert das Bild auf hochkontrastige Kanten, die durch die Überlagerung zusätzliche Schärfe ins Bild bringen.

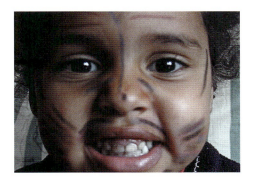

5. Schärfe durch Detailergänzungen rekonstruieren

Besonders gut kann Schärfe durch Hinzufügen von Objektdetails rekonstruiert werden: Die Zahnlücken in der oberen Abbildung sind kaum sichtbar und nur mehr als Grauschleier präsent. Durch Entlangfahren der Zahnkonturen mit dem Nachbelichter (BELICHTUNG: 13 % BEREICH: LICHTER) konnten die Zahnlücken rekonstruiert werden, wodurch sich der Schärfeeindruck verbessert.

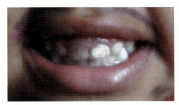 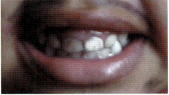

6. Hautüberlagerung

Erzeugen Sie eine Duplikatebene des Bildes, und wenden Sie den Ebenenmodus Überlagern darauf an. So erhöht sich der Hautkontrast im Bild, was sich ebenfalls positiv auf die Schärfe auswirkt.

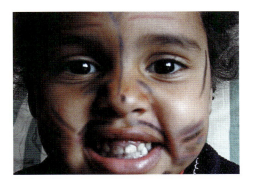

7. Wimpern hinzufügen

Abschließend können Sie mit einem feinen Pinsel noch Wimpern an den Augenrändern hinzufügen. Aktivieren Sie die Option VERBLASSEN aus den Pinsel-Formeigenschaften (F5), um die Wimpern nach außen hin zu verjüngen.

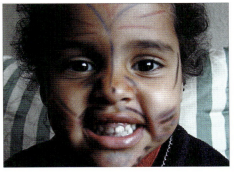

▲ **Abbildung 25**
Der Kater wirkt auf dem Bild unscharf.

▲ **Abbildung 26**
Eine simple RGB-Scharfzeichnung verstärkt auch das Farbrauschen.

03_bilder/
kater.tif

Scharfzeichnen im Lab-Modus

Bei der Anwendung des USM-Filters haben wir bisher unsere wahrnehmungspsychologischen Erkenntnisse nicht berücksichtigt: Der Filter wurde einfach im RGB-Modus und somit auf Luminanz- und Farbinformation angewandt. Damit erweisen wir unscharfen Bildern keinen guten Dienst: Die Farbkomponente eines Farbtons spielt bei der Beurteilung der Bildschärfe kaum eine Rolle, wichtig hierfür ist die Helligkeitsinformation. Durch das Scharfzeichnen der Farbinformation bekommt das Bild höchstens eine Nebenwirkung des USM-Filters zu spüren: Durch die Kontrasterhöhung wird auch das Farbrauschen verstärkt. Zeichnen Sie ein Bild im RGB-Modus scharf, verunzieren danach wahre Moskitoschwärme kleiner Farbkleckse das Bild, was wiederum den Einsatz des Weichzeichners erforderlich macht.

Daher ist es sinnvoll, Luminanz- und Farbinformation vor dem Scharfzeichnen zu trennen. Am besten dafür ist der Lab-Farbmodus geeignet, bei dem die Farbinformation eines Bildes in die Helligkeitskomponente L und die beiden Farbkomponenten a und b aufgespalten wird.

Während der Luminanz-Kanal mit dem USM-Filter geschärft wird, können Sie in den beiden Farbkomponentenkanälen a und b das noch vorhandene Farbrauschen getrost mit dem GAUSSSCHEN WEICHZEICHNER oder dem Filter HELLIGKEIT INTERPOLIEREN reduzieren, da unser Auge aus den Farbkomponenten nur sehr wenig Schärfeinformation extrahieren kann.

Ein weiterer wesentlicher Aspekt beim Schärfen von Bildern ist das Einhalten des Bildbearbeitungs-Workflows: Die Schärfung eines Bildes sollte immer als letzter Arbeitsschritt vor dem Speichern ausgeführt werden. Zum einen bedeutet Schärfung einen umfangreichen und irreparablen Eingriff in die Bildinformation, zum anderen kann bereits eine Farbkorrektur das Bild »schärfen«, indem beispielsweise in den Gradationskurven der Bildkontrast erhöht wird.

Lassen Sie uns diesen Sachverhalt an einem Beispiel demonstrieren. Abbildung 25 wurde im RGB-Modus geöffnet und sofort per USM-Filter scharfgezeichnet. Wegen des schwachen Fellkontrastes erschienen dem Grafiker Radius-

▲ Abbildung 27
Der Luminanz-Kanal vor …

▲ Abbildung 28
… und nach seiner Scharfzeichnung

▲ Abbildung 29
Lab- (links) und RGB-Scharfzeichnung (rechts) im Vergleich: Rechts übersteuern die Barthaare, das Farbrauschen beeinflusst auch die Luminanz negativ, links wurden alle wesentlichen Bildinformationen geschärft.

▲ Abbildung 30
Das Ergebnis der Lab-Schärfung

Werte um 4 Pixel angebracht, die zu hässlichen Konträndern an den feinen Fellhaaren führen. Der Kater wirkt dadurch fast schon wie ein Igel. Die Scharfzeichnung im RGB-Modus bewirkt zudem einen kräftigen Anstieg des Farbrauschens.

Der zweite Anlauf gelingt besser: Zunächst haben wir das Bild in den Lab-Modus konvertiert. Mit einer Tonwertkorrektur-Einstellungsebene wurden Schwarz- und Weißpunkt im Bild festgelegt und durch Einbeziehung der ungenutzten Tonwerte des Fellkontrast wesentlich verbessert. Das Bild hat dadurch bereits vor dem USM-Filter an Schärfe gewonnen. Vor dem Einsatz des USM-Filters haben wir in der Kanälepalette die Farbkomponentenkanäle a und b mit dem Filter HELLIGKEIT INTERPOLIEREN weichgezeichnet und das Farbrauschen weitgehend eliminiert (Abbildung 28).

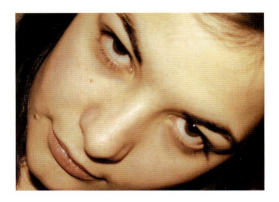

▲ **Abbildung 31**
Ein unscharfes Porträt

▲ **Abbildung 32**
Der USM-Filter mit Schwellenwert 0 verstärkt auch die Hautunreinheiten.

Danach war der Luminanz-Kanal an der Reihe: Auf ihn (und nur auf ihn) haben wir den USM-Filter angewandt. Auch diesmal kam unsere bewährte Einstellmethode zum Einsatz: STÄRKE auf 100 %, SCHWELLENWERT auf 0 und zuerst den geeigneten RADIUS wählen (Abbildung 29/30). Danach kann die Stärke angepasst werden und zum Schluss der Schwellenwert das »Aufbröseln« des Bildes durch Scharfzeichnung isolierter Pixel verhindern. Wir haben eine Stärke von 110 %, einen Radius von 2,4 Pixel und einen Schwellenwert von 2 eingestellt.

Mit etwas mehr Arbeitseinsatz beim Scharfzeichnen lassen sich also bedeutend bessere Ergebnisse erzielen.

Scharfzeichnungsmasken

Das Scharfzeichnen von Bildern gleicht einer unendlichen Geschichte: Kaum hat unser tapferer USM-Filter das hässliche und grausame Farbrauschen durch selektive Scharfzeichnung des Luminanz-Kanals besiegt, ist er schon mit dem nächsten furchtbaren Gegner konfrontiert.

Dieser stammt sogar aus den eigenen Reihen: der SCHWELLENWERT. Er bestimmt, ab welchem Kontrastverhältnis zu seinen Nachbarn ein Pixel scharfgezeichnet wird. Bei einem Schwellenwert von 0 kommt es zu einer Scharfzeichnung aller Pixel, was sich in farbähnlichen Binnenflächen durch hässliche Farbabrisse bemerkbar macht (Abbildung 31/32).

In anderen Worten: Die Scharfzeichnung eines Porträts mit einem Schwellenwert von 0 wird zu einer drastischen Pickelvermehrung im Gesicht führen, und auch die schöne Ebenmäßigkeit des Teints geht verloren. Das Hochdrehen des Schwellenwerts führt zwar zu einer Besserung der Situation, dafür wirken nun Mund, Nase, Augen und Ohren wie aufgesetzt. Der Schwellenwert fungiert quasi als Ein- und Ausschalter der Scharfzeichnung, kann aber keine weichen Übergänge zwischen scharf- und weichgezeichneten Bereichen erzeugen.

Das müssen Sie mit so genannten Scharfzeichnungsmasken schon manuell erledigen. Keine Sorge, dieser Prozess lässt sich später über Aktionen gut automatisieren.

▲ **Abbildung 33**
Der Schwellenwert verursacht einen harten Übergang zwischen weich- und scharfgezeichneten Bereichen und damit auch Tonwertabrisse.

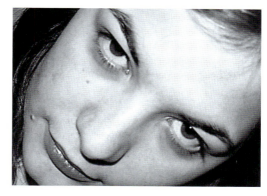

▲ **Abbildung 34**
Der Grünkanal des Bildes bietet das beste Kontrastverhältnis.

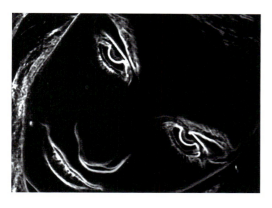

▲ **Abbildung 35**
Nach dem Anwenden des Konturen-finden-Filters und der Invertierung des Kanals

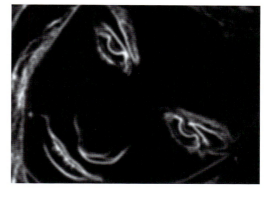

▲ **Abbildung 36**
Eine abschließende starke Weichzeichnung sorgt für sanfte Übergänge zwischen scharfen und unscharfen Bereichen.

Zunächst möchten wir Ihnen aber das Prinzip von **Scharfzeichnungsmasken** erläutern:

Der erste Schritt besteht darin, wie der USM-Filter die Konturen des abgebildeten Objekts zu ermitteln. Hierzu wählen Sie aus der Kanälepalette den Kanal mit dem besten Kontrastverhältnis und geringstem Rauschen (meist der Grünkanal) aus (Abbildung 34). Im Lab-Modus eignet sich dafür nur der Luminanz-Kanal. Duplizieren Sie diesen Kanal, und wenden Sie den Filter KONTUREN FINDEN an (FILTER • STILISIERUNGSFILTER).

Da wir aus den Objektkonturen später eine Scharfzeichnungsauswahl erzeugen wollen, invertieren wir den neu erstellten Kanal mit Strg/⌘ + I (Abbildung 35). Weiße Bereiche werden später voll vom USM-Filter erfasst, schwarze Bereiche bleiben dagegen unberührt. Um, wie oben beschrieben, fließende, natürliche Übergänge zwischen Bereichen mit und ohne Scharfzeichnung zu schaffen, greifen wir nun ins Arsenal der Weichzeichnungsfilter. Damit die meist doch eher filigranen Konturen dadurch nicht vollends verschmiert werden, kommt zuerst noch der Filter HELLE BEREICHE VERGRÖSSERN (FILTER • SONSTIGE FILTER) zum Einsatz. Der Filter ersetzt den Helligkeitswert des aktuellen Pixels durch jenen des hellsten Pixels innerhalb des angegebenen Radius. Ist der Kanal stärker verrauscht, erhalten Sie ein wahres »Schneegestöber« als Konturenmaske. In diesem Fall sollten Sie stattdessen den Gauß'schen Weichzeichner einsetzen.

▲ **Abbildung 37**
Nach der Schärfung mit der Konturenmaske

Im Allgemeinen reicht hier ein Pixel Vergrößerung pro 150 dpi Ausgabeauflösung, d.h., für die Scharfzeichnungsmaske eines 300-dpi-Bildes können Sie die hellen Bereiche um 2 Pixel vergrößern.

Ergänzend zum Filter HELLE BEREICHE VERGRÖSSERN können Sie den GAUSS'SCHEN WEICHZEICHNER und den Filter HELLIGKEIT INTERPOLIEREN (FILTER • STÖRUNGSFILTER) einsetzen. Alle drei bewirken eine Weichzeichnung der Maske (Abbildung 36).

Nun sollte Ihre Scharfzeichnungsmaske deutliche und leicht verlaufende Objektkonturen aufweisen. Bevor wir die Maske als Auswahl laden, sind noch ein paar Aufräumarbeiten empfehlenswert: Versprengte Graupixel in den Binnenflächen des Objekts können Sie entweder durch Übermalen oder Anheben des Schwarzpunkts in der Tonwertkorrektur aus der Maske entfernen. Brüchige Konturbereiche können mit dem Abwedler (O) verstärkt werden.

Abschließend laden Sie die Scharfzeichnungsmaske durch Klick auf das Kanal-Icon und Drücken der Strg/⌘-Taste als Auswahl und wechseln zur Ebenen-Ansicht. Bevor Sie den USM-Filter aufrufen, sollten Sie die Auswahlkonturen mit Strg/⌘ + H ausblenden, um die Auswirkung der Scharfzeichnung besser beurteilen zu können.

Nun können Sie wie oben beschrieben den USM-Filter auf das Bild anwenden, der Schwellenwert sollte dabei auf 0 bleiben, denn den fließenden Verlauf zwischen scharfen und unscharfen Bereichen erledigt nun die Scharfzeichnungsmaske. In unserem Beispiel haben wir die Bildebene dupliziert und auf das Duplikat bewusst stärkere USM-Einstellungen (STÄRKE: 130 %, RADIUS: 3,4 Pixel, SCHWELLENWERT: 0) angewandt. Durch die Ebenendeckkraft kann das Ausmaß der Scharfzeichnung jederzeit sehr präzise reguliert werden.

Mit Hilfe von Aktionen können Sie das Erstellen der Scharfzeichnungsmaske auto-

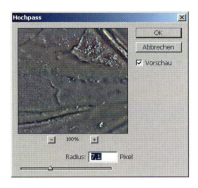

▲ **Abbildung 38**
Der Hochpass-Filter

▲ **Abbildung 39**
Das Originalbild

matisieren. Beginnen Sie erst nach der Kanalauswahl und -duplikation mit der Aktionsaufzeichnung, um für jedes Bild individuell den besten Ausgangskanal bestimmen zu können. Da die richtigen Einstellungen für Helle Bereiche vergrössern, Gaussscher Weichzeichner und für all die anderen Filter von der Qualität des Kanals abhängig sind, sollten Sie für diese Aktionsschritte die Dialog-einblenden-Option aktivieren. Nähere Informationen zum Aufzeichnen von Aktionen finden Sie im Kapitel »Automatisieren« ab Seite 380.

Scharfzeichnen mit dem Hochpass-Filter

Unter allen Photoshop-Filtern ist Unscharf maskieren der einzig wahre und praxistaugliche Scharfzeichnungsfilter. Wirklich der einzige? Nein, im spärlich besuchten Untermenü Sonstige Filter fristet ein Filter mit dem rätselhaften Namen Hochpass sein tristes und wenig beachtetes Dasein. Hochpass? Klingt nachrichtentechnisch, was soll das bitte mit Scharfzeichnung zu tun haben? Die Photoshop-Hilfe bringt uns auf eine erste Spur: »Erhält Kantendetails im angegebenen Radius, in dem deutliche Farbübergänge vorkommen,

und unterdrückt den Rest des Bildes.« Hä? Erst ein praktisches Experiment bringt Bedeutung in diesen schwammig formulierten Satz. Der Hochpass-Filter erhält alle Bildbereiche mit hohen Kontrasten (vor allem die Umrisse von Objekten, aber auch rauschintensive Bereiche) und verwirft den Rest des Bildes, das mit neutralem Grau gefüllt wird. Der Name Hochpass leitet sich von den hohen Ortsfrequenzen (große Helligkeitsdifferenz auf geringem Raum) ab, die dieser Filter »aussiebt«, während der Rest des Bildes verworfen wird. Die einzige Einstellungsmöglichkeit des Hochpass-Filters, der Radius, bewirkt Ähnliches wie sein Namensvetter beim USM-Filter: Er definiert, wie viel Rand rund um die Konturen erhalten bleibt.

Doch wie können die grau getünchten Konturzeichnungen des Hochpass-Filters zum Scharfzeichnen verwendet werden? Die Antwort liegt in den Ebenenmodi Überlagern, Weiches Licht, Hartes Licht, Strahlendes Licht, Lineares Licht, Lichtpunkte und Harte Mischung.

Duplizieren Sie die zu schärfende Bildebene (Abbildung 39), und wenden Sie den Hoch-

03_bilder/
hochpass.tif

▲ **Abbildung 40**
Auf die duplizierte Bildebene wurde der Hochpass-Filter mit 7,1 Pixel Radius angewandt.

▲ **Abbildung 41**
Mit Ebenenmodus Überlagern

▲ **Abbildung 42**
Mit Ebenenmodus Hartes Licht

▲ **Abbildung 43**
Mit Ebenenmodus Strahlendes Licht

pass-Filter darauf an (Abbildung 40). Anschließend überlagern Sie die beiden Ebenen. Diese Modi sind allesamt grauneutral, d.h., wird 50 %iges Grau (RGB 127) in einem dieser Modi mit dem Bild überblendet, bleibt dieses unverändert. Durch Überlagerung mit helleren Tonwerten können Sie das Bild weiter aufhellen, dunklere Werte bewirken eine Abdunklung (Abbildung 41). Da beim Hochpass-Filter nur die Objektkonturen von 50 %igen Grau abweichen, werden nur diese durch die Überlagerung beeinflusst, während die Binnenflächen verschont bleiben.

Allerdings bewirken nicht alle grauneutralen Ebenenmodi eine Schärfung des Bildes. Weiches Licht, Lichtpunkte und Harte Mischung scheiden für Scharfzeichnungszwecke aus, da die ersten beiden den Kantenkontrast kaum erhöhen und Harte Mischung nur für psychedelische Bildeffekte zu gebrauchen ist. Bleiben noch Überlagern, Hartes Licht, Strahlendes Licht und Lineares Licht. Diese Modi sorgen in aufsteigender Reihenfolge für eine »härtere«

Scharfzeichnung durch Erhöhung des Scharfzeichnungsradius. Die Stärke der Scharfzeichnung können Sie mit der Deckkraft der überblendeten Hochpass-Ebene regulieren.

Schäreregulierung mit dem Verwackeln-Filter

Die beliebten Schärfentiefe-Effekte der analogen Fotografie konnten sich im Digitalkamera-Sektor noch nicht wirklich etablieren. Hauptgrund dafür dürfte die »Dummy-Bedienmetapher« vieler Mittelklasse-Digitalkameras sein, bei der die gesamte Funktionalität des Geräts hinter 4–5 Buttons versteckt wird. In der Praxis fehlt meist die Zeit, sich durch drei Menüs und Konfigurationsmodi zu hangeln, um Blende und Belichtungszeit manuell einzustellen. Hier ist eher der Automatik-Modus angesagt, der leider allzu oft in flachen Bildern mündet.

Schärfentiefe-Effekte sind nicht etwa eine nette Spielerei für romantisch veranlagte Fotografen, sondern ein wichtiges Mittel zur Bildgestaltung. Einerseits kann nur durch den Kontrast von scharfen und unscharfen Bildelementen die dreidimensionale Rauminformation in einem zweidimensionalen Bild erhalten werden. Andererseits wird durch Schärfe erst Informationsgewichtung möglich: Wichtige Bildelemente sind scharf, optisches Beiwerk kann unscharf gestellt werden.

Doch wie kann man ein konventionelles Digitalkamera-Bild im Nachhinein mit Schärfentiefe-Effekten veredeln? Der neue Verwackeln-Filter von Photoshop CS macht es möglich. Hä, verwackeln?

Keine Sorge, das Schlechteste an diesem Filter ist seine deutsche Übersetzung: »Verwackeln« hat überhaupt nichts mit dem Zweck des Filters zu tun. Mit diesem Filter können Sie

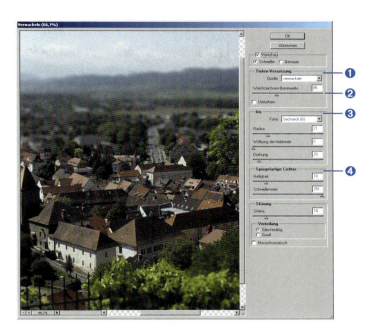

▲ **Abbildung 44**
Die Einstellungen des Verwackeln-Filters

die aus der klassischen Fotografie bekannten Schärfentiefe-Effekte digital imitieren und so flach und schal wirkenden Bildern Tiefe und Raum verleihen. Im Gegensatz zu den anderen Weichzeichner-Filtern erlaubt der Verwackeln-Filter einen fließenden Übergang zwischen scharfen und unscharfen Bildbereichen. Um die Schärfentiefe-Effekte möglichst realistisch nachzubilden, betrachtet Photoshop das Bild durch eine virtuelle Linse, die auf einen bestimmten Entfernungsbereich fokussiert ist.

Da Photoshop aus einem zweidimensionalen Bild nicht nachträglich die Position der abgebildeten Objekte im Raum extrahieren kann, müssen Sie dafür unter TIEFEN-VERSETZUNG ❶ eine eigene Tiefen-Map angeben. Darunter versteht man einen Alpha-Kanal oder

03_bilder/
tiefenschaerfe.
psd

eine Ebenenmaske, deren Graustufen nicht wie üblich die Transparenz, sondern die Entfernung der Pixel zur virtuellen Linse des Filters kodieren. Helle Bereiche der Tiefen-Map bedeuten Nähe zur Kameralinse, dunkle Bereiche stehen für weitere Entfernungen. Sie können zwar auch einen der Farbkanäle des Bildes als Tiefen-Map einsetzen, für vorhersehbare Resultate empfiehlt sich aber die Erstellung eines eigenen Alpha-Kanals.

Mit WEICHZEICHNEN-BRENNWEITE ❷ stellen Sie den Scharfstellungsbereich des Verwackeln-Filters ein. Im Scharfstellungsbereich existiert die größte Schärfe, je weiter ein Pixel laut Tiefen-Map davon entfernt ist, desto mehr wird es weichgezeichnet. Der einstellbare Wert liegt zwischen 0 und 255 und entspricht den Graustufen der Tiefen-Map.

In der Rubrik IRIS ❸ stellen Sie die Art der Linse ein, mit der VERWACKELN die Weichzeichnung des Bildes simuliert. Die Form der Linse hat Einfluss auf den Umriss der weichgezeichneten Bereiche, der Radius bestimmt die Intensität der Weichzeichnung. Mit WÖLBUNG DER IRISBLENDE können Sie die eingesetzte Linse zusätzlich abrunden, um weichere Übergänge zwischen scharfen und unscharfen Bildbereichen zu erhalten.

Die beim Weichzeichnen entstehenden Glanzlichter können Sie in der Rubrik SPIEGELARTIGE LICHTER ❹ festlegen. Dabei kann bestimmt werden, ab welchem SCHWELLENWERT Pixel als Glanzlichter gewertet werden und wie stark ihre HELLIGKEIT erhöht wird.

Beim Weichzeichnen verschwindet eine eventuell vorhandene Körnung aus dem Bild. Unter **Körnung** versteht man das Sichtbarwerden der Filmkristalle auf dem entwickelten Foto, was vor allem bei lichtempfindlichen Filmen auftritt. Da die Körnung bei konventionellen Filmen besonders in unscharfen Bereichen sichtbar wird, sollten Sie etwas Rauschen hinzufügen, um der Weichzeichnung einen realen Touch zu geben. Das können Sie in der Rubrik STÖRUNG einstellen. Mit der Option STÄRKE können Sie die Intensität des Rauschens regeln. Das Rauschen kann GLEICHMÄSSIG oder mittels GAUSSSCHER Normalverteilung auf das Bild wirken.

Tiefenschärfe-Effekte mit dem Verwackeln-Filter

1. Originalbild

Die nebenstehende Abbildung zeigt zwar ein schönes Landschaftspanorama, doch der Reiz des Dorfes in der Bildmitte will sich nicht so recht entfalten. Kein Wunder, die überscharfen Bäume und Sträucher im Bildvordergrund lenken das Auge zu sehr ab. Da die Unschärfe erst am Horizont einsetzt, wirkt das Bild flach und ohne Räumlichkeit. Die Datei finden Sie unter 03_bilder/tiefenschaerfe.psd.

2. Erstellen der Tiefen-Map

Um dem Bild mit dem Verwackeln-Filter ein Mindestmaß an Räumlichkeit zu verpassen, benötigen wir eine Tiefen-Map, die wir auf Basis eines Farbkanals erstellen. Duplizieren Sie dazu den Blaukanal des Bildes, der den besten Gesamtkontrast besitzt.

3. Reduktion der Graustufen

Der duplizierte Kanal enthält noch zu viele Tonwerte, um als Weichzeichnungsmaske eingesetzt zu werden. Wenden Sie daher eine sechsstufige Tontrennung (BILD • ANPASSEN) auf den Kanal an. Anschließend zeichnen Sie den Kanal mit dem Filter HELLIGKEIT INTERPOLIEREN weich (STÄRKE ca. 5 Pixel).

4. Bearbeiten der Tiefenstruktur

Nun müssen wir aus dem Kanal noch eine Tiefen-Map formen. Da die Sträucher im Bildvordergrund schon sehr dunkel sind, der Horizont hingegen sehr hell ist, haben wir uns für eine invertierte Tiefen-Map entschieden, bei der alle hellen Bereiche fern von der virtuellen Kamera sind und alle schwarzen Bereiche nahe. Am schnellsten kann die Abdunklung/Aufhellung mit dem Nachbelichter bzw. Abwedler [O] erledigt werden. Beschränken Sie den Nachbelichter auf die Tiefen und den Abwedler auf Mitteltöne, um nur die gewünschten Bildbereiche zu bearbeiten. Die Belichtungsintensität sollte etwa 50 % betragen, so können Sie durch mehrmaliges Übermalen zusätzliche Unschärfe-Schattierungen erreichen. Das Dorfzentrum selbst übermalen Sie gut deckend mit einem mittleren Grau. Abschließend invertieren Sie den Kanal mit [Strg]/[⌘] + [I] und wenden den Gaussschen Weichzeichner mit 4–5 Pixel Radius darauf an.

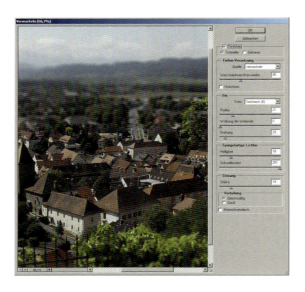

5. Verwackeln-Einstellungen

Wechseln Sie zurück in die Ebenen-Ansicht, und wählen Sie FILTER • WEICHZEICHNUNGSFILTER • VERWACKELN. Um unseren Alpha-Kanal als Tiefen-Map zu verwenden, muss in der Rubrik TIEFEN-VERSETZUNG als QUELLE der Name des Kanals gewählt werden. Setzen Sie nun die Brennweite auf den Grauwert des übermalten Dorfes (in unserem Fall ca. 160). Entscheidender Parameter für die Stärke der Weichzeichnung ist der RADIUS, den wir auf 21 Pixel setzen. Interessant sind weiter die Rubriken SPIEGELARTIGE LICHTER und STÖRUNG. Erstere erzeugt die typischen übersteuerten Glanzlichter in den weichgezeichneten Bereichen. Die Rubrik STÖRUNG sorgt dafür, dass die Filmkörnung in den weichgezeichneten Bildteilen nicht verloren geht.

6. Das Ergebnis

Durch die stufenweise Weichzeichnung erhält unser Bild mehr Tiefe und Ausdruckskraft. Der Verwackeln-Filter eignet sich also daher wunderbar, um die fehlenden bildgestalterischen Fähigkeiten von Digitalkameras zu kompensieren.

Schwarz-Weiß-Bilder richtig scannen und optimieren

1. Grafik einscannen

Nicht nur Fotografien wollen scharf gescannt oder fotografiert werden, auch Strichgrafiken und Schwarz-Weiß-Illustrationen sollten ihre Schärfe nicht im Scanner lassen. Dabei gilt es, einige Kniffe zu beachten. Scannen Sie Strichgrafiken immer im Graustufen-Modus, denn die Konvertierung nach Schwarz-Weiß sollte der letzte Schritt in der Bearbeitungskette sein. Beim Scannen sollten Sie den Scharfzeichnungsfilter der Scan-Software deaktivieren, diesen Schritt können Sie besser in Photoshop erledigen.

2. Tonwertkorrektur durchführen

Öffnen Sie die Grafik unter 03_bilder/strich grafik.psd.

Ältere Illustrationen sind oft auf bereits vergilbtem Papier aufgetragen, weshalb Sie zuerst eine Tonwertkorrektur in Photoshop durchführen sollten. Verpassen Sie dem Papier eine Verjüngungskur, indem Sie den Weißpunkt auf die Papierfarbe setzen. Verblichene Illustrationen peppen Sie durch Setzen des Schwarzpunkts an passender Stelle wieder auf.

3. Scharfzeichnen

Der nächste Bearbeitungsschritt beschäftigt sich mit der Schärfen-Rekonstruktion. Diese hat durch den Graustufen-Scan und diverse Auflösungs-Interpolationsalgorithmen merklich gelitten. Bei Schwarzweiß-Grafiken empfiehlt sich besonders die oben beschriebene Hochpass-Methode: Auf ein Duplikat der Bildebene wird der Hochpass-Filter angewandt.

Schärfe rekonstruieren

Anschließend wird die Ebene mit den Ebenenmodi ÜBERLAGERN bzw. STRAHLENDES LICHT überlagert.

Durch die Konturverstärkung ergibt sich eine Schärfung des Bildes. Der Radius des Hochpass-Filters sollte die mittlere Strichstärke der Grafik nicht übersteigen, da die sonst entstehenden Kontrastränder bei Strichgrafiken besonders stark auffallen.

4. Schwellenwert einstellen

Nun können Sie mit einer Schwellenwert-Einstellungsebene die gewünschte Aufteilung der Graustufen zwischen Schwarz und Weiß bestimmen. Sofern erforderlich, können Sie das Bild mit BILD • MODUS • BITMAP und der Einstellung 50 % SCHWELLENWERT tatsächlich in eine 1-Bit-Schwarz-Weiß-Grafik konvertieren.

Für Ihre Notizen

Von der Qual der Auswahl

Effektive Tricks und Workarounds

Auswahlen und Freisteller bedeuten selbst für alte Bildbearbeitungsprofis ständige Herausforderungen. Dieses Kapitel demonstriert Ihnen praxisnah erfolgreiche Auswahl-Rezepte.

Bildbearbeitung und Kochen haben einiges gemeinsam. Beide Tätigkeiten erfordern von der ersten Sekunde an ein hohes Maß an Sorgfältigkeit und Können. Die Künste des Kochs sind nicht erst beim Umsetzen eines Rezeptes gefragt, bereits die Wahl und Aufbereitung der Zutaten ist entscheidend für das Gelingen eines Gerichts.

Die eingekauften Lebensmittel einfach in einen Kochtopf zu werfen und dann garen zu lassen, wäre wohl die denkbar schlechteste Zubereitungsmethode. Der erste Schritt beim Kochen ist die richtige Vorbereitung der Zutaten: Kartoffeln schälen, Tomaten und Chilischoten von Grünstielen und Kernen befreien, Fleisch schneiden oder Salat putzen.

Bei der Bildbearbeitung ist es genauso: Bevor Sie sich an Screendesigns, Fotomontagen oder Compositings wagen, müssen Sie Photoshop mitteilen, welche Bildelemente dafür verwendet werden sollten. Da Photoshop (noch) keine Menschen, Tiere oder Bäume auf Fotos erkennen kann, benötigt das Programm von Ihnen Informationen, welche Pixel nun zum Motiv im Vordergrund oder zum Hintergrund gehören.

Viele ambitionierte Bildgestaltungsideen scheitern leider schon beim ersten Schritt, dem Auswählen der Bildelemente. Teilweise aus berechtigtem Grund, denn schlampig freigestellte Motive lassen jede noch so kreative Bildmontage schnell amateurhaft und unprofessionell wirken.

Trotzdem gelingt es Photoshop-Profis immer wieder, aus den »unmöglichsten« Bildern (Tiefenschärfe, halbtransparente Objekte, Haare wie eine Löwenmähne) die gewünschten Motive zu extrahieren. Ist da etwa Magie im Spiel? Natürlich nicht. Schwierig freizustellende Objekte werden kaum mit einem bestimmten Werkzeug, sondern vielmehr mit einem »Auswahlrezept« freigestellt. Genauso wie eine rohe Kartoffel zuerst gekocht wird, um dann die Schale leichter abziehen zu können, sind auch bei schwierigen Auswahlsituationen zahlreiche Tricks und Workarounds im Einsatz, die wir Ihnen in diesem Kapitel vorstellen wollen. Heikel freizustellende Objekte werden nicht durch ein einfaches Auswahlwerkzeug, sondern durch eine clevere Kombination von Auswahlen, Masken, Filtern, Kanälen und Transparenzen von ihrem Umfeld getrennt. Das Erstellen komplexer Auswahlen erfordert die Kombination mehrerer Arbeitsschritte und basiert auf dem »Stepwise Refinement«-Prinzip: Im ersten Schritt wird die Auswahl grob genähert, dann folgen stufenweise Verbesserungen. Eine perfekte Auswahl in einem Durchgang zu erstellen, ist zwar der Wunsch vieler Bildbearbeiter, aber sicher nicht die Wirklichkeit.

Der erste Schlüssel zu gelungenen Auswahlen liegt also darin, nicht in Auswahlwerkzeugen, sondern in Auswahlrezepten zu denken, welche die Vorzüge der unterschiedlichen Werkzeuge kombinieren und ihre Schwächen eliminieren.

Der zweite Schlüssel: Es gibt kein Patentrezept, keine Auswahlmethode, die immer funktioniert. Die hohe Kunst der Auswahl beginnt also schon beim Analysieren des Motivs. Durch was unterscheidet es sich vom Hintergrund? Schärfe, bestimmte Umrissformen, Farbgebung? Daraufhin legen Sie ein optimales Auswahlkonzept fest. Als Anhaltspunkte können Sie die Rezepte dieses Kapitels verwenden. Erst dann geht's ans Werk.

Auswahlen in den Augen von Photoshop

Bevor wir die unzähligen Rezepte und Werkzeuge zum Erstellen von Auswahlen in Photoshop beschreiben, sollte einmal festgehalten werden, wie Photoshop Auswahlen »sieht«, d.h., wie sie für das Programm aufgebaut sind. Bei dieser Gelegenheit werden wir auch die Zusammenhänge zwischen Auswahlen, Masken und Alpha-Kanälen erläutern.

Grundsätzlich geht es beim Auswählen von Objekten meist darum, seine Pixel von jenen des Hintergrunds zu trennen. Dafür gibt es im Wesentlichen zwei Möglichkeiten:
▸ Sie können diese Abgrenzung einerseits durch **Entlangfahren der Objektumrisse**
 definieren (das erledigen die klassischen Auswahlwerkzeuge) (Abbildung 1),
▸ andererseits durch **Kennzeichnen seiner Fläche** (dies geschieht z. B. mit den Malwerkzeugen im QuickMask-Modus).

Auswahlen werden in Photoshop durch die berühmt-berüchtigte »Ameisenkolonne« dargestellt, eine Linie bestehend aus bewegten schwarzen und weißen Punkten, die an den Rändern der ausgewählten Fläche dargestellt wird. Sie wurde eindeutig für transparenzlose Auswahlen erdacht, bei denen ein Pixel entweder ausgewählt ist oder nicht. In Auswahlen mit Transparenzen verliert die Ameisenkolonne schnell an Aussagekraft: Sie umschließt dann nur mehr jene Pixel, die zu mehr als 50 % ausgewählt sind (eigentlich: die in der Auswahl eine Deckkraft von mehr als 50 % haben). Nachvollziehen können Sie diesen Effekt, indem Sie einer Auswahl nachträglich eine weiche Kante verpassen, wodurch sich die Form der Ameisenkolonne ändert (Abbildung 3 und 4).

Eine **Maske** besitzt hier mehr Aussagekraft: Sie ist ein Graustufenbild, das alle sichtbaren Pixel weiß und alle unsichtbaren schwarz darstellt. Die dazwischen liegenden Grautöne beziehen sich auf transparente, also nicht vollständig deckende Pixel. Ein hellgrauer Pixel in einer Maske bedeutet, dass der Pixel nicht vollständig opak in der Selektion enthalten ist, ein dunkelgrauer Wert bezieht sich auf beinahe ausgeblendete Pixel. Masken werden in zahlreichen Dateiformaten als **Alpha-Kanäle** gespeichert und sind über die Kanäle-Palette ansprechbar.

Neben den Alpha-Kanälen, die vor allem zur dauerhaften Speicherung von Auswahlen erdacht wurden, kennt Photoshop den **QuickMask-Modus**, in den jede Auswahl

◄ **Abbildung 1**
Eine Auswahl in Photoshop als »Ameisenkolonne« ...

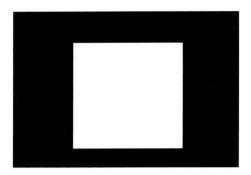

Abbildung 2 ►
... und ihre Darstellung als Alpha-Kanal

◄ **Abbildung 3**
Dieselbe Auswahl, diesmal mit weicher Kante. Die Auswahlkante kann den präzisen Verlauf der Auswahl nicht anzeigen.

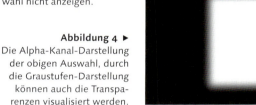

Abbildung 4 ►
Die Alpha-Kanal-Darstellung der obigen Auswahl, durch die Graustufen-Darstellung können auch die Transparenzen visualisiert werden.

durch Drücken von Q überführt werden kann (Abbildung 5). Der QuickMask-Modus stellt quasi einen temporären Alpha-Kanal dar, der über dem Bild eingeblendet wird. Mit Hilfe der Malwerkzeuge können Sie die zuvor erstellte Auswahl verbessern, indem Sie z.B. zu harte Auswahlränder mit einem weichen Pinsel korrigieren. Der QuickMask-Modus kann durch erneutes Drücken von Q wieder verlassen werden, die vorgenommenen Änderungen fließen in die aktuelle Auswahl ein.

Beide Möglichkeiten haben Vor- und Nachteile: Ein Objekt kann meist wesentlich rascher über seine Umrisse festgelegt werden als über seine Fläche. Um ein Fenster freizustellen, genügen wenige Mausklicks mit dem Rechteck-Auswahlwerkzeug, wollen Sie dasselbe Ziel mit Masken erreichen, müssten Sie schon etwas an Zeit in das Ausmalen der Fensterfläche investieren. Andererseits haben Sie mit den Auswahlwerkzeugen keine Möglichkeit, transparente Flächen zu vergeben. Angenommen, hinter dem Fensterglas verbirgt sich ein grüner Vorhang. Dieser sollte im freigestellten Fenster verschwinden, das Glas aber erhalten bleiben. Indem Sie das Glas mit einer hellgrauen Farbe teilweise ausmaskieren, können Sie den Vorhang entfernen.

Die Oberfläche von Photoshop trennt strikt zwischen

▶ **konturbasierten Auswahlen** (über Auswahlwerkzeuge) und

▲ **Abbildung 5**
Eine rechteckige Auswahl wurde in den QuickMask-Modus konvertiert.

▲ **Abbildung 6**
Im QuickMask-Modus wurde der Filter »Schwingungen« angewandt, …

◀ **Abbildung 7**
… was eine veränderte Auswahl bewirkt.

◀ **Abbildung 8**
Die Kanäle-Palette bei aktivem Maskierungsmodus

- **flächenbasierten Selektionsmethoden**
(QuickMask-Modus, Alpha-Kanäle, Ebenenmasken)

Davon sollten Sie sich aber nicht täuschen lassen, intern sind alle Auswahlen für Photoshop identisch. Eine mit beliebigem Werkzeug erstellte Auswahl kann sofort und verlustfrei in einen Alpha-Kanal umgewandelt werden, auch der umgekehrte Weg ist bedenkenlos möglich. Genauso wie Wasser entweder in ge- frorener, flüssiger oder verdampfter Form existiert, kennt eine Selektion in Photoshop die Zustände Auswahl (konturbasiert) und Maske (flächenbasiert).

Wie wir in diesem Kapitel noch zeigen werden, ist die isolierte Betrachtung dieser beiden Auswahlmethoden kontraproduktiv. Sie bilden vielmehr ein kongeniales Team, das sich ideal ergänzt. Die Grundidee der kontur- bzw. flächenbasierten Auswahl wurde in einigen Pho-

Auswahlen in den Augen von Photoshop

toshop-Funktionen noch verfeinert und an spezielle Einsatzzwecke angepasst (z.B. der Extrahieren-Dialog).

Die Auswahlwerkzeuge

Allgemeine Tipps

Bevor wir die Auswahlwerkzeuge in unseren Rezepten zum Freistellen von Motiven aller Art einsetzen, sollten wir sie uns noch mal genauer anschauen. Natürlich sind für Sie als (angehender) Photoshop-Profi die Auswahlwerkzeuge nicht gerade Neuland, aber z.B. die folgenden Tastenkürzel können Ihnen in der Praxis sicher weiterhelfen. Sie funktionieren mit allen Auswahlwerkzeugen.

Richtige Ebene auswählen: Auswahlen funktionieren natürlich ebenenübergreifend, aber im Hinblick auf die spätere Weiterbearbeitung sollten Sie gleich auf der »richtigen« Ebene (auf der sich das auszuwählende Motiv befindet) arbeiten. Dazu können Sie die Automatische Ebenenauswahl verwenden. Drücken Sie bei aktiviertem Verschiebewerkzeug (Tastenkürzel [V]) die [Strg]/[⌘]-Taste, und klicken Sie auf das gewünschte Objekt. Photoshop aktiviert dann automatisch die richtige Ebene.

Auswahl verschieben: Um bei aktiviertem Verschiebe-Werkzeug die Auswahl und nicht den Bildinhalt zu bewegen, halten Sie die Leertaste gedrückt und verwenden die Cursortasten.

Weiche Kante rasch ändern: Drücken Sie [↵], während ein Auswahlwerkzeug aktiv ist. Sofort erscheint der Eingabecursor im Optionsfeld Weiche Kante, und Sie können diesen wichtigen Wert ohne lange Mauswege ändern.

Ameisenkolonne ausblenden: Insbesondere beim Anwenden von Filtern und Effekten auf Bildbereiche macht sich die Auswahlbegrenzung von Photoshop, liebevoll Ameisenkolonne genannt, störend bemerkbar. Sie kann über [Strg]/[⌘] + [H] ausgeblendet werden.

Pixelgenaues Positionieren von Auswahlen: Zum pixelgenauen Positionieren einmal aufgezogener Auswahlen können Sie die Cursortasten verwenden. Halten Sie zusätzlich die [⇧]-Taste gedrückt, wird die Auswahl in 10-Pixel-Schritten verschoben. Besonders beim Screendesign sind diese Kürzel unentbehrlich.

Auswahl in 45°-Schritten verschieben: Verschieben Sie eine Auswahl und halten dabei die [⇧]-Taste gedrückt, so kann die Auswahl nur in 45°-Schritten verschoben werden.

Auswahlen per Drag and Drop zwischen Dokumenten verschieben: Sie haben in einem Dokument eine Auswahl getroffen und benötigen sie nun in einem anderen Dokument? Dafür sind keine Umwege über Alpha-Kanäle nötig. Ziehen Sie die Auswahl mit einem aktiven Auswahlwerkzeug ins gewünschte Dokument. Halten Sie vor dem Loslassen der Maustaste die [⇧]-Taste gedrückt, wird die Auswahl im neuen Dokument zentriert. Haben die beiden Dokumente dieselbe Größe, platziert Photoshop bei gedrückter [⇧]-Taste die Auswahl an derselben Position wie im Ursprungsdokument.

Auswahl in Ebenenmaske konvertieren: Die Konvertierung einer Auswahl in eine Ebenenmaske geht am schnellsten mit dem gleichnamigen Icon in der Ebenen-Palette vonstatten (Abbildung 9). Halten Sie dabei die Umschalt-Taste gedrückt, so wird die Auswahl eingeblendet (außerhalb der Auswahl liegende Bildbereiche werden unsichtbar). Mit der [Alt]/[⌥]-Taste erreichen Sie das Gegenteil,

◄ **Abbildung 9**
Mit dem Klick auf das Ebenenmasken-Icon erstellen Sie schnell Ebenenmasken aus Auswahlen.

Abbildung 10 ►
Das Alpha-Kanal-Icon erstellt schnell Alpha-Kanäle aus Auswahlen.

▲ **Abbildung 11**
Auswahlrechteck mit fester Größe

▲ **Abbildung 12**
Auswahlrechteck mit festem Seitenverhältnis

alle innerhalb der Auswahl liegenden Bildbereiche werden ausgeblendet. Durch [Strg]/[⌘] + Klick auf die Ebenenmasken-Miniatur können Sie die Auswahl wiederherstellen.

Auswahl in Alpha-Kanal konvertieren: Die Konvertierung in einen Alpha-Kanal bedarf keines Shortcuts, hierfür kann das Auswahl als Icon KANAL SPEICHERN der Kanäle-Palette verwendet werden. Nützlich in diesem Zusammenhang ist das Tastenkürzel [Strg]/[⌘] + [I], mit dem Sie den Kanal und damit auch die darin gespeicherte Auswahl umkehren (Abbildung 10).

Rechteck- und Ellipsen-Auswahl

Beginnen wir bei den einfachsten Auswahlwerkzeugen Rechteck und Ellipse. Auf den ersten Blick bieten sie keine großartigen Manipulationsmöglichkeiten. Neben den »Evergreen-Shortcuts« [⇧] (Kreis oder Quadrat statt Ellipse bzw. Rechteck) und [Alt]/[⌥] (zentriertes Aufziehen der Auswahl) gibt es aber noch ein paar weniger bekannte, aber umso nützlichere Optionen.

Zum Erstellen präziser Rechteck- und Ellipsen-Auswahlen ist die Option ART praktisch (Abbildung 11/12). Während Sie beim FESTEN SEITENVERHÄLTNIS die Größe, nicht aber die Proportion der Auswahl selbst bestimmen können, wird bei der FESTEN GRÖSSE die Auswahl per Klick erstellt. Auswahlen mit FESTER GRÖSSE können Sie beliebig im Bild positionieren, indem Sie die Maustaste nach dem Klick gedrückt halten und die Auswahl wie gewünscht verschieben. Auch das [Alt]/[⌥]-Tastenkürzel (Auswahl zentriert um den Cursor aufziehen) funktioniert bei der Auswahl mit FESTER GRÖSSE.

Neben Rechteck und Ellipse kennt Photoshop noch die Auswahlwerkzeuge EINZELNE ZEILE und EINZELNE SPALTE. Mit ihnen kann per Mausklick eine 1 Pixel hohe Zeile bzw. Spalte des Bildes ausgewählt werden. Typische Einsatzbereiche dafür sind Korrekturarbeiten an schlechten Scans, bei denen eine Bildzeile oder -spalte nicht abgetastet wurde. Auch bei Standbildern aus Fernsehsendungen oder Videos sind einige Bildzeilen durch Signalfehler gestört. Mit dem Zeilen- bzw. Spalten-

▲ Abbildung 13
Ausschnitt aus einem Videostandbild mit Zeilenfehlern

▲ Abbildung 14
Mit dem Einzelne-Zeile-Werkzeug erstellte Auswahl

▲ Abbildung 15
Durch Klonen von intakten Bildzeilen wurden die Störungen eliminiert.

Auswahlwerkzeug können Sie schnell Abhilfe schaffen, indem die darunter oder darüber liegende Zeile ausgewählt und mit gedrückter Alt/⌥-Taste auf die beschädigte Zeile gezogen wird (Abbildung 13–15).

Ihre wahre Macht entfalten Rechteck- und Ellipsenauswahl erst in transformierter Form. Besonders bei Fotografien, in denen rechteckige oder runde Objekte perspektivisch verzerrt dargestellt werden (z. B. Häuserfront), sind sie praktisch. Näheres zur Transformation von Auswahlen erfahren Sie ab Seite 115.

Kürzere Werkzeug-Shortcuts

In den allgemeinen Photoshop-Voreinstellungen können Sie durch Deaktivieren der Option UMSCHALTTASTE FÜR ANDERES WERKZEUG kürzere Shortcuts für die Werkzeugpalette erhalten. Um vom Rechteck- auf das Ellipsen-Auswahlwerkzeug zu wechseln, brauchen Sie nur statt ⇧ + M nur mehr M einzugeben. Diese Einstellung gilt natürlich für die gesamte Werkzeugpalette, bietet sich aber besonders bei den Auswahlwerkzeugen an.

Das Freistellen-Werkzeug

Das Freistellen-Werkzeug bildet eine Ausnahme unter den Auswahlwerkzeugen, es definiert nicht nur Pixelbereiche, sondern führt diese auch gleich einer bestimmten Bearbeitung (der Entfernung aller nicht ausgewählten Bereiche) zu. Nichtsdestoweniger ist das Freistellen-Werkzeug weitaus mehr als ein simpler Bildrand-Entferner. Bewegen Sie die Maus aus dem aufgezogenen Freistellungsrechteck, so verwandelt sie sich in einen Drehen-Cursor. Sie können Ihr Bild also in einem Arbeitsschritt von unnötigen Rändern befreien und drehen.

Richtig mächtig wird das Freistellen-Werkzeug erst im perspektivischen Modus: Damit können Sie (un)freiwillige perspektivische Verzerrungen in Bildern korrigieren. Das Museum in Abbildung 17 wirkt durch die Aufnahme mit einem Weitwinkelobjektiv verzerrt und schief.

Zur Korrektur dieses Abbildungsfehlers aktivieren Sie die Option PERSPEKTIVISCH BEARBEITEN in der Optionsleiste des Freistellen-Werkzeugs. Nun können Sie die vier Eckpunkte des Begrenzungsrechtecks beliebig verschieben. Erstellen Sie ein Begrenzungsvieleck, dessen Seiten parallel zu den Säulen des Museums

▲ **Abbildung 16**
Die Option Perspektivisch bearbeiten erlaubt die Korrektur von Abbildungsfehlern.

Abbildung 17 ▶
Das abgebildete Museum wurde mit perspektivischer Verzerrung fotografiert.

▲ **Abbildung 18**
Schalten Sie das Freistellen-Werkzeug in den perspektivischen Modus, und führen Sie die Kanten des Begrenzungspolygons parallel zu den Säulen.

▲ **Abbildung 19**
Nach Bestätigung der Änderungen wird der Tempel verzerrungsfrei in Frontalansicht abgebildet.

verlaufen (siehe Abbildung 18). Mit der Eingabetaste bestätigen Sie die Entzerrung, die zu einem Ergebnis wie in Abbildung 19 führen sollte.

Zu Unrecht trägt das Freistellen-Werkzeug seinen zerstörerischen Ruf: In der Optionsleiste können Sie festlegen, ob die überflüssigen Bildränder gelöscht oder nur ausgeblendet werden sollten. Vergrößern Sie nach einer solchen Ausblendung den sichtbaren Bildbereich, kommen auch die freigestellten Bereiche wieder zum Vorschein. Dasselbe passiert, wenn Sie mit dem Verschieben-Werkzeug die jeweilige Ebene bewegen. Kehrseite der Medaille: Das Bild benötigt auch in der freigestellten Variante genauso viel Speicher wie in der Urversion.

Weitere nützliche Tipps zum Freistellen-Werkzeug finden Sie im Kapitel »Photoshop effizient bedienen« ab Seite 404.

04_auswahlen/
museum.jpg

Die Auswahlwerkzeuge **97**

◀ **Abbildung 20**
Dieser Schriftzug wurde mit dem Polygon-Werkzeug erstellt, in Pfade konvertiert, und seine Konturen wurden mit einem Pinseleffekt gefüllt.

▲ **Abbildung 21**
Werkzeugoptionen des magnetischen Lassos

Lasso-Auswahlwerkzeuge

Die drei Lasso-Werkzeuge Freihand-Lasso, Polygon-Lasso und magnetisches Lasso zählen wohl zu den Dinosauriern der Photoshop-Werkzeuge. Dennoch sind sie an fast jeder Auswahlerstellung beteiligt. Während das Freihand-Lasso vor allem mit Zeichentabletts gut zusammenarbeitet, sind Mausbenutzer mit dem Polygon bzw. magnetischen Lasso besser bedient.

Das **Freihand-Lasso** ist in seiner Handhabung eher banal: Mit gedrückter Maustaste wird eine Auswahllinie gezogen, sobald Sie die Maustaste loslassen, wird die Auswahl durch eine Gerade zwischen erster und letzter Mausposition geschlossen. Alternativ können Sie natürlich mit der Maus wieder zum Ausgangspunkt der Auswahl fahren, um diese ohne störende Gerade zu schließen. Halten Sie die Alt-Taste gedrückt, wechselt Photoshop vom Freihand- zum Polygon-Lasso. Damit können Sie einerseits gerade Konturen besser auswählen, andererseits muss die Maustaste nicht permanent gedrückt bleiben.

Mit dem eben angesprochenen **Polygon-Lasso** ist die Auswahlerstellung um einiges komfortabler: Per Mausklick setzen Sie Eckpunkte, die Photoshop mit Geraden verbindet. Dadurch entsteht ein Vieleck, das die Kontur des Motivs beschreibt. Durch das enge Setzen von Eckpunkten bzw. nachträgliches Abrunden der entstandenen Auswahl können auch kurvige und krumme Umrisse mit dem Polygon-Werkzeug gut genähert werden.

Im Unterschied zum Freihand-Lasso verfügt es über eine Korrekturmöglichkeit: Durch

Linienzug zu eckig?

Bei der Arbeit mit dem Polygon-Lasso-Werkzeug erscheinen die erzeugten Linienzüge oft zu eckig und deshalb unbrauchbar. Setzen Sie bei Auswahlbereichen, die Rundungen enthalten, einfach mehr Punkte im Linienzug, dadurch werden diese nach dem Schließen der Auswahl kaum noch als Linienzug erkennbar sein.

Eine Variante, um kantige Auswahlen nachträglich abzurunden, ist es, den Menüpunkt AUSWAHL • AUSWAHL VERÄNDERN • ABRUNDEN zu verwenden. Photoshop fragt bei diesem Befehl nach einem Eckradius und versieht alle Ecken der Auswahl mit entsprechenden Rundungen. Die bessere Alternative ist hier aber die Auswahl mit Pfaden, da sich die Rundungen mit Bézierkurven besser kontrollieren lassen.

Drücken der Entf-Taste können die zuletzt gesetzten Eckpunkte gelöscht werden. Mit der ⇧-Taste beschränken Sie das Polygon-Werkzeug auf 45°-Winkel, wodurch gerade verlaufende Linien sehr einfach gelingen.

Am ausführlichsten kann **das magnetische Lasso** konfiguriert werden (Abbildung 21).

Die BREITE definiert den Erfassungsbereich des Werkzeugs. Innerhalb der definierten Breite (die von der aktuellen Position des Mauscursors aus gemessen wird) sucht das Lasso-Werkzeug nach Objektkonturen, die es aufgrund von Farbunterschieden benachbarter Pixel aufspüren will (Abbildung 22).

Die Option KANTENKONTRAST regelt die Empfindlichkeit des Lassos. Je geringer dieser Wert, desto weniger muss sich ein Pixel von seinen Nachbarn unterscheiden, um vom Werkzeug als Objektkante wahrgenommen zu werden (Abbildung 23/24). Ein hoher Wert zementiert den Verlauf der Auswahl an den kontrastreichen Objektkanten, sofern diese im Bild enthalten sind. Bei durch Unschärfen hervorgerufenen schwachen Kantenkontrasten ist diese Einstellung eher wirkungslos. Es empfiehlt sich, solche Stellen zunächst grob aus-

▲ **Abbildung 22**
Mit einem hohen Breitewert erkennt das Lasso auch Kanten, die sich weiter entfernt vom Mauscursor befinden. Allerdings nimmt die Performance des Lasso-Werkzeugs dann spürbar ab.

zuwählen, um sie dann im Maskierungsmodus nachzubearbeiten. Niedrige Kantenkontraste erhöhen den Bewegungsspielraum des magnetischen Lassos, die Auswahlkante folgt dann stärker den Mausbewegungen.

Die FREQUENZ bestimmt, mit welcher Häufigkeit Photoshop Ankerpunkte setzt (Abbil-

03_bilder/
fisch.psd

Bild auf Arbeitsfläche verschieben

Neben dem oben erwähnten Ändern des Bildausschnitts können Sie in Photoshop CS nun auch kleinere Bilder frei auf der Arbeitsfläche positionieren. Besonders bei der Auswahl ist dies nützlich: Endlich müssen nicht mehr unzählige Paletten umpositioniert werden, um einen »freien Blick« auf das Bild zu erhalten. Das Verschieben des Bildes auf der Arbeitsfläche funktioniert in den Vollbild-Modi (Tastenkürzel F) mit Hilfe des Hand-Werkzeuges (Tastenkürzel H).

Polygon- oder Freihand-Lasso?

Wenn es um die Entscheidung Freihand- oder Polygon-Lasso geht, so ist es letztlich einerlei, welches Sie aus der Werkzeugpalette wählen. Der Grund dafür ist, dass das Polygon-Lasso-Werkzeug als Freihand-Lasso verwendet werden kann, wenn Sie die Maustaste während des Erstellens der Auswahl gedrückt halten. Umgekehrt kann das Freihand-Lasso als Polygon-Lasso verwendet werden, wenn Sie während der Auswahlerstellung die ⌥/Alt-Taste gedrückt halten.

Die Auswahlwerkzeuge

▲ **Abbildung 23**
Hohe Kantenkontraste schränken die »Bewegungsfreude« des magnetischen Lassos ein.

▲ **Abbildung 24**
Bei zu niedrigen Kantenkontrasten verlässt das magnetische Lasso rasch seine Ideallinie.

dung 25/26). Hohe Werte resultieren in vielen Ankerpunkten, diese Einstellung bietet sich bei komplexen Objektkonturen an. Niedrige Einstellungen sind für einfach strukturierte Kanten empfehlenswert. Alternativ können Sie auch durch Mausklicks Ankerpunkte setzen. Misslungene Ankerpunkte werden per ⌊Entf⌉-Taste gelöscht.

Tastenkürzel für das magnetische Lasso

Wirkung	Tastenkürzel
Kantenkontrast erhöhen/verringern	⌊.⌉ bzw. ⌊,⌉
Breite erhöhen/verringern	⌊Ö⌉ bzw. ⌊#⌉
Ankerpunkt-Frequenz erhöhen/verringern	⌊Ü⌉ bzw. ⌊Ä⌉

 Zoom und Bildausschnitt ändern beim Polygon- bzw. magnetischen Lasso
Mit ⌊Strg⌉/⌊⌘⌉ + ⌊+⌉ oder ⌊−⌉ können Sie während des Aufziehens einer Polygon- bzw. Magnetisches-Lasso-Auswahl im Bild aus- und einzoomen. Bei gedrückter Leertaste schaltet Photoshop temporär zum Hand-Werkzeug um, mit dem Sie den Bildausschnitt ändern können.

▲ **Abbildung 25**
Eine hohe Frequenzeinstellung bewirkt das Setzen vieler Ankerpunkte.

▲ **Abbildung 26**
Niedrige Frequenzeinstellung

Die richtigen Einstellungen für das magnetische Lasso können sich innerhalb eines Auswahlvorgangs ändern. Die linke Kante des Brotlaibs in Abbildung 27 lässt sich mit relativ wenig Ankerpunkten auswählen, da sie sich kontrastreich zum Hintergrund abhebt. Die abgedunkelte rechte Kante benötigt wesentlich mehr Ankerpunkte, um die Objektkontur eindeutig freizustellen.

▲ **Abbildung 27**
Während der Auswahl haben wir die Frequenzeinstellung des magnetischen Lassos geändert.

Die Auswahlwerkzeuge **101**

Magnetisches Lasso und Einstellungsebenen

1. Probleme des magnetischen Lassos

Häufig scheitert der Einsatz des magnetischen Lassos am mangelnden Kantenkontrast zwischen Motiv und Hintergrund. Wenn man mit bloßem Auge schon Schwierigkeiten hat, die Konturen des Motivs zu erkennen, ist es für das magnetische Lasso umso schwieriger, die Umrisse des Objekts korrekt festzulegen. Doch nicht immer gibt es geeignete Auswahl-Alternativen (kanalbasierte Auswahl, Farbbereichsauswahl). Ein Lösungsansatz wäre, den Kontrast im Bild zeitweilig zu erhöhen und dadurch bessere Kantenkontraste zu erzielen. In diesem Workshop möchten wir Ihnen eine Möglichkeit dazu demonstrieren.

2. Einstellungsebene einrichten

Der Fisch in der Abbildung (NEONFISCH.PSD im Verzeichnis 04_AUSWAHL der Buch-CD) ist mit dem magnetischen Lasso nur schwer freizustellen, da er sich kaum vom Hintergrund abhebt. Mit einer Einstellungsebene kann die Helligkeit und der Kontrast des Bildes zeitweilig und ohne destruktiven Eingriff in die Bilddaten verstärkt werden.

Erzeugen Sie in der Ebenen-Palette ([F7]) eine Einstellungsebene HELLIGKEIT/KONTRAST, die Werte der Abbildung können Sie dabei als Orientierung verwenden.

3. Magnetisches Lasso einsetzen

Nun geht das Auswählen des Fisches bedeutend leichter vonstatten. Mit einem etwas höheren Kantenkontrast vermeiden Sie ein »Einbrechen« des magnetischen Lassos im Flossen-Bereich. Es empfiehlt sich, die Ankerpunkte manuell zu setzen, um die Rundungen entlang des Bauches mit der Auswahl bestmöglich nachzuempfinden.

▲ Abbildung 28
Zauberstab-Toleranz von 12

▲ Abbildung 29
Zauberstab-Toleranz von 25

▲ Abbildung 30
Die Werkzeugoptionen des Zauberstabs

Der Zauberstab

Die Grundidee – der angeklickte Pixel und ihm farbähnliche, benachbarte Bildbereiche werden ausgewählt – wurde in Photoshop nur etwas verfeinert, wie ein Blick in die Werkzeugoptionsleiste verrät.

Die TOLERANZ – nomen est omen – definiert die Empfindlichkeit des Zauberstabs, d.h., wie stark die einzelnen Farbwerte vom Referenzwert abweichen dürfen, um noch in die Auswahl zu fallen. Bei aktivem Zauberstab können Sie per ⏎ direkt zum Eingabefeld des Toleranzwerts springen, lästiges Herumklicken und unfreiwilliges Aufheben der Auswahl entfällt damit. Technisch betrachtet beziehen sich die Toleranzwerte auf die Graustufenskala (0 bis 255). Bei Graustufenbildern wird die Abweichung zum angeklickten Pixel direkt berechnet. Eine Toleranzeinstellung von 12 würde bei einem Referenz-Grauwert von 120 bedeuten, dass alle benachbarten Pixel mit Grauwerten von 108 bis 132 ausgewählt werden (Abbildung 28/29).

Bei Farbbildern verläuft die Sache komplizierter. Der aus dem Referenzpixel gewonnene Farbwert wird in einzelne Farbkomponenten aufgespalten (z.B. Rot-, Grün-, Blauwert im RGB-System). Anschließend werden die in den Toleranzbereich fallenden Pixel für jeden Farbkanal des Bildes getrennt bestimmt. Durch eine abschließende UND-Verknüpfung der Ergebnisse wird gewährleistet, dass nur Pixel in der endgültigen Auswahl aufgenommen werden, die in jedem Farbkanal die Toleranzgrenze erfüllen.

Die Option BENACHBART bestimmt, ob der Zauberstab nur auf benachbarte Pixel oder das gesamte Bild wirken soll. In letzterem Fall verhält sich das Werkzeug ähnlich dem Befehl FARBBEREICH AUSWÄHLEN aus dem Auswahl-Menü. MIT ALLE EBENEN EINBEZIEHEN legen Sie fest, ob der Zauberstab nur in der aktiven oder in allen Ebenen wirken soll (Abbildung 30).

Die vielleicht wichtigste Option des Zauberstabs hat sich aber dort versteckt, wo die wenigsten sie vermuten würden ... in den Optionen des Pipette-Werkzeugs. Erraten? Das Zauberstab-Werkzeug macht nämlich beim Festlegen des selektierten Pixels still und leise von der Pipette Gebrauch – und damit auch

Die Auswahlwerkzeuge **103**

◀ **Abbildung 31**
Auswahlergebnis bei Pipetteneinstellung 1 Pixel Aufnahmebereich

Abbildung 32 ▶
Auswahlergebnis bei Pipetteneinstellung 5 x 5 Pixel Durchschnitt

von ihrer Aufnahmebereich-Option. Diese teilt Photoshop mit, ob tatsächlich der Farbwert des angeklickten Pixels ermittelt werden soll oder der Durchschnittswert der neun bzw. 25 umgebenden Pixel. Die Pipette erstellt dazu rund um den angeklickten Pixel einen 3 x 3 bzw. 5 x 5 Pixel großen Sampling-Bereich, dessen durchschnittlicher Farbwert ermittelt wird. Mit der Einstellung 1 Pixel wird tatsächlich der Farbwert des aufgenommenen Pixels verwendet.

Aufgrund dieser Farbinformation erstellt das Zauberstab-Werkzeug seine Auswahl. Das lässt auch erklären, warum trotz völlig identischer Werkzeugeinstellungen und Aufnahmepositionen verschieden große Zauberstab-Auswahlen entstehen können (siehe Abbildungen 31/32).

Verrauschte Bilder und Zauberstab

Keine Entdeckung ohne Nutzen: Möchten Sie auch in verrauschten Bildern effizient mit dem Zauberstab arbeiten, sollten Sie einen größeren Aufnahmebereich in den Pipette-Optionen einstellen. Durch das Rauschen können auch die Farbwerte benachbarter Pixel voneinander abweichen und dadurch aus dem Toleranzbereich des Zauberstabs fallen. Die Folge: scharfe, »abgerissene« Auswahlkanten, die zeitintensiv korrigiert werden müssen. Mit einem größeren Aufnahmebereich ergeben sich rundere, weiche Kanten und damit brauchbarere Ergebnisse.

Zauberstab in Bildkanälen einsetzen

Aufgrund der oben beschriebenen Funktionsweise des Zauberstabs ist sein Verhalten in Farbbildern eher unvorhersehbar. Daher sollten Sie Zauberstab-Auswahlen immer in einem geeigneten Bildkanal durchführen und nicht direkt im Farbbild. Mit [Strg]/[⌘] + [1], [2] … können Sie sich die verschiedenen Bildkanäle anzeigen lassen und dann den Zauberstab einsetzen. Mit [Strg]/[⌘] + [~] kehren Sie wieder zur Farbansicht des Bildes zurück.

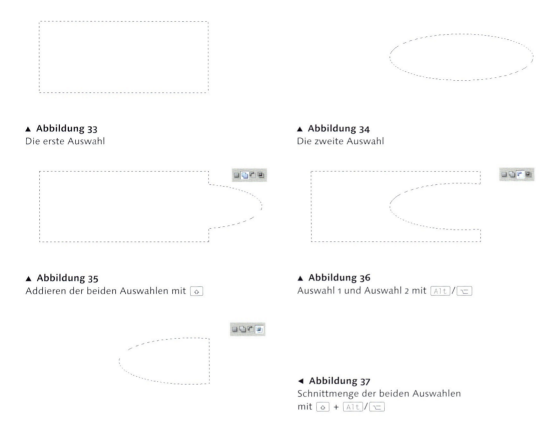

▲ **Abbildung 33**
Die erste Auswahl

▲ **Abbildung 34**
Die zweite Auswahl

▲ **Abbildung 35**
Addieren der beiden Auswahlen mit ⇧

▲ **Abbildung 36**
Auswahl 1 und Auswahl 2 mit Alt/⌥

◀ **Abbildung 37**
Schnittmenge der beiden Auswahlen mit ⇧ + Alt/⌥

Auswahl-Arithmetik

Komplexe Objektkonturen können selten mit einem Auswahlwerkzeug bewältigt werden. Ebenso wenig gelingt auf Anhieb die perfekte Auswahl. Um mit einem anderen Auswahlwerkzeug die erforderlichen Nachbesserungsarbeiten durchführen zu können, sind Auswahlberechnungen nötig. Unter einer Auswahlberechnung versteht man die Kombination einer existierenden mit einer neuen Auswahl.

▸ Zwei Auswahlen können einerseits **addiert** werden und umfassen dann die Fläche beider Auswahlen (Abbildung 35).
▸ Bei der **Subtraktion** wird die Auswahlfläche der zweiten von jener der ersten Auswahl abgezogen (Abbildung 36).
▸ Die **Schnittmenge** zweier Auswahlen umfasst jene Fläche, die beide Auswahlen gemeinsam haben (Abbildung 37).

 *»Auswahlrezept« für Auswahlberechnungen*

Mit der Verrechnung verschiedener Auswahlen möchten wir Ihnen ein wichtiges Grundrezept zum Isolieren bestimmter Bildelemente näher bringen. Die Bilddatei finden Sie unter 04_auswahlen/zebrastreifen.jpg.

1. Zauberstab erster Versuch

Nehmen wir als Beispiel den Zebrastreifen in der Abbildung, der in Photoshop neu eingefärbt werden soll, wofür natürlich eine präzise Auswahl erforderlich ist. Ein erster Versuch, den Zebrastreifen mit Hilfe des Zauberstabs (die Option BENACHBART *wurde deaktiviert) auszuwählen, scheitert, da zahlreiche andere Bildbereiche über ähnliche Grautöne verfügen. Zu strenge Toleranzeinstellungen lassen wiederum Teile des Zebrastreifens aus der Auswahl fallen. Trotzdem ist das noch lange kein Grund, jeden Zebrastreifen einzeln mit dem Polygon-Werkzeug auszuwählen.*

2. Auswahl minimieren

Bei näherer Betrachtung des Bildes fällt auf, dass sich keine farbähnlichen Objekte auf dem Zebrastreifen befinden, nur ein relativ dunkler Radfahrer sowie ein Verkehrsschild. Ideale Voraussetzungen also, um den Wirkungsbereich des Zauberstabs mit einer »Beschränkungsauswahl« auf die unmittelbare Umgebung des Zebrastreifens zu begrenzen. Dazu aktivieren Sie das Polygon-Lasso (L) und erzeugen damit ein Viereck entlang der Umrisse des Zebrastreifens.

3. Zauberstab-Schnittmenge
Wechseln Sie nun zum Zauberstab (W). Halten Sie die Alt / ⌥ und die ⇧ gedrückt, um eine Schnittmenge der Lasso-Auswahl mit der Zauberstab-Auswahl zu bilden. Nachdem Sie auf eine geeignete Stelle am Zebrastreifen geklickt haben, sollte die Auswahl nun auf den tatsächlichen Zebrastreifen beschränkt sein. Ansonsten kann die zuletzt getätigte Auswahl per Strg / ⌘ + Z rückgängig gemacht werden.

Durch die Bildung der Schnittmenge zwischen Lasso- und Zauberstab-Auswahl werden nur jene Bereiche des Bildes erfasst, die in beiden Auswahlen enthalten sind. Das entspricht einer logischen UND-Verknüpfung.

4. Alternative
Alternativ dazu könnten Sie für jeden einzelnen Zebrastreifen eine Zauberstab-Auswahl erstellen und diese nacheinander im Addieren-Modus (⇧) miteinander verknüpfen. Allerdings sind dafür etwa 15 Mausklicks erforderlich, was etwa der dreifachen Arbeitszeit von Methode 1 entspricht.

5. Nachbessern
Natürlich muss die erstellte Auswahl noch nachgebessert werden. Da der Zebrastreifen bereits etwas »angegraut« wirkt, wurden auch hellgraue Asphaltteile in die Auswahl mit aufgenommen. Diese können Sie im QuickMask-Modus (Q), auf den wir später genauer eingehen werden, effektiv ausmaskieren.

6. Ergebnis
In der Abbildung sehen Sie den kolorierten Zebrastreifen.

Auswahl-Arithmetik

»Zwischenspeicher« Alpha-Kanal

Das soeben gezeigte Beispiel umfasste nur eine Auswahlberechnung, bei der die Schnittmengen-Shortcuts noch problemlos funktionierten. Bei komplizierteren Berechnungen mit mehreren Auswahlen verliert man mit dieser Methode aber schnell die Übersicht. Zudem sind die Tastenkürzel [Alt]/[⌥] und [⇧] einerseits für die Wahl des Berechnungsmodus, andererseits auch für Zusatzoptionen der Auswahlwerkzeuge zuständig. Möchten Sie etwa eine quadratische mit einer Kreisauswahl addieren, müssen Sie [⇧] zweimal drücken: einmal, um den Berechnungsmodus auf ADDIEREN zu stellen, und zum zweiten Mal, um mit dem Rechteck-Auswahlwerkzeug ein Quadrat zu zeichnen. Halten Sie die Umschalt-Taste durchgängig gedrückt, bezieht Photoshop dies auf den Berechnungsmodus und ignoriert die quadratische Beschränkung des Rechteck-Auswahlwerkzeugs.

Deshalb ist es bei Berechnungen mit mehr als drei Auswahlen empfehlenswert, diese zuvor als Alpha-Kanal zu speichern und die Berechnungen mit Hilfe der Kanäle-Palette durchzuführen. Mit dem gleichnamigen Icon

▲ **Abbildung 38**
Das hervorgehobene Icon AUSWAHL ALS KANAL SPEICHERN ermöglicht eine rasche Umwandlung von Auswahlen in Alpha-Kanäle.

in der Kanäle-Palette können Sie eine Auswahl als Kanal speichern ❶. Um die im Alpha-Kanal gespeicherte Auswahl wiederherzustellen, klicken Sie im gedrückter [Strg]/[⌘]-Taste auf den entsprechenden Kanal. Dieser Shortcut lässt sich auch in Kombination mit den Tastenkürzeln für den Additions-, Subtraktions- und Schnittmengenmodus verwenden. Drücken Sie demnach [Strg]/[⌘] + [⇧], um die Auswahl eines Alpha-Kanals zu einer bestehenden zu addieren. [Strg]/[⌘] + [Alt]/[⌥] subtrahiert die Alpha-Kanal-Auswahl von der bestehenden, [Strg]/[⌘] + [⇧] + [Alt]/[⌥] erzeugt eine Schnittmenge der beiden Auswahlen

04_auswahlen/
kaugummi.jpg

Arbeit mit dem Alpha-Kanal

Im folgenden Beispiel wollen wir das Frontblech des Kaugummi-Automaten auswählen. Die beiden mit Süßwaren gefüllten Slots sollten von dieser Auswahl ausgeschlossen bleiben.

1. Auswahl erstellen
Für das Frontblech haben wir eine transformierte Rechteck-Auswahl erstellt (siehe Abschnitt »Transformieren von Auswahlen«), auch die Umrisse der beiden Slots wurden so festgelegt.

Von der Qual der Auswahl

2. Auswahl in Alpha-Kanal speichern

Jede Auswahl haben wir in einem eigenen Alpha-Kanal gespeichert, die Abbildungen zeigen die Auswahl des Frontblechs und des rechten und linken Slots.

3. Auswahl laden

Dann haben wir zuerst die Auswahl des Frontblechs geladen (`Strg`/`⌘`) und von dieser die beiden Slots abgezogen (`Strg`/`⌘` + `Alt`/`⌥`).

4. Ergebnis

Nun ist die Auswahl auf das Frontblech beschränkt.

Das Auswahl-Menü

Das Auswahl-Menü beinhaltet quasi die Gewürze, die wir zum Verfeinern von Pixel-Selektionen brauchen. Doch dieses Menü bietet mehr als nur den letzten Schliff für bestehende Auswahlen: Das Anwendungsspektrum einiger Auswahlwerkzeuge wird durch die Befehle des Auswahl-Menüs stark erweitert. Deshalb sollte der ambitionierte Photoshop-User das Auswahl-Menü so gut beherrschen wie Paul Bocuse seinen »Hasen auf königliche Art«.

Farbbereich auswählen

Beginnen wir unsere Reise durchs Auswahl-Menü mit einem der vielleicht am meisten unterschätzten Menübefehle: FARBBEREICH AUSWÄHLEN. Viele Photoshop-User sehen in ihm nur eine Zauberstab-Funktion mit Vorschau in einer netten Dialogbox. Doch weit gefehlt: Im Unterschied zum Zauberstab arbeitet FARBBEREICH AUSWÄHLEN maskenbasiert: Der Zauberstab selektiert nur ganze Pixel (ausgewählt oder nicht ausgewählt), der vermeintlich äquivalente Menübefehl wählt Pixel auch »teilweise« aus, d.h., auch mehr oder weniger transparente Pixel können in der Auswahl enthalten sein. Deutlich wird dieser Sachverhalt, wenn man den Alpha-Kanal einer Zauberstab-Auswahl mit dem einer Farbbereich-Auswahl vergleicht: Graue (= halbtransparente) Bereiche sind beim Zauberstab nur vereinzelt an den Auswahlrändern vorhanden. Dies rührt von der Glätten-Option her, welche die Auswahlkanten weniger pixelig erscheinen lässt (Abbildungen 40/41).

Bei der Farbbereich-Auswahl sind deutliche graue Bildbereiche erkennbar, diese Pixel sind nur teilweise ausgewählt. Je dunkler ihr Grauwert, desto transparenter werden diese Pixel abgebildet.

Leider leistet auch die deutsche Photoshop-Version dem Irrglauben »Farbbereich auswäh-

▲ **Abbildung 39**
Der Dialog FARBBEREICH AUSWÄHLEN

len = Zauberstab« Vorschub: Sowohl beim ZAUBERSTAB als auch bei FARBBEREICH AUSWÄHLEN gibt es einen Toleranz-Regler, während in der englischen Version zwischen TOLERANCE (Zauberstab) und FUZZINESS (dt. Unschärfe) unterschieden wird.

Neben der Unterstützung von Transparenzen bietet FARBBEREICH AUSWÄHLEN einen weiteren großen Vorteil: Mit der Pipette können Sie mehrere Referenzfarben im Bild festlegen, der Auswahl werden dann alle Pixel hinzugefügt, die den festgelegten Referenzfarben entsprechend der Toleranzeinstellung ähnlich sind.

Neben der Möglichkeit, Auswahlen mittels selbst definierter Referenzfarben zu erstellen, können Sie gezielt vorgegebene Farbtöne (Drop-down-Feld AUSWAHL) auswählen. In

Beschränkten Farbbereich auswählen

Den Zebrastreifen auf Seite 106 können Sie natürlich auch mit FARBBEREICH AUSWÄHLEN selektieren. Erstellen Sie wie gezeigt zunächst eine Beschränkungsauswahl entlang der Konturen des Zebrastreifens. Der Befehl FARBBEREICH AUSWÄHLEN wirkt dann nur innerhalb dieser Beschränkungsauswahl.

Farbumfang-Warnung per Auswahl

Im Auswahl-Drop-down-Feld des Dialogs FARBBEREICH AUSWÄHLEN findet sich auch der Eintrag AUSSERHALB DES FARBUMFANGS. Mit ihm werden alle Farben selektiert, die nicht im Vierfarbdruck darstellbar sind. Die dadurch entstehende Auswahl kann ideal für Farbkorrekturen genutzt werden.

▲ **Abbildung 40**
Eine Zauberstab-Auswahl als Alpha-Kanal

▲ **Abbildung 41**
Eine Farbbereich-Auswahl mit gleicher Toleranzeinstellung und identischer Referenzfarbe

▲ **Abbildung 42**
Graustufen-Vorschau

▲ **Abbildung 43**
Schwarze Basis-Vorschau

diesem Fall ist keine Toleranzeinstellung verfügbar, Photoshop wählt die Pixel auf Basis der dominierenden Primärfarbe aus.

Ein RGB-Pixel mit den Komponentenwerten 150, 78 und 50 wird bei der Einstellung Rottöne ausgewählt, ein Pixel mit 155, 180, 190 überhaupt nicht, da hier der Blauwert dominiert.

Je »röter« (respektive gelber, blauer ...) ein Pixel ist, desto stärker wird er ausgewählt. Die Stärke dieses Farbeinschlags definiert sich aus der prozentuellen Differenz der dominierenden zur zweitstärksten Primärfarbe. Hä? Einfach ausgedrückt, wird ein Blassrot nur mit hoher Transparenz ausgewählt, ein kräftiges Weinrot dagegen mit voller Deckkraft.

Auch luminanzbasierte Auswahlen können in diesem Dialog getroffen werden. Wahlweise können Sie Tiefen, Mitteltöne und Lichter auswählen. Photoshop berechnet die Auswahl anhand der LAB-Farbwerte der Pixel, für jede Einstellung sind bestimmte Werte vorgegeben.

Der Dialog Farbbereich auswählen ist ein wertvoller Ausgangspunkt zum Erstellen von

▲ **Abbildung 44**
Weiße Basis-Vorschau

▲ **Abbildung 45**
Vorschau im QuickMask-Modus

Masken in Bildern mit farbähnlichen Bereichen, da er auch Transparenzen unterstützt. Um eine spätere Nachbearbeitung im Quick-Mask- bzw. Alpha-Kanal-Modus werden Sie jedoch kaum herumkommen.

Die vielleicht wichtigste Einstellung im FARBBEREICH AUSWÄHLEN-Dialog ist die Wahl des Vorschaumodus. Erst durch sie kann die Qualität der entstehenden Auswahl beurteilt werden. Die Einstellung GRAUSTUFEN zeigt die Auswahl, wie sie als Alpha-Kanal aussehen würde: voll deckende Pixel weiß, halbtransparente grau und nicht sichtbare schwarz. Die Einstellungen SCHWARZ bzw. WEISS zeigen die selektierten Pixel vor schwarzem bzw. weißem Hintergrund. Sie sind ideal, um unsauber freigestellte Kantenränder aufzuspüren. QUICK-MASK zeigt die Auswahl, wie sie im Quick-Mask-Modus dargestellt wird (Abbildungen 42 bis 45).

 Masken aus Farbbereichen erstellen

1. Vorarbeiten

In diesem Workshop soll die abgebildete Rose freigestellt werden. Schon ein erster Blick auf das Bild verrät, dass eine Farbbereich-Auswahl diese Aufgabe am effizientesten lösen kann. Die magentafarbenen Töne sind nur in der Rosenblüte vorhanden, allen anderen Objekten fehlen sie. Daher wollen wir zuerst eine Farbbereich-Auswahl erstellen und diese im QuickMask-Modus zu einer Freistellungsmaske verfeinern.

Die Rose finden Sie unter 03_bilder/rose.jpg.

2. Maskenfarbe umstellen

Die rote Standardmaskenfarbe hat wegen der magentafarbenen Rosenblüte wenig Aussagekraft. Mit einem Doppelklick auf das Maskierungsmodus-Icon können Sie sie auf Neongrün ändern.

3. Farbbereich auswählen

Rufen Sie den Dialog FARBBEREICH AUSWÄHLEN auf, und stellen Sie die Auswahlvorschau auf MASKIERUNGSMODUS. Die Toleranz sollte etwa 10 betragen. Nun können Sie mit der Pluszeichen-Pipette Farben von dem Bild aufnehmen. Sie sollten die Farben in erster Linie nahe den Umrissen der Rose aufnehmen, damit die Auswahl später eine eindeutige Kontur rekonstruieren kann. Werden geringe Teile des Hintergrunds mit ausgewählt, so kann dies später im Maskierungsmodus relativ einfach korrigiert werden. Haben Sie eine »falsche« Farbe aufgenommen, so kann dies mit [Strg]/[⌘] + [Z] *rückgängig gemacht werden. Alle bisher aufgenommenen Farben können Sie löschen, indem Sie die* [Alt]/[⌥]*-Taste im Dialog FARBBEREICH AUSWÄHLEN drücken. Dann verwandelt sich der Abbrechen- in einen Zurück-Button.*

4. Vergrößern der Ansicht

Um auch Umrissdetails in die Auswahl mit aufzunehmen, müssen Sie die Bildansicht vergrößern. Dies funktioniert auch bei geöffnetem Dialog FARBBEREICH AUSWÄHLEN mit [Strg]/[⌘] + [+] *bzw.* [-]. *Halten Sie die Leertaste gedrückt, so verwandelt sich die Pipette in das Hand-Werkzeug, mit dem der Bildausschnitt geändert werden kann.*

Das Auswahl-Menü

5. Nachbearbeitung im QuickMask-Modus

Nach Beendigung der Farbbereich-Auswahl muss diese noch im QuickMask-Modus nachbearbeitet werden. Drücken Sie dazu Q.

Bei näherer Betrachtung sind an den Umrissen der Rose »eingerissene« Maskenpixel erkennbar. Diese können mit dem Filter HELLIGKEIT INTERPOLIEREN (FILTER • STÖRUNGSFILTER) entfernt werden. Dieser Filter gleicht die Helligkeitswerte benachbarter Pixel an, isolierte Maskenpixel werden dadurch miteinander verbunden.

6. Weichzeichnen der Maske

Da die Übergänge zwischen selektierten und maskierten Bildbereichen sehr abrupt erfolgen, bearbeiten wir die Maske noch mit dem GAUSSSCHEN WEICHZEICHNER (RADIUS 0,9 PIXEL).

7. Nachbearbeitung mit dem Pinsel

Abschließend kommt noch das Pinsel-Werkzeug zum Einsatz. Seine Aufgabe: die Korrektur irrtümlich ausmaskierter Bereiche. In der Mitte der Rose sind noch einige Stellen maskiert, diese können durch Übermalen mit weißer Farbe im QuickMask-Modus wieder selektiert werden. Zur Kontrolle können Sie den QuickMask-Modus verlassen und den Verlauf der Auswahlkanten beobachten.

8. Beenden des QuickMask-Modus

Mit Q können Sie den Maskierungsmodus beenden. Die dabei entstandene Maske sollten Sie unbedingt als Alpha-Kanal sichern. Einer kreativen Verwendung der freigestellten Rose steht nun nichts mehr im Wege.

Transformationen von Auswahlen

Zu Unrecht führen Auswahlrechteck und Ellipse ein Schattendasein bei der Erstellung komplexerer Auswahlen. Weicht das Motiv ein wenig von elliptischen oder rechteckigen Konturen ab (was durch die perspektivische Verzerrung beim Fotografieren nun einmal leicht passieren kann), wird oft vorschnell zu den Lasso-Werkzeugen gegriffen. Der Befehl Auswahl transformieren (aus dem Auswahl-Menü) bietet leistungsfähige Werkzeuge zum Anpassen der Auswahl an eine Objektkontur, wird jedoch häufig übersehen. Am besten legen Sie sich dafür gleich einen Shortcut an (wir gehen ab Seite 424 näher darauf ein).

Erstes Paradebeispiel ist der Kaugummi-Automat in Abbildung 46. Wie unschwer zu erkennen ist, entsprechen seine Umrisse nur näherungsweise denen eines Rechtecks. Die Versuchung, das Polygon-Lasso einzusetzen, steigt. Allerdings bietet die Transformation der Rechteckauswahl einen entscheidenden Vorteil: Sie kann beliebig oft nachjustiert werden. Als Transformationsmethode haben wir beim

▲ **Abbildung 46**
Ziehen Sie eine rechteckige Auswahl auf, ...

▲ **Abbildung 47**
... kann diese durch eine geeignete Transformationsmethode ...

▲ **Abbildung 48**
... schnell verzerrten Objekten angepasst werden.

▲ **Abbildung 49**
Die Öffnung des Lüftungsrohrs wird durch eine runde Auswahl nachgestellt.

▲ **Abbildung 50**
Die Transformationsmethode VERZERREN ...

▲ **Abbildung 51**
... erlaubt die genaue Anpassung der Auswahl.

▲ **Abbildung 52**
Die angepasste Auswahl

04_auswahlen/
rohr.jpg

Kaugummi-Automat übrigens VERZERREN angewandt (04_auswahlen/kaugummi.jpg).

Noch effektiver ist die Auswahltransformation bei verzerrten elliptischen und runden Objekten wie z.B. den Lüftungsrohren in Abbildung 49. Das Ellipsen-Werkzeug würde hier wegen der Verzerrung scheitern und könnte die Objektumrisse nicht erfassen. Statt voreilig zum magnetischen Lasso zu greifen und damit Dellen in der Auswahl in Kauf zu nehmen, sollten Sie es mit der Transformation einer elliptischen Auswahl versuchen, da diese viel exakter zu kontrollieren ist als eine Lasso-Auswahl. Die Transformation von Auswahlen funktioniert wie jene von Bildausschnitten.

▲ **Abbildung 53**
Eine Textebene, deren Auswahl erweitert wurde

▲ **Abbildung 54**
Die Auswahl wurde mehrfach erweitert und ihre Kontur in verschiedenen Stärken gefüllt.

▲ **Abbildung 55**
Eine Textebene vor ...

▲ **Abbildung 56**
... und nach dem Laden ihrer Auswahl

▲ **Abbildung 57**
Der Befehl UMRANDUNG erzeugt eine Randauswahl der bestehenden Selektion.

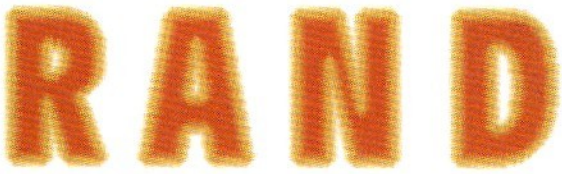

▲ **Abbildung 58**
Nun haben wir die Umrandungsauswahl auf einer neuen Ebene gefüllt ...

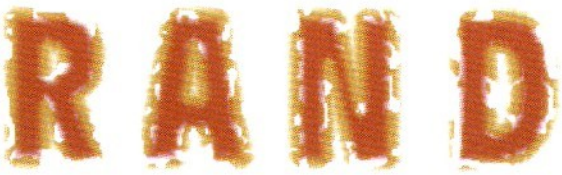

▲ **Abbildung 59**
... und diese Ebene mit dem Ozeanwellen-Filter verfremdet.

Essenziell für das exakte Erstellen von Auswahlen ist natürlich eine Vergrößerung des Bildes. Während der Auswahltransformation können Sie mit [Strg]/[⌘] + [+]/[-] ein- bzw. auszoomen. Auch die Transformationsmethode kann in diesem Modus beliebig oft gewechselt werden, dies geschieht am elegantesten mit dem Kontextmenü.

Auswahl verändern
Nützlich zur Korrektur kleinerer Auswahlmängel sind die Befehle des Untermenüs AUSWAHL VERÄNDERN. Mit der UMRANDUNG können Sie einen Rand um eine bestehende Auswahl erzeugen, der wiederum in Form einer Auswahl angelegt wird. Nützlich ist dieser Befehl u. a. zum Entfernen von Farbsäumen an den Umrissen von freigestellten Objekten (siehe Workshop »Farbsäume entfernen«). Auch den beliebten »Wiggle«-Effekt (eine raue Umrisslinie um ein Objekt) können Sie auf diese Weise erstellen.

Die Befehle ERWEITERN und VERKLEINERN sind nahezu selbsterklärend: Sie vergrößern bzw. verkleinern die Auswahlfläche auf Basis eines vorgegebenen Pixelwerts.

Neben all den »kosmetischen« Gags, die mit dem Auswahl-verändern-Menü möglich sind, leistet es wichtige Hilfestellung im harten Freistell-Alltag. Ein gängiges Problem bei farbbasierten Freistellversuchen sind hartnäckige Farbsäume, die an den Konturen des Motivs zurückbleiben. Der folgende Workshop zeigt, wie Sie diese Ränder effektiv eliminieren.

▲ **Abbildung 60**
Mit dem Polygon-Lasso haben wir eine Auswahl erstellt ...

▲ **Abbildung 61**
... und dann mit dem Abrunden-Befehl (Wert: 9 Pixel) bearbeitet.

▲ **Abbildung 62**
Nach dem Füllen der Auswahl mit weißer Farbe und dem Anwenden eines Ebenenstils

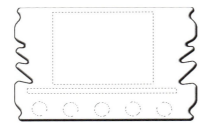

▲ **Abbildung 63**
Die Buttons wurden durch gefüllte Kreisauswahlen erstellt, der Ladebalken mit zwei Auswahlrechtecken, ...

▲ **Abbildung 64**
... die mit weißer Farbe gefüllt und mit einem Ebenenstil versehen wurden. Siehe 03_bilder/playerskin.psd.

 Farbsäume entfernen

1. Das Problem der Farbsäume

Mit dem Freistellen ist es wie mit dem Frühjahrsputz: Irgendwo bleibt immer ein Stäubchen liegen. Selbst bei der präzisesten Zauberstab-Auswahl bzw. Extrahieren-Maske bleiben oft noch Hintergrund-Farbsäume am freizustellenden Objekt haften: Leider fallen diese vor dem Photoshop-Transparenzmuster kaum auf. Erst wenn das Objekt vor einem kontrastierenden Hintergrund eingefügt wird, treten sie unangenehm in Erscheinung. Die Datei liegt unter 03_bilder/kamerafrei.psd für Sie bereit.

2. Die Standardlösung von Photoshop

Photoshop bietet drei Befehle, um Farbsäumen den Garaus zu machen: RAND ENTFERNEN, SCHWARZ ENTFERNEN und WEISS ENTFERNEN aus dem Menü EBENE • BASIS. Während RAND ENTFERNEN die Auswahl der Ebene um einen vorgegebenen Pixelwert verkleinert und so die Farbsäume eliminieren will, suchen die beiden anderen Funktionen gezielt nach schwarzen und weißen **Pixeln** an den Konturen der Auswahl. Gegen unseren bronzenen Farbsaum bleiben alle drei Befehle zahnlos: Keiner kann den störenden Saum wirksam entfernen.

3. Verkleinern der Auswahl um 1 px

Daher selektieren wir zunächst die freigestellte Kamera, indem wir bei gedrückter [Strg]/[⌘]-Taste auf ihre Ebene klicken. Anschließend verkleinern wir die Selektion um 1 Pixel (AUSWAHL • AUSWAHL VERÄNDERN • VERKLEINERN) und kehren sie mit [Strg]/[⌘] + [⇧] + [I] um. Nun kann der Farbsaum durch Löschen der ausgewählten Fläche verkleinert werden.

4. Auswahlumrandung erstellen

Kehren Sie jetzt die Auswahl abermals um. Damit die letzten Konturreste entfernt werden, erstellen wir eine 3 Pixel breite Auswahlumrandung (AUSWAHL• AUSWAHL VERÄNDERN • AUSWAHLUMRANDUNG), die anschließend weichgezeichnet wird.

5. Gaußscher Weichzeichner

Die nun entstehende Auswahlumrandung bearbeiten Sie mit dem GAUSSSCHEN WEICHZEICHNER (Stärke 0.6–0.9 Pixel). Damit verschwinden die letzten verräterischen Farbreste.

◄ **Abbildung 65**
Eine Zauberstab-Auswahl vor …

Abbildung 66 ►
… und nach ihrer Vergrößerung, diese beschränkt sich auf benachbarte Pixel.

◄ **Abbildung 67**
Alpha-Kanal-Ausschnitt des obigen Bildes vor …

Abbildung 68 ►
… und nach dem Vergrößern der Auswahl

Auswahl vergrößern und Ähnliches auswählen

Die wichtigsten Befehle zum Nachbessern von Zauberstab-Auswahlen sind Auswahl vergrössern und Ähnliches auswählen aus dem Auswahl-Menü. Sie vergrößern eine bestehende Auswahl auf Basis von Farbähnlichkeiten. Anstatt eine Zauberstab-Auswahl durch Addition mit einer weiteren Auswahl zu vergrößern oder eine neue Zauberstab-Auswahl mit größerer Toleranz zu erstellen, können Sie die Befehle Vergrössern und Ähnliches auswählen verwenden.

Beide Funktionen verwenden die Toleranzeinstellung des Zauberstabs, um die Auswahl zu vergrößern. Sie verdoppeln quasi den ursprünglichen Toleranzwert des Zauberstabs. Einziger Unterschied: Vergrössern beschränkt sich auf benachbarte Pixel der Auswahl, während Ähnliches auswählen farbähnliche Pixel im gesamten Bild selektiert.

Im Zusammenhang mit Zauberstab-Auswahlen ist vor allem der Vergrössern-Befehl nützlich, er kann viele der dabei entstehenden »Löcher« stopfen und damit die Nachbearbeitungszeit im Maskierungsmodus entscheidend verkürzen (Abbildung 65/66).

QuickMask – der temporäre Alpha-Kanal

Die »laufende Ameisenkolonne« als Auswahlmarkierung ist zwar praktisch, da sie auf nahezu allen Bildern gut sichtbar ist. Dem Argument der Sichtbarkeit stehen aber einige Nachteile gegenüber: Zum einen ist das Auge durch die ständige Bewegung der Auswahlkante abgelenkt, wodurch die genaue Beurteilung des Auswahlverlaufs erschwert wird. Zum anderen ist die Darstellung von flächigen Auswahltransparenzen durch eine Linie nicht möglich. Deshalb verfügt Photoshop über einen speziellen Maskierungsmodus, auch QuickMask genannt.

Er ist nichts anderes als ein temporärer Alpha-Kanal, in den eine Auswahl überführt wird. Einzige Besonderheit: Photoshop blendet diesen Kanal über dem aktuellen Bild ein und überlagert die Bildfarbe je nach Farbintensität mit der Maskierungsfarbe. Vollständig ausgewählten Bildbereichen wird keine Farbe überlagert, je transparenter der Pixel, desto stärker wird er mit der Maskenfarbe überdeckt.

In den Maskierungsmodus wechseln Sie entweder mit Q oder dem Maskierungsmodus-Icon der Werkzeugpalette. Mit demselben Tastenkürzel oder einem Klick auf das Standardmodus-Icon kann er wieder verlassen werden. Die im QuickMask-Modus vorgenommenen Änderungen sind dann in Form einer Auswahl sichtbar.

Der QuickMask-Modus bietet dieselben Bearbeitungsmöglichkeiten wie ein Alpha-Kanal: Sie können mit den Malwerkzeugen deckende, transparente und ausgeblendete Bildbereiche definieren oder Filter auf die Maske anwenden. Einziger Unterschied: Die Maskenfarbe ist nicht mit der Transparenzfarbe identisch. Obwohl ausgeblendete Bildbereiche am Bildschirm beispielsweise dunkelrot dargestellt werden, müssen Sie mit schwarzer Farbe malen, um diese Bereiche zu definieren. Doch keine Sorge, im Maskierungsmodus können Sie ohnehin nur Graustufen als Farben auswählen.

In unseren Auswahlrezepten kommt dem Maskierungsmodus vor allem die Rolle des Verfeinerers zu: Ungenaue Lasso-Auswahlen können in diesem Modus mit den Malwerkzeugen wunderbar nachgebessert werden, der Weichzeichnen-Filter kann zum Korrigieren harter Auswahlkanten eingesetzt werden (Abbildung 69–71).

Schnell die Malfarbe wechseln
Bei der Arbeit im Maskierungsmodus muss häufig zwischen weißer und schwarzer Farbe gewechselt werden, da der Auswahl einmal etwas hinzugefügt und einmal etwas aus ihr entfernt werden soll. Den schnellen Wechsel zwischen Vorder- und Hintergrundfarbe gewährleistet das Tastenkürzel X. Über das Tastenkürzel D wird die Vordergrundfarbe auf Schwarz, die Hintergrundfarbe auf Weiß gesetzt.

Weiche Kanten im QuickMask-Modus

Mit dem gleichnamigen Befehl in der Werkzeugoptionsleiste können Sie zwar für jede Auswahl eine weiche Kante erstellen, doch eine Vorschau auf das Ergebnis ist nicht möglich. Wechseln Sie stattdessen in den Quick-Mask-Modus und wenden den Gauß'schen Weichzeichner auf die Maske an. Diese Methode ist identisch zum Weiche Kante-Befehl. Der große Vorteil: Sie bietet eine präzise Vorschau auf den entstehenden Maskenverlauf.

◄ **Abbildung 69**
Diese schlampige Lasso-Auswahl ...

▲ **Abbildung 70**
... kann durch die Malwerkzeuge im QuickMask-Modus korrigiert werden.

◄ **Abbildung 71**
Die geänderte Auswahl nach Verlassen des QuickMask-Modus

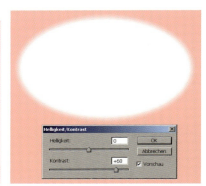

▲ **Abbildung 72**
Auswahlellipse mit weicher Kante

▲ **Abbildung 73**
Durch den Gauß'schen Weichzeichner können Sie die weiche Kante verstärken.

▲ **Abbildung 74**
Eine Erhöhung des Kontrasts bewirkt eine Schwächung der weichen Kante.

Weiche Kanten nachjustieren

Haben Sie die Weiche Kante-Option eines Auswahlwerkzeugs genutzt und sind mit dem Ergebnis unzufrieden, so können Sie dies im QuickMask-Modus einfach nachjustieren.

Möchten Sie die weiche Kante verringern, so erhöhen Sie den Kontrast. Sollte die weiche Kante stärker ausfallen, dann wenden Sie den Gauß'schen Weichzeichner an.

Doch auch für kreative Bildeffekte ist der QuickMask-Modus ein ideales Terrain: da alle angewendeten Filter auf die Bildmaske wirken, lassen sich in Sekundenschnelle spannende Kontureffekte kreieren. Wenden Sie beispielsweise Verzerrungsfilter wie z. B. SCHWINGUNGEN auf eine Maske im QuickMask-Modus an, so erzielen Sie im Nu spannende Bildumrandungen.

Mit einem Doppelklick auf das Maskierungsmodus-Icon gelangen Sie zu den Masken-Optionen, in denen die Farbe der Maske und ihre Deckkraft festgelegt werden kann. Eine Änderung der Maskenfarbe macht besonders dann Sinn, wenn sie sich zu wenig von der Farbgebung des Bildes abhebt.

Kreative Rahmeneffekte im QuickMask-Modus

1. Filter im QuickMask-Modus

Der QuickMask-Modus kann auch für kreative Rahmeneffekte »missbraucht« werden. In diesem Modus angewandte Filter wirken sich nicht auf das Bild, sondern auf seine Maske aus, wodurch sich interessante Rahmeneffekte erzielen lassen.

Öffnen Sie das Bild affe.psd aus dem Verzeichnis 04_auswahlen der Buch-CD, und erstellen Sie eine rechteckige Auswahl. Wechseln Sie anschließend mit Q *in den QuickMask-Modus.*

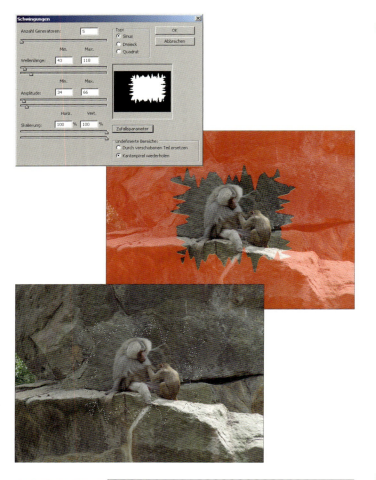

2. Filter Schwingungen anwenden

Rufen Sie nun den Filter SCHWINGUNGEN (FILTER
• VERZERRUNGSFILTER) auf. Die nötigen Einstellungen können Sie der Abbildung entnehmen.
Nun wurde die Maske manipuliert. Beenden Sie
den QuickMask-Modus mit Q. Auch die Kontur
der Auswahl änderte sich.

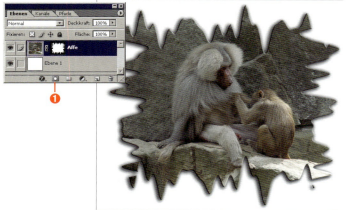

3. Ebenenmaske aus Auswahl erzeugen

Entfernen Sie zunächst mit dem Freistellwerkzeug C die überflüssigen Ränder des Bildes. Erstellen Sie abschließend mit dem gleichnamigen Button ❶ eine Ebenenmaske aus der Auswahl, und wenden Sie einen beliebigen Ebeneneffekt an, um den Rand zu verstärken.

Extrahieren

Seit ungefähr zehn Jahren versuchen uns diverse Nahrungsmittelhersteller weiszumachen, dass Kochen ein unnötiger Zeitvertreib für Luxusgeschöpfe ist. Schließlich schmecke die Tiefkühlpizza »wie beim Italiener«, und der gekaufte Reibekuchen sei vom hausgemachten nicht zu unterscheiden. Und trotzdem verbringen wir immer noch Stunden zwischen den Töpfen und Pfannen unseres Herdes, um unsere eigenen kulinarischen Kreationen zu zaubern. Offenbar weil diverse Tiefkühlkost nur als schneller Kalorienspender, nicht aber als vollwertige Kochkunst taugt.

Ein ähnliches Schicksal widerfuhr Adobe bisher mit dem Extrahieren-Dialog in Photoshop. Anfangs als »Wunderwerkzeug für perfektes Freistellen« vermarktet, zeigte sich bald, dass die Fähigkeiten dieses Dialogs doch deutlich hinter jener von Spezialsoftware zurückbleiben. Diese Halbherzigkeit sorgte für einigen Anwenderfrust: Schließlich erhofften sich vor allem Einsteiger wirkungsvolle Unterstützung beim Freistellen von heiklen Objekten. Doch die Realität bescherte ihnen ein schwer zu kontrollierendes Werkzeug, das unvorhersagbare Ergebnisse produziert.

In Version CS hat Adobe zwar nachgebessert (Extrahieren kann nun u.a. besser mit texturierten Bildern umgehen), die Profi-Liga bleibt aber nach wie vor Spezialsoftware wie »Corel Knock Out« oder »Extensis MaskPro« vorbehalten.

Wenn Sie einige Punkte beachten, kann Extrahieren aber mehr leisten als nur ungefähr den Hintergrund des Bildes zu entfernen. Eine perfekte Freistell-Maske ist aber nach wie vor Illusion, dafür ist eine Nachbearbeitung unbedingt erforderlich. Zuerst sollten Sie prüfen, ob Extrahieren überhaupt die geeignete Auswahlmethode für Ihr Objekt ist. Der Extrahieren-Dialog ist zwar nett und übersichtlich aufgebaut, das darf aber nicht darüber hinwegtäuschen, dass dieses Werkzeug einen großen Nachbearbeitungsaufwand mit sich bringt. Am besten funktioniert Extrahieren bei guten Kantenkontrasten, einem möglichst gleichfarbigen, unscharfen Hintergrund ohne störende Muster und Texturen. Einen Strauch vom umgebenden Wiesengrund zu trennen, kann mit dem Extrahieren-Werkzeug rasch zur Sisyphos-Arbeit werden. Ein strahlend blauer Himmel als Hintergrund erleichtert das Extrahieren, da nun genügend Hintergrundkontrast vorhanden ist.

Nach so viel Tadel muss aber auch der große Vorzug dieses Werkzeugs erwähnt werden: Extrahieren »dekontaminiert« die Randpixel der Auswahl, die noch Farbkomponenten aus dem Bildhintergrund enthalten. Ein gut extrahiertes Objekt eignet sich daher ausgezeichnet für Bildmontagen, da keine verräterischen Farbsäume von seiner wahren Herkunft zeugen.

Tipps für erfolgreiches Extrahieren

Das wichtigste Prinzip zuerst: immer mit einer Kopie des Bildes arbeiten. Duplizieren Sie die zu extrahierende Ebene, bevor Sie den Dialog aufrufen. Extrahieren greift destruktiv in die Bilddaten ein, nicht mehr benötigte Hintergrundpixel werden gelöscht und die Farbgebung der Auswahlränder geändert. Auch ein Schnappschuss in der Protokoll-Palette kann nicht schaden, insbesondere um falsch extrahierte Stellen anschließend mit dem Protokollpinsel zu korrigieren.

Der zweite Punkt: Optimale Ergebnisse erreichen Sie nur mit »vorbereiteten« Bildern. Da

▲ **Abbildung 75**
Der Extrahieren-Dialog mit den Werkzeugen Kantenmarker, Füllwerkzeug, Radiergummi, Pipette, Bereinigen, Kantenverfeinerer, Lupe und Hand

Sie ohnehin mit einem Duplikat des Originalbildes arbeiten müssen, kann dieses für die Extrahierung ideal »präpariert« werden. Oberstes Ziel dabei sind möglichst klare, kontrastreiche Konturen. Erstellen Sie aus der duplizierten Ebene quasi ein Extrahierungs-Dummy, beispielsweise durch Erhöhung des Bildkontrasts oder durch Anwenden eines Scharfzeichnungsfilters. Nähere Informationen dazu finden Sie im Kapitel »Bilder von Scanner und Digitalkamera aufbereiten« ab Seite 68.

In extremen Fällen ist auch die Anwendung eines Kantenbetonungsfilters wie z.B. LEUCHTENDE KONTUREN oder KONTUREN FINDEN (beide befinden sich im Stilisierungsfilter-Menü) zu empfehlen. Nach dem Extrahieren übertragen Sie die Freistellungsinformationen auf das Originalbild, indem Sie mit gedrückter `Strg`/`⌘`-Taste auf die extrahierte Ebene klicken und so die Transparenzmaske als Auswahl laden. Mit dieser Auswahl können Sie nun das unbeschädigte Original freistellen.

Der Extrahieren-Dialog
Extrahieren besteht grundsätzlich aus drei Schritten:

Zuerst definieren Sie durch Entlangfahren mit dem KANTENMARKER ❶ die Umrisse des freizustellenden Objekts. Die Dicke des Kantenmarkers definiert quasi eine »Trennzone« zwischen Objekt und Hintergrund. Innerhalb dieser Zone analysiert Photoshop den Kontrast und ordnet Bildbereiche entweder dem Objekt oder dem Hintergrund zu. Aus diesem Grund sollte der Kantenmarker möglichst das freizustellende Objekt nicht berühren, sondern vielmehr die Übergangsbereiche zwischen Motiv und Hintergrund entlangfahren. Bei weichen oder haarigen Übergängen ist eine dicke Pinselgröße des Kantenmarkers empfehlenswert, bei harten Kanten sollten Sie möglichst kleine Kantenmarker verwenden, damit nicht fälschlicherweise Hintergrundbereiche in das Motiv einbezogen werden. Hier ist die Option HERVORHEBUNGSHILFE nützlich: Sie variiert die Dicke des Markers derart, dass er genau die vorhandene Kante bedeckt. Allerdings funktioniert sie nur bei harten Kanten zufrieden stellend.

In Schritt 2 tritt das Füllwerkzeug ❷ in Aktion: Die Füllung kennzeichnet die zu erhaltenden Bildbereiche (Abbildung 76). Mit einem Klick auf VORSCHAU (Abbildung 79) können Sie das freigestellte Objekt betrachten, dieser Modus ist natürlich erst nach dem Einsatz des Füllwerkzeugs verfügbar. Da das gezeigte Zwischenergebnis nur in den seltensten Fällen Grund zur Freude ist, sind in diesem Modus die Werkzeuge BEREINIGEN ❸ und KANTENVERFEINERER ❹ (Abbildung 77) verfügbar.

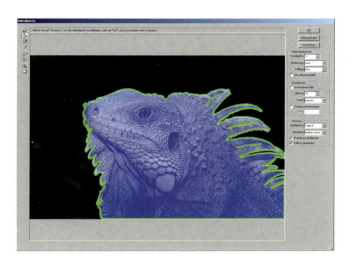

▲ Abbildung 76
Die blaue Farbe markiert die zu erhaltenden Bildbereiche.

▲ Abbildung 77
Das Werkzeug KANTENVERFEINERER in Aktion

▲ Abbildung 78
Das Bereinigen-Werkzeug in Aktion

▲ Abbildung 79
Vorschau auf das rote, extrahierte Objekt

BEREINIGEN entspricht einem Maskierungspinsel, mit dem Bildbereiche wahlweise transparent oder deckend (bei gedrückter [Alt]/[⌥]-Taste) gemacht werden können (Abbildung 78). Zweck dieses Werkzeuges ist es, »unruhige« Maskierungsränder zu glätten. Der Kantenverfeinerer dient zum Scharfzeichnen von weichen Kanten. Die Pinselgrößen beider Werkzeuge können Sie mit den Tasten [Ü] und [+] erhöhen bzw. vermindern.

 Leguan freistellen

1. Problem

In diesem Workshop wollen wir den Leguan von seinem Hintergrund trennen. Dazu verwenden wir den Extrahieren-Befehl. Schon beim Betrachten des Leguans wird deutlich, dass einige Vorarbeiten für erfolgreiches Extrahieren nötig sind. Da die vielen Zacken des Tiers nur langwierig mit Kantenmarkern nachzufahren sind, werden wir uns den Umrissen des Tiers zunächst mit einer Zauberstab-Auswahl annähern und diese später als Basis für den Kantenmarker verwenden*.

2. Näherungsauswahl erstellen

Verwenden Sie das Zauberstab-Werkzeug, um den dunklen Hintergrund auszuwählen. Anfangs empfiehlt sich ein Toleranzwert von 32, Löcher in dieser Auswahl können Sie durch Hinzuaddieren zusätzlicher Zauberstab-Auswahlen schließen, hier sollten Sie niedrige Toleranzwerte verwenden, z.B. 16. Achten Sie auch auf die Zackenzwischenräume am Rücken des Tiers. Diese können durch Klicks mit dem Zauberstab-Werkzeug zusätzlich ausgewählt werden.

3. Auswahl in Alpha-Kanal speichern

Da unsere Auswahl langwierige Malaktionen mit dem Kantenmarker unnötig machen soll, müssen wir sie noch in eine Umrisslinie umwandeln. Nach dem Umkehren der Auswahl ([Strg]/[⌘] + [⇧] + [I]) wählen Sie Auswahl • Auswahl verändern • Umrandung. *Die Randstärke sollte etwa 16 Pixel betragen, damit das Extrahieren-Werkzeug genügend Entscheidungsspielraum hat. Nun kann diese Konturauswahl als Alpha-Kanal gespeichert werden. Klicken Sie dazu auf das Icon* Alpha-Kanal speichern *in der Kanäle-Palette. Danach können Sie die Auswahl aufheben.*

* Leider durfte der Leguan aus lizenzrechtlichen Gründen nicht auf unsere Buch-CD, jedes andere Bild lässt sich aber natürlich auch extrahieren. Nehmen Sie doch z.B. die Datei krokodil.psd von der Buch-CD.

4. Extrahieren

Im Extrahieren-Dialog (FILTER • EXTRAHIEREN) wählen Sie zuerst in der Rubrik KANAL den soeben abgespeicherten Alpha-Kanal aus. Nun erscheinen die Umrisse des Leguans wie von Zauberhand nachgezogen – der Kantenmarker bezieht seine Informationen aus dem zuvor angelegten Alpha-Kanal, und Ihnen bleibt umständliches Entlangfahren der Konturen erspart. Einige Detailverbesserungen sind aber erforderlich: Zwischen einigen Zacken blitzt noch die schwarze Hintergrundfarbe durch. Vergrößern Sie die betreffenden Stellen, und fahren Sie die Umrisse der »schwarzen Löcher« mit dem Kantenmarker ab.

5. Nachbesserungen mit dem Kantenmarker

Einige schwarze Löcher zwischen den Zacken sind noch nicht von unserer Kantenmarkierung erfasst. Verwenden Sie das Kantenmarker-Werkzeug (B), um die Umrisse dieser Löcher entlangzufahren. Danach klicken Sie mit dem Füllwerkzeug auf den Körper des Leguans, um die extrahierte Fläche zu bestimmen.

6. Vorschaumodus aktivieren

Nun ist unser Leguan bereit für den Vorschaumodus, der mit dem gleichnamigen Button aktiviert werden kann. Hier offenbaren sich aber noch einige Fehler: Die Unterkante des Leguans enthält ein unruhiges Pixelmuster, das durch die vermeintliche Konturerkennung des Kantenmarkers hervorgerufen wurde. Einige Zacken des Tiers sind äußerst unscharf freigestellt, und an einigen Stellen hat sich noch Hintergrundfarbe gehalten. Mit BEREINIGEN (C) und dem KANTENVERFEINERER (T) wollen wir diesen Problemen zu Leibe rücken.

7. Bereinigen von Bildresten

Zwischen den Konturen eingeschlossene Hintergrundreste können mit dem Bereinigen-Werkzeug ([C]) entfernt werden. Es wandelt die übermalten Pixel in transparente Bereiche um, die umgekehrte Wirkung erzielen Sie durch Drücken der [Alt]/[⌥]-Taste. Mit den Ziffern [1]–[9] können Sie den Druck des Werkzeugs einstellen. Wie beim Airbrush-Werkzeug bewirkt höherer Druck einen intensiveren Farbauftrag. Zur Navigation in der Vorschau können Sie die Tastenkürzel [Strg]/[⌘] + [+] bzw. [-] (ein- und auszoomen) bzw. Leertaste (Bildausschnitt verschieben) verwenden.

8. Schärfen der Konturkanten

Manche Konturbereiche verlaufen zu weich in den Hintergrund und lassen die nötige Schärfe des freigestellten Objekts vermissen. Mit dem Kantenverfeinerer können Sie für schärfere Konturen sorgen: Photoshop erhöht dann den Kontrast an den Auswahlrändern, was die weichen Kanten schmälert: Diesen Effekt haben wir bereits in einem QuickMask-Tipp besprochen. Auch hier können Sie mit den Ziffern [1]–[9] den Schärfungsgrad einstellen. Wobei ein wiederholtes Übermalen mit niedrigen Werten zu besser kontrollierbaren Ergebnissen führt als einmal mit hohen Werten.

Gerade Linien zeichnen mit dem Kantenmarker

Einige Objektkonturen beinhalten auch gerade Linien, die nur schwer mit verwackelten Mausbewegungen nachempfunden werden können. Folgender Trick schafft Abhilfe: Klicken Sie am Anfang der gewünschten Linie mit der Maus, [⇧] + Klick am Ende der Linie lässt Photoshop die beiden Punkte mit einer Geraden verbinden.

9. Löcher beim Extrahieren

Falls Ihr Leguan nach dem Extrahieren einige »Einschusslöcher« aufweist, können Sie diese mit dem Protokollpinsel ([Y]) übermalen. Photoshop stellt dann den ursprünglichen Bildzustand wieder her.

10. Resultat

Die Nachbearbeitungsschritte haben sich bezahlt gemacht: Nach dem Bestätigen der Änderungen macht der Leguan auch auf völlig farbfremden Hintergründen eine gute Figur.

Extrahieren mit Corel Knock Out

Trotz aller Workarounds und Kniffe genügen die Freistellungsmöglichkeiten des Extrahieren-Dialogs nur semiprofessionellen Ansprüchen. Für zeitkritische Produktionen und schwierige Bilder sind die Resultate wenig überzeugend. In diesem Fall ist die Anschaffung eines Profi-Maskierungswerkzeugs wie Corel Knock Out empfehlenswert. Dieses kann als Plug-in in Adobe Photoshop, Corel PhotoPaint sowie Corel Painter ab Version 6 integriert werden und erlaubt daher einen flexiblen Workflow, ohne dass Photoshop für das Korrigieren der Bilder verlassen werden muss.

Corel Knock Out 2 (Mac OS X/Windows, ca. 90 €, keine deutsche Version) ist unter http://www.corel.de erhältlich, eine Demo-Version ist leider nicht verfügbar. Das Programm ist auf das Maskieren »haariger« Objekte spezialisiert.

Gegenüber dem Extrahieren-Dialog bietet es gleich mehrere Vorteile: Es verwendet keinen Kantenmarker, sondern »innere« und »äußere« Auswahlen, welche die Übergangszone zwischen Motiv und Hintergrund festlegen. Durch dieses Konzept können die Übergangszonen wesentlich besser definiert werden. Neben dem deutlich »intelligenteren« Maskierungsalgorithmus, der zwischen verschiedensten Hintergrundarten unterscheidet, reduzieren auch die viel komfortableren Extrahierungswerkzeuge den Zeitaufwand beim Freistellen. Corel Knock Out bietet beispielsweise ein Auswahl-Lasso mit integriertem Zoom rund um den Cursor. Der Maskierungspinsel arbeitet in einer zweigeteilten Ansicht mit Originalbild und freigestellter Version. Dadurch wird die Malposition des Pinsels besser nachvollziehbar. Selbst für transparente Schatten bietet das Tool eigene Werkzeuge.

Nicht unterschätzen sollten Sie aber den Speicherhunger von Knock Out. Obwohl in der aktuellen Version 2 der RAM-Bedarf deutlich reduziert wurde, kann der Speicherbedarf von Knock Out auf die 8-fache Größe des aktuell bearbeiteten Bildes steigen. Schließen Sie vor dem Aufruf von Knock Out nicht mehr benötigte Dateien in Photoshop, und passen Sie die Bildgröße des zu extrahierenden Bildes den Erfordernissen an. Sonst droht ein sehr lahmes Arbeiten mit Knock Out.

Freistellen mit Knock Out

1. Vorarbeiten

In diesem Workshop wollen wir die Arbeitsweise von Knock Out an einem »haarigen« Beispielobjekt demonstrieren, dem Hund (03_bilder/hund.psd). Besonders heikel sind hier die weich in den farbähnlichen Hintergrund verlaufenden Haarbüschel, die umfangreiche Nachbearbeitung erfordern. Doch kein Nachteil ohne Vorteil, denn auf diese Weise können wir Ihnen viele der Knock Out-Werkzeuge demonstrieren. Um diesen Workshop nachvollziehen zu können, müssen Sie Corel Knock Out 2 als Photoshop-Plug-in installiert haben.

2. Knock Out starten

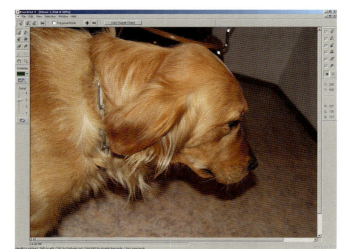

Nach dem Duplizieren der Hintergrundebene können Sie Corel Knock Out über FILTER • KNOCK OUT 2 • LOAD WORKING LAYER starten. Nach kurzer Ladezeit präsentiert sich die Programmoberfläche von Knock Out in einem eigenen Fenster. Die Oberfläche ist an Photoshop angelehnt: links die Werkzeugleiste, links oben die dazugehörigen Optionen, am rechten Bildrand befindet sich das Anzeigen-Panel, mit dem Sie die eingeblendeten Informationen und Auswahlen festlegen können. Auch die wichtigsten Shortcuts sind Photoshop entlehnt: Strg *+* + *bzw.* - *vergrößert bzw. verkleinert das Vorschaubild, mit gedrückter Leertaste schalten Sie zum Hand-Werkzeug und können den Bildausschnitt ändern.*

3. Innere Auswahl erstellen

Im Unterschied zum Kantenmarker des Extrahieren-Dialogs wird die Übergangszone zwischen Vorder- und Hintergrund in Knock Out mit der inneren und äußeren Auswahl festgelegt.

Die innere Auswahl darf nur Bildbereiche des freizustellenden Motivs umfassen und keinesfalls Hintergrundübergänge, während für die äußere Auswahl das genaue Gegenteil zutrifft. Um die innere Auswahl zu erstellen, wählen Sie das Inside Object-Werkzeug. Achten Sie darauf, die innere Auswahl möglichst an den Umrissen des Hundes entlangzuführen, allerdings sollten sich innerhalb dieser Auswahl nur voll deckende Pixel befinden. Erleichtern können Sie sich die Sache, indem Sie die Option Polygonal Mode *aktivieren, dann arbeitet das Inside Object-Werkzeug wie ein Polygon-Lasso.*

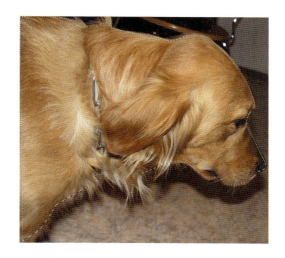

4. Äußere Auswahl erstellen

Für die äußere Auswahl muss diese Prozedur nicht unbedingt wiederholt werden: Klicken Sie auf den Button Auto Outside Object *in der Optionsfläche. Knock Out vergrößert nun die innere zu einer äußeren Auswahl. Mit den Schaltflächen ⊞ und ⊟ können Sie die äußere Auswahl vergrößern. Allerdings ist noch Nachbearbeitung erforderlich: An der Unterseite des Hundes berührt die äußere Auswahl das an sich zu erhaltende Fell.*

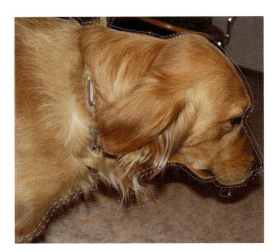

Schalten Sie deshalb auf das Outside Object-Werkzeug, und halten Sie die ⇧-Taste gedrückt. Umkreisen Sie die freistehenden Haarbüschel.

5. Extraktion starten

Nun können Sie die Extraktion starten. Da wir es mit sehr feinen Haaren vor einem kontrastarmen Hintergrund zu tun haben, sollten Sie die Detailstufe auf 4 stellen. Ein Klick auf den darunter liegenden Button lässt Knock Out die Maskierungsvorschau berechnen.

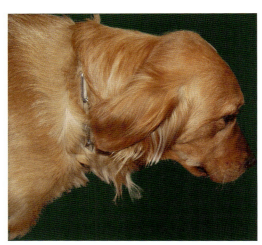

6. Wechsel zu Photoshop

Der Hund wurde zwar relativ sauber freigestellt, die Haarbüschel an der Unterseite wirken aber unnatürlich scharf und abgerissen. Knock Out bietet zwar mit dem EDGE-FEATHER-Werkzeug ein Tool zum Weichzeichnen pixeliger Auswahlkanten, allerdings muss dafür eine neue Vorschau berechnet werden, was die Verwendung dieses Werkzeugs wenig intuitiv macht. Stattdessen werden wir die Weiterbearbeitung in Photoshop fortsetzen. Wählen Sie dafür FILE • APPLY. Nun werden die geänderten Ebenendaten an Photoshop übermittelt.

7. Nachbearbeitung in Photoshop

Die pixeligen Haarübergänge an der Unterseite des Hundes können wir mit einem Trick des englischen Designers Steve Caplin eliminieren. Duplizieren Sie zunächst die extrahierte Ebene, und aktivieren Sie das Wischfinger-Werkzeug (Stärke: 50–70 %). »Wischen« Sie nun an den Haarübergängen von innen nach außen. Verwenden Sie dafür einen gut strukturierten Pinsel, z.B. KREIDE 23 PIXEL. Dadurch entfernen Sie einerseits die unnatürlich wirkende Schärfe aus dem Haarsaum, andererseits können Sie damit entstandene »Pixel-Löcher« stopfen.

8. Resultat

Das Ergebnis unseres Workshops: ein freigestellter Hund, dessen Felldetails trotz umfangreicher Nachbearbeitung erhalten blieben.

Alpha-Kanäle

An vielen Stellen dieses Kapitels haben wir schon auf sie verwiesen, nun gehen wir endlich ins Detail. Schon wegen ihres »esoterischen« Namens haben Bildgestalter unnötigen Respekt vor ihnen. Alpha-Kanäle wurden erdacht, um Auswahlen sowie Masken dauerhaft im Bild zu speichern und in Drittprogrammen nutzbar zu machen. Mühsam erstellte Masken und Auswahlen sollten Sie daher in jedem Fall als Alpha-Kanal absichern. Anders als der QuickMask-Modus oder Auswahlen sind Alpha-Kanäle nicht flüchtig, ihre Transparenzinformation geht erst beim Löschen des Alpha-Kanals verloren.

Photoshop CS unterstützt maximal 56 Alpha-Kanäle pro Bild (bei Speicherung im PSD-Format), in der Vorgängerversion lag diese Grenze noch bei 24. Im Hinblick auf die Rückwärtskompatibilität sollten Sie also die Maximalgrenze nicht unbedingt ausnutzen. Erstellen Sie ein Dokument im 16-Bit-Modus, umfassen auch die darin enthaltenen Alpha-Kanäle 16 Bit (= 65 536 Graustufen).

Alpha-Kanäle über die Kanäle-Palette erstellen

Die rascheste Möglichkeit, einen Alpha-Kanal aus einer Auswahl zu erstellen, bietet die Ka-

▲ **Abbildung 80**
Der Dialog AUSWAHL SPEICHERN

näle-Palette. Durch einen Klick auf das Symbol ALS ALPHA-KANAL SPEICHERN generiert Photoshop einen Alpha-Kanal aus der aktuellen Auswahl. Alle selektierten Bereiche erscheinen nun weiß, nicht ausgewählte schwarz.

Alternativ können Sie auch den Befehl AUSWAHL SPEICHERN (Auswahl-Menü) verwenden, der den Dialog in Abbildung 80 öffnet. AUSWAHL SPEICHERN ist zwar sicher der langsamere Weg, um Alpha-Kanäle zu erzeugen, dafür bietet er einige interessante Möglichkeiten: Sie können den erzeugten Alpha-Kanal in einer beliebigen, geöffneten Datei speichern. Dadurch können Sie Ihre Auswahlen in separaten Dokumenten archivieren und vermeiden damit ein explosives Ansteigen der Dateigröße des aktuellen Bildes. Mit dem Pendant dieser Funktion, AUSWAHL LADEN, können Sie als

Tastenkürzel zur Verrechnung von Alpha-Kanälen

Wirkung	Tastenkürzel
Alpha-Kanal zur bestehenden Auswahl addieren	Strg/⌘ + ⇧ + Klick
Alpha-Kanal von bestehender Auswahl subtrahieren	Strg/⌘ + Alt/⌥ + Klick
Schnittmenge zwischen Alpha-Kanal und bestehender Auswahl	Strg/⌘ + ⇧ + Alt/⌥ + Klick
Aktiven Alpha-Kanal invertieren	Strg/⌘ + I
Auswahl aus Alpha-Kanal laden	Strg/⌘ + Klick

▲ Abbildung 81
Diesen Orang-Utan möchten wir freistellen.

▲ Abbildung 82
Der Rot-Kanal des Bildes

▲ Abbildung 83
Der Grün-Kanal des Bildes

▲ Abbildung 84
Der Blau-Kanal des Bildes

Alpha-Kanäle gespeicherte Auswahlen wiederherstellen, natürlich ebenso dokumentübergreifend. Schneller geht dies aber mit ⌊Strg⌋/⌊⌘⌋-Klick auf den jeweiligen Kanal in der Kanäle-Palette.

Bereits im Abschnitt »Auswahl-Arithmetik« haben wir erwähnt, wie sich Auswahlen und Alpha-Kanäle miteinander »verrechnen« lassen. Die Tastenkürzel in der Tabelle ermöglichen das Addieren, Subtrahieren und Schneiden von bestehenden Auswahlen mit Alpha-Kanälen.

Kanalauswahlen aus Bildkanälen

So beeindruckend die bisher vorgestellten Auswahlrezepte auch sind, in zahlreichen Fällen werden sie scheitern. Nehmen wir als Beispiel das Freistellen eines Gesichts. Während Kinnpartie und Wangen kein Problem für Polygon-Lasso & Co. darstellen, wird die Angelegenheit etwas weiter oben im wahrsten Sinn des Wortes »haarig«. Wenn es darum geht, strähnige Frisuren freizustellen, ohne dem Modell einen unfreiwilligen Kurzhaarschnitt zu verpassen, sind die klassischen Auswahlwerkzeuge am Ende ihrer Leistungsfähigkeit angelangt. Schließlich verfügt ein Mensch über ca. 100 000 Haare. Doch selbst wenn bei einer halbwegs »gnädigen« Frisur mehr als 30 einzelne Strähnen vom Kopf wegstehen, dann wird das Freistellen mit dem Polygon-Lasso zur Sisyphos-Arbeit. Zudem darf das Problem der Transparenzen nicht außer Acht gelassen werden: Der natürliche Lichterkranz in Haaren lässt diese meist fließend in den Hintergrund übergehen, mit Auswahlwerkzeugen haben Sie keine direkte Möglichkeit, diese Transparenzen zu erhalten.

Allerdings finden sich nicht nur beim Menschen detailreiche und kontrastarme Konturen. »Natürliche« Objekte wie Pflanzen, Tiere oder Landschaften fallen meist ebenfalls in diese Kategorie und machen dementsprechende Mühe bei der Freistellung. In diesem Kapitel möch-

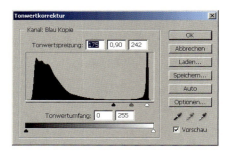

◀ **Abbildung 86**
Die Gradationskurven

▲ **Abbildung 85**
Mit der Tonwertkorrektur kann der Graustufenumfang des Bildes reduziert werden.

ten wir mit der kanalbasierten Bildauswahl ein »Grundrezept« vorstellen, das Ihnen das Freistellen derartiger Bilder erleichtert.

Die kanalbasierte Bildauswahl arbeitet genau entgegengesetzt zu unseren bekannten Auswahlrezepten. Bisher definierten wir mit den Auswahlwerkzeugen eine Grobauswahl, die durch Nachbearbeitung in einem Maskierungsmodus verfeinert wurde. Nun werden wir einen Alpha-Kanal direkt aus einem Farbkanal eines Bildes erstellen. Natürlich ist kaum ein Farbkanal 1:1 als Maske einsetzbar, doch der Nachbearbeitungsaufwand ist verschwindend gering im Vergleich zu anderen Auswahlmethoden. Selbst gegen Extrahierungs-Plug-ins wie Corel Knock Out hat die Kanalauswahl-Methode oft die Nase vorne.

Schritt eins jeder Kanalauswahl ist die Analyse der Farbkanäle. Es sollte jener Farbkanal verwendet werden, in dem sich das Motiv am deutlichsten vom Hintergrund abhebt. Im Fall des Orang-Utans in Abbildung 81 ist dies der Blau-Kanal, der nun die Basis für unsere Freistellungsmaske bildet.

Um ihn als Maske nutzbar zu machen, müssen die Grautöne von den Binnenflächen des Orang-Utans verschwinden. Gleichzeitig sollten aber die Umrissdetails entlang der Kante erhalten bleiben. Hierzu bietet Photoshop mehrere Möglichkeiten:

▶ **Tonwertumfang reduzieren**

Zum einen kann über eine Tonwertkorrektur der Tonwertumfang linear reduziert werden (Abbildung 85). Dies geschieht durch Zusammenziehen der Schwarz-, Grau- und Weißpunktregler im Tonwertkorrektur-Dialog. Konsequenz: Alle Graustufen links des Schwarzpunktes werden schwarz, alle rechts des Weißpunktes weiß. Allerdings laufen Sie damit Gefahr, dass Konturdetails ins Weiße bzw. Schwarze wegbrechen. Insbesondere bei haarigen Motiven ist diese Methode mit Vorsicht zu genießen. Durch unvorsichtige Einstellungen können Sie aus einer langen Mähne schnell eine unansehnliche Kurzhaarfrisur machen.

▶ **Gradationskurven**

Die nächste Anlaufstelle sind die GRADATIONSKURVEN (BILD • ANPASSEN • GRADATIONSKURVEN) (Abbildung 86). Sie erlauben eine progressive Korrektur der Grauwerte. Über eine Ein-/Ausgabekurve können Sie bestimmen, wie sich die Grauwerte des Kanals verändern. An der (imaginären) x-Achse der Kurve sind die Eingabewerte aufgetragen, die y-Achse bezeichnet die Ausgabewerte. Der durch den Punkt gekennzeichnete Beispielwert entspricht einem Grauwert von 166, der durch die Gradationskurve in einen Ausgabewert von 90 transformiert wird. Sie können mit einer derartigen Kurve eine selektive Abdunklung der mittleren Grauwerte erreichen, ohne Zeichnungsverlust an den hellgrauen Konturübergängen in Kauf nehmen zu müssen. Die Gradationskurven bieten zwar auch die Möglichkeit einer linearen Farbkorrektur, diese eignet sich wegen der drohenden Zeichnungsverluste aber nicht für unsere Zwecke.

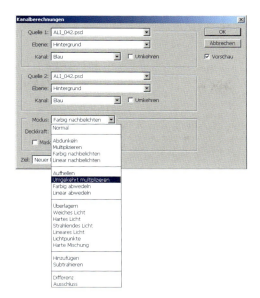

◀ **Abbildung 87**
Der Kanalberechnungen-Dialog

▶ Kanalberechnungen

Eine dritte Methode zur Abdunklung der Maske bildet der Kanalberechnungen-Dialog (Bild • Kanalberechnungen). In diesem Dialog werden zwei Bildkanäle miteinander verrechnet und das Resultat in einen neuen Alpha-Kanal ausgegeben. Die »Berechnungsmethode« besteht darin, die zwei Kanäle unter Verwendung eines bestimmten Einkopiermodus miteinander zu überblenden. Am zielgerichtetsten für unsere Zwecke ist die Verrechnung des blauen Kanals mit sich selbst, um die erforderliche Abdunklung zu erzielen. Achten Sie darauf, im Drop-down-Feld Ebene die richtige Bildebene auszuwählen.

Um unseren Kanal abzudunkeln, müssen wir einen Eintrag der zweiten Einkopiermodus-»Gruppe« (bestehend aus Abdunkeln, Multiplizieren, Farbig nachbelichten und Linear nachbelichten) verwenden. Welcher Modus am besten geeignet ist, hängt vom Bildmaterial ab. Einzige Ausnahme: Abdunkeln macht bei zwei identischen Kanälen wenig Sinn, da dieser Modus einfach die Grauwerte der beiden Kanäle vergleicht und die jeweils dunkleren Pixel ausgibt.

Selbst die ausgeklügeltste Tonwertreduktionsmethode macht eine Nachbearbeitung des entstandenen Alpha-Kanals erforderlich. Sie sollten keinesfalls der Versuchung erliegen, die Filter-»Schrauben« besonders fest anzuziehen, nur um einen perfekten Schwarz-Weiß-Alpha-Kanal zu erhalten. Auf diese Weise können auch einige Konturdetails verloren gehen, deren Fehlen sich in der resultierenden Freistellungsmaske negativ bemerkbar macht. Lieber einige überflüssige Graustufen im Alpha-Kanal als weggebrochene Haarlinien.

Nach so viel Theorie wollen wir unsere bisherigen Erkenntnisse an einem Praxis-Workshop anwenden und die Auswahlerstellung aus Bildkanälen an einem wirklich »haarigen« Motiv zeigen.

Alpha-Kanäle **139**

Freistellungsmasken aus Farbkanälen erstellen

1. Ziel des Workshops

In diesem Workshop wollen wir den Orang-Utan aus der Abbildung freistellen. Eine sehr »haarige« Angelegenheit, bei der unsere Auswahlwerkzeuge wohl versagen werden – zu filigran, detailliert und vor allem zu zahlreich ist die Haarpracht des Affen. Daher werden wir in diesem Workshop den umgekehrten Weg gehen – eine Freistellmaske auf Basis eines Farbkanals zu erstellen. Bitte suchen Sie sich ein eigenes, haariges Foto für diese Übung, da wir den Orang-Utan aus lizenzrechtlichen Gründen nicht beilegen durften.

2. Wahl des Farbkanals

Zuerst müssen wir einen geeigneten Farbkanal für die Maske finden – darin sollte sich das Motiv möglichst kontrastreich vom Bildhintergrund abheben. Nach Betrachten aller Kanäle in der Farbpalette stellen wir fest, dass diese Bedingung am ehesten vom blauen Bildkanal erfüllt wird. Duplizieren Sie den blauen Bildkanal durch Ziehen auf das Icon NEUER KANAL.

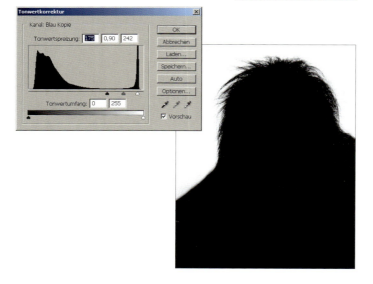

3. Tonwertkorrektur

Für unsere Zwecke enthält der ehemalige Farbkanal viel zu viele Graustufen. Deshalb verwenden wir die Tonwertkorrektur, um den zukünftigen Alpha-Kanal möglichst auf schwarze und weiße Pixel zu reduzieren. Ziehen Sie die Regler der Tonwertspreizung eng zusammen, um die Graustufen im Kanal drastisch zu reduzieren, allerdings sollten dabei möglichst alle Konturdetails erhalten bleiben und nicht ins Weiße wegbrechen. Übermalen Sie anschließend eventuelle weiße Flecken in den Binnenflächen des Orang-Utan.

4. Kanal umkehren

Vor den weiteren Bearbeitungsschritten muss der Kanal invertiert werden, schließlich soll ja der Orang-Utan freigestellt werden und nicht sein Hintergrund. Drücken Sie dafür ⌈Strg⌉/⌈⌘⌉ + ⌈I⌉.

5. Dunkle Bereiche vergrößern

Nach dem Umkehren des Kanals müssen die feinen Haarkonturen noch vergröbert werden. Da sie einen hohen Spitzlichtanteil aufweisen, würde die Freistellmaske sehr viel weißen Farbsaum enthalten. Um dies zu vermeiden, wenden wir den Filter DUNKLE BEREICHE VERGRÖSSERN an (FILTER • SONSTIGE FILTER). Er dehnt die dunklen Bereiche um einen vorgegebenen Pixelwert aus und überdeckt damit den Farbsaum an den Haarrändern.

6. Kanal als Auswahl laden

Nun können Sie den erstellten Alpha-Kanal als Auswahl laden, indem Sie bei gedrückter ⌈Strg⌉/⌈⌘⌉-Taste auf den Kanalnamen klicken. Anschließend wechseln Sie in der Ebenen-Palette zum Originalbild und kopieren dies anhand der soeben erstellten Auswahl in eine neue Ebene. Darunter sollten Sie eine einfarbige Füllebene erstellen, um die Auswirkungen der Freistellung beurteilen zu können.

Alpha-Kanäle **141**

7. Nachbelichter

Obwohl wir die dunklen Bereiche vergrößert haben, befindet sich noch immer ein deutlicher Farbsaum in der Mähne des Affen. Mit dem Nachbelichter-Werkzeug ([O]) können Sie das verräterische Weiß aus der Mähne verschwinden lassen. Beschränken Sie den Nachbelichter zuerst auf die Option Lichter, *und fahren Sie damit die äußeren Farbsaumkanten des Orang-Utan ab. Da auch die Deckhaare des Tiers durch das Spitzlicht stark aufgehellt wurden, sollten Sie anschließend auch diese Bildbereiche durch einen Mittelton-Nachbelichter abdunkeln. Die Einstellungen für beide Werkzeuge können Sie den beiden nebenstehenden Screenshots entnehmen.*

8. Resultat

Nach dem Einsatz des Nachbelichter-Werkzeugs wurde der Farbsaum auf ein Minimum reduziert, der Orang-Utan macht auch auf verschiedenfarbigen Hintergründen eine gute Figur.

▲ Abbildung 88
Der Rot-Kanal wurde mit sich selbst umgekehrt multipliziert ...

▲ Abbildung 89
... und in einer zweiten Kanalberechnung mit sich selbst überlagert.

Motive mit komplexem Hintergrund freistellen

Der Orang-Utan aus dem vorhergehenden Workshop hat uns die Sache relativ leicht gemacht: schließlich ist er vor einem nahezu weißen Hintergrund abgebildet, was eine ideale Kontrastgrundlage bildet. In der Praxis sind solche Motive eher selten anzutreffen. Viel wahrscheinlicher ist ein Bildhintergrund wie in Abbildung 88, der ein weitaus schwächeres Kontrastverhältnis zum Motiv bietet. Um in diesem Fall eine akzeptable Freistellungsmaske zu erhalten, sind mehrere Kanalberechnungen empfehlenswert.

Um eine akzeptable Grundlage für unseren Alpha-Kanal zu erhalten, haben wir den Rot-Kanal des Bildes dupliziert und über BILD • KANALBERECHNUNGEN mit sich selbst umgekehrt multipliziert (Abbildung 88). Das Ergebnis der Berechnungen wurde in einem neuen Kanal ausgegeben. In einer zweiten Kanalberechnung haben wir den ursprünglichen Rot-Kanal mit sich selbst ÜBERLAGERT, das Resultat landete ebenfalls in einem neuen Kanal (Abbildung 89). Abschließend haben wir die beiden neu entstandenen Kanäle miteinander überlagert und damit die Ausgangsbasis für unsere Freistellungsmaske geschaffen (Abbildung 90).

Warum so kompliziert? Das wichtigste Ziel bei der Maskenerstellung ist die Anhebung des Kontrasts zwischen Motiv und Hintergrund, mindestens ebenso wichtig ist aber die Erhaltung feiner Konturdetails. Mit einer Kanalberechnung wären diese beiden Ziele nur unbefriedigend zu erfüllen gewesen: entweder der Hintergrund wäre noch zu dominant, oder die Haarspitzen des Gorillas würden wegbrechen.

Durch die Kombination der beiden Einkopiermodi UMGEKEHRT MULTIPLIZIEREN und ÜBERLAGERN erreichen wir beides: UMGEKEHRT MULTIPLIZIEREN sorgt für ein Ausbleichen des Hintergrunds, während ÜBERLAGERN durch

04_auswahlen/
affe.jpg

Alpha-Kanäle **143**

◀ **Abbildung 90**
Abschließend haben wir die beiden neu entstandenen Kanäle ineinander kopiert. Das Resultat – dadurch entstehen optimale Kontraste bei geringem Verlust von Konturdetails.

Abbildung 91 ▶
Die Kanäle-Palette nach den Kanalberechnungen

Verstärkung der Tiefen und Lichter in erster Linie kontrasterhöhend wirkt.

Natürlich sollten Sie auch für die Nachbearbeitung ein Duplikat des Alpha-Kanals erstellen, um nach misslungenen Änderungen wieder zum Originalzustand zurückkehren zu können.

Die Nachbearbeitung des entstandenen Alpha-Kanals unterscheidet sich in eine Grob- und eine Feinphase: Zunächst können Sie mit dem Pinselwerkzeug Binnenflächen im Hintergrund und im Motiv aus- bzw. einmaskieren. Hierfür verwenden Sie eine weiche Pinselspitze mit schwarzer respektive weißer Farbe. Kommen Sie jedoch den Konturbereichen mit dem Pinsel nicht zu nahe. Um diese abzudunkeln oder aufzuhellen, verwenden Sie am besten das Werkzeug NACHBELICHTER bzw. ABWEDLER. Arbeiten Sie mit geringen Intensitäten (ca. 20 %), und bearbeiten Sie die Konturbereiche vorsichtig, um Übersteuerungen zu vermeiden. Neben einem weichen, mittelgroßen Pinsel sollte natürlich auch die Bereich-Einstellung den Gegebenheiten angepasst werden. Die Konturübergänge auf Seiten des abgedunkelten Motivs werden Sie am ehesten mit dem Bereich TIEFEN nachbelichten können, das Abwedeln des hellen Hintergrunds funktioniert mit der Einstellung LICHTER am besten (Abbildung 92).

Haben Sie sich nach diesem Bearbeitungsmarathon eine perfekte Maske erhofft, die Ihr Bild vor allen Hintergründen gut aussehen lässt, müssen wir Sie leider enttäuschen. Bei freigestellten Motiven mit semitransparenten Konturübergängen gibt es so etwas nicht, genauso wenig wie eine »ideale«, einzig richtige Maske. Wollen Sie Ihr freigestelltes Motiv vor einen hellen Wolkenhintergrund setzen, ist z.B. ein in den Haaren erhalten gebliebener Lichterkranz ein wunderbares Mittel, um die Glaubwürdigkeit der Montage zu erhöhen. Kopieren Sie dasselbe Motiv vor eine dunkle Felswand, hat es wegen des »Heiligenscheins«

▲ **Abbildung 92**
Nach dem Einsatz von Nachbelichter (Innenflächen) und Abwedler (Außenkanten)

▲ **Abbildung 93**
Vor dunklen Hintergründen ist noch ein deutlicher »Heiligenschein« sichtbar.

in den Haaren plötzlich eine komische Anmutung (Abbildung 93).

Das authentische Freistellen von Objekten hört also nicht bei der Maske auf, sondern setzt sich in der Farbkorrektur bzw. Retusche fort. Es macht keinen Sinn, stundenlang im Alpha-Kanal-Modus an einer Maske »herumzudoktern«, bis sie vor einem neuen Hintergrund effektiv freigestellt ist. Sie können unheimlich viel Zeit sparen, indem Sie leichte Maskenfehler wie Lichterkränze tolerieren und diese vor dem eingefügten Hintergrund mit den Malwerkzeugen korrigieren.

Besonders geeignet dazu ist das Pinselwerkzeug P in Kombination mit den Farbmodi FARBTON und LUMINANZ. Beide können Lichterkränze und leicht unsaubere Ränder »vertuschen«, indem sie die Farbgebung dieser auffälligen Bildstellen jenen des Motivs angleichen. In unserem Fall wird der »Heiligenschein« des Gorilla durch den »Luminanz-Pinsel« abgedunkelt und mit dem Farbton-Pinsel entsprechend den Fellstellen eingefärbt.

Zuerst haben wir mit der Pipette (bei gedrückter Alt/⌥-Taste wird der Pinsel zur Pipette) die Farbe einer dunklen Fellstelle eruiert (Abbildung 94).

Dann haben wir die zu hellen Stellen in den Haarspitzen mit dem Pinselwerkzeug (Farbmodus LUMINANZ, 20 % Deckkraft) vorsichtig übermalt. Weiter innen liegende Bildbereiche wurden im Farbmodus FARBTON (ca. 20 % Deckkraft) übermalt, um verräterische Spitzlichter abzudunkeln.

Diese nachträgliche Farbkorrektur erfordert einiges an Fingerspitzengefühl, weshalb sie unbedingt an einem Duplikat durchgeführt werden sollte. Dafür können Sie die Wirksamkeit Ihrer Maske drastisch verbessern, wie unser Resultat beweist (Abbildung 97).

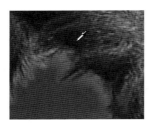

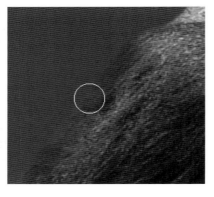

◄ **Abbildung 94**
Aufnehmen der Farbwerte mit der Pipette

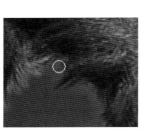

▲ **Abbildung 95**
Übermalen der Lichtsäume mit dem Luminanz-Pinsel

▲ **Abbildung 96**
Mit einem »Luminanz-Pinsel« rücken wir dem Heiligenschein zu Leibe.

▲ **Abbildung 97**
Nach der Bearbeitung der Ränder mit Luminanz- und Helligkeitspinsel

Kanalmixer

Eine dritte Möglichkeit, aus »schwierigen« Farbkanälen akzeptable Alpha-Kanäle »herauszukitzeln«, ist der KANALMIXER. Er funktioniert ähnlich einem Mischpult und erstellt einen Zielfarbkanal auf Basis mehrerer Quellfarbkanäle. Durch das Mischverhältnis der Quellfarbkanäle wird das Aussehen des Zielfarbkanals beeinflusst. Das Mischverhältnis der Kanäle ist über Prozentwerte steuerbar. Sie können beispielsweise einen Kanal mischen, der 10 % Rot-, 30 % Grün- und 60 % Blauanteil beinhaltet. Insbesondere bei Motiven mit heterogener Farbgebung ist der Kanalmixer hilfreich: Eine reifende Banane, die an einigen Stellen bereits gelb, an anderen noch grün ist, benötigt mehr als einen Farbkanal für eine akzeptable Freistellungsmaske.

Auf den Kanalmixer können Sie in Photoshop zweifach zugreifen:

▶ einerseits als Filter über BILD • ANPASSEN • KANALMIXER,
▶ andererseits über die Einstellungsebene KANALMIXER.

Für unsere Maskierungszwecke ist aber nur die Einstellungsebene brauchbar. Die Filter-Variante des Kanalmixers greift nämlich destruktiv in die Farbkanäle unseres Bildes ein und überschreibt quasi die Farbinhalte des Bildes mit unserem Alpha-Kanal. Mit einer Einstellungsebene bleibt die Kanalmischung reversibel: Nachdem wir ein maskentaugliches Graustufenbild aus unseren Farbkanälen gemischt haben, kann es ausgewählt und als neuer Alpha-Kanal in unser Bild eingefügt werden. Hierfür muss die Methode AUS ALLEN EBENEN KOPIEREN verwendet werden, damit auch die Einstellungsebene Wirkung zeigt.

Arbeiten mit dem Kanalmixer

Nebenstehend sehen Sie das Originalmotiv.
   Hier das letzte Bild, das wir Ihnen nicht mitliefern durften.

1. Kanalmixer-Einstellungsebenen platzieren
Erzeugen Sie einen neuen Kanal in der Kanäle-Palette, und fügen Sie dort den Inhalt der Zwischenablage ein. Mit dem Ausblenden der Einstellungsebene kehren wir zum Ursprungszustand unseres Bildes zurück.
   In der Abbildung sehen Sie die Einstellungen des Kanalmixers.

2. Alpha-Kanal bearbeiten
Anschließend beginnen die bereits bekannten Alpha-Kanal-Bearbeitungsschritte: Übermalen unsauberer Binnenflächen, Nachbearbeitung des Kanals mit dem Filter HELLIGKEIT INTERPOLIEREN etc.
   Nach dem Fertigstellen des Alpha-Kanals haben wir noch den Helligkeit interpolieren-Filter mit Stärke 1 Pixel auf den Alpha-Kanal angewandt, um die Konturen etwas zu glätten.

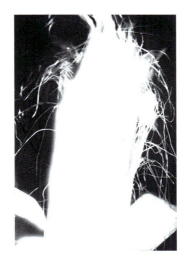

3. Kanalauswahl wieder laden

Danach können Sie die Kanalauswahl laden und damit das Motiv freistellen. Die in unserem Fall zurückbleibenden Magenta-Farbreste können Sie mit der Selektiven Farbkorrektur (BILD • ANPASSEN) entfernen.

4. Letzte Farbreste entfernen

Die noch übrig gebliebenen Farbreste werden mit der aus dem vorigen Workshop bekannten Luminanz- bzw. Farbton-Pinsel-Methode entfernt. Für den Luminanz-Pinsel stellen Sie eine ca. 100 Pixel große, weiche Pinselspitze ein und wählen als Modus LUMINANZ bei einer Deckkraft von 15 %.

Übermalen Sie vorsichtig die dunkel gefärbten Randbereiche vom Mais, um verdächtige Schattierungen verschwinden zu lassen. Anschließend können Sie den Farbton-Pinsel vorbereiten. Wählen Sie eine ca. 40 Pixel große Pinselspitze, der Modus muss auf FARBTON gestellt werden. Wechseln Sie durch Drücken der Alt-Taste zur Werkzeug-Pipette, und nehmen Sie aus dem Maiskolben mehrere Gelb- bzw. Grünwerte auf. Mit diesen übermalen Sie die Hintergrundreste an den hervorstehenden Fasern des Kolbens.

Achten Sie dabei darauf, die Option TRANSPARENTE BEREICHE SCHÜTZEN in der Ebenen-Palette zu aktivieren. Abschließend können Sie noch unsaubere Konturreste mit dem Radiergummi eliminieren.

▲ **Abbildung 98**
Hier ist die Bildebene aktiv ...

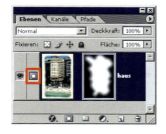

▲ **Abbildung 99**
... und hier die Maske.

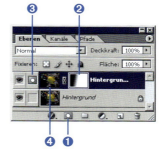

◄ **Abbildung 100**
Eine Ebenenmaske wird direkt in der Ebenen-Palette angezeigt.

Ebenenmasken

Alpha-Kanäle sind schön und gut, um Auswahlen zu speichern oder Masken zu erstellen, doch für die Bildmontage sind sie eindeutig zu unflexibel. Glaubhafte Bildmontagen von mehreren Objekten werden Ihnen nur gelingen, wenn Sie die Transparenz jedes Objektes autonom und ohne Verlust von Bildinformation bearbeiten können. Diese Aufgaben erfüllen Ebenenmasken. Sie sind nichts anderes als Alpha-Kanäle, die an eine bestimmte Ebene gebunden sind. Auch die Funktionsweise ist identisch: Eine Ebenenmaske ist ein Graustufenbild, in dem weiße Farbe volle Deckkraft und schwarze Farbe Transparenz bedeutet. Mit einer Ebenenmaske können also Teile einer Ebene ausgeblendet werden, ohne Bildinhalte zu löschen.

Ebenenmasken kennen folgende Gesetzmäßigkeiten:

▸ Ebenenmasken sind jederzeit editierbare **Graustufenbilder**.
▸ **Jede** Ebene kann nur **eine einzige** Ebenenmaske haben.
▸ Jede Ebenenmaske hat die **gleiche Größe** wie die zugehörige Ebene.

▸ **Weiße** Maskenfarbe bedeutet volle Deckkraft, **schwarze** Farbe Transparenz.

Trotz ihrer scheinbaren Banalität bieten Ebenenmasken ein nicht zu unterschätzendes Konfusionspotenzial. Sie haben schon zehnmal den Filter UNSCHARF MASKIEREN auf die aktuelle Ebene angewandt, doch von Schärfe im Bild keine Spur? Dann ist höchstwahrscheinlich die Ebenenmaske aktiv, ergo wirken alle Filter und Bearbeitungsschritte auf sie, während die Bildebene unberührt bleibt. Behalten Sie daher die Ebenen-Palette im Auge, und achten Sie auf den Rahmen rund um die Bildminiaturen. Er sagt Ihnen, ob Sie gerade die Maske oder die Bildebene bearbeiten. Ein weiteres Indiz für die Bearbeitung einer Ebenenmaske ist das Masken-Symbol neben dem Auge. Arbeiten Sie auf der Bildebene, wird an dieser Stelle ein Pinsel angezeigt (Abbildungen 98 und 99).

Erstellung von Ebenenmasken

Zur Erstellung einer Ebenenmaske genügt ein Klick auf das Symbol ❶. In der Ebenen-Palette wird durch diesen Klick ein neues Miniatursymbol für die Ebenenmaske neben dem Standard-Ebenenminiatursymbol angezeigt. Diese

▲ **Abbildung 101**
Mit dem Malwerkzeug und schwarzer Farbe kann nun im Bild gemalt werden. Der Malstrich wird als Transparenz interpretiert und ist in der Maskenminiatur in der Ebenen-Palette gut zu sehen.

◀ **Abbildung 102**
In unverkettetem Zustand …

▲ **Abbildung 103**
… kann die Ebenenmaske unabhängig von der Bildebene verschoben werden.

beiden Miniaturbilder erlauben das Umschalten zwischen dem Malen in der Maske und dem Malen im Bild. Klickt man auf die rechte Ebenenminiatur ❷, so wird in der Maske gemalt. Photoshop zeigt dies auch durch das Symbol ❸ an. Klickt man auf die linke Ebenenminiatur ❹, so wird im Bild gemalt, was durch ein Pinselsymbol an Stelle ❸ symbolisiert wird.

Aktiviert man die Maske durch einen Klick auf das Miniaturbild der Ebenenmaske, so kann die Maske im Bild mit den Malwerkzeugen erstellt werden. Abbildung 101 zeigt die Erstellung einer Maske mit dem Werkzeugspitzen-Werkzeug. Die schwarz bemalten Bereiche der Maske werden ausgeblendet. Mit weißer Farbe kann der Ebeneninhalt wieder sichtbar gesetzt werden. Für das schnelle Wechseln zwischen schwarzer und weißer Malfarbe kann

das Tastenkürzel [X] verwendet werden. Über das Tastenkürzel [D] wird die Vordergrundfarbe auf Schwarz, die Hintergrundfarbe auf Weiß gesetzt.

Das Kettensymbol zwischen den Miniaturen bestimmt, ob die Maske zusammen mit dem Ebeneninhalt verschoben und transformiert wird. Ist das Kettensymbol nicht vorhanden, so kann die Maske unabhängig vom Ebeneninhalt verschoben und transformiert werden (Abbildungen 102 bis 105).

Wurde in einem Bild eine Auswahl erzeugt, so genügt ein Klick auf das Symbol ❶, und aus der Auswahl wird eine Ebenenmaske (Abbildung 106). Klicken Sie bei gedrückter [⌘]-/[Strg]-Taste auf eine Ebenenmaske, so wird diese als Auswahl geladen.

◄ **Abbildung 104**
In verkettetem Zustand ...

▲ **Abbildung 105**
... können Bildebene und Ebenenmaske nur gemeinsam bewegt werden.

◄ **Abbildung 106**
Aus der Auswahl wurde mit einem Klick eine Ebenenmaske erstellt.

Arbeiten mit Ebenenmasken

Das Radiergummi-Werkzeug verliert durch die Anwendung von Ebenenmasken stark an Bedeutung, denn in den meisten Fällen sollten Ebenenmasken zur Erstellung von Transparenzen verwendet werden. Der hauptsächliche Grund dafür sind die umfangreichen Möglichkeiten, Ebenenmasken mit Filtern, Werkzeugen und anderen Funktionen zu jedem Zeitpunkt nachträglich editieren zu können.

Besonders bei Feinkorrekturen oder der Anwendung von Filtern auf Ebenenmasken ist es manchmal hilfreich, die Ebenenmaske über das gesamte Bild einzublenden. Halten Sie dazu die -Taste gedrückt, und klicken Sie auf das Miniaturbild der Ebenenmaske. Nun wird anstelle des Bildes die Ebenenmaske angezeigt (Abbildung 107).

Manchmal ist es nützlich, eine Ebenenmaske zeitweilig zu deaktivieren. Dies kann durch Klicken auf die Maskenminiatur in der Ebenen-Palette bei gedrückter ⇧-Taste erledigt werden. Klickt man nochmals auf die Miniatur, so wird die Maske wieder sichtbar.

Die bisher beschriebenen Bearbeitungsmöglichkeiten für Ebenenmasken haben den Nachteil, dass entweder die Bildebene oder

Weichzeichnen von Ebenenmasken
Mit Ebenenmasken können unterschiedlichste Werkzeuge und Verfahren für das Erstellen von Transparenzen verwendet werden. Sollen zum Beispiel die Transparenzkanten eines Bildes ein wenig weicher werden, so genügt es, auf die Ebenenmaske einen Weichzeichnungsfilter anzuwenden.

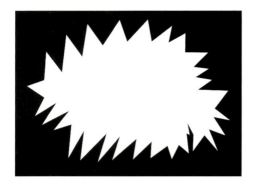

▲ Abbildung 107
Durch Drücken von ⌥/Alt können Sie die Ebenenmaske einblenden.

▲ Abbildung 108
Mit der <-Taste blenden Sie die Ebenenmaske über dem Bildinhalt ein.

die Ebenenmaske eingeblendet ist. Um die Maske möglichst präzise anpassen zu können, wäre eine gleichzeitige Anzeige von Ebenenmaske und Bildinhalt wünschenswert. Dieser Traum wird Wirklichkeit, wenn Sie bei aktivierter Ebenenmaske die <-Taste betätigen. Dann blendet Photoshop die Ebenenmaske über dem Bildinhalt ein. Die Bearbeitungsmöglichkeiten sind dieselben wie im QuickMask-Modus: Sie können die Maske sowohl mit den Malwerkzeugen als auch mit diversen Filtern nacharbeiten.

Schnittmasken

Möchten Sie einen identischen Transparenzeffekt auf mehreren Ebenen erzielen, so wäre es ziemlich mühsam, jede Bildebene mit der identischen Ebenenmaske zu versehen. Schließlich müssten allfällige Überarbeitungen an jeder Ebenenmaske durchgeführt werden. Einen wesentlich effizienteren Ansatz verfolgen Ebenengruppierungen, die seit Photoshop CS in Schnittmasken umgetauft wurden. Dabei werden mehrere Ebenen zu einer Transparenzgruppe zusammengefasst, wobei die unterste

Wichtige Tastenkürzel für Ebenenmasken

Wirkung	Tastenkürzel
Ebenentransparenz als Auswahl laden	Strg/⌘ + Klick auf Ebenenminiatur/Ebenenmasken-Miniatur
Ebenenmaske ein/aus	⇧ + Klick auf Ebenenmasken-Miniatur
Ebenenmaske anzeigen	Alt/⌥ + Klick auf Ebenenmasken-Miniatur
Auswahl in Ebenenmaske einblenden	⇧ + Klick auf Icon EBENENMASKE HINZUFÜGEN
Auswahl in Ebenenmaske ausblenden	Alt/⌥ + Klick auf Icon EBENENMASKE HINZUFÜGEN
Ebenenmaske über Bildebene einblenden	< + Klick auf Ebenenmasken-Miniatur
Ebenenmaske invertieren	Strg/⌘ + I (bei aktivierter Ebenenmaske)

◂ **Abbildung 109**
Vor Erstellung der Schnittmaske

◂ **Abbildung 110**
Der Cursor SCHNITTMASKEN ERSTELLEN

▲ **Abbildung 111**
Die Textebene definiert die Transparenz des überlagernden Bildes. Wenn Sie es ausprobieren möchten, dann ordnen Sie die Ebenen wie in der Abbildung gezeigt an, und klicken Sie mit gedrückter ⌥-/Alt-Taste auf die Trennlinie zwischen den Ebenen in der Ebenen-Palette.

▲ **Abbildung 112**
Die finale Schnittebenen-Komposition

Ebene die Transparenz der Gruppe definiert. Anschaulich wird dies in Abbildung 112.

Die unterste Ebene enthält eine freigestellte Kerze, die Bildinhalte der gruppierten Ebenen werden nur dort dargestellt, wo die Kerze sichtbar ist. Alle gruppierten Ebenen erscheinen deshalb in Kerzenform.

In Abbildung 111 ist eine derartige Ebenengruppierung zu sehen. Die Kerzen-Ebene befindet sich an unterster Stelle der Gruppe, darüber wurden zwei Bildebenen platziert. Es fällt auf, dass diese in der Ebenen-Palette ein wenig nach innen gerückt sind. Dadurch sind miteinander gruppierte Ebenen auf einen Blick erkennbar. Die Transparenz der Textebene wurde direkt für die überlagerte Bildebene übernommen. In diesem Beispiel bleibt die Kerzenebene editierbar und kann dennoch mit jedem beliebigen Bildinhalt gefüllt werden.

Um Ebenen miteinander zu gruppieren, genügt es, auf die Linie zwischen den Ebenen in der Ebenen-Palette bei gedrückter ⌥-/Alt-Taste zu klicken. Alternativ kann die aktive Ebene mit der darunter liegenden Ebene über

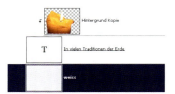

Abbildung 113 ▶
Aufbau der folgenden Schnittmaske in der Ebenen-Palette

Abbildung 114 ▶
Hier wurde eine Textebene als Schnittmaske eingesetzt (03_bilder/kerze.psd).

das Tastenkürzel ⌘/Strg + G oder den Menüpunkt EBENE • SCHNITTMASKE ERSTELLEN gruppiert werden.

Eine bestehende Gruppierung kann durch einen weiteren Klick bei gedrückter ⌥-/Alt-Taste auf die Linie zwischen den Ebenen aufgehoben werden. Auch hier gibt es Alternativen: entweder das Tastenkürzel ⌘/Strg + ⇧ + G oder der Menüpunkt EBENE • SCHNITTMASKE ENTFERNEN.

Im Ebenenstile-Dialog (Menü EBENE) haben Sie übrigens die Möglichkeit, Ihren Ebenenstil nur auf die Schnittmaske selbst oder auch auf alle beschnittenen Ebenen anzuwenden. Hierfür können Sie die Option BESCHNITTENE EBENEN ALS GRUPPE FÜLLEN in den ALLGEMEINEN FÜLLOPTIONEN aktivieren.

Besonders prädestiniert sind Schnittmasken für den Einsatz mit Textebenen. Sie können eine Textebene als Basis für eine Schnittmaske verwenden und gleichzeitig ihre volle Editierbarkeit erhalten, während für den Einsatz als Ebenenmaske bzw. Alpha-Kanal ein Rendern des Textes erforderlich wäre. Mit minimalem Aufwand können Sie Texteffekte zaubern, wie Abbildung 114 beweist. Erstellen Sie dafür einfach eine Textebene (in unserem Beispiel haben wir die Schriftart Impact verwendet), platzieren Sie das zu maskierende Bildmaterial auf einer darüber liegenden Ebene in der Ebenen-Palette, und gruppieren Sie die Ebenen mit ⌘/Strg + G.

Freistellpfade

Zu Unrecht fristen Freistellpfade und Vektormasken ein Schattendasein in Photoshop. Oft sind sie nach den Auswahlwerkzeugen und Alpha-Kanälen nur dritte Wahl, wenn es um das Freistellen von Objekten geht. Der Niedergang der Freistellpfade hängt einerseits mit der technischen Evolution der gängigen Layout-Software zusammen, die zumeist das Photoshop-Format direkt unterstützen und so die separate Definition von Fremdformaten mit Freistellpfaden obsolet machen. Eine Ausnahme bilden die so genannten »Textverdränger«, bei denen der Text an den Konturen eines freigestellten Bildes entlangläuft. Andererseits gilt besonders bei den Pfadwerkzeugen die »Stepwise Refinement«-Devise: Ein »sau-

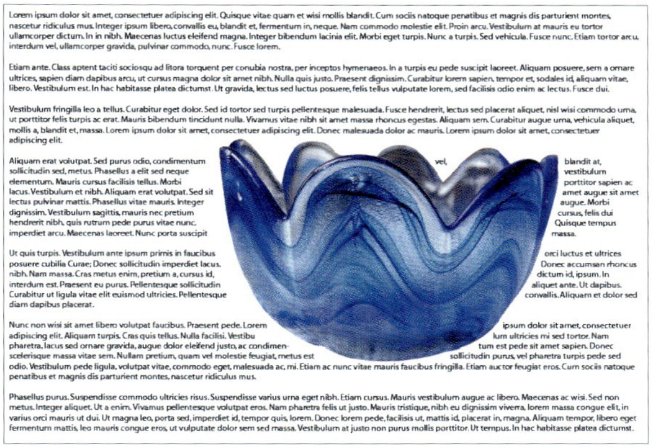

◀ **Abbildung 115**
Pfade können in Layout-Programmen als »Textverdränger« eingesetzt und so einfach umlaufender Text erstellt werden.

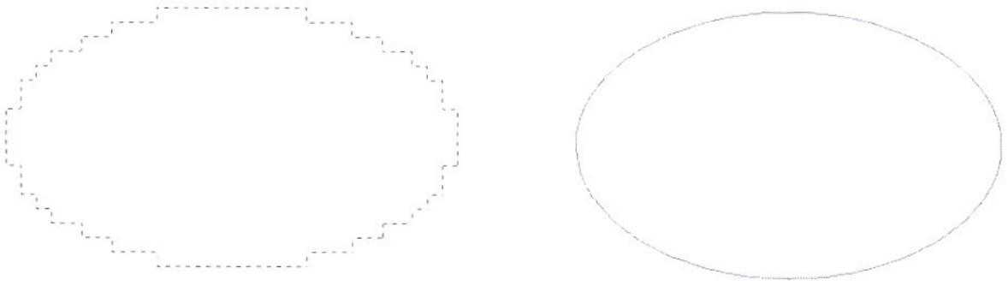

▲ **Abbildung 116**
Eine Ellipsen-Auswahl (links) im Vergleich zu einem elliptischen Pfad bei 12-facher Vergrößerung

berer« Pfad ohne verstümmelte Ankerpunkte ist meist das Ergebnis mehrfacher Überarbeitung und entsteht nicht auf Anhieb. Viele Grafiker scheinen aus diesem Grund den Einsatz von Freistellpfaden zu scheuen.

Anders als bei den Auswahlwerkzeugen sind die Bearbeitungsmöglichkeiten auf viele verschiedene Werkzeuge verteilt, die sich sogar auf zwei Flyout-Menüs verteilen. Dies macht den Umgang mit Pfaden nicht gerade intuitiver.

Der bedeutendste Vorteil von Pfaden gegenüber Auswahl und Alpha-Kanälen: Sie sind vektorbasiert und damit auflösungsunabhängig. Da Auswahlen nichts anderes als eine alternative Darstellungsform von Alpha-Kanälen sind, können runde Konturen nur genähert, aber nicht exakt dargestellt werden. Deshalb macht sich eine vergrößerte Auswahl rasch durch aufgepixelte Kanten bemerkbar, während dies bei Pfaden unterbleibt.

Besonders deutlich wird dies bei starker Vergrößerung von Auswahlen. In Abbildung 116 haben wir eine Ellipsen-Auswahl 12-fach vergrößert. Während man in dieser Darstellung nur mehr mit viel Fantasie eine Ellipse erkennen kann, gibt es bei der Pfad-Ellipse keinerlei Dellen. Um Pixel zu selektieren, muss ein Pfad natürlich in eine Auswahl umgewandelt werden und damit auch Qualitätsverluste an seinen Konturen hinnehmen. Doch die Transformation von Pfaden ist verlustfrei möglich, während die Qualität der Auswahlkonturen nach jeder Transformation abnimmt. Ein weiterer Vorteil von Pfaden ist ihre unbeschränkte Editierbarkeit: Die Rundungen von Bézierkurven oder die Position von Ankerpunkten können mit nahezu unendlicher Präzision justiert werden, während Sie bei Auswahlen quasi an ein Pixel-Raster gebunden sind.

Die Pfade-Palette
Wie ihr Name vermuten lässt, ist die Pfade-Palette die zentrale Sammelstelle von Photoshop für Pfade. In ihr werden alle erstellten Pfade abgelegt und gespeichert. Wirklich alle? Nein, ein Eintrag widersetzt sich diesen Konventionen und hat damit schon vielen Photoshop-Usern Kopfzerbrechen bereitet: der **Arbeitspfad**. Er ist nichts anderes als das

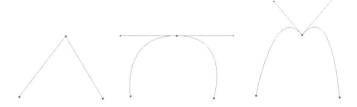

▲ **Abbildung 117**
Drei Pfade mit identischen Ankerpunkten, aber unterschiedlich geformten Grifflinien

Vektor-Äquivalent zur Auswahl: Arbeitspfad ist automatisch der zuletzt erstellte Pfad, sein Vorgänger wird – sofern er nicht explizit als Pfad gespeichert wurde – überschrieben. Haben Sie also Ihren mühevoll erstellten Freistellungspfad nicht gespeichert und erstellen einen neuen Pfad, so wird dieser in der Pfade-Palette gelöscht.

Bézierkurven
Pfade bestehen aus Bézierkurven, benannt nach dem französischen Mathematiker Pierre Bézier. Die »Standard«-Bézierkurve ist eine Kurve, die durch mindestens zwei Eckpunkte und zwei Kontrollpunkte definiert wird. Der Vektor zwischen einem Eckpunkt und dem zugehörigen Kontrollpunkt bildet die Tangente für die entstehende Kurve. In Photoshop werden diese Tangenten salopp als »Grifflinien« bezeichnet. Die **Länge der Grifflinie** bestimmt die **Intensität der Rundung**, ihr **Winkel** die **Ausrichtung der Rundung**. Der Pfadverlauf zwischen zwei Ankerpunkten wird als **Segment** bezeichnet.

Deutlich wird dies in Abbildung 117: Alle drei Pfade bestehen aus drei identisch positionierten Ankerpunkten. Einziger Unterschied: Die Grifflinien des mittleren Ankerpunkts wurden unterschiedlich geformt, beim ersten Pfad beträgt die Länge der Grifflinie 0, wodurch er in der Mitte spitz zusammenläuft. Nach Photoshop-Definition handelt es sich dabei um einen **Eckpunkt**. Der zweite Pfad besitzt durch die lange, horizontale Grifflinie eine ausgeprägte Rundung, da sich die Bézierkurve an den Verlauf der Grifflinie anschmiegt. Durch die Grifflinie spricht Photoshop in diesem Fall von einem **Kurvenpunkt**. Der dritte Pfad bildet ebenfalls einen Sonderfall: Hier haben wir die Grifflinie mit dem Punkt-umwandeln-Werkzeug »auseinander gebrochen«, hierbei handelt es sich um einen **Eckpunkt** mit zwei autonomen Grifflinien.

Pfade aus Auswahlen erstellen
Pfade können auf drei verschiedene Arten erstellt werden, nämlich
1. durch die Umwandlung von Auswahlen,
2. mit Pfadwerkzeugen (z.B. Zeichenstift und Formwerkzeug),
3. über die Zwischenablage durch Import z.B. aus Adobe Illustrator.

Etwas problembehafteter ist die Umwandlung von Auswahlen zu Pfaden: Photoshop setzt dann willkürlich Ankerpunkte und formt die Tangenten derart, dass eine nachträgliche Bearbeitung oft mehr Mühe macht als der sofortige Einsatz der Pfadwerkzeuge. Über den Befehl ARBEITSPFAD ERSTELLEN ([Alt]/[⌥]-Taste + Klick auf den Button ARBEITSPFAD ERSTELLEN in der Pfade-Palette) können Sie die Genauigkeit der Umwandlung von Auswahlen in Pfaden festlegen. Der dort einzugebende Toleranzwert bestimmt, wie sehr Photoshop die Auswahlkonturen bei der Konvertierung glätten darf. Niedrige Werte (Minimum: 0,5 Pixel) können zu einer wahren Ankerpunkt-Explosion des Pfades führen, der dadurch nur mehr schwer

▲ Abbildung 118
Das Dialogfeld ARBEITSPFAD ERSTELLEN

▲ Abbildung 119
Eine Auswahl wurde mit verschiedenen Toleranzwerten in Pfade umgewandelt.

▲ Abbildung 120
Die Pfadwerkzeuge in der Werkzeugpalette

▲ Abbildung 121
Die Pfad-Optionsleiste in Photoshop

bearbeitbar ist. Großzügigere Toleranzeinstellungen (max. 10 Pixel) erfordern eine Nachbearbeitung der geglätteten Auswahldetails. Einen perfekten Pfad können Sie sich von der Konvertierung nur in seltenen Fällen erhoffen. Deshalb sollten Sie lieber gleich zu den richtigen Werkzeugen greifen, um Pfade zu erstellen.

Ein Beispiel für Photoshops Umwandlungskünste sehen Sie in Abbildung 119: Selbst bei minimalen Toleranzwerten bekam der konvertierte Pfad einige ungewollte Dellen verpasst, bei größeren Werten treten deutliche Abweichungen von der Auswahlform zutage.

Pfade mit Pfadwerkzeugen erstellen
Für das effiziente Erstellen von Pfaden sollten Sie sich mit der Funktionsweise der einzelnen Pfadwerkzeuge (Abbildung 120) vertraut machen. Verglichen mit den Auswahlwerkzeugen herrscht hier ein wahrer Wildwuchs an Werkzeugen, was nicht gerade zur Benutzerfreundlichkeit von Pfaden beiträgt. Auch die Optionsleiste der Pfadwerkzeuge ist nicht gerade ein Musterbeispiel für Aufgeräumtheit.

Abbildung 121 zeigt die Werkzeugoptionen des Zeichenstift- bzw. Freiform-Zeichenstift-Werkzeugs. Die erste Icon-Gruppe (rote Markierung) wechselt zwischen Formebenen-, Pfad- und Pixelmodus. Während bei Formebenen ❶ aus geschlossenen Pfaden Ebenenmasken entstehen, füllt der PIXEL ❸ im Pfadmodus entstandene Formen mit der aktuell eingestellten Vordergrundfarbe und konvertiert sie in Bitmaps. Um Pfade zu erstellen, sollten Sie daher die goldene Mitte, das Pfade-Icon ❷ wählen.

In der zweiten Icon-Gruppe (gelbe Markierung) befindet sich das Zeichenstift- und das Freiform-Werkzeug, daneben sind die Icons zum Erstellen von Rechtecken, abgerundeten Rechtecken, Ellipsen, Vielecken, Linien und das Freiform-Werkzeug. Da diese Werkzeuge den Formen zuzurechnen sind, wollen wir hier nicht näher darauf eingehen.

▲ **Abbildung 122**
Das Drücken der Umschalt-Taste beschränkt den Pfadverlauf auf 45°-Schritte.

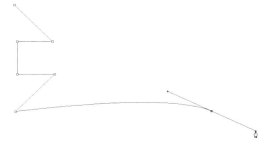

▲ **Abbildung 123**
Durch Klicken und Ziehen wird ein Eckpunkt zum Kurvenpunkt mit Grifflinien und Rundung.

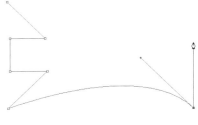

▲ **Abbildung 124**
Das Drücken der Alt/⌥-Taste bei aktivem Zeichenstift-Werkzeug erlaubt das »Brechen« der Grifflinie; damit können gerade Pfadsegmente unmittelbar auf Rundungen folgen.

Interessanter sind da schon die Verrechnungsmodi von Pfaden, die ähnlich jenen der Auswahlen funktionieren (grüne Markierung): Sie können zwei geschlossene Pfade miteinander addieren, voneinander subtrahieren oder die Schnittmenge der beiden bilden. Das letzte Icon, ÜBERLAPPENDE BEREICHE VONEINANDER AUSSCHLIESSEN, sorgt dafür, dass zwei Pfade einander nicht überschneiden.

Mit dem **Zeichenstift-Werkzeug** (P) können Sie gerade Pfade zeichnen, jeder Mausklick setzt einen Ankerpunkt. Halten Sie dabei die Maustaste gedrückt, können Sie die Tangenten des Pfadsegments formen und dadurch eine Rundung des Pfades erzeugen.

Mit dem **Freiform-Zeichenstift-Werkzeug** können Sie freie Pfadformen zeichnen, ohne sich über Ankerpunkte und Rundungen Gedanken machen zu müssen. Nach dem Loslassen der Maustaste konvertiert Photoshop die entstandene Linie in einen Pfad. Essenziell für die Nachbearbeitung von Pfaden sind die Werkzeuge ANKERPUNKT HINZUFÜGEN und ANKERPUNKT LÖSCHEN. Sie ermöglichen das nachträgliche Hinzufügen und Entfernen von Ankerpunkten an einem Pfad.

Mit der Option AUTOM. HINZUFÜGEN/LÖSCHEN des Zeichenstift- bzw. Freiform-Werkzeugs werden diese beiden Werkzeuge aber obsolet: Dann reicht ein Klick auf eine Pfadlinie, um einen neuen Ankerpunkt zu erzeugen, bzw. ein Klick auf einen Ankerpunkt, um ihn zu löschen.

Das Punkt-umwandeln-Werkzeug konvertiert einen Kurvenpunkt in einen Eckpunkt. Dabei haben Sie zwei Konvertierungsmöglichkeiten: Durch direkten Klick auf den Kurvenpunkt verliert dieser seine Grifflinien, die angrenzenden Pfadsegmente laufen dann gerade auf den Eckpunkt zu. Klicken Sie auf einen Griffpunkt, so wird die Grifflinie in zwei Teile gebrochen. Sie können dann die Rundung der beiden angrenzenden Pfadsegmente getrennt bearbeiten.

Hat man das Zeichenstiftwerkzeug gewählt, so wird bei jedem Klick mit der Maustaste ein Pfadpunkt gesetzt. Hält man dabei die ⇧-Taste gedrückt, so wird der erzeugte Pfadwinkel auf das Vielfache von 45° eingeschränkt

▲ **Abbildung 125**
Ohne aktivierte Gummiband-Aktion gleicht das Zeichnen von Pfaden einem Blindflug: Erst nach Setzen des Ankerpunkts wird der Kurvenverlauf sichtbar.

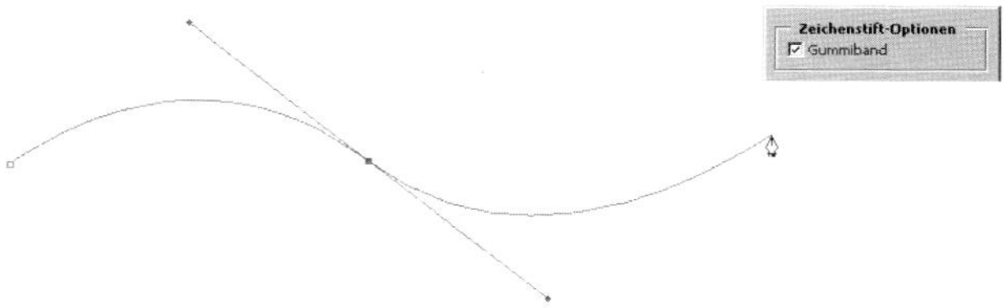

▲ **Abbildung 126**
Mit aktivierter Gummiband-Option zeigt Photoshop den Kurvenverlauf abhängig von der aktuellen Position des Mauscursors.

◀ **Abbildung 127**
Der Ankerpunkt-hinzufügen-Cursor

◀ **Abbildung 128**
Der Ankerpunkt-löschen-Cursor

(siehe Abbildung 122). Auf diese Weise können beliebige Linienzüge erstellt werden.

Halten Sie die Maustaste nach dem Setzen eines Ankerpunkts gedrückt, so können Sie Grifflinien aus dem Ankerpunkt »ziehen«, die für eine Rundung der angrenzenden Pfadsegmente sorgen. Mit gedrückter [Alt]/[⌥]-Taste können Sie diese Grifflinien nun »brechen«, d.h., die Rundung des linken und des rechten angrenzenden Pfadsegments getrennt bearbeiten. Besonders nützlich ist dies, wenn auf eine Rundung unmittelbar eine spitze Kante folgen soll (siehe Abbildung 124.

Klickt man wieder auf den Pfadanfangspunkt, so wird der Pfad geschlossen. Erkennbar ist dies auch am Mauszeiger, denn Photoshop zeigt durch einen Kreis an, dass beim nächsten Klick der aktuelle Pfad geschlossen wird.

Wollen Sie runde Pfade erstellen, ist der **Gummiband**-Modus nützlich. Ist er deaktiviert, gleich das Zeichnen von kurvigen Pfaden einem Blindflug: Erst nach dem Setzen eines neuen Ankerpunkts wird der Kurvenverlauf zwischen ihm und seinem Vorgänger erkennbar. Aktivieren Sie diesen Modus in den Werkzeugoptionen (über das kleine Dreieck), so zeigt Photoshop den Kurvenverlauf abhängig von der aktuellen Cursorposition an.

Pfadpunkte können gelöscht werden, indem Sie mit dem Zeichenstift über den aktivierten Pfad fahren. Sobald Sie sich über einem Pfadpunkt befinden, wandelt sich der Mauszeiger in ein Minussymbol. Durch einen Klick wird der Pfadpunkt entfernt. Auf die gleiche Weise können an Stellen, wo sich noch keine Pfadpunkte befinden, solche hinzugefügt werden: Der Mauszeiger verwandelt sich dort in ein Pluszeichen (Abbildungen 127/128).

Das Punkt-umwandeln-Werkzeug dient der Neudefinition von Grifflinien in Ankerpunkten. Bearbeiten Sie einen bereits fertig gestellten Pfad mit dem Zeichenstift-Werkzeug, so können Sie durch Drücken der [Alt]/[⌥]-Taste temporär auf das Punkt-umwandeln-Werkzeug schalten. Klickt man mit diesem Werkzeug auf einen Ankerpunkt, so wird aus dem angeklickten Ankerpunkt ein Eckpunkt ohne Grifflinien.

▲ **Abbildung 129**
Ein Eckpunkt ...

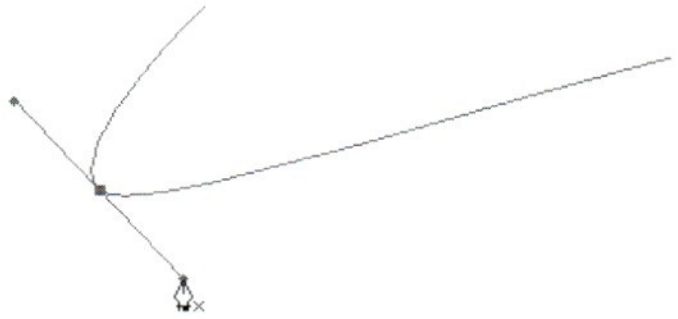

▲ **Abbildung 130**
... wird durch das Ankerpunkt-umwandeln-Werkzeug in einen Kurvenpunkt verwandelt.

▲ **Abbildung 131**
Klicken Sie mit dem Punkt-umwandeln-Werkzeug auf einen Tangenten-Anfasser, so können Sie beide Tangenten getrennt voneinander bearbeiten.

◄ **Abbildung 132**
Nach dem Zeichnen mit dem Freiform-Werkzeug ...

Abbildung 133 ►
... erstellt Photoshop daraus einen Pfad.

▲ **Abbildung 134**
Mit dem Direkt-Auswahl-Werkzeug können einzelne Ankerpunkte nachträglich verschoben und die Grifflinien verändert werden.

Mit dem Punkt-umwandeln-Werkzeug können durch Ziehen an Pfad-Ankerpunkten aber auch Grifflinien erstellt werden. Halten Sie dazu die Maustaste in einem Ankerpunkt gedrückt, und ziehen Sie die Grifflinie wie gewünscht aus dem Ankerpunkt. Eine weitere Möglichkeit, die dieses Werkzeug bietet, ist es, die Grifflinie eines Ankerpunktes zu zerteilen. Ziehen Sie dazu mit dem Punkt-umwandeln-Werkzeug an einem der Griffpunkte. Abbildung 131 zeigt, wie ein Griffpunkt mit dem Punkt-umwandeln-Werkzeug verschoben wurde. Die Grifflinie verläuft nach diesem Schritt nicht mehr stetig durch den Ankerpunkt, sondern besteht aus zwei Hälften.

Haben Sie einen Pfad erstellt, so sind jeder Ankerpunkt und jede Grifflinie im Nachhinein veränderbar. Verwendet werden dazu hauptsächlich das Punkt-umwandeln- und das Direkt-Auswahl-Werkzeug ([A] bzw. [⇧] + [A]). Mit dem Direkt-Auswahl-Werkzeug können die einzelnen Ankerpunkte des Pfades verschoben und die Griffpunkte der Grifflinien verändert werden (Abbildung 134). Darüber hinaus können Sie mit dem Direkt-Auswahl-Werkzeug auch die Pfadkontur selbst ziehen

Ecken und dann Kurven

Eine häufige Herangehensweise an die Definition von Pfaden ist es, zunächst ausschließlich eckige Ankerpunkte zu definieren und die Kurvenform nachträglich mit dem Punkt-umwandeln-Werkzeug zu erzeugen. Die exakte Positionierung der Pfadpunkte erfolgt mit dem Direkt-Auswahl-Werkzeug.

und dadurch verändern. Weitere Tastenkürzel zur Arbeit mit Pfaden können Sie der unten stehenden Tabelle entnehmen.

Pfade aus der Zwischenablage erstellen

Pfade für Photoshop müssen also nicht unbedingt in Photoshop entstehen. Sie können auch aus zahlreichen Vektorgrafik-Programmen importiert werden. Besonders komfortabel verläuft der Import aus Illustrator: Hier können Sie die Zwischenablage zum Einfügen des Pfads verwenden.

So kann ein im Adobe Illustrator erstellter und in die Zwischenablage kopierter Pfad problemlos in Photoshop eingefügt werden. Es öffnet sich beim Einfügen der in Abbildung 135 dargestellte Dialog. Wählen Sie den Eintrag PFAD, so erscheint der eingefügte Pfad in der Pfade-Palette.

Pfade in Auswahlen umwandeln

Pfade sind eine bequeme Möglichkeit, um Auswahlen zu erstellen. Besonders kurvige

▲ Abbildung 135
Wird ein Pfad aus Illustrator eingefügt, so fragt Photoshop, wie dieser zu interpretieren ist.

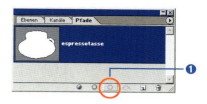

▲ Abbildung 136
Geschlossene Pfade können per Klick in Auswahlen umgewandelt werden.

Objekte, die in einem Bild ausgewählt werden sollen, oder Auswahlen, die mehrmals editiert werden sollen, sollten mit Pfaden erstellt werden. Wesentlich für die Erstellung einer Auswahl aus einem Pfad ist, dass der Pfad geschlossen ist. Ist dies der Fall, so genügt ein Klick auf den Button ❶ der Pfade-Palette, und schon hat Photoshop eine Auswahl entlang des Pfades erzeugt. Der Pfad bleibt dabei natürlich erhalten.

Wichtige Tastenkürzel zur Arbeit mit Pfaden

Wirkung	Tastenkürzel
Mehrere Ankerpunkte auswählen mit Direkt-Auswahl-Werkzeug	⇧ + Klick auf Ankerpunkte
Gesamten Pfad auswählen mit Direkt-Auswahl-Werkzeug	Klicken bei gedrückter Alt/⌥-Taste
Von Pfadauswahl-, Zeichenstift-, Ankerpunkt-hinzufügen-, Ankerpunkt-löschen- oder Punkt-umwandeln-Werkzeug auf Direkt-Auswahl-Werkzeug umschalten	Strg/⌘
Von Zeichenstift- oder Freiform-Zeichenstift-Werkzeug zu Punkt-umwandeln-Werkzeug wechseln, wenn der Zeiger sich auf einem Anker- oder Griffpunkt befindet	Alt/⌥
Pfad schließen	Doppelklicken auf Magnetischer-Zeichenstift-Werkzeug
Pfad mit einem gerade Segment schließen	Magnetischer-Zeichenstift-Werkzeug + Doppelklicken bei gedrückter Alt/⌥-Taste

Abbildung 137 ▶
Neben einer weichen Kante kann die zu erstellende Auswahl einer bestehenden Auswahl hinzugefügt oder von dieser subtrahiert werden.

Abbildung 138 ▶
Diese Auswahl wurde aus dem vorher gezeichneten Pfad erzeugt. Für Auswahlen entlang runder Formen, wie diese Espressotasse, eignen sich Pfade sehr gut.

Halten Sie die ⌥-/Alt-Taste gedrückt, und klicken Sie auf den Button, so öffnet sich ein Dialog (Abbildung 137), in dem einige Optionen für die Erstellung der Auswahl getroffen werden können. Die wohl wesentlichste Option ist die Möglichkeit, eine weiche Auswahlkante für die erstellte Auswahl erzeugen zu können.

Beschneidungspfade erstellen

Zwar können Programme wie Adobe Illustrator oder InDesign Transparenzen direkt aus Photoshop übernehmen, aber nach wie vor sind Beschneidungspfade eine zuverlässige und einfache Methode, um Transparenzen in Layoutprogramme zu übernehmen. Vielleicht noch wichtiger ist, dass auf diese Weise definierte Transparenzen auch von älteren Programmen und Belichtern gelesen werden können.

Ein Beschneidungspfad definiert scharfkantige Transparenzen, wobei der Bereich außerhalb des Beschneidungspfades von den Layoutapplikationen als transparent und der Bereich innerhalb des Pfades als deckend interpretiert wird.

Achten Sie bei der Erstellung eines Beschneidungspfades darauf, dass der gewünschte Pfad in der Pfade-Palette ausgewählt ist, und definieren Sie einen Beschneidungspfad über den gleichnamigen Befehl des Palettenmenüs der Pfade-Palette. Photoshop kennzeichnet den Beschneidungspfad durch einen fett (Windows) bzw. kursiv (Macintosh) dargestellten Pfadnamen in der Pfade-Palette.

Die durch den Beschneidungspfad definierte Transparenz ist nicht in Photoshop sichtbar, sondern kommt erst nach dem Platzieren in einem Layoutprogramm zur Anwendung. Wesentlich ist auch, dass die Bilddatei in einem Dateiformat gespeichert wird, das Beschneidungspfade unterstützt, wie zum Beispiel das Photoshop EPS-Format oder eine PSD-Datei. Auch das Format TIFF unterstützt die Speicherung von Beschneidungspfaden.

Einen perfekten Beschneidungspfad in einem Arbeitsdurchgang zu erstellen ist in der Praxis nur bei sehr einfach strukturierten Objekten möglich. Bei komplexeren Freistellern sollten Sie die Umrisse des Motivs zunächst durch eckige Ankerpunkte nähern. In einem zweiten Arbeitsdurchgang können Sie diese dann in Kurvenpunkte verwandeln und mit dem Direkt-Auswahl-Werkzeug exakt positionieren.

Glasschale mit Beschneidungspfad freistellen

Im folgenden Workshop wird ein Freistellpfad rund um eine Glasschale erzeugt. Sie finden das zugehörige Bild im Verzeichnis 04_auswahl/ glassschale.psd.

1. Pfadpunkte entlang der Schale setzen

Im ersten Schritt setzen Sie mit dem Zeichenstift-Werkzeug einzelne Pfadpunkte entlang der Kontur der Glasschale. Versuchen Sie, die Kontur der Glasschale ungefähr mit Eckpunkten zu nähern.

Setzen Sie die Pfadpunkte ähnlich wie in der Abbildung dargestellt. Definieren Sie dabei für die einzelnen Ankerpunkte noch keine Kurvenform. Schließen Sie den Pfad, indem Sie als letzten Pfadpunkt den Anfangspunkt anklicken. Die Nachbearbeitung erfolgt erst anschließend.

2. Kurvenform der Pfadpunkte anpassen

Wechseln Sie nun zum Punkt-umwandeln-Werkzeug, und ziehen Sie an den »kurvigen« Stellen der Schale Grifflinien aus dem Pfad. Achten Sie darauf, dass die Grifflinie tangential zu den Umrissen der Glasschale verläuft. In den Abbildungen haben wir zuerst eine Grifflinie aus dem Ankerpunkt gezogen und mit dieser die Rundung der Glasschale genähert. Da sich der bearbeitete Ankerpunkt in einem »Konturtal« befindet, mussten wir die Grifflinie brechen. Dafür haben wir mit dem Punkt-umwandeln-Werkzeug den rechten Anfasserpunkt der Grifflinie bewegt. Abschließend haben wir die Position des linken Punkts korrigiert. Mit gedrückter ⌃Strg/⌘-Taste können Sie vom Punkt-umwandeln, zum Direkt-Auswahl-Werkzeug wechseln und den Ankerpunkt wie gewünscht verschieben.

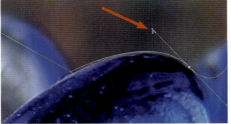

3. Vektormaske erstellen

Erzeugen Sie die Kurven des restlichen Pfades mit dem Punkt-umwandeln-Werkzeug, wie in Schritt 2 beschrieben.

Haben Sie die Pfadkontur fertig gestellt, so können Sie zur Kontrolle eine Vektormaske erstellen. Aktivieren Sie den soeben erstellten Pfad in der Pfade-Palette, und klicken Sie mit gedrückter [Strg]/[⌘]-Taste auf das Ebenenmasken-Icon. Nun erstellt Photoshop eine Vektormaske, die alle vom Pfad eingeschlossenen Bildbereiche darstellt (siehe auch Seite 166).

Falls notwendig, können Sie mit dem Direkt-Auswahl-Werkzeug die Ankerpunkte nachträglich an eine andere Stelle verschieben.

4. Pfad speichern

Damit der Pfad mit der Datei zusammen gespeichert und somit ein fester Bestandteil des Bildes wird, muss dieser noch in der Pfade-Palette als Pfad gespeichert werden. Wählen Sie in der Pfade-Palette aus dem Palettenmenü den Eintrag PFAD SPEICHERN. Photoshop fragt Sie daraufhin nach einem Namen für den Pfad, und nach dem Bestätigen ist der Schalenpfad in der Pfade-Palette unter diesem Namen gespeichert.

5. Beschneidungspfad definieren

Die Option KURVENNÄHERUNG sollten Sie nur mit Werten befüllen, wenn Ihr RIP Probleme mit den Beschneidungspfaden macht. In diesem Fall können Sie für niedrig auflösende Drucke bis 600 dpi eine Kurvennäherung von bis zu 3 Gerätepixeln verwenden, bei hoch auflösenden Drucken genügen 8–10 Gerätepixel.

TIFFs mit Beschneidungspfaden sollten Sie ohne Bildkomprimierung speichern, bei EPS stellen Sie die Bildschirmdarstellung auf TIFF (8 BIT/PIXEL) für PC bzw. auf TIFF (8 BIT/PIXEL) für Macs. Die Kodierung sollte in beiden Fällen auf ASCII85 eingestellt sein.

Freistellpfade

6. Platzierung der Glasschale in Illustrator

Haben Sie die Glasschale mitsamt Beschneidungspfad gespeichert, kann diese in einem Standard-Layoutprogramm ohne den lästigen Hintergrund platziert werden.

Vektormasken

Die oben vorgestellten Beschneidungspfade stellen zwar Objekte in diversen Layoutprogrammen frei, in Photoshop selbst haben sie aber keine Auswirkung. Wenn Sie in Photoshop mit Pfaden transparente Bereiche festlegen wollen, müssen Sie Vektormasken einsetzen. Eine Vektormaske kann auch als Ebenenbeschneidungspfad bezeichnet werden. Es handelt sich dabei um einen geschlossenen Pfad, der einer Ebene zugewiesen wird. Ebeneninhalte innerhalb des Pfades sind sichtbar, Ebeneninhalte außerhalb des Pfades sind transparent. Diese werden natürlich nur ausgeblendet und nicht gelöscht. Vektormasken sind über die Zeichenwerkzeuge erstellbar und eignen sich für die Erstellung von scharfkantigen Transparenzen ausgezeichnet. Ihr besonderer Vorzug gegenüber den pixelbasierten Ebenenmasken ist die verlustfreie Editierbarkeit: Die Ankerpunkte einer Vektormaske können beliebig oft bearbeitet werden, ohne dass Sie eine Verschlechterung der Konturinformation befürchten müssen.

Vektormasken können über den Menüpunkt EBENE • VEKTORMASKE HINZUFÜGEN erstellt werden. Für diesen Befehl bietet Photoshop folgende drei Variationen an:

▶ **Nichts maskieren:** Photoshop erstellt eine Vektormaske, bei der die gesamte Ebene anfangs sichtbar bleibt. Sie können dieses Ergebnis auch mit der Tastenkombination [Strg]/[⌘] + [⇧] + Klick auf das Ebenenmasken-Icon erzielen.

▶ **Alles maskieren:** Es wird eine Vektormaske erstellt, die die Ebene anfangs ausblendet. Sie können auch mit der Tastenkombination [Strg]/[⌘] + [Alt]/[⌥] + Klick auf das Ebenenmasken-Icon eine vollständig deckende Vektormaske erstellen.

Pfad wird zu Vektormaske
Ist ein Pfad in der Pfade-Palette aktiv und wird eine neue Füllebene erzeugt, so legt Photoshop automatisch eine Vektormaske für die Füllebene unter Verwendung des aktiven Pfades an.

▲ **Abbildung 139**
In diesem Bild wurde über den Menüpunkt Ebene • Vektormaske hinzufügen • Alles maskiert eine Vektormaske erstellt. In der Vektormaske wurde mit den Formwerkzeugen ein Pfad erstellt.

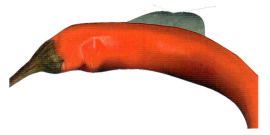

▲ **Abbildung 140**
Die Form einer Vektormaske kann mit den Pfadwerkzeugen beliebig bearbeitet werden.

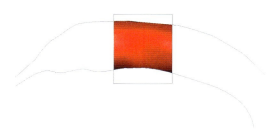

▲ **Abbildung 141**
Ein kleiner Unterschied besteht zwischen diesen beiden Bildern. Hier ist die Vektormasken-Miniatur ausgewählt …

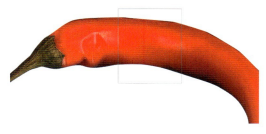

▲ **Abbildung 142**
… und hier nicht.

▶ **Aktueller Pfad:** Der momentan aktive Pfad wird als Vektormaske übernommen. Alternativ genügt ein Klick bei gedrückter `Strg`/`⌘`-Taste auf das Ebenenmasken-Icon.

Vektormaske in Ebenenmaske konvertieren

Das Kontextmenü des Vektormasken-Icons beinhaltet auch den Eintrag Vektormaske rastern. Damit wird die Vektormaske zu einer pixelbasierten Ebenenmaske. Existiert bereits eine Ebenenmaske, so wird sie mit der konvertierten Vektormaske überlagert. Photoshop

Abbildung 139 zeigt die Anwendung einer Vektormaske. Auch bei Vektormasken wird in der Ebenen-Palette ein Miniaturbild mit dem Inhalt der Maske angezeigt. Ist das Miniaturbild dann eine Schnittmenge der beiden Masken: Es sind nur mehr jene Bildbereiche sichtbar, die sowohl in der Ebenen- als auch in der Vektormaske als nicht maskiert ausgewiesen sind.

04_auswahlen/
pepperoni.tif

Vektormasken

▲ Abbildung 143
Aufbau der Masken in der Ebenen-Palette

▲ Abbildung 144
Vektormaske (aus Gründen der Übersichtlichkeit in gerenderter Darstellung)

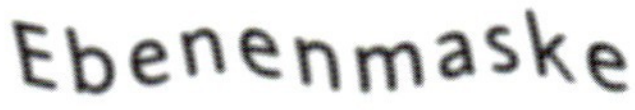

▲ Abbildung 145
Inhalt der Ebenenmaske

▲ Abbildung 146
Vektor- und Ebenenmaske wurden auf unser Motiv angewandt – nur in beiden Masken sichtbare Bereiche werden dargestellt.

bild ausgewählt, so wird jeder gezeichnete Pfad in der Maske erstellt. Die Auswahl des Miniaturbildes der Vektormaske erfolgt durch einen Klick auf dasselbe. Zum Aufheben der Auswahl genügt ein weiterer Klick auf das Miniaturbild der Vektormaske. In Abbildung 141 ist die Vektormaske ausgewählt, in Abbildung 142 nicht ausgewählt dargestellt.

Vektormasken und Ebenenmasken können auch gemeinsam zum Freistellen von Objekten verwendet werden. Während scharfe Konturen ein ideales Terrain für Vektormasken sind, eignen sich Ebenenmasken besonders gut für fließende, diffuse Übergänge. Haben Sie eine Ebene sowohl mit einer Ebenen- als auch mit einer Vektormaske versehen, so bildet Photoshop eine UND-Verknüpfung zwischen den beiden Masken: Nur Bildbereiche, die in beiden Masken sichtbar sind, werden dargestellt. Anders formuliert: Die jeweils »engere« Maske bestimmt, was ausmaskiert wird.

Klicken Sie zweimal hintereinander auf das Symbol ❶, so erstellen Sie eine Ebenenmaske und danach eine Vektormaske. Verwenden Sie für eine Ebene sowohl eine Ebenenmaske als auch eine Vektormaske, so können Sie die Eigenschaften beider Maskierungsarten für sich nutzen: die Ebenenmaske für weiche Transparenzübergänge, die Vektormaske zum scharfkantigen Ausstanzen von Ebenenteilen (Abbildungen 144 bis 146).

Kombination aus Vektor- und Ebenenmaske

1. Grundpfad erstellen

In diesem Workshop wollen wir die nebenstehende Zitronenpresse freistellen (03_bilder/zitronenpresse). Die rundliche Kontur der Presse werden wir mit Hilfe einer Vektormaske vom Hintergrund trennen, für die zahlreichen Löcher kommt eine Ebenenmaske zum Einsatz. Aktivieren Sie zunächst das Ellipsen-Werkzeug aus den Form-Werkzeugen (U), und ziehen Sie aus der Mitte einen zentrierten Kreis um die Zitronenpresse auf (Alt/⌥ + ⇧ gedrückt halten).

2. Transformieren des Grundpfads

Betätigen Sie nun Strg/⌘ + T, um den erstellten Pfad so zu transformieren, dass er sich möglichst gut den Umrissen der Presse anpasst. Hierfür muss er leicht in horizontaler Richtung gestaucht werden. Um die Rundung optimal zu nähern, können Sie ihn leicht verzerren. Hierfür halten Sie Strg/⌘ gedrückt und ziehen an den Eckanfassern des Transformationsrahmens.

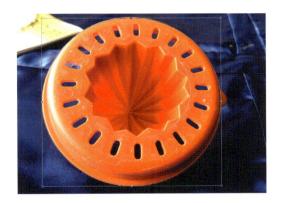

3. Nachbearbeitung mit den Pfadwerkzeugen

Die einzelnen Ankerpunkte des Pfads können Sie am besten mit dem Zeichenstift-Werkzeug bearbeiten (P). Halten Sie Strg/⌘ gedrückt, um temporär zum Direkt-Auswahl-Werkzeug zu wechseln und die Ankerpunkte an die passende Position zu schieben. Anschließend können Sie durch Drücken der Alt/⌥-Taste zum Punktumwandeln-Werkzeug wechseln und damit die Grifflinien eines Ankerpunkts getrennt voneinander bearbeiten.

4. Ankerpunkte hinzufügen

An einer kleinen Ausnehmung der Zitronenpresse müssen wir Ankerpunkte hinzufügen, um sie in unsere Vektormaske zu integrieren. Fügen Sie durch Klicken mit dem Zeichenstift-Werkzeug zwei Ankerpunkte neben dem bereits bestehenden hinzu. Den mittleren Ankerpunkt verschieben Sie an die Spitze der Ausnehmung.

Bearbeiten Sie anschließend die Grifflinien der drei Ankerpunkte so, dass der Pfad an der Ausnehmung entlangfährt.

5. Vektormaske erstellen

Nachdem die Bearbeitung des Pfades abgeschlossen ist, können Sie diesen durch [Strg]/ [⌘] + Klick auf das Ebenenmasken-Icon (Ebenen-Palette) in eine Vektormaske umwandeln. Maskierungsfehler können Sie jederzeit mit den Pfadwerkzeugen nachbearbeiten.

6. Ebenenmaske erstellen

Die zahlreichen Saftlöcher mit Pfaden freizustellen, wäre unnötige Fleißarbeit. Erstellen Sie stattdessen eine Farbbereich-Auswahl (AUSWAHL • FARBBEREICH AUSWÄHLEN) der Löcher. Aktivieren Sie die Option UMKEHREN, da die Löcher ja ausmaskiert werden sollen. Nehmen Sie mit der Pipette mehrere Blautöne aus den Löchern auf, bis die Auswahlvorschau zufrieden stellend aussieht. Anschließend wandeln Sie die entstandene Auswahl durch einen Klick auf das Ebenenmasken-Icon in eine Ebenenmaske um.

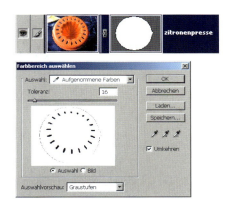

7. Ebenenmaske nachbearbeiten

Die entstandene Ebenenmaske hat noch ein paar Schwächen. Um sie zu bearbeiten, klicken Sie bei gedrückter Alt/⌥-Taste auf das Ebenenmasken-Icon in der Ebenen-Palette. Entfernen Sie zuerst mit dem Radiergummi (E) eventuell vorhandene Schwarzränder. Anschließend können Sie den Filter DUNKLE BEREICHE VERGRÖSSERN (FILTER • SONSTIGE FILTER) mit dem Radius 1 Pixel anwenden, um weiße Störflecken aus den maskierten Löchern zu entfernen. Noch übrig gebliebene Störungen übermalen Sie mit schwarzem Pinsel.

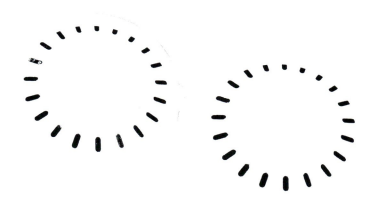

8. Resultat

Durch einen Klick auf die Bildminiatur in der Ebenen-Palette können Sie die Ebenenmasken-Ansicht wieder ausblenden und das Resultat der Freistellarbeit begutachten. Selbstverständlich können Sie durch Nachbearbeitung der beiden Masken jederzeit Korrekturen vornehmen, ohne Bildinformation zu verlieren.

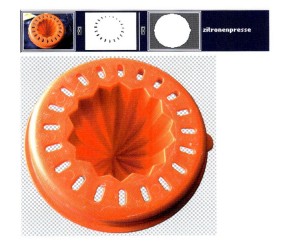

Vektormasken

Farbmanagement

Das Ende des Ratespiels

Farbverbindlichkeit ist ein essenzielles Kriterium für professionelles Print-Design. In diesem Kapitel zeigen wir, wie Sie durch konsequentes Farbmanagement böse Überraschungen im Druck vermeiden.

Einführung

Viele Mediengestalter fragen sich, warum Farbmanagement überhaupt nötig ist. Die Farben sind doch durch RGB und CMYK-Werte eindeutig festgelegt, und jedes Ein- und Ausgabegerät möge doch bitte schön genau diese und keine anderen Farben wiedergeben. Umso größer das Erstaunen, wenn das knallige Rot einer Kirsche im Ausdruck plötzlich blassrosa erscheint.

Die Antwort ist einfach: RGB- und CMYK-Werte reichen aus, um Farben für Photoshop zu beschreiben – das Programm »sieht« Bilder ja nur als Bits und Bytes. Doch sobald das Bild für uns Menschen sichtbar gemacht werden soll, muss es die »digitale Schwelle« überschreiten und in analoge Darstellungen umgewandelt werden – beim Monitor sind das durch die Phosphorstrahlen hervorgerufene Lichtimpulse, im Druck werden die Bilder als Ansammlung von Tintenklecksen oder Tonerpartikeln auf Papier dargestellt. Erst dann kann ein Mensch das Bild mit seinen Sinnesorganen wahrnehmen.

Der Begriff »analog« lässt schon klar werden, dass die Ergebnisse dieser Konvertierung von verschiedensten Bedingungen abhängig sind und schwanken können. Im Druck ist dies beispielsweise der Bedruckstoff: Ist das Papier lackiert, sind durch die verbesserte Lichtreflexion brillantere, kräftigere Farben möglich als bei unbehandeltem Papier. Beim Monitor sind es unterschiedliche Phosphorrezepturen und Konstruktionsweisen, welche die Wiedergabe der konvertierten Farbinformation verfälschen können.

Ähnlich einer Stereoanlage, die im Wohnzimmer einen völlig anderen Sound erzeugt als in einer hallenden Kirche, kann ein und dasselbe Bild auf zwei unterschiedlichen Monitoren völlig andere Darstellungen annehmen. Besonders gut beobachten kann man dieses Phänomen auch in der Fernsehgeräte-Abteilung großer Elektromärkte, wo die Farbgebung eines bestimmten Senders auf verschiedenen Geräten deutlich abweichen kann.

Das Problem jedes Mediengestalters: Er muss aufgrund der möglicherweise (und ohne Farbmanagement ziemlich sicher) verfälschten analogen Bilddarstellung Photoshop Befehle zur Bildbearbeitung geben. Aus dieser falschen

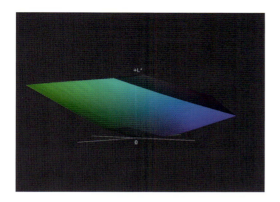

▲ **Abbildung 1**
Seitendarstellung des Adobe RGB 98-Farbraums

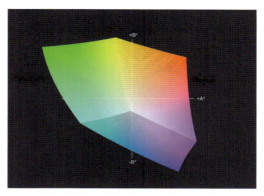

▲ **Abbildung 2**
Derselbe Farbraum aus der Vogelperspektive

Farbperspektive kann man nur schwer arbeiten. Besonders Farbkorrekturen sind bei solch abweichenden Darstellungen ärgerlich. Während die **Monitordarstellung** vorgaukelt, das Bild habe einen Grünstich, können in Wahrheit bereits zu hohe Magentaanteile im Bild vorherrschen.

Doch nicht nur Abweichungen in der Farbdarstellung können die farbgetreue Bildwiedergabe beeinträchtigen. Nicht jede Farbe ist von jedem Ein- und Ausgabegerät darstellbar. Gängige Schmuckfarben im Druck (z.B. golden oder silbern glänzend) können am Monitor nur genähert als ocker bzw. grau dargestellt werden, da die glänzende Oberfläche nicht simuliert werden kann. Jedes digitale Farbeingabe- und Ausgabegerät verfügt daher über einen **Farbumfang**, der die auf dem Gerät darstellbaren Farben beschreibt.

Farbumfänge können in dreidimensionalen Diagrammen beschrieben werden. Jeder Farbe wird anhand ihrer nummerischen Farbwerte eine Position im 3D-Raum zugeordnet. Zur Diagrammdarstellung werden meist Lab-Farbwerte verwendet, auf der x- und z-Achse des Diagramms werden die Farbkomponenten a und b aufgetragen, entlang der y-Achse die Helligkeit.

Dadurch entsteht ein dreidimensionales, geschlossenes Gebilde, der **Farbraum**.

Die Aufgabe des Farbmanagements ist die Umrechnung der verschiedenen Farbräume, auf die wir in diesem Kapitel noch genau eingehen werden.

Dadurch kann einerseits die Farbabweichung von Scannern und Digitalkameras beim Digitalisieren von Bildern berücksichtigt werden. Andererseits wird eine möglichst farbgetreue Ausgabe der Bilder ermöglicht, unvermeidbare Farbabweichungen im Druck können bereits am Monitor beurteilt werden. Vereinfacht gesagt, durch komplexe Technologie wird das umgesetzt, was der uninformierte Photoshop-User ohnehin voraussetzt: die geräteunabhängige, möglichst gleiche Wiedergabe von RGB- und CMYK-Werten.

▲ **Abbildung 3**
Originalbild (Monitordarstellung im sRGB-Farbraum)

▲ **Abbildung 4**
Bild im ISO Coated-Soft Proof – so könnte es im Offset-Druck auf gestrichenem Papier aussehen …

Farbprobleme in der Praxis

Besonders in gängigen Design-Workflows ist Farbmanagement dringend vonnöten. Die Probleme beginnen bereits beim systemübergreifenden Austausch von Bildern: Windows verfügt über einen **Standard-Gamma-Wert** von 2,2, Mac OS von 1,8. Bilder vom Mac werden auf PCs zu dunkel dargestellt, auf PCs bearbeitete Bilder auf Macs zu hell.

Die häufigsten Farbmanagement-Probleme liegen in der Digitalisierung von Bildern. Sowohl Scanner als auch (Digital-)Kameras sind davon betroffen. Bereits bei der Aufnahme von Bildern kommt es zur Farbveränderung: Wandern Farben über die Linse einer digitalen Kamera, so werden sie auf den Farbumfang der Kamera beschränkt. Natürlich sind auch analoge Kameras betroffen, da der Film für bestimmte Frequenzbereiche des Lichts mehr oder weniger empfindlich ist. Überträgt man das Bild dann von der Kamera auf den Rechner und betrachtet es am Monitor, werden die Farbdaten abhängig vom Farbraum des Monitors dargestellt. Dieser hängt auch vom verwendeten Monitorhersteller und -typ ab. Nach der Bearbeitung und Speicherung wird das Bild eventuell mit einem Drucker ausgegeben. Dieser arbeitet nicht nur mit einem anderen Farbraum, sondern sogar nach einem anderen Farbmodell (subtraktive Farbmischung). Darüber hinaus ist der Farbumfang beim Druck vom verwendeten Papier abhängig. Alles in allem ist man bei der Arbeit mit digitalen Bildern dennoch dem Problem ausgeliefert, dass jedes Gerät seinen eigenen Farbumfang hat, dieselben Farben während des Produktionsprozesses von Gerät zu Gerät anders dargestellt werden. Ohne Farbmanagement wäre die konsistente Farbtreue zwischen erster (Aufnahme mit Digitalkamera) und letzter (Ausgabe auf Drucker) Station der Workflow-Kette wohl das Resultat eines endlosen Ratespiels.

Die Abbildungen 3–5 zeigen, welche Farbunterschiede sogar bei identischen Druckverfahren entstehen können: Die Abbildungen 4 und 5 zeigen einen simulierten Offset-Druck von Abbildung 3 (Soft-Proof). Einziger Unterschied: Bei Abbildung 4 wurde gestrichenes,

▲ **Abbildung 5**
... und so im selben Druckverfahren, aber auf ungestrichenem Papier (ISO Uncoated Soft Proof)

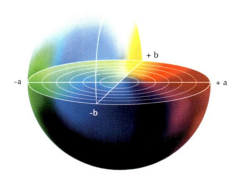

◀ **Abbildung 6**
Im Lab-Farbmodell sind die Abstände zwischen den Farben dem menschlichen Farbempfinden so angepasst, dass sich der Unterschied zwischen zwei Farben mathematisch definieren lässt.

glänzendes Papier verwendet, in Abbildung 5 dagegen ungestrichenes.

Die Lösung liegt im Management

Auf die Lösung dieser Farbprobleme zielt das Farbmanagement ab. Die Darstellung von Farbdaten soll unabhängig von den im Produktionsprozess verwendeten Geräten gestaltet werden und zu zuverlässigen und vorhersagbaren Ergebnissen führen. Das Farbmanagementsystem (CMS) vergleicht die Gerätefarbräume mit »objektiven« Referenzfarben. So wird zum Beispiel der Farbraum eines Scanners in den geräteunabhängigen Referenzfarbraum umgerechnet. Für die Darstellung am Monitor werden die Farben aus dem Referenzfarbraum in den Monitorfarbraum umgerechnet. Für die Wiedergabe führt das CMS Anpassungen bei der Darstellung der Farbe auf dem jeweiligen Gerät durch, damit das Bild auf beiden Geräten möglichst gleich wiedergegeben wird. (100 % Farbtreue ist durch die physikalischen Unterschiede der Farbwiedergabesysteme nicht möglich.) Dabei werden die eigentlichen Farbdaten aber nicht verändert.

Der geräteunabhängige Farbraum Lab

Der Lab-Farbraum wurde 1976 vom CIE (Centre Internationale d´Eclairage) entwickelt. Da er alle vom menschlichen Auge wahrnehmbaren Farben enthält, kann er zur Umrechnung verschiedener Farbräume ineinander verwendet werden, die Teilmengen von ihm darstellen.

Wesentlich für die Zwecke des Farbmanagements ist allein die Tatsache, dass dieses Modell den gesamten RGB- und CMYK-Farbraum und zudem alle existierenden Gerätefarbräume enthält. Ein **Gerätefarbraum** ist die Menge der von einem Gerät (zum Beispiel Monitor oder Drucker) darstellbaren Farben. Da das Lab-Modell alle Farben aller Gerätefarbräume beschreiben kann, wird es als **geräteunabhängiger Farbraum** bezeichnet. Von der ICC wird er als **PCS** (Profile Connection Space) bezeichnet – was seinen Einsatzzweck am besten beschreibt: eine Umrechnungsbasis für die verschiedenen Farbpro-

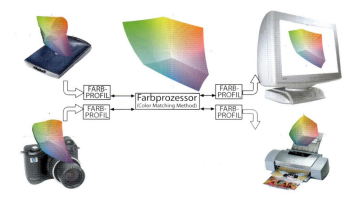

▲ Abbildung 7
Der Farbprozessor übernimmt die Umrechnung vom gerätespezifischen in den Referenzfarbraum.

file, auf die wir später noch genau eingehen werden.

L steht dabei für die Helligkeit (Luminanz), a und b sind Variablenbezeichnungen für Farbkoordinaten innerhalb des Systems.

Wissenschaftlich ausgedrückt basiert das Lab-Modell auf einem definierten Normbeobachter und den drei spektralen Empfindlichkeitskurven der Sehkomponenten des menschlichen Auges. Der Lab-Farbraum beschreibt mathematisch die für das Auge sichtbaren Farben. In dieser Menge sind neben allen reproduzierbaren Farben auch zahlreiche Farben enthalten, die von keinem Gerät dargestellt werden können.

Der **CIELab-Farbraum** stellt eine Transformation des CIE-XYZ-Farbraums dar, der durch die virtuellen Grundfarben Rot (X), Grün (Y) und Blau (Z) beschrieben wird. ICC-Profile verwenden entweder CIELab oder CIE-XYZ als Referenzfarbraum. Ersterer ist besser für CMYK-basierte Profile geeignet, der zweite für RGB-Profile. Zwischen den beiden CIE-Farbräumen kann verlustfrei umgerechnet werden.

Profile und CMM

Zur praktischen Umsetzung des Farbmanagements müssen Gerätehersteller den in der Praxis verwendeten Gerätefarbraum relativ zu dem Referenzfarbraum beschreiben.

Diese Beschreibung erfolgt meist in Form von **ICC-Profilen**, diese stellen die Verbindung von in der Praxis vorhandenen Farben mit den idealen Farbwerten dar. ICC-Profile verwenden das schon vorhin beschriebene CIE-Lab-Farbmodell als Referenzfarbraum zur Berechnung von geräteunabhängigen Farben. In den ICC-Farbprofilen werden sowohl der darstellbare Farbraum des jeweiligen Gerätes als auch das geräteabhängige »Farbverhalten« beschrieben.

Als Analogie dazu kann man sich die **Berechnung der Seehöhe** vorstellen. Dazu wird weltweit der Meeresspiegel verwendet, da das Meer über eine globale Ausbreitung verfügt und die Höhenangaben der einzelnen Städte damit weltweit aussagekräftig sind. Um die Höhen von Bergen zu vergleichen, werden relative Messungen (»der Gipfel der Zugspitze liegt 900 Meter über dem Tal«) in absolute Höhenangaben (»der Gipfel der Zugspitze liegt 2996 Meter über dem Meeresspiegel«) umgewandelt.

Das so genannte CMM ist dafür zuständig, die Profilinformationen zu verwerten und anzuwenden. CMM steht für die Umwandlung der Farbinformation von einem Quellfarbraum

Was heißt ICC?

ICC steht für **I**nternational **C**olor **C**onsortium. Diese Organisation wurde 1993 von namhaften Firmen aus dem grafischen Bereich und Betriebssystemherstellern gegründet.

in einen Zielfarbraum unter Berücksichtigung von Geräteprofilen.

Betrachten wir beispielsweise die Informationsübermittlung vom Scanner an den Monitor und gehen davon aus, dass der Scanner über ein ICC-Profil A und der Monitor über ein ICC-Profil B verfügt. Öffnet man eine Datei, die vom Scanner erzeugt wurde, in einem beliebigen Bearbeitungsprogramm, so ist die CMM dafür zuständig, die Profilinformation A in geräteunabhängige Farben umzuwandeln und diese mittels der Profilinformation B in den Farbumfang des Monitors einzupassen.

Das Farbumrechnungsmodul wurde vom International Color Consortium als Umrechnungsmodul auf Betriebssystemebene festgelegt. Am Macintosh wurde dies durch die **ColorSync**-Systemerweiterung umgesetzt. Unter Windows ist das ICC-kompatible Farbumrechnungsmodul integriert und nennt sich **ICM** (**I**mage **C**olor **M**atching). Zur korrekten Funktion unter Windows benötigt Photoshop die Version 2.0 des ICM-Moduls. ICM 2.0 ist ab Windows 98 im Betriebssystem vorhanden. ICM und Colorsync stellen eine Schnittstelle zwischen ICC-kompatiblen Anwendungsprogrammen (z.B. Photoshop), den ICC-Profilen und dem definierten CMM dar.

▲ **Abbildung 8**
Die Systemeinstellungen für ColorSync unter Mac OS X. Ein ähnliches Kontrollfeld gibt es unter Windows nicht.

CMM in Photoshop

Das von Photoshop zu verwendende CMM kann unter Windows über den Menüpunkt BEARBEITEN • FARBEINSTELLUNGEN, wie in Abbildung 9 dargestellt, gewählt werden. Zur Auswahl stehen das **Adobe (ACE)**-Modul und **Microsoft ICM**. Die Unterschiede der Berechnungsergebnisse zwischen den Modulen sind unter Windows recht klein, auf Apple-Rechnern arbeiten die hier wählbaren Module nahezu gleich. Es ist empfehlenswert, das Konvertierungsmodul zu verwenden, das von den

Was heißt CMM genau?

Es ist interessant zu bemerken, dass das Kürzel CMM für **Color Management-Modul** und **Color Matching Method** steht. Diese beiden Begriffe werden im Sprachgebrauch oft synonym verwendet, sind aber nicht völlig identisch.

Das Color Management-Modul ist eine Funktionsbibliothek, die dem System für die Belange des Farbmanagements zur Verfügung steht. Ein Teil des Color Management-Moduls ist die Color Matching Method. Diese beschreibt die Art und Weise, wie Farben von einem Quellfarbraum unter Berücksichtigung der jeweiligen Profile in einen Zielfarbraum umgerechnet wird.

Für unsere Belange kann der Begriff CMM auch einfach Farbumrechnungstechnologie genannt werden.

▲ **Abbildung 9**
Das CMM für die Arbeit in Photoshop wird über den Menüpunkt BEARBEITEN • FARBEINSTELLUNGEN gewählt. Wichtig ist, den erweiterten Modus über die entsprechende Checkbox zu aktivieren, um die Konvertierungsoptionen einzublenden.

ColorSync bzw. Microsoft ICM-Module stehen wie schon erwähnt aber auf Betriebssystemebene zur Verfügung. Falls unterschiedliche Applikationen (also auch Programme, die nicht von Adobe sind) im Farbmanagement-Workflow zur Anwendung kommen, so ist es empfehlenswerter, bei allen Programmen auf die CMM des Betriebssystems zurückzugreifen. Von »Mischkulanzen« – also beispielsweise in Photoshop das ACE-Modul zu verwenden und danach in QuarkXPress ColorSync – möchten wir dringend abraten, da die Farbverbindlichkeit wegen der unterschiedlichen Berechnungsmethoden der CMMs leiden würde. Weitere in diesem Dialog mögliche Farbeinstellungen werden etwas später besprochen.

Konsequenzen?

Nun wurden alle Komponenten einer Farbmanagement-Produktionskette grob erläutert. Um die Umsetzung dieser »Idee« vom Farbmanagement in Photoshop ein wenig zu erleichtern, sei Folgendes erwähnt: Das Wesentliche beim Farbmanagement ist die konsequente Nutzung von Geräteprofilen. Die häufigsten Fehlerquellen in Farbmanagementsystemen liegen bei falschen oder fehlenden ICC-Profilen für im Workflow verwendete Geräte. Diese Geräteprofile können meist mit spezieller Software selbst erstellt werden oder aber werden vom Gerätehersteller zur Verfügung gestellt. Wie zum Beispiel ein Monitorprofil mit Adobe Gamma erzeugt wird, sehen wir uns im nächsten Schritt an.

meisten anderen Applikationen im Workflow verwendet wird. Arbeiten Sie zum Beispiel mit einem Macintosh und einem Windows-Rechner, so empfiehlt es sich, auf beiden Geräten die Adobe (ACE)-Module zu verwenden. Es können allerdings nur Adobe-Programme auf die Adobe (ACE)-Module zugreifen. Apple

 Wo sind die Profile am System?
Unter Mac OS X gibt es insgesamt drei Ordner, in denen Profile abgelegt werden: Library/ColorSync/Profiles, Users/[BENUTZERNAME]/Library/ColorSync/Profiles und den ausschließlich von Adobe-Programmen genutzten Ordner Library/ApplicationSupport/Color/Profiles. Unter Windows findet man die Profile im Ordner Windows/System/Color.

Farbmanagement einrichten

Voraussetzung für eine funktionierende Farbmanagement-Kette ist eine hohe Farbtreue der beteiligten Geräte. Wenn Ihr Monitor abwechselnd rot- und grünstichig wird, nutzt das ausgeklügeltste Farbmanagement nichts – eine farbverbindliche Beurteilung Ihres Photoshop-Designs ist damit unmöglich. Gleiches gilt natürlich auch für Scanner und Drucker.

Farbprofile erstellen

Erster Schritt bei der Einrichtung des Farbmanagements ist die Erstellung von Farbprofilen für Ihre Bild-Ein- und -Ausgabegeräte. Alle und wirklich alle dieser Geräte sollten vom Farbmanagement erfasst werden, denn eine Kette ist nur so stark wie ihr schwächstes Glied. Nur den Monitor zu kalibrieren, ohne dabei den Scanner zu berücksichtigen, lässt den Nutzen des Farbmanagements gegen 0 tendieren …

Farbprofile werden in den meisten Fällen durch Kalibrierung der Bildein- und Ausgabegeräte erstellt: Anhand von Referenzfarben und -bildern werden dabei die gerätespezifischen Abweichungen der Farbwiedergabe festgestellt. Die Ergebnisse werden in Form von ICC-Profilen gespeichert.

Kalibrierung ist kein One-Time-Job: Durch Geräteabnutzung kann die Farbwiedergabe ständig schwanken. Bei Röhrenmonitoren und Scannern empfiehlt sich deshalb eine zweiwöchentliche Kalibrierung, Drucker sollten wegen des etwas aufwändigeren Kalibrierungsprozesses zumindest halbjährlich eingemessen werden.

Aus diesem Grund ist »Farbmanagement für Faule« – also Farbprofile von der Website des Hardware-Herstellers downloaden – mit Vorsicht zu genießen. Wenn schon Fremdprofile eingesetzt werden, dann sollten Sie zumindest über deren Entstehung Bescheid wissen (Kalibrierungsmethode).

Kalibrierung

Kalibrierung gibt's leider selten kostenlos. Ihren Monitor können Sie zwar »Pi x Daumen« mit Adobe Gamma und Konsorten abstimmen. Exakter und komfortabler geht's mit einem Kolorimeter. Dieses Gerät wird mit Saugnäpfen an der »Scheibe« Ihres Monitors befestigt und hält via USB-Port Verbindung mit dem Rechner. Ein beiliegendes Kalibrationsprogramm sendet nun vordefinierte Farb- und Helligkeitswerte an den Monitor, das Kolorimeter misst die Abweichung der vom Monitor dargestellten Farben zum Sollwert. Aus diesen Werten erstellt das Kalibrationsprogramm nun ein Monitorprofil. Für ein Kolorimeter müssen Sie ca. 200 € veranschlagen. In Anbetracht der Tatsache, dass ein CRT-Monitor zumindest alle zwei Wochen kalibriert werden sollte, ist das eine sinnvolle Investition. Kolorimeter können im DTP-Fachhandel oder unter anderem

Proofing

Im Arbeitsprozess wird ein farbverbindlicher Probedruck (**Hard Proof**) eines Dokuments ausgedruckt, um zu überprüfen, wie die Farbe auf bestimmten Ausgabegeräten ausgegeben wird.

Eine korrekt eingerichtete Farbmanagement-Umgebung ermöglicht die Darstellung eines Proofs gemäß eines wählbaren Ausgabeprofils direkt auf dem Monitor (**Soft Proof**). Die Lichtbedingungen der Umgebung, Qualität des verwendeten Monitors und die Genauigkeit der im Farbmanagement-System verwendeten Profile sind dabei für die Zuverlässigkeit des wiedergegebenen Proofs entscheidend.

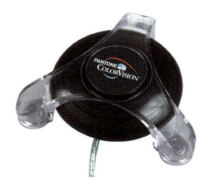

◄ **Abbildung 10**
Ein Kolorimeter der
Fa. ColorVision

Abbildung 11 ►
Ein IT-8 Target der
Fa. Monaco

bei der Schweizer Firma ColorVision (http://www.colorvision.ch) bestellt werden (Abbildung 10).

Etwas preisgünstiger lassen sich Profile für Scanner erstellen. Dazu benötigen Sie ein als IT-8-Target bezeichnetes Referenzbild (Abbildung 11), das eingescannt wird. Die dem Target beiliegende Kalibrierungssoftware wertet die Farbabweichungen des Scanners aus und erzeugt daraus ein ICC-Profil für den Scanner. Die professionelle Scan-Software SilverFast kann um ca. 200 € (abhängig vom jeweiligen Scannermodell) mit einem IT-8-Target erworben werden. Kostengünstige Targets ab ca. 15 € sowie diverse Freeware-Kalibrations-Tools bietet auch die Website Coloraid.de (http://www.coloraid.de).

Mit Abstand am teuersten ist die Erstellung von Farbprofilen für den Drucker: Die Farbabweichungen am Ausdruck müssen mit ca. 3 000 € teueren Densitometern festgestellt werden. Da für den Farbeindruck die Papierqualität entscheidend ist, muss für jede Papiersorte ein eigenes Profil erstellt werden. Eine solche Investition lohnt sich nur für professionelle Druckdienstleister und größere Print-Agenturen. Für kleinere Agenturen und Freelancer gibt es zwei Möglichkeiten:

▶ **Profilerstellung durch externe Dienstleister:** Sie drucken ein Referenzbild aus und senden es an einen externen Dienstleister, der mittels Densitometer ein exaktes Farbprofil erstellt. Kostenpunkt: ca. 100 € je Profil; da für jede Papiersorte ein eigenes Profil erforderlich ist, können trotz Fremdvergabe hohe Kosten entstehen.

▶ **»Low Tech«-Profilerstellung:** Die Ausdrucke werden auf einem bereits kalibrierten Scanner eingescannt und von einer Kalibrierungssoftware analysiert. Vorteil: flexible, kostengünstige Erstellung von Profilen. Nachteil: Die Genauigkeit eines Densitometer-Profils kann nicht erreicht werden. Die Schweizer Firma ColorVision (http://www.colorvision.ch) bietet mit der Spyder Pro Suite (329 €) ein »Rundum-sorglos-Paket« an, das die Profilerstellung für

Reglereinstellungen
Letztendlich ist man selbst für eine akkurate Farbwiedergabe am Monitor verantwortlich, denn sowohl die Umgebungsbeleuchtung als auch Reglereinstellungen für zum Beispiel Helligkeit oder Kontrast können das perfekteste Farbmanagement zunichte machen.

◄ **Abbildung 12**
Wurde Adobe Gamma gestartet, kann man zwischen einem Assistenten und dem Adobe Gamma-Kontrollfeld entscheiden.

Abbildung 13 ►
Alle für die Kalibrierung wesentlichen Funktionen können über diesen Dialog justiert werden.

Drucker, Scanner und Monitor ermöglicht, wobei Druckerprofile nach der »Low Tech-Methode« erstellt werden. Im Paket ist auch ein Kolorimeter enthalten.

Monitorkalibrierung mit Adobe Gamma

Das kostengünstigste Farbmessgerät ist das eigene Auge. Unterstützt durch Kalibrierungssoftware wie Adobe Gamma oder ColorSync (Mac OS X) können Sie passable Geräteprofile erstellen, ohne in teure Spezialhardware investieren zu müssen.

Am Ende der Einstellungen mit Adobe Gamma wird ein ICC-Profil für den verwendeten Monitor gespeichert, das für die farbakkurate Arbeit verwendet wird. Dabei können, um die farbakkurate Arbeit bei unterschiedlichen Lichtverhältnissen zu ermöglichen, mehrere Profile für einen Monitor erstellt werden.

Abhängig vom verwendeten Betriebssystem findet sich Adobe Gamma an unterschiedlichen Stellen. Am einfachsten ist es, die Suchen-Funktion des Betriebssystems zu bemühen, um die Datei Adobe Gamma zu finden. Unter Windows ist dieses meist in der Systemsteuerung zu finden, am Mac in den Kontrollfeldern.

Adobe Gamma bietet die Kalibrierung entweder schrittweise mit Hilfe eines Assistenten oder durch ein Kontrollfeld an (Abbildung 13). Abbildung 14 zeigt das entsprechende Kontrollfeld unter Mac OS 9. Die Einstellungen des Kontrollfeldes entsprechen den im Folgenden schrittweise durchgeführten Einstellungen mit dem Assistenten.

Vor der Kalibrierung ...

Bevor Sie mit der Kalibrierung des Monitors beginnen, sollte dieser bereits mindestens eine halbe Stunde laufen. Darüber hinaus ist es empfohlen, eventuelle Hintergrundbilder am Desktop zu entfernen und stattdessen ein hellgraues Hintergrundbild zu verwenden. Vergewissern Sie sich auch, dass die Raumbeleuchtung einer Standardsituation entspricht. Die Kalibrierung endet nicht am Bildschirmrand. Farbintensive Vorhänge, Poster oder Möbel können Ihren Farbeindruck vom Monitorbild beeinflussen.

Farbmanagement einrichten **181**

Monitor-Kalibrierung mit dem Adobe Gamma-Assistenten

In diesem Workshop gehe ich davon aus, dass Sie Adobe Gamma auf Ihrem System bereits gestartet haben.

1. Profilname festlegen

Adobe Gamma kann basierend auf dem bestehenden Monitorprofil das neue Monitorprofil erstellen. Normalerweise erkennt Adobe Gamma das aktive Monitorprofil, andernfalls kann auf den Button LADEN geklickt werden. Geben Sie im Beschreibungsfeld einen sinnvollen Namen für das Monitorprofil an. Beispielsweise könnten der Typ des Monitors und die zugehörigen Lichtverhältnisse beschrieben werden. Klicken Sie auf WEITER.

2. Helligkeits- und Kontrastregler einstellen

Folgen Sie den Angaben im Kontrollfeld. Wichtig ist, dass Sie den Kontrastregler des Monitors auf das Maximum stellen, beim Helligkeitsregler sollte das äußere Quadrat strahlend Weiß, das innere gerade nicht schwarz sein. Nach diesem Schritt sollten die Helligkeits- und Kontrastregler des Monitors nicht mehr verändert werden.

3. Angaben zum Monitortyp

In diesem Schritt können Sie die herstellerspezifischen Eigenschaften der Phosphor-Farben einstellen. Verändern Sie die Standardeinstellung nur, wenn Ihr Monitor in der Liste erscheint oder Sie über diesbezügliche Herstellerangaben verfügen. In diesem Fall kann über das Listenfeld der Eintrag EIGENE angewählt, und Angaben zu den Phosphorwerten können gemacht werden. Klicken Sie nach diesem Schritt wieder auf WEITER.

4. Gamma-Wert einstellen

Das Erscheinungsbild von Mitteltönen am Monitor kann über den in diesem Dialog enthaltenen Schieberegler justiert werden. Bei passender Einstellung verschwindet der Linienraster und wird eins mit der grauen Fläche. Für diese Einstellung empfiehlt es sich, den Abstand zum Monitor etwas zu erhöhen. Aus größerer Distanz zum Monitor kann die Helligkeit besser überprüft werden. Auch das Zusammenkneifen der Augen ist erlaubt.

Nachdem die Graubalance eingestellt wurde, schalten Sie die Option NUR EINZELNES GAMMA ANZEIGEN aus. Es erscheinen daraufhin drei Farbfelder (Rot, Grün und Blau). Justieren Sie die einzelnen Farbkomponenten wie vorhin den Grauwert. Nach der Einstellung müssen die Linienmuster eins mit den Farbflächen sein.

Zu guter Letzt kann der Zielgamma-Wert eingestellt werden. Für Mac OS ist dies 1.8, bei Windows 2.2. Klicken Sie auf den Weiter-Button.

5. Weißpunkt festlegen

Der Weißpunkt eines Monitors ist das hellste am Monitor darstellbare Weiß. Der Weißpunkt kann kalt oder warm sein und kann über die Schaltfläche MESSEN optisch eingestellt werden. Über das Listenfeld HARDWARE-WEISSPUNKT kann der Weißpunkt über die Farbtemperatur eingestellt werden. 6 500° K entsprechen der normalen Einstellung für die Farbbearbeitung, 5 000° K der Arbeit in der Druckvorstufe. Falls Sie sich nicht sicher sind, welchen Weißpunkt Sie für Ihre Zwecke wählen sollen, so wählen Sie die Option WIE HARDWARE.

6. Weißpunkt bestätigen

In diesem Dialog soll der vorhin eingestellte Weißpunkt nochmals ausgewählt bzw. korrigiert werden.

7. ICC-Profil speichern

Zu guter Letzt werden die vorgenommenen Einstellungen entweder als ICC-Profil gespeichert oder wieder verworfen. Klicken Sie auf den OK-Button, um das Profil abzulegen. Die Checkbox ALS STANDARD-MONITORPROFIL VERWENDEN kann aktiviert bleiben, wenn Sie das Profil für die meiste Zeit Ihrer Tätigkeit verwenden wollen. Falls im ersten Schritt kein bestehendes Profil ausgewählt wurde, wird durch die Bestätigung des Dialoges ein neues Profil angelegt.

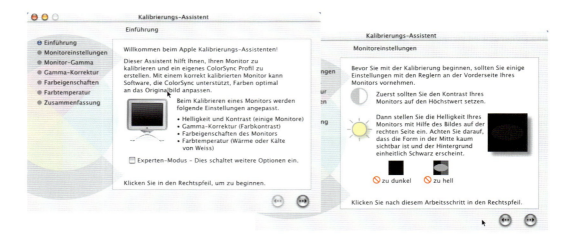

▲ **Abbildung 14**
Ein freundlicher ColorSync-Assistent wartet im Kontrollfeld MONITORE. In den dargestellten Dialogen werden die Helligkeit und der Kontrast des Monitors abgeglichen. Links sehen Sie, dass die Schritte den eben besprochenen entsprechen.

Unter Mac OS X kann für die Kalibrierung des Monitors neben Adobe Gamma zum Beispiel auch das Kalibrationsprogramm aus dem Kontrollfeld MONITORE der Systemeinstellungen verwendet werden. Dabei wird, genauso wie bei Adobe Gamma, ein bequemer Assistent geboten, mit dem die Einstellungen für das Monitorprofil gemacht werden können (Abbildung 14).

Farbeinstellungen in Photoshop

Der Arbeitsfarbraum

Dass Photoshop im RGB-Modus arbeitet, wurde bereits erwähnt, aber in welchem RGB-Farbraum soll gearbeitet werden? RGB ist nämlich nicht gleich RGB, und CMYK ist nicht gleich CMYK. Bildlich ausgedrückt arbeiten unterschiedliche Monitore mit unterschiedlich großen RGB-Farbräumen, unterschiedliche Zusammensetzungen von Druckfarben erzeugen unterschiedliche druckbare Farbräume. Es gibt aber sowohl für RGB-Farbräume als auch für CMYK-Farbräume verschiedene Normen. Die Photoshop-Farbeinstellungen (Abbildung 15) definieren den während der Arbeit in Photoshop verwendeten Farbumfang für RGB- und CMYK-Farben sowie für den Graustufen-Modus. Ist der **Arbeitsfarbraum** kleiner als der **Ausgabefarbraum**, so bleibt ein Teil des Ausgabefarbraumes ungenutzt. Ist der Arbeitsfarbraum größer als der Ausgabefarbraum, so werden die außerhalb des Ausgabe-Farbumfangs liegenden Farben konvertiert und dadurch verändert. Damit ändert sich auch der Farbeindruck des Bildes. Das Profil für den Arbeitsfarbraum kann über den Menüpunkt Bearbeiten • Farbeinstellungen gewählt werden.

Die Farbeinstellungen dienen einerseits der Definition von Farbräumen, die von neuen Photoshop-Dateien verwendet werden, andererseits von Dateien, die ohne integriertes Profil genutzt werden. Speichert man die Dateien mit Profil, so wird der Arbeitsfarbraum als Profilinformation in die gespeicherte Datei eingebettet. Aber auch Bildmodus-Konvertierungen wie zum Beispiel von RGB nach CMYK oder CMYK nach RGB werden basierend auf

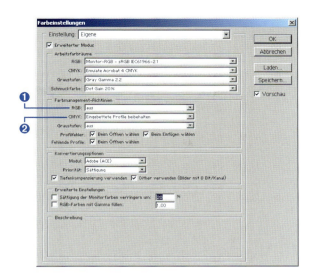

▲ Abbildung 15
Im Farbeinstellungsdialog können unter anderem die Arbeitsfarbräume für RGB- und CMYK-Farben gewählt werden. Dadurch wird der von Photoshop während der Bearbeitung verwendete RGB- bzw. CMYK-Farbumfang eingestellt.

den hier eingestellten Arbeitsfarbräumen vorgenommen.

Da der größte Teil der Arbeit in Photoshop im RGB-Modus erfolgt, ist es wesentlich, den **RGB-Arbeitsfarbraum** ❶ entsprechend den jeweiligen Projektanforderungen zu definieren. Für Web- und Multimedia-Anwendungen empfiehlt sich die Verwendung des **sRGB**-Farbraumes. Dieser Farbraum hat einen breiten Anwenderkreis, und die möglichst akkurate Darstellung auf unterschiedlichen Monitoren sollte bei Verwendung dieses Farbraumes am ehesten gewährleistet sein. Obwohl bis jetzt noch kein Internet-Browser zum Farbmanagement fähig ist, können Sie bei Verwendung des sRGB-Farbraums davon ausgehen, dass selbst auf Low Cost-Monitoren Ihre Farben ohne größere Abweichungen wiedergegeben

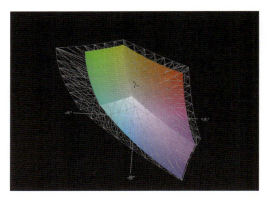

Abbildung 16 ▶
Der Farbraum Adobe RGB 1998 (Gitternetz) verfügt über einen weit größeren Farbumfang als der Monitorfarbraum sRGB.

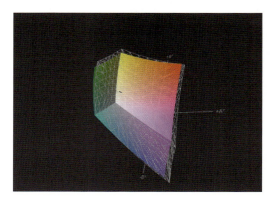

▲ Abbildung 17
Apple RGB versus sRGB

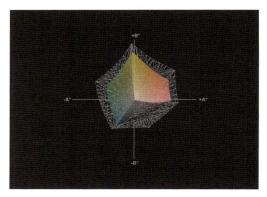

Abbildung 18 ▶
ISO Coated ist ein Farbraum für glänzend oder matt beschichtetes Papier (Gitternetz). Er hat einen größeren Farbumfang als sein »Bruder« ISO Uncoated (ungestrichenes Papier).

werden. Ein für die Druckvorstufe häufig zur Anwendung kommender Farbraum ist **Adobe RGB 1998**. Der zugehörige Farbumfang ist recht groß, enthält demnach meist die benötigten Farben, vergeudet aber dabei nicht allzu viele Tonwerte an für die Arbeit unbenötigte Farbabstufungen.

An zweiter Stelle steht der **CMYK-Arbeitsfarbraum** ❷. Das über dieses Listenfeld definierte CMYK-Profil wird von Photoshop standardmäßig zur Anzeige eines Soft Proofs (wird später noch erläutert) und zur Separation von Bildern in CMYK-Dateien verwendet. Eine Standardeinstellung für den Druck in Europa ist zum Beispiel **Euroscale Coated**, dabei werden neben der Verwendung von Euroskala CMYK-Druckfarben unterschiedliche Randbedingungen, wie zum Beispiel die Papiersorte, definiert. Da die hier getroffenen Einstellungen allerdings auch für die Separation von Bilddaten verwendet werden und hochwertige Druckergebnisse eine optimale Separation voraussetzen, ist eine Absprache mit der Druckerei bezüglich der Druckfarben, Papiersorten und zugehörigen Einstellungen unbedingt erforderlich. Eine in der Praxis bewährte Variante ist, für den CMYK-Arbeitsfarbraum ICC-Profile zu verwenden, die von der jeweiligen Druckerei zur Verfügung gestellt werden.

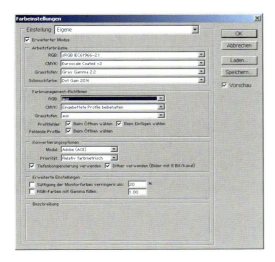

▲ **Abbildung 19**
Die erweiterten Farbeinstellungen von Photoshop

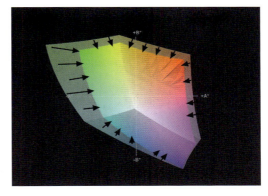

▲ **Abbildung 20**
Schematische Darstellung der farbmetrischen Konvertierung

In den **erweiterten Farbeinstellungen** von Photoshop können Sie u.a. das Farbkonvertierungsmodul und die Konvertierungsmethode bestimmen. Mit der Konvertierungsmethode legen Sie fest, wie Photoshop die Farben eines größeren in einen kleineren Farbraum umrechnet.

1. **Relativ farbmetrisch, absolut farbmetrisch:** Bei den farbmetrischen Umrechnungsmethoden bleiben alle in beiden Farbräumen enthaltenen Farben unverändert. Alle anderen Farben werden an den Rand des Ausgabefarbraums verschoben, wodurch sich ein Verlust an Bildzeichnung ergibt. Der Unterschied zwischen relativer und absoluter farbmetrischer Konvertierung liegt in der Behandlung des Weißpunkts, der beim absolut farbmetrischen Rendering unangetastet bleibt. Beim relativen farbmetrischen Rendering werden unterschiedliche Weißpunkte der beiden Farbräume angeglichen. Farbmetrische Konvertierungsmethoden

Farbräume visualisieren

Auf seiner Website ICCView (http://www.iccview.de) bietet der Photoingenieur Tobias Huneke interaktive, dreidimensionale Modelle verschiedenster Farbräume an. Durch VRML-Technologie können Sie den Umfang zweier Farbräume aus den unterschiedlichsten Perspektiven vergleichen. Nahezu alle Farbraum-Abbildungen dieses Kapitels wurden von ICCView generiert. Auch eigene ICC-Profile können zur Visualisierung hochgeladen werden. Für ein tieferes Verständnis des Farbmanagements oder das Aufspüren von Profilfehlern können wir die Nutzung dieses kostenlosen Services nur empfehlen.

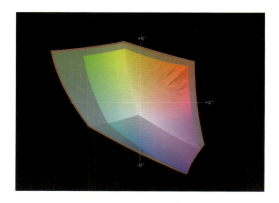 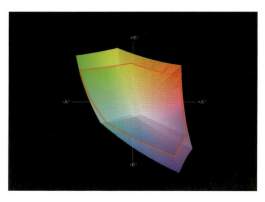

▲ **Abbildung 21**
Bei der perzeptiven Konvertierung wird der größere Farbraum (rot umrandet) so skaliert, ...

▲ **Abbildung 22**
... dass er in den kleineren Farbraum passt.

werden bei Hard Proofs eingesetzt, z. B. wenn auf einem Proofdrucker der kleinere Farbraum einer Offsetdruckmaschine simuliert werden soll.

▶ **Perzeptiv:** Bei der perzeptiven Konvertierung werden alle Farben zugunsten der Gesamtwahrnehmung des Bildes geändert. Der größere Farbraum wird verkleinert, bis er in den Ausgabefarbraum passt. Diese Konvertierungsmethode liefert bei Fotografien die besten Ergebnisse, Vorsicht ist allerdings bei Logos oder CI-Farben geboten, denn auch diese werden geändert (Abbildung 21/22).

▶ **Sättigung:** Diese Konvertierungsmethode wird kaum eingesetzt, mit ihr soll die Sättigung der Farben erhalten bleiben. Für Fotos ist sie nicht gedacht. Einsatzgebiet sind einfache Präsentationsgrafiken, deren kräftige Farben durch die Konvertierung nicht beschädigt werden sollen.

Farbmanagement-Richtlinien
Über die Farbmanagement-Richtlinien kann eingestellt werden, was mit Dateien passieren soll, die entweder kein Profil oder ein anderes als für den aktuellen Arbeitsfarbraum verwendetes Profil verwenden. Diese Richtlinien treten beim Öffnen von Dateien in Photoshop in Aktion. Auf Wunsch berücksichtigt Photoshop Profilfehler auch beim Einfügen: Sie werden dann mit einer Fehlermeldung konfrontiert, wenn sich die Farbprofile von Quell- und Zielbild der Kopieraktion unterscheiden. Dabei können im Wesentlichen drei Fälle auftreten:

1. **Übereinstimmung**
   Das in die geöffnete Datei eingebettete Profil stimmt mit dem Arbeitsfarbraum überein. In diesem Fall öffnet Photoshop die Datei, und es sind die Farbmanagement-Richtlinien ohne Einfluss. Dieser Fall sollte bei einem Farbmanagement-Workflow der am häufigsten auftretende sein.

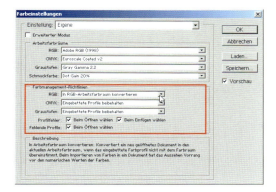

▲ **Abbildung 23**
Farbmanagement-Richtlinien kümmern sich um Dateien, die kein eigenes Profil besitzen.

2. **Abweichung**
   Das Profil der geöffneten Datei weicht von dem eingestellten Arbeitsfarbraum ab. Dies wird von Photoshop in strenger Manier als »Profilfehler« bezeichnet. Nehmen wir an, dieses Problem tritt beim Öffnen einer RGB-Datei auf. Wurde im Listenfeld der Eintrag IN RGB-ARBEITSFARBRAUM KONVERTIEREN ausgewählt, so konvertiert Photoshop die Farben, basierend auf dem eingebetteten Profil in die Farben gemäß dem RGB-Arbeitsfarbraum. Diese Umwandlung ist für RGB-Bilder sinnvoll, natürlich nur dann, wenn der Arbeitsfarbraum vorher gemäß den eigenen Notwendigkeiten eingestellt wurde. Mittels der Option EINGEBETTETE PROFILE ERHALTEN öffnet Photoshop die Datei gemäß dem enthaltenen Farbprofil. Auch beim Speichern der Datei wird diese wieder mit dem ursprünglichen Profil gespeichert. Als letzte Variante namens AUS öffnet Photoshop die Datei und ignoriert das eingebettete Profil. Dieses bleibt dabei nicht erhalten. Beim Speichern der Datei kann das Profil des Arbeitsfarbraumes mit der Datei gespeichert werden. Stimmen die Farbprofile zweier Dateien beim Kopieren nicht überein, so können Sie das eingefügte Bildelement in den Arbeitsfarbraum umrechnen lassen oder seine Farbgebung erhalten – dann findet keine Konvertierung statt.

3. **Profillosigkeit**
   Die geöffnete Datei hat kein eingebettetes Profil. Dies trifft meist auf Dateien zu, die aus nicht farbmanagementfähigen Applikationen stammen. Zum Beispiel aus einem Programm zur Erstellung von Screenshots. Wird in einem solchen Fall das eingebettete Profil beibehalten, so wird die Datei ohne Profil im Arbeitsfarbraum bearbeitet. Es werden dabei ganz einfach die RGB-Werte aus der Datei gelesen und gemäß dem Arbeitsfarbraum verwendet, ohne darauf zu achten, aus welchem Farbraum die Werte stammen (wie sollte das auch gehen …). Obwohl in diesem Fall im Arbeitsfarbraum gearbeitet wird, weist Photoshop der Datei nicht automatisch das zugehörige Arbeitsfarbraum-Profil zu. Ist die Option BEIM EINFÜGEN WÄHLEN aktiviert, so kann bei einem fehlenden Profil für die zu öffnende Datei ein Quellprofil ausgewählt werden. Dieses wird der Datei dann zugewiesen. Es kann auf Wunsch danach in den Arbeitsfarbraum

CMYK- und Graustufen-Konvertierung
Bei CMYK- und Graustufen-Dateien empfiehlt es sich, nur in Ausnahmefällen ein eingebettetes Profil in den Arbeitsfarbraum zu konvertieren. Standardmäßig sollte das eingebettete Profil bei CMYK- und Graustufen-Dateien beibehalten werden.

konvertiert werden. Um dies zu erledigen, muss der Eintrag IN RGB-ARBEITSFARBRAUM KONVERTIEREN gewählt sein.

Farbmanagement in der Praxis

Vielleicht haben die obigen Abhandlungen bei Ihnen ein beklemmendes Gefühl verursacht, da wirklich viele Komponenten erläutert wurden, aber die praktische Umsetzung ein wenig ausgeklammert wurde. Dies wird nun nachgeholt, und Sie werden bemerken, dass die besprochenen Puzzle-Stücke des Farbmanagements zusammengesetzt einen hohen praktischen Wert ergeben. Allerdings möchte ich empfehlen, Schritt für Schritt in das Farbmanagement einzutauchen und einzelne Teile des eigenen Produktionsprozesses unter die Lupe zu nehmen.

Beginnen Sie im Zweifelsfall bei der Kalibrierung Ihres Monitors. Der nächste Schritt könnte sein, den eventuell angeschlossenen Tintenstrahldrucker für Farbproofs zu gebrauchen. Auch die Beseitigung von Problemen wie der unterschiedlichen Darstellung von Bildern auf den Monitoren einer Arbeitsgruppe, die qualitative Verbesserung von Scans oder der Datenaustausch zwischen unterschiedlichen Plattformen kann mit angewandtem Farbmanagement erledigt werden. Im Folgenden werden die Voraussetzungen und Möglichkeiten in Zusammenhang mit einem einfachen, lokalen System und Photoshop aufeinander aufbauend beschrieben.

Existenz von ICC-Profilen am System
Wenn Sie durchgehendes Farbmanagement anwenden möchten, ist es notwendig, dass für jedes Gerät in Ihrem System ein ICC-Profil vorhanden ist. Egal ob Scanner, Monitor, Digitalkamera oder Drucker, alle haben Eigenheiten, die in einem entsprechenden ICC-Profil beschrieben werden können. Die Profile können selbst erstellt werden oder sind bereits dem ausgelieferten Gerät vom Hersteller beigepackt. Das Web ist übrigens eine gute Quelle für Herstellerprofile.

Das bloße Vorhandensein der Profile garantiert aber noch nicht, dass diese auch verwendet werden. Achten Sie darauf, dass beim Speichern der Datei in der Gerätesoftware (zum Beispiel dem Scanprogramm) das Profil auch in die Datei eingebettet wird.

Falls die Gerätesoftware keine Profile unterstützt, kann die Anwendung des Profils auch nachträglich in Photoshop vorgenommen werden. Dabei ist es wichtig, dass dies der erste Arbeitsschritt in Photoshop ist! Nur in diesem Fall werden die Farbdaten der profillosen Datei entsprechend korrigiert dargestellt. Dies kann entweder über die Farbeinstellungen wie bei den Farbmanagement-Richtlinien beschrieben erfolgen, oder Sie öffnen dazu die Datei in Photoshop und wählen das Profil des Gerätes über den Menüpunkt BILD • MODUS • IN PROFIL KONVERTIEREN.

Besser keines als ein falsches Profil
Bevor ein falsches Profil in eine Datei eingebettet wird, empfiehlt es sich, lieber gar kein Profil mitzuspeichern.

▲ Abbildung 24
Ein profilloses Bild

▲ Abbildung 25
Die Umwandlung in den »Riesen-Farbraum« ProPhotoRGB sorgt für unerwünschte Nebenwirkungen: Die Hauttöne gleiten plötzlich ins Schweinchenrosa ab.

Farbmanagement-Szenarien

Häufig sind mehrere Dienstleister an einem Bildbearbeitungs-Workflow beteiligt. Gängiges Beispiel: Ein Foto wird von einer Bildagentur zugekauft, daraus eine Print-Anzeige entworfen und an den Zeitschriftenverlag weitergeleitet. Konsequentes Farbmanagement muss natürlich auch mit externen Dienstleistern funktionieren.

Welche Szenarien dabei auftreten können und wie diese am besten in Photoshop gehandelt werden, möchten wir hier kurz erklären.

Die folgenden Szenarien setzen voraus, dass Ihr Monitor kalibriert wurde und über ein passendes ICC-Profil verfügt.

1. RGB-Fremddaten ohne Profil
Beispiel: Sie erhalten von einem externen Dienstleister ein RGB-Bild ohne Farbprofil (Abbildung 24).

Lösung: Hier können Sie nur Mutmaßungen über die richtige Farbwiedergabe anstellen. Probieren Sie mit der Funktion Profil zuweisen (Bild • Modus) alle infrage kommenden RGB-Farbräume durch. Keinesfalls sollten Sie einfach den größtmöglichen Farbraum (also z.B. ProPhoto RGB oder Wide Gamut RGB) verwenden – die Farben werden dadurch übersättigt wiedergegeben. Ein weiterer Fehler wäre es, vorschnell Farbkorrekturen an dem Bild vorzunehmen, da durch das fehlende Profil keine »objektive« Beurteilungsgrundlage für diese Korrekturen vorhanden ist.

2. RGB-Fremddaten mit falschem Profil
Beispiel: Sie erhalten ein RGB-Bild und öffnen dieses in Photoshop unter Verwendung des eingebetteten Profils. An der Monitordarstellung erkennen Sie, dass ein falsches Profil zugeordnet wurde.

Lösung: In diesem Fall empfiehlt sich das erneute Öffnen des Bildes. In der nun erscheinenden Dialogbox Abweichung vom eingebetteten Profil wählen Sie Eingebettetes Profil verwerfen. Anschließend gehen Sie so vor wie bei RGB-Bildern ohne Profil.

▲ **Abbildung 26**
Der Dialog PROFIL ZUWEISEN

3. Handling von CMYK-Fremddaten

Für CMYK-Daten gelten andere Gesetze als für RGB-Bilder. Konvertieren Sie ein CMYK-Bild von einem »falschen« in das richtige Farbprofil, so sind die Umrechnungsverluste höher als bei RGB-Profilkonvertierungen. Grund dafür ist die Tatsache, dass CMYK-Farbprofile aus einer unterschiedlich großen Anzahl von Stützwerten bestehen, die den jeweiligen gerätespezifischen Farbraum bilden. Daher sollte die automatische Konvertierung in den CMYK-Arbeitsfarbraum unterbleiben. Die Option BEIM ÖFFNEN WÄHLEN stellt hier die bessere Alternative dar. Nötigenfalls können Sie dann noch immer eine Profilkonvertierung durchführen.

 Mehr zu Soft Proofs
Soft Proofs sind eine Möglichkeit, eine Vorschau des erzeugten Bildes am Monitor zu erhalten. Diese Vorschau wird unter Berücksichtigung wählbarer ICC-Profile von Photoshop erstellt. Standardmäßig wird ein CMYK-Soft

CMYK-Bildern ohne Profil können Sie über BILD • MODUS • PROFIL ZUWEISEN ein geeignetes Farbprofil zuweisen (Abbildung 26).

Soft Proof, Dateiexport und Ausdruck
Nach der Bearbeitung des Bildes kann über den Menüpunkt ANSICHT • FARB-PROOF eine Vorschau der Bilddatei gemäß einem frei wählbaren Profil am Monitor angezeigt werden. Soll die Datei zum Beispiel am systemeigenen Drucker ausgegeben werden, so wählen Sie für den Soft Proof das dem Drucker entsprechende ICC-Profil über den Menüpunkt ANSICHT • PROOF EINRICHTEN • EIGENE. Wählen Sie aus der Liste der zur Verfügung stehenden Profile das Profil Ihres Druckers. Nun simuliert Photoshop die vom Drucker ausgegebenen Farben am Monitor.

Für die Weiterverarbeitung der Datei sollte ein Dateiformat gewählt werden, das das ICC-Profil für den Arbeitsfarbraum in die Datei einbetten kann. Diese Möglichkeit wird von vielen Dateiformaten geboten. Das sind unter anderem die Formate PSD, PDF, JPEG und TIFF. Mehr zu Print-Dateiformaten erfahren Sie ab Seite 334.

Für die Weitergabe des Dokuments an eine Druckerei empfiehlt es sich, mit dem Dienstleister abzusprechen, in welcher Form diese Dokumente übergeben werden sollen. Dann kann entschieden werden, ob und wie das Dokument separiert werden kann. Eine

Proof erstellt, der eine Druckvorschau gemäß den CMYK-Farbeinstellungen anzeigt. Allerdings kann das für den Soft Proof zu verwendende Profil über den Eintrag EIGENE eingestellt werden.

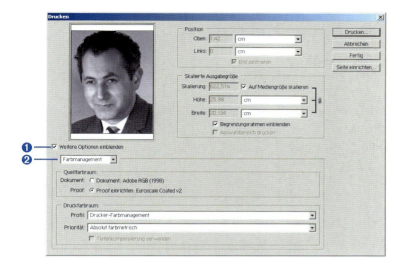

◀ **Abbildung 27**
Unter DRUCKEN können Sie das für den Ausdruck zu verwendende Profil einstellen.

tolle Möglichkeit, Profile für die Druckausgabe zu erstellen, bietet Photoshop im Dialog DRUCKEN MIT VORSCHAU. Wählt man hier die Checkbox WEITERE OPTIONEN EINBLENDEN ❶ und aus dem Listenfeld ❷ den Eintrag FARBMANAGEMENT, so kann beim Ausdruck das zu verwendende Profil für den Druckfarbraum eingestellt werden. Hier empfiehlt es sich, das Profil des gewünschten, systemeigenen Druckers auszuwählen. Dies ist insbesondere dann nützlich, falls Sie mehrere Druckerprofile für unterschiedliche Papiersorten angelegt haben. Die Umwandlung des Arbeitsfarbraumes in den Zielfarbraum wird dann vom CMM durchgeführt.

Bilder veredeln mit Filtern & Effekten

So holen Sie alles aus Ihren Bildern heraus

Der Einsatz von Filtern und Effekten muss nicht gleich immer ein pures Aufdonnern von Bildern bedeuten. Gekonnter Einsatz führt vielmehr noch einmal zu spürbaren Optimierungen. Wir zeigen Ihnen, wie Sie die Spezialfunktionen von Photoshop einsetzen, ohne dass man Ihren Bildern gleich ansieht, welche Filter sie eingesetzt haben.

Photoshop kann Bilder nicht nur reparieren, sondern auch veredeln. Hierfür stehen zahlreiche Filter, Effekte und Textfunktionen bereit. Wir verwenden bewusst das Wort »veredeln«, da Filter oft mit dem »Aufdonnern« von Bildern assoziiert werden. Fehlt die gestalterische Idee einer Aufnahme, ist das Bild kein »Bringer«, sind viele Photoshop-User gleich mit einem wahren Filter-Konvolut zur Stelle. Doch ähnlich wie im Obstbau sollten Filter Bilder veredeln, ihre positiven Eigenschaften unterstreichen und die negativen überdecken. Filter einfach nach dem Try-and-Error-Prinzip anzuwenden, ist kaum zielführend.

In diesem Kapitel wollen wir verschiedene Bildveredelungsstrategien in Photoshop aufzeigen. Der Einsatz von Filtern soll nicht isoliert, sondern im Kontext mit Effekten und Farbmodi erläutert werden.

Filter-Typologie

Die Photoshop-Filterkollektion besteht zwar aus über 13 Stilkategorien, doch für die Praxis finden wir es hilfreicher, die Filter nach ihrem verallgemeinerten Zweck zu gruppieren.

- **Grundfilter** werden kaum allein angewandt, sondern sind Bestandteil einer Filterkette zur Erzielung eines bestimmten Bildeffekts. Beispielsweise kann der Filter STÖRUNGEN HINZUFÜGEN in Kombination mit dem GAUSS'SCHEN WEICHZEICHNER zur Erzeugung einer Aluminium-Textur genutzt werden. Grundfilter bieten meist sehr limitierte Einstellungsmöglichkeiten und bedürfen daher einer Überarbeitung durch weitere Filter. Beispiel: RENDERING-FILTER, STÖRUNGEN HINZUFÜGEN.

- **Deformationsfilter** verzerren oder verformen die Bildgeometrie zur Erzielung dreidimensionaler Effekte. Hierzu gehören u.a. die Verzerren-Filter, aber auch der Beleuchtungseffekte- oder der Relief-Filter.

- **Imitationsfilter** versuchen, aus der Kunst bekannte Mal- und Zeichenstile zu imitieren.
- **Fotografische Filter:** Mit ihnen können fotografische Gestaltungsparameter wie (Un-)Schärfe oder Blende nachträglich verändert werden. Neben zahlreichen Farbkorrekturfiltern zählen auch die Weich- und Scharfzeichnungsfilter zu dieser Kategorie.
- **Hilfsfilter** nehmen dem Benutzer gängige Bearbeitungsaufgaben ab. Der Filter Verschiebungseffekt erleichtert beispielsweise das Erstellen kachelbarer Texturen. Zu den Hilfsfiltern zählen u.a. die Sonstigen Filter oder die Video-Filter.

Mit welchen Filtern ein Bild veredelt wird, entscheidet man zwar meistens aus dem Bauch heraus, doch sollte man versuchen, die Wahl anhand der obigen Filtertypologie zu verifizieren.

Am Beginn jeder »Veredelung« steht eine eingehende Analyse des Bildes. Da Bilder genauso wie Texte oder Videos Kommunikationsmittel sind, stellen wir uns zuerst die Frage nach der gewünschten Aussage des Bildes. Welche »Message« soll es beinhalten, welcher »Look« ist dafür geeignet? Realistisch, verfremdet, illustrativ oder skizzenhaft?

Nachdem durch intensive Inspirationsrecherche (Werkstudien bekannter Grafiker und Fotografen, ein Blick ins Kunstgeschichte-Buch …) ein »Wunsch-Look« definiert wurde, versuchen wir, diesen mit den Photoshop-Bordmitteln umzusetzen. Mit Hilfe der Filter-Typologie wählen wir die geeigneten Filter aus und arbeiten uns durch Einstellungsvariationen Schritt für Schritt an das gewünschte Ergebnis heran.

Im Folgenden geben wir je ein Einsatzbeispiel für Grund-, Deformations- und Imitationsfilter. Fotografische Filter werden im Kapitel »Farb- und Tonwertkorrektur« verwendet, Hilfsfilter wie Hochpass haben wir bereits auf Seite 81 eingesetzt.

Der Einsatz von Grundfiltern am Beispiel des Rendering-Filters

Wenn die Kamera Pause macht und Texturen, Muster und Hintergründe ausschließlich in Photoshop selbst erstellt werden, kommen dafür meistens die **Rendering-Filter** zum Einsatz.

Die Filter-Klassiker Differenzwolken oder Störungen hinzufügen werden meist für die Generierung von Basistexturen verwendet, die anschließend mit Beleuchtungseffekten oder Weichzeichnern für den gewünschten Zweck »zurechtgebogen« werden. Aus den erwähnten Störungen können auf diese Weise virtuelle Regenschauer, metallische Oberflächen und zahlreiche andere Texturen entstehen. Mit guter Beobachtungsgabe und einigen »Rendering-Grundrezepten« lässt sich fast jede Oberfläche in Photoshop nachbilden. Doch mit der Texturerstellung allein ist es noch nicht getan: Sollten die Ergebnisse in 3D-Programmen zum Einsatz kommen, müssen sie nahtlos kachelbar sein. Daher wollen wir in folgendem Workshop den Weg von der Entstehung der Textur bis zum finalen 3D-Rendering skizzieren.

Eine Steintextur entsteht

1. Grundstruktur

Für diese Textur erstellen Sie ein leeres Photoshop-Dokument mit den Maßen 500 x 500 Pixel. Als Vordergrundfarbe verwenden wir ein dunkles Grau (Grauwert ca. 20) und für den Hintergrund ein dunkles Beige (z.B. R 97, G 91, B 72). Erzeugen Sie mit dem Wolken-Filter (unter Rendering-Filter*) eine diffuse Grundstruktur. Öffnen Sie dann den Filter* Störungsfilter • Störungen hinzufügen*, und geben Sie bei* Stärke *3 % an (monochromatisch,* Gausssche Normalverteilung*).*

2. Differenzwolken

Die Stein-Struktur soll mit Hilfe der Beleuchtungseffekte entstehen. Hierfür müssen wir einen Relief-Kanal erzeugen. Erstellen Sie einen neuen Alpha-Kanal, und wenden Sie darauf den Differenzwolken-Filter an. Fügen Sie abermals wie oben Störungen hinzu, die Sie über Bearbeiten • Verblassen *um 50 % verblassen lassen (unter* Deckkraft*). Um den Alpha-Kanal kontrastreicher zu gestalten, wenden Sie nun den Differenzwolken-Filter dreimal auf das Bild an, wobei das Kürzel* Strg/⌘ + F *(letzten Filter erneut anwenden) hilfreich ist.*

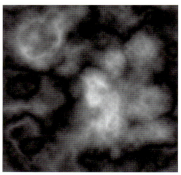

3. Beleuchtungseffekte

Die wirkliche Steintextur entsteht nun erst in den Beleuchtungseffekten. Laden Sie zuerst den soeben erstellten Kanal als Relief-Kanal mit 100 %iger Höhe. Als Lichtart kommt ein Strahler *zum Einsatz, der die Steintextur möglichst gleichmäßig ausleuchten sollte – schließlich wollen wir sie später nahtlos machen, wobei unregelmäßige Lichteinstrahlung eher negativ auffällt.*

4. Nahtlos machen

Unsere Textur sollte ohne störende Randfehler kachelbar sein. Die Textur muss also an allen Rändern nahtlos an sich selbst anschließen. Dafür wenden wir den VERSCHIEBUNGSEFFEKT (SONSTIGE FILTER) an und verschieben die Textur um 250 Pixel. Damit haben wir die störenden Übergänge in die Texturmitte verschoben (siehe rote Markierung). Durch Übermalen dieser Bereiche mit dem Kopierstempel (weiche Werkzeugspitze mit ca. 50 Pixel) verschwinden sie sehr schnell. Abschließend wurde die Datei als Steintextur.psd gesichert.

5. Verwendung in Cinema 4D

Nun kann die Textur in einem 3D-Programm z.B. für die Erstellung eines Pflastersteins eingesetzt werden, was wir am Beispiel von Cinema 4D demonstrieren möchten. Den genauen Aufbau der Szene können Sie anhand der Datei Pflasterstein.c4d selbst nachvollziehen.

Für den Pflasterstein haben wir ein neues Material erstellt. Neben der Grundtextur (Farbe) kam der Alpha-Kanal von Steintextur.psd als Displacement-Map zum Einsatz. Aus dem regelmäßigen Würfel wird ein ungehauener Stein, da Displacement-Maps die Grundgeometrie verformen.

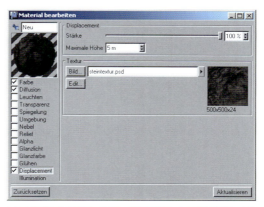

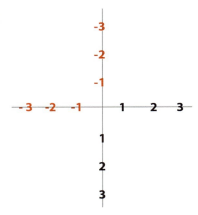

Abbildung 1 ▶
Das Koordinatensystem
des Versetzen-Filters

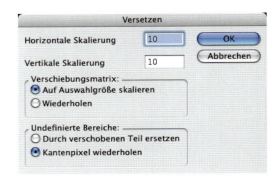

▲ Abbildung 2
Das Versetzen-Dialogfeld

Der Einsatz von Deformationsfiltern am Beispiel

Zu den Verzerrungsfiltern von Photoshop gehört neben den Filtern aus dem gleichnamigen Menü auch der Verflüssigen-Dialog. Den meisten Filtern dieser Kategorie ist gemeinsam, dass sie die Bildgeometrie deformieren und dadurch dem Bild einen verzerrten Look verpassen. Die meisten dieser Deformationen sind formelbasiert und werden auf Basis von Mesh-Manipulationen (Gitternetze, an denen das Bild zunächst »festgemacht« wird und die dann deformiert werden) durchgeführt. Da die Filter dieser Kategorie schon seit zig Photoshop-Versionen nicht überarbeitet wurden, machen viele Photoshop-Profis einen weiten Bogen um die Verzerren-Filter. Zumeist zu Recht, denn Filter wie Glas, Distorsion, Kräuseln oder Schwingungen hatten ihre ästhetische Klimax noch vor der Jahrtausendwende als Zutaten für zahlreiche Rave-Flyer. Seither sind sie zum Glück in der Versenkung verschwunden, denn einerseits »sieht« man fast jedem Bild ihren Einsatz an, zum anderen bieten sie relativ wenig Kontrollmöglichkeiten.

Der wenig beachtete **Versetzen-Filter** scheint als einziger Vertreter seiner Gruppe diesem Vorurteil zu trotzen: Mit etwas Übung ermöglicht dieser Filter alle Arten von zweckdienlichen und kreativen Verzerrungen. Wenn Sie in Photoshop einen Schriftzug auf ein gewelltes Stück Stoff applizieren wollen, dann ist der Versetzen-Filter die einzige Wahl, um diese Aufgabe glaubhaft zu bewältigen. Durch kunstvolle, fast schon Malstrichen gleichkommende Verzerrungen können Sie Landschaftsfotografien und ähnliche Stimmungsbilder aber auch ästhetisch aufwerten.

Das Erfolgsgeheimnis des Versetzen-Filters liegt in seiner Komplexität. Anders als andere Filter seiner Art beschränkt er sich nicht auf einen vorgegebenen Verzerrungstyp (Kräuseln, Schwingungen etc.), sondern lässt dem Benutzer die freie Wahl über diesen Prozess.

Für die Anwendung des Versetzen-Filters sind nämlich zwei Komponenten nötig:
1. das zu verzerrende Bild
2. eine Displacement-Map

Eine Displacement-Map ist ein Graustufenbild, das die Art der Verzerrung regelt. Displacement-Maps für Photoshop müssen im PSD-

Format gespeichert werden, die Verschiebung wird dabei immer durch die ersten beiden Farbkanäle gesteuert. Nach dem Bestätigen der Versetzen-Einstellungen werden Sie aufgefordert, eine solche Verschiebungsmatrix zu laden.

Die Grauwerte einer Displacement-Map haben folgende Bedeutung: Neutrales Grau (128) führt zu keiner Verzerrung, Weiß verzerrt maximal in negativer Richtung, Schwarz in positiver Richtung. Da die Verzerrung sowohl in horizontaler als auch in vertikaler Richtung gesteuert werden kann, sollte eine Displacement-Map über zwei Kanäle verfügen: Der erste regelt die Verzerrung in horizontaler Richtung, der zweite in vertikaler Dimension. Ist nur ein derartiger Kanal vorhanden, steuert er die Verzerrung in beide Richtungen, was eher selten zu brauchbaren Ergebnissen führt.

Um die Wirkungsweise des Verzerren-Filters zu verstehen, gilt es, eine weitere Besonderheit zu berücksichtigen: In Photoshops Interpretation des kartesischen Koordinatensystems verläuft die y-Achse »verkehrt«: Der negative Bereich beginnt oberhalb des Nullpunkts, der positive Bereich unterhalb.

Im Dialogfeld des Filters können Sie zusätzliche Verzerrungsoptionen festlegen: HORIZONTALE SKALIERUNG und VERTIKALE SKALIERUNG legen die prozentuelle Stärke des Versetzungseffekts fest. Bei 100 % wird die in der Displacement-Map angegebene Stärke verwendet. Bei einem Skalierungswert von 10 wird die Versetzung nur mit einem Zehntel der ursprünglichen Intensität durchgeführt. Kleines Rechenbeispiel: Ein Displacement-Map-Helligkeitswert von 98 versetzt einen Pixel im Bild um 30 Pixel (»Neutralwert 128« – 98 = 30), bei einer Skalierung von 10 % fällt die Verschiebung nur mehr auf 3 Pixel aus.

▲ **Abbildung 3**
Versetzung mit verschobenen Kantenpixeln

Für »normale« Verzerrungen genügen Skalierungswerte von 5 bis 15 %, Ausnahmen bilden beispielsweise Spiegelungen von Objekten in metallischen Oberflächen. Um diese zu simulieren, müssen die Objekte wesentlich stärker verzerrt werden.

Stimmt die Displacement-Map (eingedeutscht Verschiebungsmatrix) nicht mit den Dimensionen des Bildes oder der aktuellen Auswahl überein, kann sie entweder auf Auswahlgröße skaliert (wodurch eine Verzerrung der Displacement-Map droht) oder wiederholt werden.

Undefinierte Bereiche ergeben sich, wenn Pixel über die Grenzen des Bildes hinaus versetzt werden müssen. DURCH VERSCHOBENEN TEIL ERSETZEN lässt diese Pixel auf der anderen Seite des Bildes wieder eintreten. KANTENPIXEL WIEDERHOLEN beschränkt die Versetzung innerhalb der Bildgrenzen, die dabei entstehenden leeren Bildbereiche werden mit Kantenpixel aufgefüllt, wodurch seltsam »zerbröselt« wirkende Ränder entstehen. Vermeiden Sie daher zu starke Verzerrungen an den Rändern, z.B. durch Verkleinerung und Kachelung der

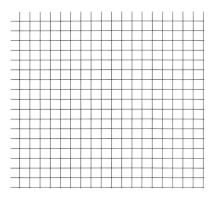

▲ **Abbildung 4**
Das unverzerrte Gitternetz

▲ **Abbildung 5**
Die schwarze Displacement-Map bewirkt Verzerrungen in positiver Richtung.

▲ **Abbildung 6**
Die schwarze Displacement-Map bewirkt Verzerrungen in negativer Richtung.

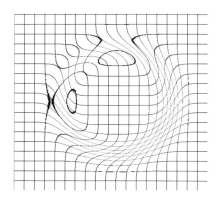

▲ **Abbildung 7**
Positive Versetzung in beiden Richtungen

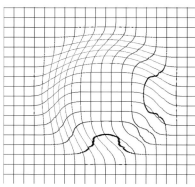

▲ **Abbildung 8**
Negative Versetzung in beiden Richtungen

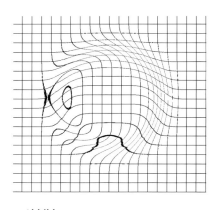

▲ **Abbildung 9**
Positive Verzerrung in x-Richtung, negative Verzerrung in y-Richtung

Displacement-Map. Alternativ können Sie der Displacement-Map einen grau-neutralen Rand (Graustufe 128) verpassen.

Der folgende Workshop demonstriert, wie Sie mit dem Versetzen-Filter Schriftzüge oder Logos glaubhaft auf gewellte Stoffe applizieren.

Schriftzug auf dem faltigen Hemd

Im Verzeichnis 06_bildveredelung finden Sie die zugehörige Datei hemd_schriftzug.psd sowie das logo (logo.rif).

1. Der Schriftzug
Der abgebildete Schriftzug soll mit Hilfe des Versetzen-Filters glaubhaft auf das Hemd »appliziert« werden, also dieselben Falten und Verzerrungen wie seine Unterlage bekommen.

2. Vorbereitung der Displacement-Map
Kopieren Sie die Hemd-Ebene in eine neue Datei, und wechseln Sie in die Kanäle-Palette. Hier zeichnen Sie den Rot- und Grünkanal weich (GAUSS´SCHER WEICHZEICHNER, RADIUS ca. 2 Pixel), denn nur diese beiden Kanäle werden später vom Versetzen-Filter berücksichtigt. Um den plastischen Effekt der Verzerrung zu erhöhen, verschieben Sie die Kanäle leicht gegeneinander. Dazu selektieren Sie den Kanalinhalt per Strg/⌘ + A, wechseln auf das Verschiebe-Werkzeug und bewegen den Rotkanal mit den Cursortasten leicht nach links oben. Der Grünkanal gelangt auf dieselbe Weise etwas nach rechts unten. In der Composite-Ansicht sollte das Hemd nun etwa wie nebenstehend abgebildet aussehen. Sichern Sie die Displacement-Map als PSD-Datei.

3. Versetzen-Filter anwenden
Wechseln Sie zur ursprünglichen Datei, und aktivieren Sie die Schriftzug-Ebene. Wählen Sie FILTER • VERZERREN • VERSETZEN, um den Schriftzug zu versetzen. Die Verschiebungsmatrix sollte auf Auswahlgröße skaliert werden, Kantenpixel sollten wiederholt werden. Für die horizontale und vertikale Skalierung können Sie den Wert 10 verwenden.

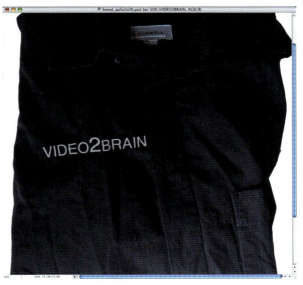

▲ **Abbildung 10**
Diese vertikale und horizontale Displacement-Map …

Abbildung 11 ▶
… erzeugt einen pointilistischen Effekt.

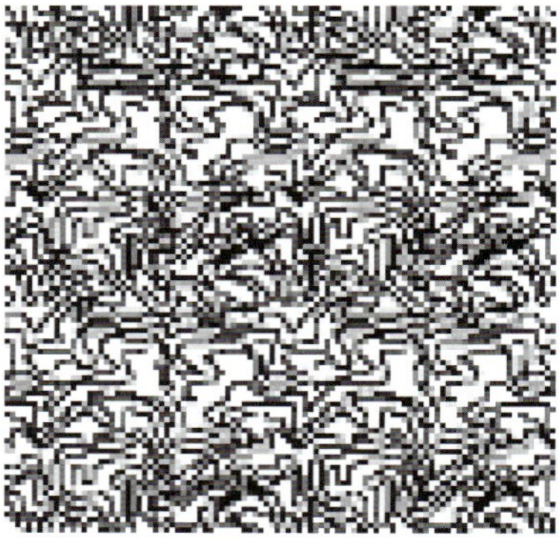

▲ **Abbildung 12**
Mit dieser ziselierten Displacement-Map …

▲ **Abbildung 13**
… lässt sich Airbrush-ähnlicher Stil erzielen.

Neben den »zweckdienlichen« Einsätzen besitzt der Versetzen-Filter auch enormes Kreativ-Potenzial: Mit ausgefallenen Displacement-Maps können Sie die Funktionsweise bekannter Zeichenstile imitieren oder eigene Ideen umsetzen (Abbildung 10 – 13).

Im Zusatzmodule-Ordner Ihrer Photoshop-Installation finden Sie im Verzeichnis Verschiebungsmatrizen zahlreiche Displacement-Maps, die Sie als Ausgangsbasis für eigene Kreationen verwenden können.

Der Einsatz von Imitationsfiltern am Beispiel

Zeichen- und Malfilter üben seit jeher eine ungeahnte Faszination auf Photoshop-Anwender aus: Schließlich will jeder mit ein paar Mausklicks zu van Gogh oder Picasso werden. Doch selbst der intelligenteste Malfilter kann bis jetzt den Anspruch hochwertiger digitaler Malerei nicht erfüllen: Zu komplex sind die unterschiedlichen Gestaltungsparameter echter Gemälde: Licht und Schatten oder Perspektive können nur durch gekonnt gesetzte Pinsel-

und Zeichenstriche auf das Gemälde gebannt werden. Filter können immer nur einen vereinfachten Abklatsch dieser komplexen Maltechniken nachempfinden. Dieser Umstand mag Adobe auch dazu bewogen haben, Photoshop seit mehreren Versionen keine neuen Mal- und Zeichenfilter zu spendieren. In dem folgenden kurzen Workshop wollen wir Ihnen demonstrieren, wie Sie durch Variationstechniken dem Standard-Look von Photoshops Mal- und Zeichenfiltern entkommen können.

Schraffurtechnik in Photoshop

1. Ausgangsbild

Als Basis für unsere Schraffur verwenden wir ein möglichst detailarmes Graustufenbild mit flächigen Tonwerten. Zeichnen Sie Ihre Vorlage ggf. etwas weich, damit nicht zu viele Bilddetails vorhanden sind. Dann werden drei Duplikate der Bildebene erstellt (06_bildveredelung/schraffur).

2. Schwellenwert

Mittels BILD • ANPASSEN • SCHWELLENWERT wird nun jede der vier Bildebenen in eine monochrome Darstellung konvertiert. Variieren Sie die Schwellenwert-Einstellung: Der Schwellenwert von Ebene 1 sollte ca. 20 % der vorhandenen Graustufen in Schwarz umwandeln, jener von Ebene 2 ca. 40 %, der Schwellenwert von Ebene 3 60 % und der von Ebene 4 sogar 80 %.

3. Strichumsetzung

Wenden Sie nun auf jede Ebene den Filter STRICHUMSETZUNG (ZEICHENFILTER) an. Ändern Sie bei jeder Ebene den Richtungsparameter: Die Striche von Ebene 1 sollten von links oben nach rechts unten verlaufen, jene von Ebene 2 horizontal etc. Passen Sie die HELL/DUNKEL-BALANCE und die STRICHLÄNGE so an, dass der Strichverlauf gut erkennbar ist. Abschließend überblenden Sie alle Ebenen im Modus MULTIPLIZIEREN. Durch Variation der Deckkraft können Sie allzu dominante Strichspuren mildern.

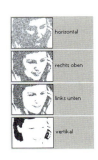

Filter

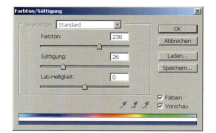

4. Kolorierung

Mit einer Einstellungsebene FARBTON/SÄTTIGUNG können Sie die Schraffur kolorieren. Aktivieren Sie dazu die Option FÄRBEN, und wählen Sie den gewünschten Farbton aus. Die SÄTTIGUNG sollte etwa bei 25° liegen.

Wenn Sie sich für das Thema »Malen mit Photoshop« interessieren, empfehlen wir Ihnen das ebenfalls bei Galileo Press erschienene Buch »Illustration mit Adobe Photoshop«, eine kreative Fundgrube zu diesem Thema.

Filter richtig einsetzen

In Anlehnung an den berühmten Philosophen Krishnamurti behaupten wir: »Creative image editing is a pathless land.« In der kreativen Bildbearbeitung gibt es nun einmal keinen Königsweg, kein »Richtig« und »Falsch«, sondern eben nur mehr oder weniger gelungene Versuche, die gestalterischen Intentionen umzusetzen. Meistens offenbart sich die »Vollkommenheit« der eigenen Werke erst nach kreativer Distanz. Soll heißen: Wenn Sie schon stundenlang an diversen Filtereinstellungen herumexperimentiert haben, sind Sie nicht mehr in der Lage, Ihr Werk objektiv zu beurteilen. Erst nach längerer Pause weicht die kreative Befangenheit, und das Urteilsvermögen kehrt zurück. Versteifen Sie sich schon während des Bearbeitungsprozesses auf ein Ergebnis, kann das in der Nachbetrachtung oft unangenehme Folgen haben: Die eigenen Werke gefallen nicht mehr, oft wünscht man sich mehrere Variationen zur Auswahl.

Diesem Anspruch steht der destruktive Charakter der Filter gegenüber: Einmal auf das Bild angewandt, ver(un)zieren sie es dauerhaft – wie eine mehr oder weniger geglückte Schönheitsoperation.

In diesem Abschnitt wollen wir Ihnen Möglichkeiten darlegen, wie Sie trotzdem gestalterische Variationen mit ihren Filtern erzielen können.

◀ **Abbildung 14**
Der VERBLASSEN-Dialog

▲ **Abbildung 15**
Das Originalbild

▲ **Abbildung 17**
Der Filter KONTUREN FINDEN im Verblassen-Modus LINEAR ABWEDELN.

▲ **Abbildung 16**
Der Filter KONTUREN FINDEN

06_bild-veredelung/flaschen.tif

▲ **Abbildung 18**
Derselbe Filter im Verblassen-Modus FARBIG NACHBELICHTEN

Verblassen

Mit BEARBEITEN • VERBLASSEN (Strg/⌘ + ⇧ + F) kann die Deckkraft und Füllmethode des zuletzt angewendeten Filters geändert werden. Sie erzielen damit einen ähnlichen Effekt, wie wenn Sie die Bildebene duplizieren, den Filter auf das Duplikat anwenden und die beiden Ebenen überblenden. Der Verblassen-Befehl kann natürlich viel schneller umgesetzt werden als diese umständlichen Ebenenmanipulationen. Nützlich ist er vor allem zum Abschwächen allzu intensiver Filter-Einstellungen, die besonders beim Scharfzeichnen problematisch sind. Da nicht nur die Deckkraft, sondern auch der Farbmodus variiert werden kann, eignet sich der Verblassen-Dialog auch

Filter richtig einsetzen **205**

▲ **Abbildung 19**
Die Filtergalerie

für künstlerische Experimente. In den Abbildungen 15–18 haben wir den Filter KONTUREN FINDEN auf das Bild angewandt und ihn mit verschiedenen Verblassen-Einstellungen manipuliert. Sie können übrigens nicht nur Filter, sondern auch Pinselstriche mit dem Verblassen-Dialog manipulieren.

Filtergalerie
Das Finden der »richtigen« Einstellungen war bisher der unkomfortabelste Arbeitsschritt beim Einsatz von Filtern. Um einen bestimmten »Look« in ein Bild zu zaubern, sind meist mehrere Filter nötig, deren Einstellungen aufeinander abgestimmt werden müssen. Bisher gab es in Photoshop keine Möglichkeit, solche »Filterketten« (Filter 2 übernimmt die Ausgabe von Filter 1 etc.) innerhalb eines Dialogfensters zu konfigurieren oder eine Vorschau auf ihre Ergebnisse zu erhalten. Mühsame Einstellungen in verschiedenen Dialogfenstern waren die Folge. Entsprach das Resultat nicht den Vorstellungen, mussten die Arbeitsschritte wieder rückgängig gemacht werden.

Mit der Filtergalerie gibt es nun endlich eine Lösung für dieses Problem. Mehrere Filter können innerhalb einer Dialogbox auf das Bild angewandt, in ihrer Reihenfolge verändert oder ausgeblendet werden. Folgende Funktionen bietet die Filtergalerie:

▶ Mehrere Filter können zu einer Filterkette zusammengesetzt werden.
▶ Die Reihenfolge dieser Kette kann beliebig verändert werden.
▶ Das Ein- und Ausblenden einzelner Filter ermöglicht eine rasche Ergebnisbeurteilung.
▶ Die Filtergalerie-Vorschau zeigt die Auswirkungen der gesamten Filterkette auf das Bild.

Änderungen der Filtereinstellungen innerhalb der Filtergalerie wirken sich nicht destruktiv auf die Bilddaten aus. Einziger Wehrmutstropfen: Nur die Kunst-, Mal-, Verzerrungs-, Zeichen-, Stilisierungs- und Texturierungsfilter sind über die Filtergalerie zugänglich. Weich- und Scharfzeichnungsfilter beispielsweise müssen auf konventionellem Weg angewandt werden.

In Abbildung 19 sehen Sie das Dialogfenster der Filtergalerie; links das Vorschau-Fenster ❶, dessen Zoom ❷ in der Fußzeile eingestellt werden kann. Mittig befindet sich die Filter-Ansicht ❸, die in Ordner-Struktur gegliedert ist. Jeder Filter besitzt ein Vorschau-Bild, das seine Wirkungsweise illustriert. Rechts oben befindet sich eine Schaltfläche ❹ zum Ein- und Ausblenden der Filter-Ansicht. Darunter sind die jeweiligen Einstellungsmöglichkeiten des gerade aktiven Filters angeordnet. Rechts unten befindet sich die Filterliste ❺. In ihr sind alle auf das Bild angewandten Filter enthalten. Der oberste Filter wird zuerst auf das Bild

▲ **Abbildung 20**
Einem Listeneintrag wird ein Filter zugewiesen.

angewandt, der zweite danach usw. Mit dem Auge-Symbol ❻ kann ein Filter ein- bzw. ausgeblendet werden (in diesem Fall wird er nicht angewandt, seine Einstellungen bleiben aber erhalten). Die Reihenfolge der Filterliste kann beliebig verändert werden. Das Blatt-Icon ❼ dient zum Erstellen eines neuen Eintrags in der Filterliste, das Mülleimer-Icon ❽ löscht alle markierten Einträge aus der Liste.

Ein Klick auf den OK-Button wendet alle Filter auf das Bild an. Nach dem Verlassen der Filtergalerie können die Einstellungen der verwendeten Filter nicht mehr bearbeitet werden.

Innerhalb des Filtergalerie-Dialogs können Sie jedoch beliebig oft mit verschiedenen Einstellungen experimentieren. Das Tastenkürzel `Strg`/⌘ + `Z` funktioniert auch innerhalb der Filtergalerie. Damit können Sie die zuletzt getroffenen Einstellungen rückgängig machen.

Um einen zusätzlichen Filter in die Filterliste einzufügen, müssen Sie zuerst mit dem Blatt-Icon ❼ einen neuen Eintrag in der Filterliste erstellen. Markieren Sie den neuen Eintrag, und klicken Sie in der Filter-Ansicht auf den gewünschten Filter (siehe Abbildung 20). Nun können Sie seine Einstellungen bearbeiten. Alternativ kann der Filter auch mit dem Dropdown-Menü über den Filter-Einstellungen geändert werden.

Wollen Sie die Auswirkungen eines Filters nicht in der Vorschau angezeigt bekommen, aber seine Einstellungen dennoch behalten, so müssen Sie ihn ausblenden. Dies geschieht mit dem Auge-Icon in der Filterliste. Durch einen Klick auf das Auge ist der Filter ausgeblendet und in der Vorschau nicht sichtbar.

Die Reihenfolge in der Filterliste können Sie mit der Maus ändern. Klicken Sie den zu verschiebenden Eintrag an, und ziehen Sie ihn mit der Maus an die gewünschte Stelle der Liste.

Schnellere Vorschau durch Auswahl

Wenden Sie Filterketten auf größere Bilder an, kann die Berechnung der Vorschau einiges an Zeit in Anspruch nehmen. Für das Experimentieren mit Filtereinstellungen ist dies sehr hinderlich. Wählen Sie daher einen repräsentativen Teil Ihres Bildes aus, bevor Sie FILTERGALERIE aufrufen. Dadurch beschleunigt sich die Berechnung der Vorschau dramatisch. Sind Sie mit den Einstellungen zufrieden, verlassen Sie die Filtergalerie mit OK, machen aber anschließend das Ergebnis der Bearbeitung rückgängig ((⌘/`Strg` + `Z`)) und heben die Auswahl ((⌘/`Strg` + `D`)) auf. Rufen Sie nun abermals FILTERGALERIE auf, können Sie die zuletzt getroffenen Einstellungen sofort auf das ganze Bild anwenden.

Bilder in Comic-Zeichnungen verwandeln

Im folgenden Workshop wollen wir ein konventionelles Foto mit Hilfe der Filtergalerie in eine comicartige Zeichnung verwandeln. Was nach stundenlanger Arbeit mit diversen Pinseln und Photoshop-Werkzeugen aussieht, ist in Wirklichkeit nur das Ergebnis zweier clever kombinierter Filter. Öffnen Sie ein Foto, das Sie bearbeiten möchten. Anschließend rufen Sie den Filtergalerie-Dialog (Menü FILTER • FILTERGALERIE) auf.

1. Farbpapier-Collage-Filter
Zunächst fällt auf, dass unser Bild zu viele Farbübergänge enthält, um als Zeichnung durchzugehen, die ja meist auf wenige Farben reduziert ist. Daher wenden wir den Filter FARBPAPIER-COLLAGE aus dem Ordner KUNSTFILTER auf das Quellbild an. Die erforderlichen Einstellungen können Sie der Abbildung entnehmen. Obwohl es durch die Farbreduktion schon entfernt an ein Gemälde erinnert, fehlt noch die für Comics typische Betonung der Umrisse.

2. Filter Kantenbetonung
Das erledigt der Filter TONTRENNUNG & KANTENBETONUNG. Um ihn auf das Bild anzuwenden, muss zunächst ein neuer Filterlisten-Eintrag erstellt werden. Dies geschieht durch Klick auf das Blatt-Icon. Klicken Sie nun auf den unteren der beiden Filterlisten-Einträge und anschließend auf den Filter KANTEN BETONEN aus den künstlerischen Filtern. Die Einstellungen können Sie der Abbildung entnehmen. Damit wird dieser als zweiter Filter angewandt.

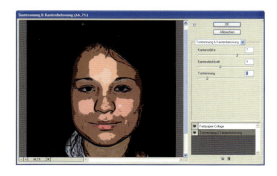

Die Protokoll-Palette

Für die Protokoll-Palette müssen wir nicht nur den Programmierern, sondern auch den deutschen Übersetzern Lob aussprechen. »Protokoll« beschreibt die Funktionsweise dieses Befehls ungleich besser als das vage englische »History«: Die Palette zeichnet eine beschränkte Anzahl von Arbeitsschritten auf und erlaubt das Rückgängig-Machen dieser Befehle (Alternative Tastenkürzel: ⌘/Strg + ⌥/Alt + Z für das Zurücknehmen und ⌘/Strg + ⇧ + Z für das Wiederherstellen einzelner Protokollschritte). Die Anzahl der gespeicherten Protokoll-Objekte (Standard: 20) können Sie in den allgemeinen Photoshop-Voreinstellungen ändern.

Besonders bei der Arbeit mit Filtern, die destruktiv in den Bildinhalt eingreifen, spielt das Protokoll eine wichtige Rolle. Einerseits, um missglückte Filtereinstellungen rückgängig zu machen, andererseits fungiert das Protokoll durch die Schnappschuss-Funktion auch als Versionsverwaltung innerhalb von Photoshop.

Nach jeder tief greifenden bildgestalterischen Änderung sollte die Erstellung eines Dokument-Schnappschusses zur Selbstverständlichkeit werden. Dadurch müssen Sie sich nicht auf eine Gestaltungsmethode versteifen und können im Nachhinein zwischen den verschiedenen Schnappschüssen wählen.

Schnappschüsse sind aber nicht nur Versionierungsbehelf, sondern auch künstlerisches Ausdrucksmittel: Mit dem Protokoll- bzw. Kunstprotokollpinsel können Teile eines Schnappschusses in den aktuellen Dokumentzustand gemalt werden. Dadurch ist es möglich, Filter und Effekte sehr selektiv auf ein Bild anzuwenden.

Photoshop kennt lineare und nichtlineare Protokolle:

◄ **Abbildung 21**
Die Protokoll-Palette mit mehreren Schnappschüssen ❶, Objekten ❷ und dem Icon zum Erstellen eines neuen Schnappschusses ❸.

Speicherplatz freigeben

Das Protokoll kann mitunter sehr viel des verfügbaren Speicherplatzes »fressen«. Wenn Sie sicher sind, dass Sie die getätigten Schritte nicht mehr rückgängig machen werden, kann der von Protokollen belegte Speicherplatz über den Menüpunkt BEARBEITEN • ENTLEEREN • PROTOKOLLE freigegeben werden. Aber Vorsicht ist geboten, denn dieser Befehl löscht die Protokolle **aller** geöffneten Dokumente!

Um das Protokoll des aktiven Bilddokuments zu löschen, halten Sie die ⌥/Alt -Taste gedrückt, und wählen Sie aus dem Palettenmenü des Protokolls den Eintrag PROTOKOLL LÖSCHEN. Dadurch wird das Protokoll nicht nur gelöscht, sondern auch der vom Protokoll belegte Speicher sofort freigegeben. Halten Sie die ⌥/Alt -Taste nicht gedrückt, bleibt der Speicher für das Protokoll reserviert, und das Löschen des Protokolls kann rückgängig gemacht werden.

Filter richtig einsetzen **209**

Abbildung 22 ▶
Der Protokollpinsel trägt den in der Protokoll-Palette durch das Pinselsymbol markierten Zustand auf das Bild auf.

▲ **Abbildung 23**
Die Wolkendecke wird mit dem Protokollpinsel über die Kirchturmspitzen montiert.

1. Beim **linearen Protokoll** können Bearbeitungsschritte nur sequenziell rückgängig gemacht werden. Wollen Sie also den viertletzten Befehl zurücknehmen, werden dabei auch alle nachfolgenden Befehle rückgängig gemacht.
2. Das **nichtlineare Protokoll** (aktivierbar über die PROTOKOLL-OPTIONEN • NICHTLINEARE PROTOKOLLE SIND ZULÄSSIG) erlaubt ein selektives Zurücknehmen von Protokolleinträgen: Wird der viertletzte Befehl rückgängig gemacht, so bleiben alle übrigen Befehle davon unberührt. Allerdings lassen nichtlineare Protokolle den Arbeitsspeicher-Bedarf eines Dokuments schnell in ungeahnte Höhen treiben und die Performance empfindlich sinken. Deshalb hat sich dieser Protokolltyp bisher nicht wirklich durchgesetzt.

Filter mit dem Protokollpinsel anwenden
Ein geniales Werkzeug, mit dem die Vergangenheit teilweise wiederhergestellt werden kann, ist der Protokollpinsel. Es genügt, den wiederherzustellenden Zustand über das Feld ❶ in der Protokoll-Palette zu markieren, und schon stellt der Protokollpinsel beim Malen im Bild den angewählten Zustand wieder her. Dabei wird der gewählte Zustand wie Farbe

Reduzierte Schnappschüsse
Klicken Sie bei gedrückter ⌥/Alt-Taste auf das Icon SCHNAPPSCHUSS ERSTELLEN, können Sie wahlweise reduzierte Schnappschüsse (alle Ebenen auf eine reduziert) erstellen oder nur den Zustand der aktuellen Ebene festhalten. Insbesondere bei der Print-Gestaltung können reduzierte Schnappschüsse wertvolle Systemressourcen sparen.

Wenn der Protokollpinsel nicht mehr funktioniert
Der Protokollpinsel kann keine Protokollzustände wiederherstellen, bei denen eine andere Bildgröße oder ein anderer Farbmodus verwendet wurde. Mitunter funktioniert das Wiederherstellen auch nach dem Erstellen bzw. Löschen von Ebenenmasken und Ebenen nicht.

auf das Bild aufgetragen. Die Wahl des Malmodus, der Werkzeugspitze, der Deckkraft und anderer Werkzeugoptionen ist wie von den Malwerkzeugen gewohnt in der Werkzeugoptionsleiste möglich.

Die Anwendungsgebiete des Protokollpinsels sind vielfältig. Ist zum Beispiel ein Filter oder eine Korrektur in einem Bildbereich zu stark ausgefallen, so kann diese mit dem Protokollpinsel für den betreffenden Bildbereich schrittweise rückgängig gemacht werden. Wurde in einem Schritt zu viel mit dem Radiergummi gelöscht oder zu viel im Bild mit dem Werkzeugspitzen-Werkzeug bemalt, so kann dies partiell mit dem Protokollpinsel widerrufen werden. Alles in allem ist der Protokollpinsel genauso bei der Retusche und Montage wie bei der Malerei und Arbeit mit Filtern nützlich.

Im folgenden Workshop finden Sie ein Beispiel für die Arbeit mit Schnappschüssen in Kombination mit dem Protokollpinsel. Dabei werden die Turmspitzen der abgebildeten Kirche mit der einmontierten Wolkendecke in Beziehung gebracht (Abbildung 23).

Türme bis in die Wolken ...

Im Verzeichnis 06_bildveredelung finden Sie die Datei kirche_wolken. Öffnen Sie diese zu Beginn des Workshops. Darin befindet sich eine freigestellte Kirche, eine etwas verzerrte Wolkendecke und eine leere Ebene.

1. Schnappschuss!
Nach dem Öffnen der Datei blenden Sie die Kirchenebene aus und die Protokoll-Palette über den Menüpunkt ANSICHT ein. Es ist nun nur die Wolkendecke im Bild zu sehen. Von dieser soll ein Schnappschuss erstellt werden. Dieser soll ausschließlich die Wolkendecke ohne die im Bild enthaltenen Ebenen speichern.

Klicken Sie bei gedrückter ⌥/Alt-Taste auf das Symbol für einen neuen Schnappschuss in der Protokoll-Palette.

Durch die ⌥/Alt-Taste wird ein Dialogfenster aufgerufen. Darin wählen Sie aus dem Listenfeld namens AUS den Eintrag REDUZIERTE EBENEN, und benennen Sie den Schnappschuss zum Beispiel als »Wolkendecke ohne Ebenen«.

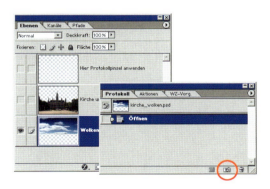

2. Protokollzustand für Protokollpinsel wählen

In der Protokoll-Palette befinden sich nach dem ersten Schritt zwei Schnappschüsse. Der erste wurde automatisch nach dem Öffnen der Datei erstellt und enthält alle Ebenen des Bildes, der zweite ist eine Art Bildschirmfoto der Wolkendecke. Klicken Sie auf die in der Abbildung rot markierte Stelle der Protokoll-Palette. Damit definieren Sie den Zustand des Bildes, der durch den Protokollpinsel aufgetragen wird.

Blenden Sie danach in der Ebenen-Palette alle Ebenen ein, und aktivieren Sie die oberste Ebene. Diese ist noch leer.

3. Wolkendecke aus Schnappschuss malen

Öffnen Sie aus der Werkzeugpalette den Protokollpinsel ([Y]), und wählen Sie aus der Werkzeugoptionsleiste eine weiche Werkzeugspitze mit einem Durchmesser von 60 Pixeln. Malen Sie nun im Bild, so wird der vorher aufgenommene Schnappschuss aufgetragen. In der Abbildung ist zu sehen, wie die Wolken aus dem Schnappschuss über dem Kirchturm auf einer separaten Ebene gemalt werden.

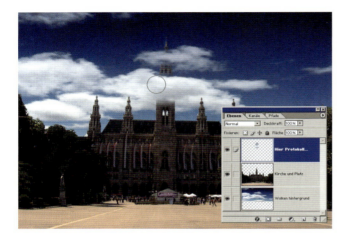

Der Kunstprotokollpinsel

Sehr künstlerische, mitunter auch schöne Bilder können mit dem Kunstprotokollpinsel erzeugt werden. Der Kunstprotokollpinsel befindet sich im Flyout-Menü des Protokollpinsels und funktioniert nahezu gleich wie der Protokollpinsel, allerdings werden die Malstriche in künstlerischer Weise auf das Bild aufgetragen.

Über die Werkzeugoptionen des Kunstprotokollpinsels können unterschiedliche Malstile eingestellt werden. Für die Abbildungen 26–28 wurde die Bildfläche weiß eingefärbt und von diesem Zustand ein Schnappschuss erstellt. Anschließend haben wir den Ausgangszustand des Bildes mit verschiedenen Kunstprotokollpinsel-Einstellungen zurückgemalt.

▲ **Abbildung 24**
Die Optionen des Kunstprotokollpinsels

▲ **Abbildung 25**
Dieses Bild ist die Ausgangsbasis für unsere Kunstprotokollpinsel-Experimente.

▲ **Abbildung 26**
Kunstprotokollpinsel mit der Einstellung DICHT, KRAUS

06_bild-
veredelung/
pinsel.tif

▲ **Abbildung 27**
Kunstprotokollpinsel mit Einstellung LOCKER KRAUS, LANG

▲ **Abbildung 28**
Kunstprotokollpinsel mit Einstellung GETUPFT

Abbildung 29 ▶
Ein wichtiger Fachbegriff im Zusammenhang mit Füllmethoden ist die Deckkraft. Der rote Linienzug deckt die darunter liegenden Inhalte ab.

Abbildung 30 ▶
Derselbe Schriftzug wurde mit geringerer Deckkraft aufgetragen.

▲ **Abbildung 31**
Das Ausgangsbild für unsere Füllmethoden-Beispiele und der überlagerte Inhalt.

Füllmethoden

Sind Filter das Salz, dann könnte man die Füllmethoden als den Pfeffer der Bildveredelung bezeichnen. Wie bereits bei der Verblassen-Funktion beschrieben wurde, dienen Füllmethoden einerseits zur kreativen Abwandlung von Filterergebnissen, andererseits spielen sie in Kombination mit Ebenenmasken eine wichtige Rolle bei der Lichtmodellierung von Bildern.

Dabei wird immer von zwei Bildinhalten ausgegangen: einem Bild und einem überlagerten Inhalt. Füllmethoden tauchen an

Gruppierung der Füllmethoden nach Funktionsweise

Gruppe	Füllmethoden	Wirkung
1	NORMAL, SPRENKELN	Keine Farbänderung, Aussehen wird nur über Deckkraft beeinflusst
2	MULTIPLIZIEREN, ABDUNKELN, LINEAR NACHBELICHTEN, FARBIG NACHBELICHTEN	Abdunklung, Ergebnisfarbe meist dunkler als die beiden Ausgangsfarben
3	AUFHELLEN, UMGEKEHRT MULTIPLIZIEREN, LINEAR ABWEDELN, FARBIG ABWEDELN	Aufhellung, Ergebnisfarbe meist heller als die beiden Ausgangsfarben
4	ÜBERLAGERN, WEICHES LICHT, HARTES LICHT, STRAHLENDES LICHT, LINEARES LICHT, LICHTPUNKTE, HARTE MISCHUNG	Kontrasterhöhung
5	DIFFERENZ, AUSSCHLUSS	Zeigt Farbunterschiede in den überlagerten Ebenen durch Graustufen-Grafik
6	FARBE, FARBTON, SÄTTIGUNG, LUMINANZ	Koloriert Bilder nach dem HSB-Modell

▲ **Abbildung 32**
Die Füllmethode NORMAL bei einer Deckkraft von 60 %

▲ **Abbildung 33**
Die Füllmethode MULTIPLIZIEREN bei einer Deckkraft von 60 %

vielen Stellen in Photoshop auf, zum Beispiel als Malmodi unterschiedlichster Werkzeuge (BUNTSTIFT, STEMPEL, FÜLLEIMER ...), als Ebenenfüllmethoden, als Lichtmodus von Schattierungen bei Ebeneneffekten und an einigen Stellen mehr. Vereinfacht gesagt kann an jeder Stelle, in der Farbe in Photoshop aufgetragen wird, entschieden werden, **wie** diese Farbe aufgetragen wird.

Die Füllmethoden von Photoshop sind nicht etwa eine Erfindung von Adobe, sondern bilden vielmehr die digitale Variante verschiedener Dunkelkammer-Techniken. Dort wurden beispielsweise Bildnegative übereinander projiziert und anschließend belichtet, um den Kontrast zu verbessern.

Es ist unnötige Lernarbeit, sich die Wirkungsweise aller Füllmethoden einzuprägen, denn sie sind nach ihrer Wirkung in sechs Gruppen eingeteilt, wie die Tabelle zeigt.

Im Folgenden werden die wichtigsten Ebenenmodi näher beschrieben. Die Beispielbilder basis.tif und überlagert.tif finden Sie unter 06_bildveredelung auf der CD-ROM.

Normalität und Sprenkeln

Diese beiden Füllmethoden nehmen keine Änderung an den Farbwerten der überblendeten Ebenen vor. Der Modus SPRENKELN stellt die überlagerten Inhalte zufällig gestreut dar, ähnlich dem Filter STÖRUNGEN HINZUFÜGEN. Mit der Deckkrafteinstellung wird bei Sprenkeln die Häufigkeit der aufgetragenen Farbe eingestellt.

Multiplizieren

Bei der Überlagerung durch Multiplikation wird das Bild immer abgedunkelt. Photoshop macht bei dieser Füllmethode nichts anderes, als den Farbwert des überlagerten Bildinhalts mit dem darunter liegenden Farbwert zu multiplizieren. Diese Überlagerungsmethode entspricht in etwa der subtraktiven Farbmischung. Auf diese Weise kann zum Beispiel ein Leuchtmarker in Photoshop simuliert werden (Abbildung 34).

Wird weiße Farbe mit einer beliebigen anderen Farbe B multipliziert, so ist die Farbe B auch die Ergebnisfarbe, im Bild verschwinden

◄ **Abbildung 34**
Durch Multiplikation von Farbe wird die subtraktive Farbmischung simuliert. Dargestellt ist ein auf ein Bild multiplizierter Schriftzug mit »Leuchtmarker«.

Abbildung 35 ►
Eine gescannte Strichzeichnung wird einem Foto überlagert.

◄ **Abbildung 36**
Zunächst sieht das Ergebnis einer »normalen« Überlagerung wie hier dargestellt aus.

Abbildung 37 ►
Multipliziert man die Strichzeichnung mit dem Foto, so werden die weißen Bereiche durch die Farbe des Bildes ersetzt, und man erspart sich mühevolle Freistellarbeit.

Abbildung 38 ►
Durch Multiplikation von Graustufen-Verläufen oder beliebigen anderen Graustufenbildern können problemlos Lichtstimmungen in Bildern erzeugt werden.

weiße Bereiche. Eine Anwendung dieser Tatsache kann zum Beispiel eine gescannte Strichzeichnung sein, die mit darunter liegenden Bildinhalten multipliziert wird (Abbildung 35 bis 37).

Eine weitere, häufig zur Anwendung kommende Einsatzvariante des Multiplizierens ist es, Bilder oder Hintergründe mit Verläufen zu multiplizieren. Ein Beispiel dafür ist in Abbildung 38 dargestellt.

▲ Abbildung 39
UMGEKEHRT MULTIPLIZIEREN stellt das Gegenstück zur Methode MULTIPLIZIEREN dar, hier bei 50 %.

▲ Abbildung 40
Die Füllmethode ÜBERLAGERN

Umgekehrt multiplizieren

UMGEKEHRT MULTIPLIZIEREN stellt das Gegenstück zur Methode MULTIPLIZIEREN dar. Sie müssen sich den Effekt so vorstellen, dass zwei Dias übereinander projiziert werden. Diese Methode wird häufig dazu verwendet, helle Verläufe, Wolken und Beleuchtungssituationen auf Bildern nachträglich einzumontieren. Weiße Bereiche in einem der überlagerten Bilder bleiben im Ergebnis weiß.

Überlagern

Eine wunderbare Methode für die Erstellung von Collagen und die Überlagerung von Hintergründen ist die Methode ÜBERLAGERN. Diese stellt eine Mischung aus MULTIPLIZIEREN und UMGEKEHRT MULTIPLIZIEREN dar und ist für Experimente wie geschaffen. Auch wenn ein Hintergrund in Teile eines Bildes eingearbeitet werden soll, kann ÜBERLAGERN recht viel Arbeit ersparen. Abbildung 40 zeigt ein Beispiel für eine Anwendung.

Abdunkeln

Die Methode ABDUNKELN erzeugt bei der Überlagerung ein Bild, das aus den dunkleren Stellen der beiden überlagerten Bildinhalte besteht. Beim Abdunkeln wird keine Berechnung wie bei der Multiplikation angewandt. Es werden die überlagerten Farben kanalweise miteinander verglichen und jeweils die dunkleren Kanalfarben als Ergebnis verwendet. Deshalb ist das Ergebnis des Abdunkelns meist ein wenig matter bzw. heller als das des Multiplizierens. Diese Methode achtet allerdings

Für Mathematiker …
Für die Multiplikation verwendet Photoshop Faktoren vom Rot-, Grün- und Blauanteil. Diese befinden sich zwischen null und eins. Eins entspricht dem Maximalanteil der Farbe, null keiner Farbe. Ein RGB-Farbwert von [255, 0, 128] entspricht in Faktorschreibweise [1, 0, 0.5], weiße Farbe wäre [1, 1, 1] und Schwarz [0, 0, 0]. Die Farben werden bei der Multiplikation kanalweise miteinander multipliziert.

▲ **Abbildung 41**
ABDUNKELN bei 80 %

▲ **Abbildung 42**
Die Füllmethode AUFHELLEN bei einer Deckkraft von 50 %

nicht auf die subjektive Helligkeit eines Pixels, sondern geht strikt nach den Farbkanälen vor. Aus dieser Tatsache resultiert, dass die Ergebnisfarbe eine merkwürdige Mischung der überlagerten Farben sein kann. Anwendung findet das Abdunkeln aber dennoch für ähnliche Zwecke, wie vorhin beim Multiplizieren beschrieben. Wird diese Methode auf weiße Farben angewandt, so bleibt die zweite Farbe unverändert.

Aufhellen

Das Gegenstück zum Abdunkeln ist die Methode AUFHELLEN. Bei dieser wird jeweils der hellere Farbanteil der einander überlagerten Farbwerte für das Ergebnis verwendet. Auch beim Aufhellen können Farbverschiebungen auftreten, da Photoshop die jeweils helleren Anteile der einzelnen Kanalfarben verwendet.

Farbig und linear nachbelichten

Diese Methode ist etwas schwieriger nachzuvollziehen und simuliert die Verfremdungseffekte, die bei der Nachbelichtung mit Bildinhalten in der Dunkelkammer entstehen. Bei der Nachbelichtung werden die betroffenen Bildteile immer dunkler. Photoshop erhöht bei der farbigen Nachbelichtung den **Kontrast** des unteren Bildes, wie in Abbildung 43 zu sehen ist.

Beim linearen Nachbelichten wird anstelle einer Erhöhung des Kontrasts die **Helligkeit** verringert, wie Abbildung 44 zeigt.

Bei der Bildretusche können mit diesen Methoden selektiv Bereiche von Bildern abgedunkelt werden. Es empfiehlt sich dazu, mit überlagerten Graustufenbildern zu arbeiten.

Farbig und linear abwedeln

Die Methoden FARBIG ABWEDELN und LINEAR ABWEDELN simulieren das Abwedeln während der Belichtung von Fotografien. Helle Farben hellen die Ergebnisfarben insgesamt auf, wird mit weißer Farbe aufgehellt, so ist das Ergebnis weiß. Beim farbigen Abwedeln verringert Photoshop den Kontrast bei dieser Operation, lineares Abwedeln erhöht die Helligkeit. Sowohl aus Abbildung 45 als auch 46 wird deutlich,

▲ Abbildung 43
Die Füllmethode FARBIG NACHBELICHTEN bei einer Deckkraft von 60 %

▲ Abbildung 44
LINEAR NACHBELICHTET bei 60 %

▲ Abbildung 45
Die Füllmethode FARBIG ABWEDELN bei einer Deckkraft von 50 %

▲ Abbildung 46
Die Füllmethode LINEAR ABWEDELN bei einer Deckkraft von 50 %

dass beim farbigen Abwedeln die Kontraste stärker verändert und beim linearen Abwedeln die Helligkeit stärker beeinflusst wird. Das Abwedeln mit schwarz verändert die Bildinhalte übrigens nicht.

In der Dunkelkammer …

Beim Abwedeln in der Dunkelkammer wird das Fotopapier durch einen Karton ein paar Sekunden vor dem Licht des Vergrößerers geschützt. Der Karton wird dabei hin und her bewegt (gewedelt), um Schattenkanten des Kartons im belichteten Bild zu vermeiden. Die auf diese Weise unterbelichteten Teile des Bildes erscheinen im fertigen Bild heller.

Füllmethoden **219**

▲ Abbildung 47
Die Füllmethode WEICHES LICHT bei einer Deckkraft von 75 %

▲ Abbildung 48
Die Füllmethode HARTES LICHT bei einer Deckkraft von 75 %

▲ Abbildung 49
Die Füllmethode STRAHLENDES LICHT bei einer Deckkraft von 75 %

▲ Abbildung 50
Die Füllmethode LINEARES LICHT bei einer Deckkraft von 75 %

Weiches, hartes, strahlendes und lineares Licht

Bei diesen Überlagerungsmethoden interpretiert Photoshop das überlagerte Bild als Lichtquelle. Ich bezeichne diese Füllmethoden deshalb auch als Lichtarten. Dabei wird ein einfaches Prinzip angewandt: Alles, was von hellem Licht bestrahlt wird, wird heller, alles, was im Halbschatten liegt, erscheint dunkler. Alle Lichtarten dunkeln das Bild ab, wenn das überlagerte Bild dunkler als 50 % Grau ist, und alle Lichtarten hellen das Bild auf, wenn das überlagerte Bild heller als 50 % Grau ist.

Der Unterschied zwischen den Lichtarten liegt darin, wie die Aufhellung bzw. Abdunkelung erfolgt. In der Tabelle sind für die unterschiedlichen Lichtarten grob die verwendeten Aufhellungs- und Abdunkelungsmethoden zusammengefasst.

▲ **Abbildung 51**
Die Füllmethode LICHTPUNKTE bei einer Deckkraft von 50 %

▲ **Abbildung 52**
Die Füllmethode HARTE MISCHUNG bei einer Deckkraft von 75 %

Im praktischen Einsatz eignet sich **hartes Licht** recht gut, um Bildern mehr Tiefe zu geben, grob gesagt werden die diesbezüglichen Möglichkeiten von MULTIPLIZIEREN und UMGEKEHRT MULTIPLIZIEREN vereint. **Weiches Licht** findet in der Feinbearbeitung von Fotografien häufig Verwendung à la »ein wenig heller hier, ein wenig dunkler da«. Wird weiches Licht großflächig auf ein Bild angewandt, so sehen die erzeugten Ergebnisse meist etwas matt aus. **Strahlendes Licht** verändert die Kontrastwerte und kann für starke Lichtsituationen verwendet werden, Ergebnisse tendieren aber dazu, Spezialeffekte zu sein.

Lichtpunkte, Harte Mischung, Differenz und Ausschluss

Diese Überlagerungsmethoden können als Spezialeffekte durchgehen. Bei **Lichtpunkten** ist das Ergebnis vom Helligkeitswert der Füllfarbe abhängig und liefert bestenfalls interessante Ergebnisse.

Der neu in Photoshop CS hinzugekommene Modus **Harte Mischung** erzeugt eine Tontrennung der unteren Ebene auf Basis der Helligkeitsinformationen der überblendeten Ebene. Das resultierende Bild besteht dann aus maximal acht Farben (Rot, Grün, Blau, Cyan, Magenta, Gelb, Schwarz und Weiß). Setzen Sie

Was machen Lichtquellen?

Überlagerungsfarbe (Lichtfarbe)	Hartes Licht	Weiches Licht	Strahlendes Licht	Lineares Licht
Heller als 50 % Grau	Ähnlich UMGEKEHRT MULTIPLIZIEREN	Helligkeit, Kontrast	Ähnlich FARBIG ABWEDELN	Ähnlich LINEAR ABWEDELN
Dunkler als 50 % Grau	Ähnlich MULTIPLIZIEREN	Helligkeit, Kontrast	Ähnlich FARBIG NACHBELICHTEN	Ähnlich LINEAR NACHBELICHTEN

▲ Abbildung 53
Die Füllmethode DIFFERENZ bei einer Deckkraft von 50 %

▲ Abbildung 54
Die Füllmethode AUSSCHLUSS bei einer Deckkraft von 74 %

diese Füllmethode ein, wenn Sie psychedelische Effekte erzielen wollen, ohne in Ihr Quellmaterial destruktiv einzugreifen.

Die Methode **Differenz** hingegen hat neben dem Dasein als Spezialeffekt auch oft praktischen Wert. Diese Methode bildet nämlich die Farbdifferenz zwischen der überlagernden und überlagerten Farbe. Stimmen die beiden Farben überein, so ist die Differenz null, und die Ergebnisfarbe entspricht Schwarz. Der praktische Nutzen dieser Methode liegt bei der Positionierung von Elementen. Sollen zwei gleiche Bildinhalte exakt übereinander platziert werden, so ist es hilfreich, das überlagernde Bild in den Modus DIFFERENZ zu schalten. Ist die Positionierung exakt und stimmen die beiden Bilder exakt überein, so ist die Ergebnisfarbe Schwarz.

Die Methode **Ausschluss** funktioniert ähnlich wie Differenz, es wird für die Überlagerung eine ähnliche Verknüpfung der Farbwerte vorgenommen wie das logische Exklusiv-Oder. Im Bild ergibt dies weniger Kontrast als die Differenz-Methode.

Farbton, Sättigung, Farbe und Luminanz

Diese Methoden zählen zu den wesentlichsten Möglichkeiten, Farben in Bildern neu zu definieren. Mit diesen können neben dem kreativen Neugestalten von Farben in einem bestehenden Bild auch Graustufenbilder eingefärbt und weitere Farbkorrekturen vorgenommen werden.

Die Methode **Farbton** interpretiert die Farben nach dem HSB-Farbmodell und übernimmt aus dem überlagernden Bild den Farbton. Die Sättigung und die Helligkeit werden aus dem darunter liegenden Bild verwendet. Der Farbton des überlagerten Bildes wird verworfen. Abbildung 55 zeigt dieses Prinzip: Der Farbton der überlagernden Fläche wird dem Bild überlagert. Die vorher im Bild enthaltenen Farbtöne werden schlicht und einfach nicht mehr angezeigt.

Analog dazu übernimmt die Methode **Sättigung** den Sättigungswert des überlagernden Bildes und den Farbton sowie die Helligkeit aus dem darunter liegenden Bild. Mit diesem Modus können zum Beispiel Farben

▲ **Abbildung 55**
Die Füllmethode Farbton bei einer Deckkraft von 75 %

▲ **Abbildung 56**
Die Füllmethode Sättigung bei einer Deckkraft von 75 %

▲ **Abbildung 57**
Die Füllmethode Farbe mit einer Deckkraft von 75 %

▲ **Abbildung 58**
Die Füllmethode Luminanz bei einer Deckkraft von 75 %

kräftiger gemacht, abgeschwächt oder teilweise entfärbt werden.

Die Methode **Farbe** ermöglicht es, Graustufenbilder neu einzufärben. Es werden dabei der Farbton und die Sättigung des überlagernden Bildes verwendet. Vom darunter liegenden Graustufenbild wird der Helligkeitswert für das Ergebnis verwendet.

Zu guter Letzt verwendet die Methode **Luminanz** die Helligkeit des überlagernden Bildes, die Sättigung und der Farbton werden vom Hintergrundbild gesponsert. Diese Methode eignet sich genauso wie die Methode Farbe zum Einfärben von Bildern sehr gut.

Ebeneneffekte

Ein weiteres Mittel zur Bildveredelung sind Ebeneneffekte, die im »Teamwork« (mehr als ein Effekt wird auf eine Ebene angewandt) auch als Ebenen-Stile bekannt sind. Ihr großer Vorteil gegenüber Filtern: Sie sind nicht destruktiv, können also jederzeit ohne Qualitätsverlust überarbeitet werden. Ebeneneffekte bieten sich besonders für das »Aufpolieren« von Texten an, da diese erfahrungsgemäß häufigen Änderungen unterworfen sind.

Da Ebenen-Stile über etwa hundert Effektparameter verfügen, wäre es wenig sinnvoll, diese alle hier einzeln zu beschreiben. Stattdessen möchten wir Ihnen anhand von drei Workshops den praktischen Einsatz von Ebenenstilen demonstrieren.

Alle hier erläuterten Workshops können über das Hinzufügen von überlagerten Ebenen noch verfeinert werden. Allerdings ist dies nicht immer empfehlenswert, da bei ausschließlicher Verwendung von Ebeneneffekten die Editierbarkeit des Ebeneninhalts erhalten bleibt. Überlagern Sie Schattierungsebenen, so werden diese meist speziell für eine bestimmte Ebene erzeugt. Falls sich der Inhalt der Ebene ändert, müssen auch diese Überlagerungsebenen erneut erstellt werden.

Natürlich sei es trotzdem empfohlen, mit Überlagerungsebenen zu experimentieren, besonders bei der Glasschrift ist es spannend, mit diversen Verzerrungsfiltern bearbeitete Darstellungen des Bildes innerhalb der Schrift zu erzeugen und so die Brechung des Lichts zu simulieren.

Glasschrift

Im folgenden Workshop dreht es sich um die einfache Erstellung von durchsichtigen Ebenen, auf die Ebeneneffekte angewandt werden. Im Workshop wird als Ebeneninhalt ein Text verwendet, die hier gezeigten Möglichkeiten gelten aber natürlich für alle Ebeneninhalte. Nebenstehend sehen Sie das Ergebnis des Workshops.

Der Ausgangspunkt für diesen Workshop ist die Datei strom.psd. Sie finden diese im Verzeichnis 06_bildveredelung auf der CD-ROM zum Buch.

1. Schlagschatten

Die Vorschaubilder zu den Effekteinstellungen in diesem Workshop sind immer auf einfarbigem Hintergrund dargestellt, damit sie besser erkennbar sind.

Aktivieren Sie die Textebene Strom in der Ebenen-Palette, und wählen Sie den Befehl EBENE • EBENENSTIL • SCHLAGSCHATTEN aus der Menüleiste. Der Schlagschatten soll nicht in eine bestimmte Richtung geworfen, sondern rund um die Kante des Textes angewandt werden. Setzen Sie dazu den Wert DISTANZ auf 0 Pixel. Dadurch wird die Winkeleinstellung unwesentlich.

Damit der Schatten dennoch sichtbar ist, obwohl dieser sich jetzt genau hinter dem Text befindet, stellen Sie den Schieberegler GRÖSSE auf einen Wert von 70 px. Damit wird der Schattenübergang sehr groß definiert. Stellen Sie den Wert für ÜBERFÜLLUNG auf 15 px, um den Schatten an der Kante des Textes ein wenig intensiver zu gestalten. Bestätigen Sie den Ebenenstil-Dialog nach diesem Schritt.

Ebeneneffekte

2. Flächenoption

Nun kommt der wesentliche Schritt bei der Gestaltung von durchsichtigen Ebenen. Über das Feld Fläche kann die Deckkraft der Pixel auf der aktuellen Ebene eingestellt werden. Dieser Regler unterscheidet sich vom eigentlichen Deckkraftregler der Ebenen-Palette dadurch, dass er sich auf die Deckkraft der Pixel der Ebene bezieht. Die Ebeneneffekte werden nicht von diesem Regler beeinflusst. Schalten Sie den Flächenwert in der Ebenen-Palette auf 0.

Nun ist die Textfarbe ausgeblendet, der im vorhergehenden Schritt angewandte Schlagschatteneffekt bleibt aber sichtbar.

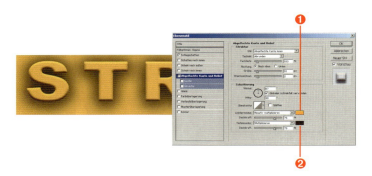

3. Abgeflachte Kante und Relief

Doppelklicken Sie in der Ebenen-Palette auf das f-Symbol der aktiven Ebene. Es öffnet sich der Ebenenstil-Dialog. Aktivieren Sie die Checkbox für den Effekt Abgeflachte Kante und Relief, und markieren Sie den Effekt in der Effektliste. Im mittleren Teil des Dialogs erscheinen nun die Einstellungen zum Effekt Abgeflachte Kante und Relief.

Wählen Sie als Stil für das Ebenenrelief Abgeflachte Kante innen und als zugehörige Technik Abrunden. Die Richtung des Reliefs soll nach oben weisen. Die Größe wurde mit 10 Pixeln definiert, und es wurde wenig weichgezeichnet (3 px).

Für den Schattierungsteil der Optionen wählen Sie einen Winkel von ungefähr 90 Grad und eine Höhe von 30. Die Glanzkontur kann unverändert bleiben. Allerdings wurde die Farbe für den Lichter- und Tiefenmodus verändert, denn die Voreinstellungen Weiß für die Lichter und Schwarz für die Tiefen waren ein wenig zu stark. Klicken Sie auf das Farbfeld für die Lichter ❶, und wählen Sie ein schmutziges Gelb als Lichterfarbe.

Ich habe den RGB-Wert von [255, 150, 0] verwendet. Die Tiefen werden über das Farbfeld ❷ festgelegt. Verwenden Sie einen Wert von ungefähr [50, 0, 0].

Verlassen Sie den Ebenenstil-Dialog nach diesem Schritt noch **nicht**! Falls Sie aber schon bestätigt haben, ist das auch kein Beinbruch, denn es genügt ein Doppelklick auf das Effektsymbol der aktiven Ebene, um wieder in den Ebenenstil-Dialog zu gelangen.

4. Reliefkontur

Wechseln Sie auf den zum Effekt ABGEFLACHTE KANTE UND RELIEF gehörenden Eintrag KONTUR in der Effektliste. Aktivieren Sie die Checkbox, und wählen Sie die in der Abbildung dargestellte Reliefkontur aus.

5. Glanz

Nun wird dem Effekt noch ein wenig Glanz hinzugefügt. Wechseln Sie dazu auf den gleichnamigen Effekt der Effektliste im Ebenenstil-Dialog.

Wählen Sie aus den Effekteinstellungen in der Mitte des Dialogs die in der Abbildung dargestellte Kontur über das Konturlistenfeld aus.

Stellen Sie den Winkel auf ca. –80 Grad, und geben Sie als Abstand ca. 10 px an. Die Größe des Ganzen können Sie frei nach Ihrem Ermessen wählen. Ich habe einen Wert von 16 px verwendet.

Die Abbildung zeigt das in diesen fünf Schritten erzeugte Ergebnis auf dem Originallayout anstelle des einfarbigen Hintergrunds.

6. Stil speichern

Die Glasbuchstaben waren verhältnismäßig viel Arbeit. Damit uns diese Arbeit in Zukunft erspart bleibt, können alle verwendeten Ebeneneffekte mit allen getroffenen Einstellungen als Ebenenstil gespeichert werden. Dazu genügt ein Klick auf den Button NEUER STIL im Ebenenstil-Dialog.

Nach dem Klick öffnet sich der dargestellte Dialog. Geben Sie einen Namen für den Ebenenstil an, und bestätigen Sie mit dem OK-Button.

Nun ist der Stil in der Stile-Palette gespeichert und kann jederzeit auf die aktive Ebene angewandt werden. Dazu genügt ein Klick auf den entsprechenden Stil in der Stile-Palette (FENSTER • STILE).

 Neonschrift

Dieser Workshop funktioniert prinzipiell mit jeder Art von Kontur oder Ebene. Wenn Sie möchten, können Sie die Textbasis Happyhour.psd aus dem Verzeichnis 06_bildveredelung von der Buch-CD laden. Alternativ erstellen Sie eine neue Datei mit einer beliebigen Textebene und einer schwarzen Hintergrundebene.

1. Fläche unsichtbar machen

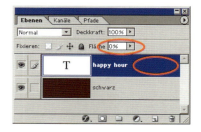

Aktivieren Sie die Textebene in der Ebenen-Palette, und setzen Sie über das Eingabefeld FLÄCHE die Deckkraft der Ebenenpixel auf 0. Doppelklicken Sie neben dem Ebenennamen der Textebene in der Ebenen-Palette, um den Ebenenstil-Dialog zu öffnen.

2. Schein nach außen

Wählen Sie aus der Effektliste Schein nach aussen. *Bestimmen Sie als Füllmethode* Aufhellen, *falls diese nicht ohnehin eingestellt ist. Stellen Sie die Deckkraft des Effekts über den entsprechenden Schieberegler auf 100 %, und achten Sie darauf, dass der Störungswert auf 0 % eingestellt ist.*

Da in diesem Workshop blaue Leuchtstoffröhren verwendet werden, wählen Sie ein knalliges Blau über das Farbfeld. Ich habe den RGB-Wert [50, 100, 255] als Farbe der Wahl verwendet.

Da der Schein einer Neonröhre sehr zart ist, stellen Sie die Überfüllung auf 1 %. Damit wird die Ebenentransparenz für den Schein kaum erweitert. Der Größenregler definiert den Übergangsbereich. Dieser muss ebenso recht klein gehalten werden, da die Neonröhre nur in einem kleinen Radius Licht abstrahlen soll. Ich habe den Wert 7 px verwendet.

Stellen Sie für den Schein nach aussen die Kontur auf die in der Abbildung dargestellte Konturform.

3. Schein nach innen

An der Innenkante der Neonröhre soll auch Licht abgestrahlt werden. Dies erledigen wir über den Effekt Schein nach innen. *Wie schon zuvor beim* Schein nach aussen *muss auch hier* Deckkraft *auf 100 %,* Störung *auf 0 % und* Füllmethode *auf* Aufhellen *gestellt werden. Auch dieselbe Farbe (RGB-Wert [50, 100, 255]) wie für den* Schein nach aussen *sollte über das Farbfeld gewählt werden, damit der* Schein nach innen *und der* Schein nach aussen *dieselbe Farbe verwenden.*

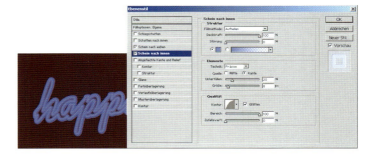

Ebeneneffekte **229**

Im Dialogteil ELEMENTE stellen Sie als verwendete Berechnungstechnik PRÄZISE ein. Für den SCHEIN NACH INNEN kann bei QUELLE angegeben werden, ob der Schein von der Mitte der Ebenenpixel ausgehend aufgetragen wird oder von der Kante aus. In diesem Fall ist die Kante die richtige Wahl, da die Kante das strahlende Element in diesem Design ist. Stellen Sie den Wert für UNTERFÜLLEN auf 20 % und den Wert für GRÖSSE auf knapp 10 px.

Wählen Sie im letzten Teil des Dialoges die Kontur HALBRUND aus.

4. Leuchtstoffröhre

Der Schein ist nun so weit fertig. Die eigentliche Leuchtstoffröhre fehlt allerdings noch. Wechseln Sie auf den Effekt KONTUR in der Effektliste des Ebenenstil-Dialogs. Geben Sie hier als Konturgröße ca. 2 px an, und wählen Sie für die Position der Kontur die Mitte der Kante aus dem Listenfeld POSITION. Lassen Sie die Füllmethode und die Deckkraft auf den voreingestellten Werten (NORMAL, 100 %), und klicken Sie auf das Farbfeld. Die Farbe der Neonröhre sollte ein wenig heller sein als die vorhin verwendete Farbe des Scheins. Ich habe als RGB-Farbwert [50, 215, 255] verwendet.

Nach diesem Schritt ist die Neonschrift fertig gestellt. Speichern Sie diese als Stil in der Stile-Palette über den Button NEUER STIL ab.

Silber, Messing und Stahl

Eine weitere Anwendung der Ebeneneffekte auf Textebenen sind diese drei Metallvarianten. Problemlos können natürlich auch andere Reflexionen oder Farben erzeugt werden.

Der hier beschriebene Workshop kann auf jede beliebige Ebene in Photoshop angewandt werden, solange diese nicht fixiert oder eine Hintergrundebene ist. Verwenden Sie deshalb Rohmaterial Ihrer Wahl für diesen Workshop. Alternativ finden Sie die von mir verwendete Datei im Verzeichnis 06_bildveredelung unter dem Namen metall.psd.

1. Abgeflachte Kante und Relief

Wenden Sie einen Effekt ABGEFLACHTE KANTE UND RELIEF auf die Textebene an. In den Einstellungen zum Effekt stellen Sie den Stil auf ABGEFLACHTE KANTE INNEN und die Relieftechnik auf ABRUNDEN. Eine sehr wesentliche Einstellung für das Gelingen des Effekts ist es, die FARBTIEFE auf 250 Prozent oder höher zu stellen. Für die Reliefrichtung habe ich NACH OBEN verwendet, das bleibt aber Ihnen überlassen. Geben Sie für die Größe ca. 50 px und für das Weichzeichnen ca. 4 px ein.

Im Schattierungsteil der Reliefeinstellungen stellen Sie eine beliebige Höhe und einen beliebigen Winkel für die Lichtquelle ein. Hier kann der Effekt ein wenig nach eigenem Ermessen justiert werden. Ich habe eine Höhe von ca. 70 Grad und einen Winkel von ca. –160 Grad verwendet. Auch die Glanzkontur können Sie nach Ihren Wünschen einstellen, es wird immer aussehen wie glänzendes Silber. Die von mir gewählte Glanzkontur ist in der Abbildung zu sehen.

2. Reliefkontur

Im nächsten Schritt definieren wir die Kontur für das Relief. Wählen Sie hier die in der Abbildung dargestellte Kontur KEGEL aus dem zugehörigen Listenfeld.

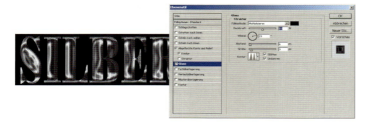

3. Glanz

Ein leichter Glanzeffekt wurde dem Silber überlagert. Stellen Sie den Winkel so ein, dass Ihnen der Effekt zusagt. In der Vorlage habe ich 19 Grad verwendet. Der Abstand wurde von mir mit 6 px und die Größe mit 9 px gewählt.

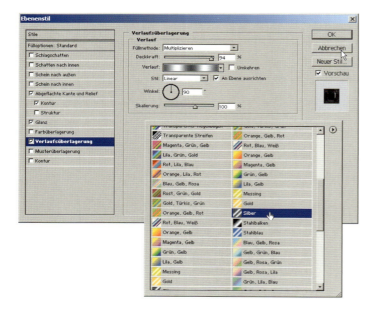

4. Verlaufsüberlagerung

Durch diesen Schritt unterscheiden sich die unterschiedlichen Metallsorten. Hier wird der bisher erstellten Struktur nämlich die Farbe gegeben. Wählen Sie den Effekt VERLAUFSÜBERLAGERUNG aus der Effektliste des Ebenenstil-Dialogs, und schalten Sie die Füllmethode auf MULTIPLIZIEREN.

Sollte die Farbe der aktiven Ebene Schwarz sein, ist es ratsam, diese auf weiße Farbe zu korrigieren, da ansonsten das Multiplizieren von Farbe keine Auswirkung zeigen würde. Wählen Sie aus dem Verlaufslistenfeld den Verlauf SILBER. Falls sich der Verlauf nicht in der Liste befindet, so können Sie diesen über das Palettenmenü oder über den Vorgabe-Manager den bestehenden Verläufen hinzufügen.

Aus dem Listenfeld der Verlaufsfarben können natürlich auch die Stahl- und Messingfarben überlagert und auf diese Weise charakteristische Farbe übernommen werden. Damit es nicht zu eintönig wird, habe ich für die Messing- und Stahlschrift aber die Reliefkontur ein wenig verändert!

▲ Abbildung 59
Der Text-auf-Pfad-Cursor erscheint, wenn Sie mit dem Textwerkzeug in die Nähe eines Pfads kommen.

▲ Abbildung 60
Texteingabe auf einem Pfad

▲ Abbildung 61
Wenn Sie nun wieder auf das Textwerkzeug wechseln, können Sie mit dem Schreiben beginnen.

▲ Abbildung 62
Wurde die Schriftgröße zu hoch gewählt, wird nur jener Textteil dargestellt, der noch auf den Pfad passt. Abhilfe: kleinere Schriftgröße oder Verlängern des Pfades.

Text auf Pfad

Soeben noch in Illustrator, nun in Photoshop CS: Die Möglichkeit, Texte an Pfaden entlanglaufen zu lassen, gehört zwar zum Standardrepertoire von Vektorgrafik-Programmen, in der digitalen Bildbearbeitung ist dieses Feature aber Neuland. Das Prinzip hinter der Text-auf-Pfad-Funktion ist relativ einfach: Zunächst wird in Photoshop ein Pfad erstellt. Klicken Sie diesen mit dem Textwerkzeug an, so verläuft der eingegebene Text entlang dieses Pfades. Ansonsten gibt es keine Unterschiede zwischen einem auf Pfad ausgerichteten und normalen Text: Beide sind nachträglich bearbeitbar, und ihre Schrifteinstellungen können in der Zeichen-Palette getroffen werden. Einziger Unterschied: Die Text-auf-Pfad-Funktion gestattet nur einzeilige Texte und die mögliche Textlänge wird durch die Länge des basierenden Pfades begrenzt.

Anwenden der Text-auf-Pfad-Funktion

Erstellen Sie zunächst einen beliebigen Pfad. Aktivieren Sie anschließend das Textwerkzeug (Tastenkürzel [T]), und bewegen Sie die Maus in die Nähe des Pfades. Der Mauszeiger verwandelt sich in einen Text-auf-Pfad-Cursor. Klicken Sie damit an das Ende des Pfades.

Um die Schriftformatierung zu ändern, markieren Sie den Text im Eingabemodus wie gewohnt mit [Strg]/[⌘] + [A] oder verwenden dazu die Maus. Nun können Sie in der Optionsleiste die Schriftart und -größe ändern. Haben Sie den Text zu groß formatiert, werden nur jene Zeichen angezeigt, die noch auf den

▲ Abbildung 63
Umstellen auf vertikale Ausrichtung

▲ Abbildung 64
Text auf Pfad funktioniert auch mit vertikalen Texten.

▲ Abbildung 65
Das Spiegeln von Text funktioniert durch Ziehen des Cursors auf die andere Pfadseite.

▲ Abbildung 66
Der gespiegelte Text

Pfad passen. Der Rest des Textes ist aber nicht verloren, er wird nach Verkleinerung der Schriftgröße wieder sichtbar (Abbildung 62).

Die Text-auf-Pfad-Funktion unterstützt auch vertikale Texte. Diese können Sie entweder mit dem vertikalen Textwerkzeug (im Flyout-Menü des Textwerkzeugs zu finden) erstellen, oder Sie verwenden die Funktion Textausrichtung ändern aus der Optionsleiste, um die Ausrichtung eines Textes nachträglich zu verändern. In beiden Fällen erhalten Sie ein identisches Ergebnis (Abbildung 64).

Photoshop unterstützt auch das »Spiegeln« von Text auf Pfaden, dabei wird dieser verkehrt dargestellt. Um einen Text auf Pfad zu spiegeln, verwenden Sie das Pfadauswahl-Werkzeug und bewegen es in die Nähe des Textes, bis es zu einer Einfügemarke mit Pfeil wird. Halten Sie nun die Maustaste gedrückt, und ziehen Sie die Eingabemarke auf die andere Seite des Pfades. Dadurch wird der Text gespiegelt (siehe Abbildung 66).

Selbstverständlich können Sie auf einem Pfad platzierten Text beliebig verschieben. Besonders bei kurzen Texten, die auf längeren Pfaden platziert wurden, kann dadurch eine genaue Kontrolle der Textverformung gewährleistet werden. Um einen Text auf einem Pfad zu verschieben, aktivieren Sie das Pfadauswahl-Werkzeug, und platzieren Sie es

▲ Abbildung 67
Mit dem Doppelpfeil-Cursor ...

▲ Abbildung 68
... kann Text rasch am Pfad verschoben werden.

◄ Abbildung 69
Text entlang eines geschlossenen Pfades

etwa in die Mitte des eingegebenen Textes. Es erscheint eine Eingabemarke mit zwei Pfeilen. Halten Sie nun die linke Maustaste gedrückt, und verschieben Sie die Marke an die gewünschte Pfadposition. Der Text »wandert« dabei mit.

Reliefeffekte & Text auf Pfad

1. Ausgangsbild

In diesem Workshop wollen wir ein menschliches Antlitz virtuell in Metall prägen. Hierbei werden uns die Beleuchtungseffekte unterstützen. Zusätzlich haben wir auch Gelegenheit, die neue Text-auf-Pfad-Funktion zu testen. Die Abbildung finden Sie unter 06_bildveredelung/dame_telefon.psd.

2. Erstellen des Reliefkanals

Nachdem wir unsere telefonierende Dame freigestellt haben, wird sie als Erstes in Graustufen konvertiert. Da der Reliefeffekt bei zu starken Kontrasten aus der Vorlage schnell eine Kraterlandschaft zaubert, reduzieren wir mit Hilfe der Gradationskurven den Kontrast.

Die helleren Bereiche des Reliefkanals werden nach Anwendung des Beleuchtungseffekte-Filters erhabener/erhöht eingeblendet als die dunkleren. Deshalb müssen wir die »höher« liegenden Haare und Lippen mit dem Abwedler ([O]) weiß einfärben. Die Augenhöhlen wiederum werden mit dem Nachbelichter abgedunkelt. Unser zentrales Motiv, der Telefonhörer, sollte ebenfalls erhabener abgebildet sein.

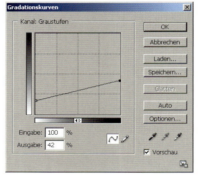

3. Text auf Pfad

Der Schriftzug »International Phone Company« wird mit Hilfe der Text-auf-Pfad-Funktion gestaltet. Erstellen Sie zuerst einen Pfad, und klicken Sie dann mit dem Textcursor an sein Ende. Nun erscheint die Eingabemarke am Pfad, und der Text folgt der Pfadkontur. Abschließend erstellen wir eine Hintergrundebene in neutralem Grau und kopieren die reduzierte Ebenenansicht per [Strg]/[⌘] + [⇧] + [C] in einen neuen Alpha-Kanal.

4. Metalltextur erstellen

Die Metalltextur bildet den Hintergrund der Telefonkarte. Erstellen Sie dafür eine neue, mit hellem Grauton gefüllte Ebene. Auf diese wird der Filter STÖRUNGEN HINZUFÜGEN (ca. 80 % INTENSITÄT) angewandt. Durch Bewegungsunschärfe (STÄRKE ca. 50 Pixel) entsteht nun der typische Look von gebürstetem Metall.

5. Beleuchtungseffekte

In den Beleuchtungseffekten wählen Sie den erstellten Alpha-Kanal als Relief-Kanal aus und stellen ihn auf ca. 60 % HÖHE. Die Karte sollte von einem Spot mit weitem Fokus beleuchtet werden. Nach dem Anwenden des Beleuchtungseffekte-Filters können Sie mit Abwedler und Nachbelichter noch Haare, Mund und Augenpartie der Dame betonen. Abschließend können Sie das Bild mit einer Einstellungsebene FARBTON/SÄTTIGUNG beliebig kolorieren. Um den Relief-Effekt zu verstärken, haben wir abschließend eine weitere Metalltextur-Ebene erstellt und an oberster Stelle im Ebenenstapel platziert. Sie wurde im Überlagern-Modus mit den restlichen Ebenen überblendet.

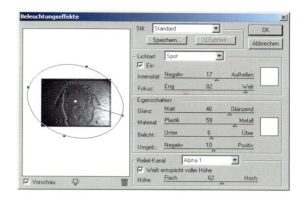

Verläufe

»Hat der Grafiker nichts drauf, macht er einen Verlauf.« Dieser holprige Reim scheint den schlechten Ruf der Verläufe in der visuellen Mediengestaltung zu begründen. Tatsächlich werden Verläufe häufig als Füllmittel eingesetzt, wenn die gestalterische Idee eben nicht für eine ganze (Bildschirm-)Seite reicht. Dann kommen Verläufe als optischer Aufputz zum Einsatz, ähnlich wie die vielen Engelchen in barocken Gemälden. Die Konsequenz: Der Betrachter hat sich am unreflektierten Einsatz von Verläufen schnell satt gesehen und damit in den kreativen Schmollwinkel befördert.

Wer deswegen Verläufe vollends bei der Bildgestaltung ignoriert, begeht ebenfalls einen Fehler: Geschickt und vor allem unscheinbar eingesetzt, können Verläufe zahlreiche Bilder veredeln.

Beim Erstellen von Verläufen insbesondere in der Print-Gestaltung müssen Sie das Banding-Problem berücksichtigen: Durch die Farbseparation im Druck können bei Verläufen

▲ **Abbildung 70**
Die Verlaufsoptionen von Photoshop CS

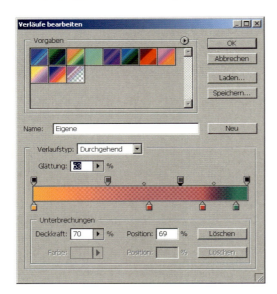

◀ **Abbildung 71**
Das Dialogfeld Verlauf bearbeiten

▲ **Abbildung 72**
Dieser streifenförmige Verlauf wurde mit den Deckkraftunterbrechungen realisiert.

ohne Dithering unerwünschte Farbbänder entstehen. Abhilfe schafft die Dithering-Option des Verlaufswerkzeugs oder das nachträgliche Hinzufügen von monochromatischen Gauß'schen Störungen.

Auch in Photoshop CS begrüßt uns die altbekannte Verlaufsoptionsleiste: Dem Verlauf-Auswahlfeld ❶ folgen die Schaltflächen zur Auswahl des Verlaufstyps ❷, der Füllmethode ❸ und der Deckkraft ❹. Wird eine Bildebene mit einem Verlauf versehen, können Sie mit der Option Transparenz ❺ festlegen, ob das übermalte Bild an transparenten Stellen durchscheinen soll oder nicht.

Interessanter wird es im Dialogfeld Verläufe bearbeiten: Während der obere Dialog-

bereich dem Anlegen und Laden von Verlaufsvorgaben gewidmet ist, können Sie unten den aktuell ausgewählten Verlauf bearbeiten.

Ein Klick auf die Schaltfläche Neu erstellt einen neuen Verlauf im Vorgaben-Fenster. Die eigentliche Bearbeitung des Verlaufs geschieht in der Verlaufsvorschau: Mit den Regelpunkten oberhalb dieses Streifens kann die Transparenz definiert werden, im Verlaufs-Jargon heißen diese Regler »Deckkraft-Unterbrechungen«. Die Reglerpunkte darunter definieren die im Verlauf enthaltenen Farben. Die rautenförmigen Symbole dazwischen legen fest, wie weich oder hart die Deckkraft und Farbregler ineinander überblendet werden. Regler können per Mausklick hinzugefügt und durch vertikales

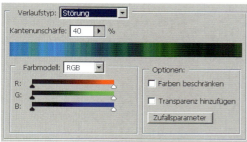

▲ Abbildung 73
Beim Verlaufstyp STÖRUNG werden Zwischentöne eingefügt.

▲ Abbildung 74
Dieses Bild …

▲ Abbildung 75
… bekam durch Überlagerung mit dem Verlauf »Braun, Hellbraun, Beige« …

Abbildung 76 ▶
… eine dezente Sepiatönung verpasst (EBENEN-MODUS: STRAHLENDES LICHT, DECKKRAFT: 60 %).

»Wegziehen« bei gedrückter Maustaste entfernt werden.

Neben den durchgehenden Verläufen kennt Photoshop auch Störungsverläufe, bei denen zwischen den einzelnen Verlaufsfarben nach dem Zufallsprinzip Zwischentöne eingefügt werden. Durch die zahlreiche, chaotisch verstreuten Farbnuancen wirken Störungsverläufe meist sehr hart. Mit dem Parameter KANTEN-UNSCHÄRFE steuern Sie die Intensität dieses Farbenchaos: 0 % Kantenunschärfe entspricht einem regulären, durchgehenden Verlauf. Bei 100 % Kantenunschärfe erhalten Sie eine ungeordnete Ansammlung von Farbstrichen ohne Überblendungen.

Das Duell der Einstellungsebenen: Verlaufsumsetzung versus Verlauf

Der gestalterische Einsatz von Verläufen in Bildern erfordert viel Experimentierarbeit. Deshalb sollte sooft als möglich auf die Einstellungsebenen VERLAUF und VERLAUFSUMSETZUNG zurückgegriffen werden, die eine permanente Änderung der Einstellungen erlauben und nicht destruktiv in die Bilddaten eingreifen. Die Verlaufsumsetzung ordnet den Tonwerten des Bildes die entsprechenden Verlaufsfarben

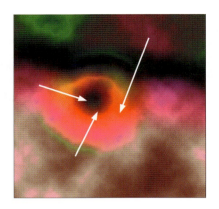
▲ **Abbildung 77**
Die weißen Pfeile zeigen die aufgezogenen Verläufe.

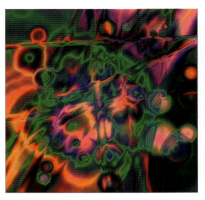
▲ **Abbildung 78**
Photoshop-Fraktalbild

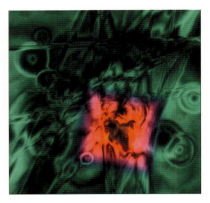
▲ **Abbildung 79**
Hier wurde das Fraktal per FARBTON/SÄTTIGUNG zuerst entsättigt und dann koloriert.

zu: Dunkle Tonwerte werden mit den unteren Farbwerten des Verlaufs koloriert, helle Tonwerte mit den oberen Farbwerten. Wollen Sie nicht unfreiwillig psychedelisch wirkende Bilder erzeugen, sollten dafür »harmonische« Verläufe mit abnehmenden Tonwertabstufungen eingesetzt werden.

Die Verlaufeinstellungsebene erzeugt lediglich einen parametrischen (jederzeit in seinen Einstellungen bearbeitbaren) Verlauf. Wie dieser mit den darunter liegenden Ebenen interagiert, können Sie durch Wahl von Ebenenmodi und Deckkraft regeln.

Fraktalbilder made in Photoshop

Warum muss ein Verlauf immer wie ein Verlauf aussehen? Mit dem Farbmodus DIFFERENZ und ein paar kreativen Verläufen können Sie ohne zusätzliche Plug-ins den Look von Fraktalbildern nachempfinden.

Als Ausgangsbasis empfiehlt sich die Anwendung des Wolken-Filters auf eine weiße Farbfläche. Anschließend aktivieren Sie im Farbmodus DIFFERENZ das Verlaufswerkzeug und ziehen ca. fünfmal verschiedene Verläufe im Bild auf (Abbildung 77). Radiale Verläufe erzeugen dabei runde, donut-ähnliche Formen, mit linearen Verläufen können Sie »fraktale Stangen« generieren. Variieren Sie die Verlaufslänge, um neben flächigen Hintergrundformen auch scharfe, kleinere Vordergrundmotive zu erzeugen. Langsam sollte sich ein gewisser psychedelischer Effekt einstellen (natürlich in Photoshop, nicht in Ihrem Kopf) (Abbildung 78).

Sollte Ihnen die Sache zu »bunt« für eine dezente Hintergrundtextur werden, erzeugen Sie einfach eine Einstellungsebene FARBTON/SÄTTIGUNG und aktivieren die Option FÄRBEN. Nun können Sie die chaotische Struktur in einem homogenen Farbton einfärben (Abbildung 79).

Malwerkzeuge

Pinseleinstellungen

Bezüglich der Malwerkzeuge hat sich in Photoshop CS einiges getan: Nicht nur die sperrige Bezeichnung WERKZEUGSPITZEN wurde durch das prägnantere PINSEL ersetzt, auch die Voreinstellungen der Malwerkzeuge bieten mehr Optionen.

Augenscheinlichste Neuerung ist das Schloss-Icon neben den zahlreichen Konfigurationsrubriken: Damit werden die Einstellungen der betreffenden Rubrik fixiert. Fixiert ist eigentlich das falsche Wort, denn die Einstellungen bleiben nach wie vor editierbar. Allerdings können Sie mit dem Palettenmenü-Befehl ALLE FIXIERTEN EINSTELLUNGEN ZURÜCKSETZEN zu den ursprünglichen Einstellungen zurückkehren. Damit wird das Experimentieren mit den Pinseleinstellungen erleichtert. Man kann munter an allen Reglern drehen, ohne dass die Ausgangseinstellungen verloren gehen. Ist das Schloss geöffnet, wird die Fixierung deaktiviert.

Betrachtet man die sechs Einstellungskategorien und fünf Zusatzoptionen, so ist solche Sicherungsoption dringend vonnöten, da der Einfluss der Optionen auf das Aussehen des Pinsels oft erst in der praktischen Anwendung bemerkbar wird.

Im Folgenden wollen wir die Einstellungsmöglichkeiten kurz durchsprechen:

▶ **Pinselform**
   Hier werden die grundlegenden Pinseleigenschaften bestimmt. Dazu zählen der Durchmesser und der Malabstand des Pinsels. Zudem können Sie die gewünschte Pinselform auswählen.

▶ **Formeigenschaften**
   Die Formeigenschaften sind das Eldorado aller Grafiktablett-Besitzer: Mit so genann-

gerollte Fetzen

hart elliptisch

verwirbelter Pinsel

sampled tip

elliptische Ringe

Schlagschatten Quadrat

▲ **Abbildung 80**
Verschiedene Pinselspitzen-Vorgaben

ten Jittern (Schwankungswerten) können die Größe, Rundheit und der Winkel einer Pinseleinstellung während des Malens variiert werden. Der Jitter gibt dabei die mögliche Schwankungsbreite in Prozent an, das Aussehen des Pinsels wird über Stiftdruck und -neigung gesteuert. Maus-User schauen hier durch die Finger, ihnen bleibt einzig die Option VERBLASSEN. Diese dünnt den Pinselstrich gegen Ende der Zeichnung aus. Das Warndreieck neben dem Steuerungsfeld erscheint, wenn die erforderliche Hardware für die gewünschte Option nicht vorhanden ist.

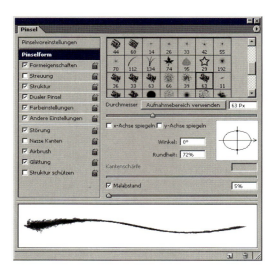

▲ **Abbildung 81**
Die Pinsel-Palette

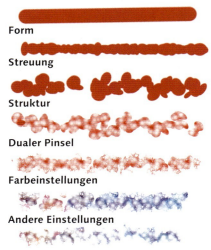

▲ **Abbildung 82**
Pinsel-Metamorphose: Nach und nach wurden Pinseleigenschaften zugeschaltet.

▶ **Streuung**

Die Streuungseinstellungen ermöglichen eine chaotisch gestreute Verteilung der aufzumalenden Form entlang des Malstrichs. Gut gewählte Streuungseinstellungen lassen einen Pinsel weniger »künstlich« erscheinen.

▶ **Struktur**

In der Rubrik STRUKTUR kann ein Muster definiert werden, das dem Pinselstrich überlagert wird. Auf diese Weise können Sie ein Leinwandmuster oder Ähnliches in den Pinselstrich integrieren.

▶ **Dualer Pinsel**

Beim dualen Pinsel werden zwei Pinselspitzen in einem bestimmten Farbmodus überlagert. Mit etwas Experimentierfreude können so sehr interessante Pinselspitzen entstehen, auch wenn diese Option für den praktischen Maleinsatz eher unbedeutend ist.

▶ **Farbeinstellungen**

Natürlich sind Pinsel in Photoshop nicht monochrom, sie können auch während des Auftragens ihre Farbe ändern. Der Pinsel variiert dann zwischen Vorder- und Hintergrundfarbe. Alternativ können auch Parameter wie SÄTTIGUNG oder FARBTON beim Auftragen veränderlich gehalten werden.

▶ **Andere Einstellungen**

Hier können die Deckkraft des Malstrichs und seine Flusseinstellungen zufällig variiert werden.

Die Zusatzoptionen haben folgende Wirkung: STÖRUNG fügt dem Pinselstrich Störungen hinzu, was ihn natürlicher wirken lässt. NASSE KANTEN simuliert das Auftragen der Farbe mit nassem Pinsel, sprich der Pinsel wird weichgezeichnet. AIRBRUSH wendet das Spraydosen-Prinzip (Farbe fließt, solange Sprühknopf gedrückt wird) auf die

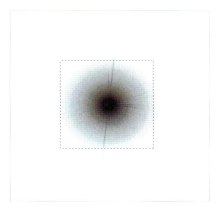

◄ **Abbildung 83**
Der Blendenfleck-Filter

▲ **Abbildung 84**
Nach Invertierung und Tonwertkorrektur kann die Pinselspitze definiert werden.

◄ **Abbildung 85**
Mit dem Blendenfleck-Pinsel kommt die Felge viel einfacher zu ihrem Glanz als mit dem gleichnamigen Filter.

Maus an. GLÄTTUNG sorgt für ein Anti-Aliasing bei harten, pixeligen Pinselkanten. STRUKTUR SCHÜTZEN erhält die Struktureinstellungen für alle Werkzeugspitzen und macht besonders bei der Simulation von Pinselstrichen auf Leinwand Sinn.

Eigene Pinsel definieren

Über BEARBEITEN • PINSELVORGABE FESTLEGEN können Sie Ausschnitte aus eigenen Bildern zu Pinseln machen. Die Mal-Engine von Photoshop arbeitet pixelbasiert, auch die Pinseldefinitionen werden per Pixel definiert. Pinsel müssen in Photoshop grundsätzlich als Graustufenbilder angelegt werden, wodurch die Intensität des Farbauftrags gesteuert wird. Interessante Werkzeugspitzen ergeben sich oft völlig unvermutet. Wir haben beispielsweise den Blendenfleck-Filter (Rendering-Filter) auf eine schwarze Bildfläche angewandt, das Bild per [Strg]/[⌘] + [I] invertiert und mit einer Tonwertkorrektur die hellgrauen Orbits des Blendenflecks minimiert (siehe Abbildung 83). Anschließend wurde der Blendenfleck durch eine Rechteck-Auswahl selektiert (siehe Abbildung 84) und als Pinselvorgabe definiert. Er kann nun als Pinselspitze eingesetzt werden, z.B. um einer Autofelge mehr Glanz zu verleihen (siehe Abbildung 85).

Workshop Malen und Ebenenmasken

1. Ausgangsbild

Das folgende Ausgangsbild (Datei schmetterling.psd im Verzeichnis 06_bildveredelung) soll durch Maleffekte ästhetisch aufpoliert werden. Erstellen Sie dazu eine weiße Hintergrundebene, und versehen Sie die Bildebene mit einer schwarzen Ebenenmaske.

2. Ebenenmaske auftragen

Stellen Sie die Vordergrundfarbe auf Weiß, und malen Sie mit dem Pinsel GROB eine runde Borste mit einem Durchmesser von 100 Pixel auf der Maske. Besitzen Sie ein Zeichentablett, so können Sie durch den Stiftdruck die Dicke und/ oder Rundheit des Pinsels steuern. Aktivieren Sie hierfür in den Pinselvoreinstellungen ([F5]) die entsprechenden Formeigenschaften.

Sind Sie nur mit einer Maus ausgestattet, vermeiden Sie mit folgendem Shortcut zittrige Pinselstriche: Klicken Sie mit der Pinselspitze auf den Anfangspunkt des Strichs und anschließend mit gedrückter [⇧]-Taste auf den Endpunkt. Photoshop verbindet die beiden Punkte dann mit einer Geraden.

3. Ebenenmaske als Alphakanal kopieren

Um den Maleffekt noch plastischer erscheinen zu lassen, wollen wir die gemalte Ebenenmaske als Alpha-Kanal anlegen. Klicken Sie mit gedrückter Alt/⌥-Taste auf die Ebenenmaske, um sie anzuzeigen. Kopieren Sie die Maske in einen neu angelegten Alpha-Kanal.

4. Beleuchtungseffekte

Abschließend haben wir noch einen dezenten Beleuchtungseffekt angewandt. Als Lichtquelle kam dabei Diffuses Licht zum Einsatz, der Alpha-Kanal wurde als Relief mit niedriger Versetzung benutzt. Den Schriftzug haben wir mit einer Schreibschrift erstellt und aus der resultierenden Textebene eine Auswahl geladen. Diese wurde in einen Pfad konvertiert und mit einer kalligrafischen Werkzeugspitze und simuliertem Pinseldruck nachgezogen.

Bildmontage & Retusche

Der Realität auf die Sprünge helfen

> Nicht jedes Foto zeigt die Realität, oft wird Fiktion mit Retusche und Bildmontage zur Realität getrimmt. Dieses Kapitel geht auf die erforderlichen technischen Aspekte ein.

Tom Hanks drischt lässig Bälle über den Pingpongtisch, zischt eine Dr. Pepper Cola, um dann Präsident Nixon die Hand zu schütteln. Mit dem kleinen Schönheitsfehler, dass eine Begegnung zwischen den beiden gar nicht möglich war, denn Nixon verstarb Jahrzehnte vor den Dreharbeiten zu »Forrest Gump«. Ironischerweise war es dieser Film, der einem breiten Massenpublikum die heutigen technischen Möglichkeiten der Bildmontage vor Augen führte. Obwohl »Forrest Gump« in den Augen mancher Kritiker nur historisch verpackten Liebeskitsch darstellt, hat er mehr erreicht als alle Medienwissenschaftsseminare zusammen: Auch der durchschnittliche Kino-Konsument wurde für die technischen Möglichkeiten der Realitätsbeeinflussung sensibilisiert. Zum ersten Mal hinterfragte eine breite Masse die scheinbar selbstverständliche Realität der Bilder.

Bildmontage wurde aber schon lange vor dem Zeitalter der Digitalfotografie praktiziert: Bereits Josef Stalin ließ unliebsame und plötzlich verschiedene Gegner (Trotzki etc.) im Nachhinein aus gemeinsamen Aufnahmen retuschieren. Das berühmte Foto mit dem allein stehenden Schuh, der als einziges Utensil von einer ganzen Politikergruppe übrig blieb, ist nur ein Beweis für das damals beliebte Zurechtrücken historisch unliebsamer Tatsachen.

Um aktuelle Probleme mit digital geschönter Realität aufzuspüren, brauchen wir nicht einmal die viel diskutierte Kriegsberichterstattung anzusprechen. Dazu reicht ein Blick auf zahlreiche so genannte »Jugendmagazine«. Am Cover: aufgehübschte Jungs und Mädels mit swimmingpoolblauen Augen, pickelfreiem Wachsfigurengesicht und perfekter Figur. Jeder halbwegs erfahrene Photoshop-User könnte hier den raffinierten Einsatz des Gauß'schen Weichzeichners, des Verflüssigen-Filters oder einer partiellen Farbton-Korrektur erkennen. Aber was ist mit den 12- bis 14-jährigen pubertierenden Jungs und Mädchen, die solche Hefte kaufen? Die erfahren nichts von den zahlreichen digitalen Tricks und Kniffen und fiebern am Ende einem nicht existenten Schönheitsideal nach.

Da wir gerade beim Essen sind: Sobald auf einer Wiener-Würstchen-Dose das Produkt mit zusätzlichem Beiwerk (Petersilie, Kräuter) abgebildet ist, muss daneben groß das Wort »Serviervorschlag« prangen, um den gutgläubigen Verbraucher nicht in die Irre zu führen.

Noch da? In den letzten Absätzen haben Sie ja keine Photoshop-Powertipps erfahren. Aber wir hoffen, Sie dafür sensibilisiert zu haben, dass die Verantwortung eines Medien- und insbesondere des Bildgestalters nicht mit dem Runterfahren des Rechners aufhört.

Retusche vs. Bildmontage

Obwohl sie oft in einem Atemzug genannt werden, bezeichnen Retusche und Bildmontage zwei verschiedene Kategorien der Bildmanipulation: Die Bildmontage beschäftigt sich mit der Grobarbeit, d.h. der Komposition verschiedener Bildelemente zu einem glaubhaften Ganzen. In den Bereich der Retusche fällt die manipulative Feinarbeit: Ausbessern von Störungen, Ändern von Formen und Proportionen. Im Bildbearbeitungs-Workflow nehmen beide Techniken eine frühe Position ein: Sie werden unmittelbar nach Festlegen des Bildausschnitts und vor der Farbkorrektur durchgeführt.

Diese hat neben einer allgemeinen Optimierung der Bildkomposition auch die Aufgabe, die Farbgebung der kombinierten Bildelemente aneinander anzugleichen und Differenzen in der Lichtgebung zu beseitigen. Lokale Farbkorrekturen eignen sich auch wunderbar, um allzu offensichtliche Montagespuren zu verschleiern (z.B. durch Kontrastreduktion, Abdunklung), und können so den Montageprozess entscheidend abkürzen.

Im Abschnitt »Modellieren mit Licht« werden wir uns mit den Möglichkeiten der Bildmanipulation durch Farb- und Tonwertkorrekturtechniken beschäftigen. Allzu häufig wird zu den beliebten Retuschewerkzeugen wie Reparaturstempel oder Verflüssigen gegriffen, obwohl die kritisierten Bildfehler durch banale Farbkorrekturen viel einfacher und unauffälliger zu beseitigen wären.

Retuschewerkzeuge in Photoshop

Mit ihnen wird digitale »Realität« gemacht: die Retuschewerkzeuge von Photoshop. Neben den alten Bekannten Kopierstempel, Ausbessern-Werkzeug und Reparaturpinsel beschert uns Version CS das neue Werkzeug Farbe ersetzen. Es würde eigentlich besser zu den Farbkorrektur-Werkzeugen passen und verspricht das Ersetzen von Farbe bei gleichzeitigem Erhalt der Luminanz.

Kopierstempel

Der Kopierstempel ist unbestritten der Oldie unter den Retuschewerkzeugen, war er doch das erste »wirkliche« Werkzeug, das Photoshop in dieser Kategorie bieten konnte. Seine Arbeitsweise – statt Farben kann mit Bildausschnitten gemalt werden – hat unzählige andere Retuschewerkzeuge inspiriert. Nach dem Setzen eines Ausgangspunkts mit der Alt/⌥-Taste, der übrigens auch in einer anderen Ebene oder einem anderen Bild liegen kann, können Sie mit dem Kopierstempel die gewünschten Bildbereiche aufmalen. Der Ausgangspunkt verschiebt sich dabei mit jeder Pinselbewegung, weshalb sich der Kopierstempel in erster Linie zum dezenten Klonen diverser Bildobjekte eignet.

Essenziell für gute Ergebnisse mit dem Kopierstempel sind die richtigen Pinseleinstellungen: Verwenden Sie einen Pinsel mit 0% Kantenschärfe, wirken die geklonten Bereiche schnell verschmiert und unscharf. Deshalb sind ca. 20–50% Kantenschärfe insbesondere

▲ **Abbildung 1**
Werkzeugoptionen des Kopierstempels

Abbildung 2 ▶
Ein alter Fotoscan vor und nach
dem Einsatz des Kopierstempels
im Abdunkeln-Modus

bei größeren Pinseln empfehlenswert. Sie sollten auch vermeiden, zu großflächig mit dem Kopierstempel zu arbeiten: Passen Sie seine Größe mit Hilfe der Tasten ⌗ und Ö auch während des Aufmalens Ihren Erfordernissen an.

Von den zahlreichen Farbmodi des Kopierstempels verdienen zwei besondere Beachtung: ABDUNKELN und AUFHELLEN. In beiden Modi vergleicht Photoshop die originalen Bildpixel mit der übermalten Variante. Bei ABDUNKELN werden nur jene Pixel aufgetragen, die dunkler sind als die übermalte Stelle. Bei AUFHELLEN passiert das genaue Gegenteil. Durch diese beiden Modi können Sie den Kopierstempel auf die Korrektur dunkler (tiefe Hautfalten) und heller (Risse im Foto) Bildfehler beschränken – und minimieren das Risiko verräterischer Pinselstriche.

Neben den üblichen Einstellungsmöglichkeiten für Malwerkzeuge kennt er zwei nützliche Optionen: AUSGERICHTET und ALLE EBENEN EINBEZIEHEN.

AUSGERICHTET bestimmt, was Photoshop nach Absetzen des Kopierstempels tun soll: Ist die Option aktiviert, bleibt der zuletzt aktive Ausgangspunkt auch nach dem Loslassen der Maustaste erhalten. Sie können also eine bestimmte Bildfläche auch in mehreren Kopierstempel-Arbeitsschritten exakt übertragen.

Mit deaktivierter Ausgerichtet-Option nimmt Photoshop nach dem Absetzen des Pinsels wieder den ursprünglichen Ausgangspunkt (durch Drücken der Alt/⌥-Taste gesetzt) heran. Dadurch können Sie die kopierte Stelle mehrfach klonen (Abbildung 3/4).

ALLE EBENEN EINBEZIEHEN ❶ legt fest, ob der Kopierstempel ebenenübergreifend arbeiten

▲ Abbildung 3
Mit aktivierter Option AUSGERICHTET können Sie das Motiv auch mit mehreren Absetzern nahtlos übertragen.

▲ Abbildung 4
Ohne die Option AUSGERICHTET springt der Kopierstempel nach jedem Absetzen auf den ursprünglichen Ausgangspunkt zurück.

▲ Abbildung 5
Klicken Sie an die Anfangsstelle der gewünschten Geraden und bei gedrückter ⇧-Taste an die Endstelle – Photoshop verbindet die beiden Punkte durch eine Gerade.

▲ Abbildung 6
Die dicke Stromleitung ist verschwunden.

07_montage/
stromleitung.tif

soll oder nicht. Im ersten Fall nimmt der Stempel Bildteile aus allen sichtbaren Ebenen auf und malt damit auf die gerade aktive Ebene. Dadurch können Sie alle notwendigen Korrekturen auf eine Retuscheebene malen, während das Originalbild unbeeinflusst bleibt.

Weniger bekannt ist, dass der Kopierstempel auch dokumentübergreifend funktioniert:

Sofern sich zwei Bilder im selben Farbmodus befinden, können Sie den Ausgangspunkt in Bild 1 setzen und in Bild 2 damit malen.

Falls Sie schon öfter beim Klonen gerader Linien mit dem Kopierstempel verzweifelt sind, verspricht folgender Tipp Abhilfe: Legen Sie zuerst mit der Alt/⌥-Taste den Ausgangspunkt für das Klonen fest. Anschließend

Abbildung 7 ▶
Die Werkzeugoptionen des Reparaturpinsels

klicken Sie an die Stelle des gewünschten Anfangspunkts, halten ⇧ gedrückt, und klicken Sie an den zweiten Punkt. Photoshop verbindet die beiden Punkte nun durch eine »Kopierstempel-Gerade«. Dieser Malwerkzeug-Trick funktioniert natürlich auch mit dem Reparaturpinsel (Abbildung 5/6).

Noch etwas unbekannter ist der »kleine Bruder« des Kopierstempels, der **Muster-Kopierstempel**. Mit ihm können statt Bildelementen vordefinierte Muster aufgemalt werden. Durch den Einsatz verschiedener Pinselstile lassen sich Muster bedeutend abwechslungsreicher auftragen als über das etwas monotone Menü BEARBEITEN • FLÄCHE FÜLLEN.

Reparaturpinsel

Der Reparaturpinsel wurde als die wahre Sensation von Photoshop 7 gefeiert. Zu Recht, denn er nimmt den Retuscheuren viel von dem Ungemach ab, das ihnen der Kopierstempel bereitet hatte. Passten Struktur, Belichtung oder Farbe der vom Kopierstempel geklonten Bereiche nicht zusammen, war umfangreiche (und manchmal vergebliche) Nachbearbeitung erforderlich. Mit dem Reparaturpinsel hingegen hielt »Retuschieren für Dummies« Einzug in die Bildbearbeitung: Ausgangspunkt setzen, gewünschte Bereiche übermalen, fertig. Die komplexe Farb- und Tonwertkorrektur erledigt der Reparaturpinsel, was sich in einer kurzen Sanduhr-Anzeige nach Loslassen der Maus äußert.

Ganz so banal funktioniert die Sache in der Praxis natürlich nicht, bei größeren Tonwert- und Farbdifferenzen scheitern die Anpassungsalgorithmen des Reparaturpinsels. Derart viel Automatik birgt natürlich auch Nachteile: Sie müssen die zu retuschierenden Bereiche ohne Absetzen übermalen, da nach Loslassen der Maustaste sofort die automatische Überblendung gestartet wird. Ein Weitermalen führt dann meist zu einem unvorhersehbaren Pixel-Mischmasch.

Der Reparaturpinsel leistet sich den Luxus eines eigenen Pinselspitzen-Flyouts, da er nicht über die Pinsel-Palette konfiguriert wird. Sie können Form und Größe des Reparaturpinsels daher nur über sein Flyout-Menü einstellen. Hintergrund dieser Beschränkung: Diverse Dynamik-Optionen (NASSE KANTEN, STÖRUNG ...) der Pinsel-Palette sind zu ressourcenintensiv, als dass sie in Kombination mit den aufwändigen Überblendungsalgorithmen des Reparaturpinsels eingesetzt werden können.

Ansonsten hat der Reparaturpinsel fast alle Eigenschaften des Kopierstempels geerbt: Auch er funktioniert dokumentübergreifend und kann mit Hilfe der Option QUELLE auch Muster malen.

◀ **Abbildung 8**
Das Wegretuschieren des Kirchturms …

▲ **Abbildung 9**
… führt mit »normalem« Reparaturpinsel nur zu einer Überblendung.

◀ **Abbildung 10**
Der Modus ERSETZEN bewirkt ein vollständiges Verschwinden.

Eingespart wurde allerdings bei den Farbmodi: Mit MULTIPLIZIEREN, NEGATIV MULTIPLIZIEREN, AUFHELLEN, ABDUNKELN, FARBE und LUMINANZ steht jeweils nur ein Vertreter jeder Modusgruppe zur Verfügung. Sicherlich, weil einige Modi die Intention des Reparaturpinsels konterkarieren (welchen Sinn sollte eine Überblendung im Farbmodus DIFFERENZ machen?), andererseits ist der Entwicklungsaufwand für die erforderlichen Anpassungsmethoden relativ hoch.

Einen Spezialmodus hält der Reparaturpinsel aber bereit: ERSETZEN. Im Unterschied zu allen übrigen Farbmodi wird hier nur der Rand, nicht aber die Binnenflächen des Reparaturpinsels an seine Umgebung angeglichen. Sie bleiben unverändert erhalten. ERSETZEN ist dann nützlich, wenn sich der zu übermalende Bereich farblich stark vom neuen Bildauftrag unterscheidet. Gängiges Beispiel: Sie möchten einen Mann digital »rasieren«, also seine Barthaare wegretuschieren. Im Ebenenmodus NORMAL wäre ein unschöner Grauschleier das Resultat der Überblendung von Haut- und Barttönen, mit ERSETZEN vermeiden Sie diesen Schleier.

Ausbessern

Mit dem Ausbessern-Werkzeug können auch flächige Störungen rasch und einfach wegretuschiert werden. Sofern man Lasso-Fetischist ist oder ein Grafiktablett sein Eigen nennt, fällt das Arbeiten fast leichter als mit dem Kopierstempel: Bildstörung markieren, über einen

▲ **Abbildung 11**
Die Werkzeug-Optionen des Ausbessern-Werkzeugs

▲ **Abbildung 12**
Eine Wasserlache kann durch den Einsatz des Ausbessern-Werkzeugs schnell trocken gelegt werden.

▲ **Abbildung 13**
Die Ausbessern-Auswahl wurde in die unscharfen Bildbereiche geschoben.

▲ **Abbildung 14**
Ohne aktivierte Option TRANSPARENZ erfolgt keine Überblendung der inneren Auswahlbereiche.

▲ **Abbildung 15**
Mit Transparenz wird eine Überblendung durchgeführt.

intakten Bereich verschieben und Photoshop rechnen lassen. Auf diese Weise können Sie z.B. den unsäglichen Datumseinblendungen auf Bildern schnell zu Leibe rücken.

Das Ausbessern-Werkzeug verhält sich in der Handhabung wie das Freihand-Lasso: Mit [Alt]/[⌥] können Sie auf das Polygon-Lasso umschalten. Betätigen Sie eine der folgenden Tasten vor dem Aufziehen einer zweiten Selektion, so können Sie Auswahlberechnungen durchführen: [⇧] addiert zwei Lasso-Selektionen, [Alt]/[⌥] subtrahiert, und [⇧] + [Alt]/

▲ **Abbildung 16**
Die Optionen des Farbe-ersetzen-Werkzeugs

07_montage/
statue.tif

Abbildung 17 ▶
Mit dem Farbe-ersetzen-Werkzeug können Sie die bronzene Statue schnell vergolden.

⌥ bilden eine Schnittmenge aus den beiden Auswahlen.

Die Option TRANSPARENT ❶ bewirkt eine Opazitätssteuerung durch die zu verbessernden Bereiche: Enthält Ihre Ausbessern-Auswahl weiße Pixel, so ist sie dort nicht deckend, schwarze Bereiche hingegen sind vollständig deckend.

Sie können allerdings auch mit einem beliebigen Auswahlwerkzeug schadhafte Bildbereiche auswählen, nach dem Umschalten auf das Ausbessern-Werkzeug kann die aktuelle Auswahl für Korrekturzwecke eingesetzt werden.

Und da möglichst präzise Auswahlen Voraussetzung für zufrieden stellende Ergebnisse des Ausbessern-Werkzeugs sind – schließlich ist ja die Angleichung der Ränder eines seiner Erfolgsrezepte –, sollten Sie von dieser Möglichkeit auch Gebrauch machen.

Farbe ersetzen

Das Farbe-ersetzen-Werkzeug ist der Neuling unter den Retuschewerkzeugen von Photoshop. Es ermöglicht das Ersetzen einer bestimmten Farbe bei gleichzeitigem Erhalt der Luminanz. Gängige Anwendungsgebiete sind z. B. Farbanpassungen bzw. Umfärben eines einmontierten Gegenstands. FARBE ERSETZEN ist aber nicht die interaktive Variante des gleichnamigen Befehls aus dem Anpassen-Menü, durch den Luminanzerhalt ist es dem Foto-Filter sehr ähnlich.

Das Farbe-ersetzen-Werkzeug funktioniert folgendermaßen: Diverse Bildfarben werden durch die aktuell eingestellte Vordergrundfarbe ersetzt. Welche Farben ersetzt werden, können Sie in der Option SAMPLING ❷ kontrollieren: EINMAL ersetzt jene Farbe, auf die Sie als Erstes mit dem Werkzeug klicken. KONTINUIERLICH nimmt periodisch Farben auf, die ersetzt werden. HINTERGRUND-FARBFELD ersetzt die aktuell eingestellte Hintergrundfarbe.

Die Rubrik GRENZEN ❸ bestimmt, in welcher Weise Photoshop die Farbersetzung vornimmt: NICHT AUFEINANDER FOLGEND ersetzt nur exakt unter dem Mauscursor befindliche Pixel, AUFEINANDER FOLGEND manipuliert auch jene farbähnliche Pixel in der Umgebung des Cursors, und KANTEN SUCHEN versucht, farbähnliche Bereiche innerhalb von Kanten einzufärben.

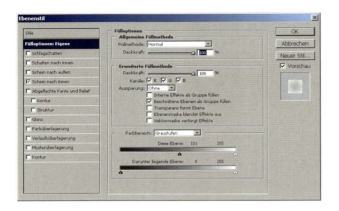

▲ **Abbildung 18**
Der Ebenenstil-Dialog

Abbildung 19 ▶
Das Feuerwerk überdeckt eben noch vollständig die Wolken, schon wird es von den Wolken überblendet.

Montagewerkzeuge in Photoshop

Nach den Retuschewerkzeugen wollen wir uns nun den Montagewerkzeugen von Photoshop widmen. Diese sind quer über die Photoshop-Oberfläche verstreut: Wichtig für das Montieren von Bildern sind u.a. die Transformier-Methoden oder Auswahltechniken wie die transparenten Farbbereiche, die das Einpassen freizustellender Motive erleichtern.

Transparente Farbbereiche

Freistellungstechniken haben wir ja zur Genüge im Auswahl-Kapitel kennen gelernt, doch die Einstellung TRANSPARENTE FARBBEREICHE in den Ebenenstilen fällt etwas aus dem Rahmen,

denn sie ist als einzige Auswahltechnik 100 % parametrisch. Ohne auch nur einen Pixel zu manipulieren, kann das Aussehen einer Auswahl per Schieberegler verändert werden.

Die transparenten Farbbereiche verbergen sich im Ebenenstile-Dialog unter den FÜLLOPTIONEN und funktionieren nach dem Zauberstab-Prinzip: Sie definieren einen Farb- oder Graustufenbereich, der deckend bleibt. Alle Pixel, die außerhalb dieses Bereichs liegen, werden transparent. Die Farbbereicheinstellung können Sie für die aktuelle und die darunter liegende Ebene treffen.

Der Einsatz von transparenten Farbbereichen bietet sich vor allem bei hellen Lichtern und Leuchtkörpern (Blitz, Feuer, Feuerwerk ...) an, die gegen einen dunklen Hintergrund fotografiert wurden. Mit einem beschränkten Farbbereich können Sie den Hintergrund rasch ausblenden und mit Hilfe diverser Ebenenstile (v.a. Schein nach innen und Schein nach aussen) für eine weiche Überblendung zwischen Lichtquelle und Hintergrund sorgen. Hierfür müssen Sie aber die Option Transparenz formt Ebene deaktivieren.

Da der Ebenenstile-Dialog dabei als einzige Anlaufstelle fungiert, läuft die Freistellung bedeutend schneller ab als mit herkömmlichen Auswahlmethoden.

Mit RGB-Farbbereichen können Sie wiederum Green- oder Bluebox-Bilder rasch freistellen.

Transformieren

Keine Montagetechnik wird in Photoshop so oft eingesetzt wie das Transformieren. Unter diesen Sammelbegriff fällt das Verschieben, Skalieren, Rotieren, Verzerren, Neigen und perspektivisches Verzerren von Objekten. Da die effiziente Beherrschung der Transformationstechniken für jeden Photoshop-User Pflicht sein sollte, haben wir in der Tabelle auf der folgenden Seite alle wichtigen Tastenkürzel dazu zusammengestellt. Eine weiteres wichtiges Prinzip: Arbeiten Sie immer mit Kopien der zu transformierenden Objekte, da damit ein Qualitätsverlust einhergeht. Hierzu bietet sich das Tastenkürzel ⟨Strg⟩/⌘ + ⟨J⟩ an, das eine Kopie der aktuell aktiven Ebene erstellt.

07_montage/
mauer.tif

▲ **Abbildung 20**
Ein Stück Hauswand wird perspektivisch transformiert und an seine ebenfalls transformierte Variante angehängt.

▲ **Abbildung 21**
Den Boden und die Decke besorgt eine frei transformierte Variante der Hauswand. Eine dunkle Verlaufsebene lässt den Betrachter die Ecke fokussieren und nimmt dem Raum seine geometrische Strenge.

Verwenden der freien Transformation

Bezeichnung	Gedrückte Tasten	Mausposition
Skalieren	Keine	An einem beliebigen Anfasser des Begrenzungsrahmens
Proportional skalieren	⇧	An einem der Eckpunkte
Gleichmäßig um Mittelpunkt skalieren	⌥/Alt	An einem beliebigen Anfasser des Begrenzungsrahmens
Drehen	Keine	Knapp außerhalb des Begrenzungsrahmens
In 15-Grad-Schritten drehen	⇧	Knapp außerhalb des Begrenzungsrahmens
Verzerren	⌘/Strg	An einem beliebigen Anfasser des Begrenzungsrahmens
Symmetrisch verzerren	⌥/Alt und ⌘/Strg	An einem beliebigen Anfasser des Begrenzungsrahmens
Neigen	⌘/Strg und ⇧	An einem Anfasser der Seite
Perspektivisch verzerren	⌘/Strg, ⌥/Alt und ⇧	An einem der Eckpunkte
Spiegeln	Keine	Über Kontextmenü zum Begrenzungsrahmen
Transformation abbrechen	Esc	
Transformation bestätigen	↵	

Illustrative Montage

1. Objekt einfügen
In unseren auf den vorigen Seiten durch Transformationstechniken erstellten Raum fügen wir nun eine Videokamera ein und wollen einen Infoflyer zur Videopiraterie erstellen.

2. Schatten erstellen
Um die Positionierung der Kamera im Raum glaubhafter zu machen, erstellen wir einen Schatten. Laden Sie die Kamerafläche als Auswahl, indem Sie mit ⌘/Strg auf die Kameraebene klicken. Anschließend erstellen Sie eine neue Ebene und transformieren die Auswahl. Abschließend wird die Auswahl mit Schwarz gefüllt und weichgezeichnet – fertig ist der Schatten.

3. LCD-Bild füllen
In unseren Sucher sollte ein quasi gerade aufgenommenes Standbild eines prominenten Films Platz finden. Um den LCD-Look zu imitieren, haben wir zuerst eine schwarz-weiß gestreifte Fläche auf den LCD-Monitor transformiert und anschließend mit dem ebenfalls transformierten Standbild überblendet.

4. Ausgangsbasis

Der Fahnenstil der Piratenfahne entstand aus einer rechteckigen Auswahl, diese wurde auf einer neuen Ebene mit einem Holzmuster gefüllt. Die dreidimensionale Wölbung des Stabes besorgte der Ebenenstil SCHEIN NACH INNEN mit Schwarz als Füllfarbe.

5. Fahne verbiegen

Für die Piratenfahne verwendeten wir ein zweidimensionales Piratenbild, das mit Hilfe des Verbiegen-Filters (VERZERRUNGSFILTER) einen »verwehten« Look verpasst bekam. Da der Verbiegen-Filter nur in vertikaler Richtung kontrollierbare Ergebnisse liefert, haben wir die Flagge vorher um 90° gedreht.

Die Löcher in der Fahne entstanden durch eine Ebenen-Maske und kleine Freihand-Lasso-Auswahlen. Mehr Plastizität erreicht die Fahne durch Nachbearbeitung mit ABWEDLER und NACHBELICHTER. Der Fahne wurden dabei durch schräge Striche mit dem Abwedler künstliche Glanzlichter verpasst. Parallel dazu geführte Striche mit dem Nachbelichter lassen den Eindruck einer gewellten Fahne entstehen.

6. Text

Titel und Untertitel der Reportage setzten wir in den Schriften Stencil und Kabel. Die Textebene wurde gerastert, mit dem Kräuseln-Filter (VERZERRUNGSFILTER) bearbeitet und durch perspektivische Transformation dem Wandverlauf angepasst. Als Ebenenstil kam ein Schlagschatten zum Einsatz.

7. Beleuchtung

Der Schriftzug, eigentlich wichtigstes Element der Montage, lag aber noch im Dunkeln. Um eine Verbindung zwischen den montierten Elementen herzustellen, sollte die Kamera den Schriftzug gewissermaßen erleuchten. Dazu erstellten wir von der Kameralinse ausgehend eine weiße Farbfläche, die wir anschließend weichzeichneten und im Modus ÜBERLAGERN mit der Montagefläche überblendet haben. Dadurch ergibt sich der »Scheinwerfer«-Effekt.

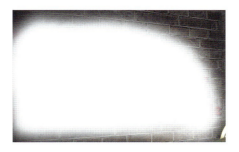

8. Ergebnis

Unsere Bildmontage ist fertig.

Tipps für überzeugende Fotomontagen

Qualität der Quellbilder

Eine Bildmontage steht und fällt mit der Qualität der verwendeten Bilder. Diese sollten weder über- noch unterbelichtet und scharf sein, in der erforderlichen Größe vorliegen und möglichst neutral und diffus beleuchtet sein. Nur so halten Sie sich alle Gestaltungsmöglichkeiten offen. Scheinwerferlicht können Sie zwar im Nachhinein mit zahlreichen Photoshop-Werkzeugen erzeugen, aber eine im Scheinwerferlicht aufgenommene Person davon zu befreien, um sie dann neben ein halbschattiges Motiv zu montieren, grenzt schon fast an Unmöglichkeit. Seien Sie ruhig anspruchsvoll bei der Bildauswahl, der dafür nötige Zeitaufwand amortisiert sich später sicherlich bei der Retusche.

Beleuchtung & Schatten

Damit Ihre Montage nicht wie zusammengeflickt wirkt, sollten Sie die montierten Objekte einheitlich beleuchten. Überlegen Sie zunächst, wo die Lichtquelle (Sonne, Scheinwerfer …) in Ihrem künstlich geschaffenen Raum positioniert sein könnte und wie sie die Objekte beleuchtet. Diese Beleuchtung können Sie durch Einsatz des Abwedlers (für Spitzlichter) und des Nachbelichters (für schattierte Bereiche) nachempfinden. Nutzen Sie auch die weiter unten beschriebene Technik der Lichtmodellierung zur Schaffung einer künstlichen Beleuchtung.

Besonders wichtig für die glaubhafte Positionierung eines Objekts auf einer Oberfläche ist sein Schatten. Ohne Schatten wirkt jedes Objekt schwebend und ohne Halt. Doch Schatten ist keinesfalls immer mit einem weichgezeichneten Schwarzschleier gleichzusetzen: Je härter das Licht, desto schärfer der Schatten. Die Weichzeichnung nimmt üblicherweise mit der Distanz des Schattens zum Objekt zu. Die Farbe des Schattens wiederum wird stark von der Helligkeit der Oberfläche und der Lichtfarbe beeinflusst. Wichtig: Die erstellten Schatten sollten auf eigenen Ebenen platziert werden, um ihre Intensität jederzeit justieren zu können.

Montage-Komposition

Vor dem Erstellen einer Bildmontage sollten Sie sich nicht nur die überzeugende Komposition der Bildelemente im Auge behalten, auch die Frage der Interaktion ist wichtig: Die zusammenmontierten Objekte sollten nicht einfach starr nebeneinander stehen, sondern möglichst miteinander interagieren. Wenn Sie beispielsweise eine Frau neben einer riesigen Bonbonschüssel einmontieren, könnten Sie die Hand der Frau so transformieren, als ob sie in die Schüssel greifen würde. Diese Interaktion lässt die beiden Motive für den Betrachter als eines erscheinen. Wenn es keine direkte Interaktionsmöglichkeit gibt (z.B. zwei Männer stehen sich in einem fiktiven Duell gegenüber), so sollten Sie versuchen, durch Anpassen von Mimik und Gestik (Blickkontakt, Armhaltung …) einen indirekten Bezug herzustellen.

Realistisch oder illustrativ?

Nicht immer soll der Zweck eine Bildmontage der pure Realismus, sprich: die Täuschung des Betrachters sein. Manchmal erfüllt die Bildmontage einfach nur illustrative Zwecke und sollte beispielsweise komplexe Zusammenhänge in einfachen, prägnanten Kompositionen vermitteln. Diese illustrativen Montagen sind vor allem in englischen und amerikanischen Wochenmagazinen weit verbreitet. Die illustrative Ausprägung der Montage gibt dem Gestalter mehr Freiräume: Er muss nicht mehr unbedingt den strengen Gesetzen des Realismus gehorchen, sondern kann die dadurch gewonnene Zeit in die Umsetzung kreativerer Bildkompositionen investieren. Welche Montagevariante Sie wählen, sollten Sie unbedingt vor Arbeitsbeginn festlegen.

Porträtretusche

Gerhard blickt verstohlen aus der Zeitschriftenabteilung zu mir hin. Von weitem sieht es so aus, als würde er die Sportwoche durchblättern, doch ich weiß genau, dass sich darunter die aktuelle Brigitte mit ihren Abertausenden Schönheits- und Schminktipps verbirgt. Ich kämpfe mich derweil tapfer zwischen Eau de Cologne und Gesichtswässern in den verbotenen Ort der Männlichkeit vor: die Make-up-Regale in der Kosmetikabteilung. Keine Sorge, liebe Leser, wir sind nicht etwa dem bereits abgelaufenen Trend der Metrosexualität anheim gefallen, sondern recherchieren für unser Kapitel zur Porträtretusche.

Ach Gott, werden Sie meinen, was soll daran so aufwändig sein, ein Gesicht zu verschönern: Ein bisschen Reparaturstempel über die Falten, ein bisschen Verflüssigen-Filter über die Lippen, damit er oder sie schön lächelt, und basta.

Ach Gott, sagen auch wir. Wenn wir in unseren Fortgeschrittenen-Schulungen die Teilnehmer ersuchen, die ihnen beileibe nicht unbekannten Retuschewerkzeuge zum Verschönern eines Porträts einzusetzen, sind die Resultate gelinde gesagt mäßig. Manche Versuche kann man noch durchgehen lassen, andere wiederum eignen sich als Werbeplakate für die Geisterbahn. Aus normalen Mandelaugen werden plötzlich riesige Glubschaugen, Falten sind radikal weggebügelt (schon ein tolles Teil, dieser Reparaturpinsel), und dem Teint sieht man ziemlich genau an, dass hier ordentlich mit dem Kopierstempel gewerkelt wurde. Kurzum, verschönert wurde hier wenig, weshalb viele Teilnehmer ganz plötzlich behaupten, sie hätten ohnehin nur eine Karikatur machen wollen.

Wir wollen uns hier anschauen, was und wie man mit den Retuschierwerkzeugen korrigieren sollte, um zu einem ästhetisch zufrieden stellenden Ergebnis zu gelangen.

Der erste Schritt zur ästhetischen Retusche beginnt lange, bevor Sie in Photoshop arbeiten. Studieren Sie Gesichtsproportionen (ein paar Anregungen dazu bietet dieses Kapitel), sammeln Sie Modefotografien, und versuchen Sie diese zu analysieren (Wirkung von Licht, Schatten und Farbe auf den Ausdruck des Gesichts, Perspektive, Proportionen). Ideal für den Einstieg sind aber die zahlreichen Schminktipps aus diversen Frauenzeitschriften, da sie einen Vorher-nachher-Vergleich bieten und mit den Malwerkzeugen von Photoshop auch ganz leicht digital umsetzbar sind.

Danach erst sind Sie in der Lage, ein Porträtfoto systematisch auf seine Schwächen zu analysieren und können mit den hier vorgestellten Porträtretusche-Techniken experimentieren und Ihre Arbeitsweise Schritt für Schritt verbessern.

Abbildung 22 ▶
Eine eckige Gesichtsform vor und nach dem Aufweichen durch Abdunklung des Wangenansatzes.

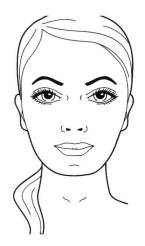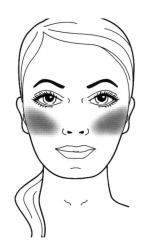

Ein Gesicht analysieren

Gesichtsform

Die Analyse eines Gesichts beginnt mit der Beurteilung seiner Form. Gesichter können grob in eckige, ovale und runde Formen eingeteilt werden. Besonders wichtig ist diese Kategorisierung, wenn Gesichtsform und Mund- bzw. Augenpartie nicht harmonieren. Kleine Augen können in einem runden Gesicht sehr schnell verloren wirken, hier gilt es einerseits, die Augen optimal zu betonen (siehe weiter unten), und andererseits die Rundheit des Gesichts abzuschwächen. Greifen Sie hier nicht vorschnell zum Verflüssigen-Dialog, sondern versuchen Sie zunächst eine Abschwächung der Gesichtsform über digitale Schminktechniken.

Alle nachfolgenden »Schminktechniken« beruhen auf einer Überlagerung der Bildebene mit einer mit 50 % Grau gefüllten Farbebene im Modus ÜBERBLENDEN. Malen Sie auf dieser Ebene mit Weiß, erzielen Sie eine Aufhellung, ähnlich dem Abwedler-Werkzeug, Schwarz sorgt analog zum Nachbelichter-Werkzeug für eine Abdunklung. Damit können Sie den Bildkontrast selektiv regeln und die Wahrnehmung durch Betonung der richtigen Gesichtselemente täuschen.

Eckige Gesichter wirken aufgrund ihrer Seltenheit sehr markant, auffallend und individuell, aber auch streng und förmlich. Nehmen Sie diesem Gesicht etwas von seiner Strenge, indem Sie es unterhalb des Wangenknochens bis zum unteren Nasenansatz hin etwas abdunkeln. Verwenden Sie hierfür einen großen, weichen Pinsel und dunkles Grau. Falls die Abdunklung zu markant ausfällt, können Sie die Deckkraft der Grauebene herabsetzen und/oder ihren Inhalt weichzeichnen.

Ovale Gesichter sind weit verbreitet und beschreiben eine sehr harmonische Gesichtsform. Allerdings wirken sie durch die oft lang gezogene Kinnpartie häufig schmal und wenig charakteristisch. Um das Gesicht zu verbrei-

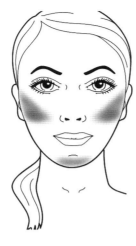

◂ **Abbildung 23**
Ein ovales Gesicht wird durch horizontale Formen gekürzt.

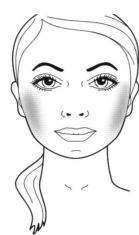

◂ **Abbildung 24**
Ein rundes Gesicht wird optisch schmaler, wenn Sie die Wangenbereiche abdunkeln.

tern, dunkeln Sie es entlang einer gedachten Diagonale zwischen Wangenknochen und unterem Nasenansatz ab. Dunkeln Sie den unteren Kinnbereich leicht ab, um das Gesicht optisch zu verkürzen.

Runde Gesichter wirken freundlich und auffallend, aber auch kindlich (Kindchen-Schema). Insbesondere bei kleinen Augen und Mündern ist eine Schmälerung des »überbreiten« Gesichts erwünscht. Erreicht werden kann dies durch leichte Abdunklung der gedachten Diagonale zwischen Wangenknochen und Mundwinkel.

Augenabstand

Auch der Abstand der beiden Augen zueinander ist entscheidend für den Gesichtsausdruck: Man unterscheidet zwischen schmalem (klei-

Ein Gesicht analysieren **263**

▲ **Abbildung 25**
Schmaler Augenabstand (weniger als eine Augenlänge).

▲ **Abbildung 26**
Durch Aufhellen der inneren Augenbereiche wirken diese weiter entfernt.

▲ **Abbildung 27**
Weiter Augenabstand (mehr als eine Augenlänge).

▲ **Abbildung 28**
Durch Abdunklung der inneren Augenbereiche wirken die Augen näher beieinander.

ner als eine Augenlänge), mittlerem (ca. eine Augenlänge) und breitem Augenabstand (über eine Augenlänge).

Zu **weite Augenabstände** können Sie korrigieren, indem Sie die Augenbrauen durch Einsatz des Kopierstempels leicht und dezent verlängern. Mit dem Nachbelichter-Werkzeug können Sie die Innenansätze der Brauen etwas abdunkeln, wodurch zusätzliche Nähe erzeugt wird. Ähnliches können Sie in der Augenhöhle bewerkstelligen: Dunkeln Sie die an der Nasenseite liegenden Bereiche der Augenhöhle leicht ab, während Sie die äußeren Bereiche etwas aufhellen. Auch eine leichte Abdunklung des Nasenbeins lässt die Distanz kürzer wirken.

Bei zu **nahen Augenabständen** wirkt das genaue Gegenteil: Hier werden die nasenseitigen Brauen- und Augenhöhlenbereiche aufgehellt und die ohrenseitigen Bereiche abgedunkelt.

Mittlere Augenabstände bedürfen im Allgemeinen keiner Korrektur, eine runde Gesichtsform kann aber beispielsweise ein Weiten des Augenabstands erfordern.

Lidform

Das Auge ist das wohl am meisten beachtete Gesichtsmerkmal unseres Kulturkreises, was sich schon in der Redewendung »jemandem in die Augen schauen (können)« manifestiert. Dementsprechend wichtig ist auch die Form des Augenlids für den Gesamteindruck des Bildes. Bei näherer Betrachtung können wir weite, runde Augenlider unterscheiden, die

▲ **Abbildung 29**
Großes Lid

▲ **Abbildung 30**
Mandellid

▲ **Abbildung 31**
Schlupflid

einen großen Teil des kugelförmigen Augapfels freigeben. Dann folgt das schmalere Mandellid und das relativ enge Schlupflid.

Zur Vergrößerung und Verkleinerung des Augenbereichs kann neben dem Verflüssigen-Dialog auch digitales Make-up zum Einsatz kommen: Hellen Sie die Augenhöhle oberhalb des Lids etwas auf, so lässt dies das Auge größer und erhabener wirken. Eine Abdunklung verkleinert das Auge.

Durch Abdunkeln der Wimpern lenken Sie zusätzliche Aufmerksamkeit auf das Auge, dieses Prinzip dürfte Ihnen ja von der Wimperntusche bekannt sein. Da wir gerade vom Auge sprechen: Besonders gesund und damit auch attraktiv wirkt ein Mensch, wenn die Iris über kräftige, gesättigte Farben verfügt und die übrigen Bereiche des Augapfels möglichst weiß sind.

Vermeiden Sie aber übereifrige Retusche-Aktionen am Auge: Es verliert rasch seine Natürlichkeit und wirkt leer, wenn Sie der kleinsten Störung mit dem Reparaturpinsel hinterherjagen. Beachten Sie in jedem Fall die Lichtreflexion im Auge, und versuchen Sie nicht, dagegen zu arbeiten oder sie umzukehren.

Lippen
Die Lippen sind die wohl sinnlichsten Bestandteile des Gesichts. Gleichzeitig kommt ihnen auch die Rolle eines Gefühlsbarometers zu: Eng zusammengepresst kommunizieren sie Strenge oder Verbitterung, ein Lächeln suggeriert freundliches Entgegenkommen. Die Lippen sind in der Lage, Dutzende, wenn nicht Hunderte Gefühle auszudrücken. Dadurch kommt ihnen in Porträts eine wichtige Bedeutung zu. Schmale und zu wenig kontrastierende Lippen schränken diese Kommunikationsmöglichkeit aber stark ein.

Schmale Mundformen können Sie größer erscheinen lassen, indem Sie leicht außerhalb ihrer Umrisse mit dem Nachbelichter (O) entlangfahren.

Gleichmäßige Lippen verstärken Sie durch vorsichtiges Entlangfahren der Konturen mit dem Nachbelichter. Wie bei allen Abdunklungsschritten im Gesicht sollten Sie mit einer sehr niedrigen Stärke (5–10 %) arbeiten. Den Nachbelichtungseffekt können Sie dann durch

▲ Abbildung 32
Schmale Mundform

▲ Abbildung 33
Gleichmäßige Mundform

▲ Abbildung 34
Ungleichmäßige Mundform

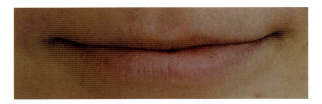
▲ Abbildung 35
Selektives Abdunkeln und Aufhellen ...

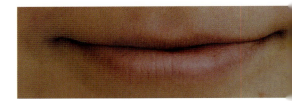
▲ Abbildung 36
... lässt Lippen volumiger wirken.

wiederholtes Übermalen verstärken, ohne dadurch gleich ein »Dämonengesicht« zu erzeugen.

Bei **ungleichmäßigen Lippen** (meist schmale Ober- und breite Unterlippe) hilft ein dezentes Abdunkeln der Unterlippe, während die Oberlippe aufgehellt und ihre Spitzlichter durch Abwedeln verstärkt werden. Die Spitzlichter an der Unterlippe sollten Sie eher abdunkeln, dadurch können Sie ihr Volumen nehmen.

Flachen Lippen können Sie durch Abdunklung der roten Bereiche und Aufhellen der reflektierten Spitzlichter mehr Volumen geben.

Porträtretusche in der Praxis

Da alle bisherigen Betrachtungen eher theoretischer Natur waren, möchten wir an einem Beispielporträt die strukturierte Vorgehensweise bei der Retusche zeigen. Das Foto in Abbildung 37 entstand im Halbschatten einer orangefarbenen Markise und zeigt die angehende Ärztin Karin. Durch das diffuse Licht und das irrtümlich verwendete Teleobjektiv wirkt ihr Gesicht zwar lieblich und verträumt, aber doch etwas flach. Eine Detailanalyse bei 100 % Zoom offenbart einige Stirnfalten und kleine Krähenfüße, die den fast schon kindlichen Eindruck des Bildes leicht trüben. Diese sollten behutsam abgemildert (wir schreiben bewusst nicht »entfernt«!) werden, Gleiches gilt für die sichtbaren Äderchen in den Augen. Das etwas weiter geöffnete rechte Auge werden wir an die Größe des linken Auges anpassen und die Lippen etwas voluminöser wirken lassen.

Bevor wir mit der praktischen Arbeit in Photoshop beginnen, müssen wir die Oberfläche des Programms unseren Zwecken anpassen. Das Bild sollte in zwei Ansichten gezeigt werden: die vergrößerte Detailansicht (mind. 200 % Zoom), in der gearbeitet wird, und die

◄ **Abbildung 37**
Retusche-Oberfläche in Photoshop

▲ **Abbildung 38**
Kopierstempel und Reparaturpinsel ermöglichen den Einsatz einer separaten Retuscheebene.

verkleinerte Kontrollansicht zur Beurteilung der Änderungen im Gesamtkontext. Eine zweite Ansicht des aktuellen Bildes können Sie verwirrenderweise über FENSTER • ANORDNEN • NEUES FENSTER FÜR … einblenden.

Die Arbeit mit zwei Ansichten ist das vielleicht wichtigste Erfolgsgeheimnis in der Retusche: Nur so haben Sie die Auswirkungen Ihrer Arbeitsschritte voll im Blick. Ein mit dem Kopierstempel retuschiertes Auge kann zwar in der Detailansicht überzeugend wirken, doch ob die Korrektur sich stimmig in den Gesamteindruck des Bildes einfügt, können Sie nur in der Kontrollansicht beurteilen.

Das zweite Erfolgsgeheimnis betrifft die Arbeit mit Kopierstempel und Reparaturpinsel. Beide bieten die Möglichkeit, durch Aktivieren der Option ALLE EBENEN EINBEZIEHEN auf einer separaten Retuscheebene zu malen. Dies bringt mehrere Vorteile: Sie haben durch Ein- und Ausblenden der Retuscheebene einen permanenten Vorher-nachher-Vergleich, können die Korrekturen durch Variation der Deckkraft abschwächen und behalten immer den Überblick, welche Bereiche schon korrigiert wurden.

Leider unterstützt das AUSBESSERN-Werkzeug diese Option (noch) nicht, hier müssen Sie sich durch Duplizieren der Bildebene behelfen.

Korrigieren von Falten

Wir sind definitiv keine Anhänger der verbreiteten Unsitte, Falten und Krähenfüsse aus dem Gesicht zu bügeln. Zum einen wirkt eine derartige Retusche schnell unglaubwürdig, zum anderen geben Falten jedem Porträt den nötigen Charakter. Daher sollten Sie Falten nur abschwächen. Dazu übermalen Sie die Falte beim »jüngeren«, dünneren Ende mit dem Reparaturpinsel. (Umgekehrt sieht's extrem unglaubwürdig aus, wie Sie schnell feststellen können.) Malen Sie nicht mit voller Deckkraft, sondern mit ca. 75 %, um den retuschierten und den belassenen Teil der Falte sanft ineinander überblenden zu lassen.

◄ **Abbildung 39**
Korrigieren Sie Falten immer vom jüngeren, dünneren Ende aus.

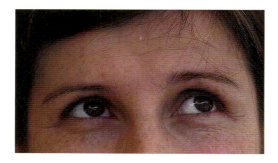

▲ **Abbildung 40**
Karins Augen- und Stirnpartie vorher …

▲ **Abbildung 41**
… und nachher

Vergessen Sie nicht die roten Äderchen im Auge, die ebenfalls abgeschwächt werden sollten.

Jagen Sie nicht jedem kleinen Fältchen gleich mit dem Kopierstempel nach, solche kleinen Störungen werden durch die obligatorische Weichzeichnung der Gesichtshaut später beseitigt.

Lippen betonen

Um die Lippen zu betonen, haben wir die Ränder mit dem Nachbelichter (Stärke: 10 %) nachgezogen. Auch die Lippen selbst wurden damit abgedunkelt, mit Ausnahme der Glanzlichtbereiche in der Mitte der Unterlippe, die mit dem Abwedler stärker aufgehellt wurden. Die Mundwinkel und die leichte Mundöffnung haben wir auch nachbelichtet, um die Plastizität zu erhöhen.

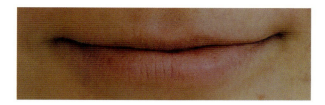
▲ Abbildung 42
Die Lippen vor der Betonung

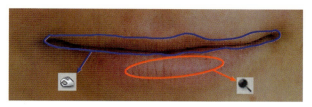
▲ Abbildung 43
Die Retusche der Lippen mit Abwedler und Nachbelichter

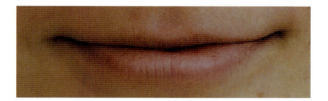
▲ Abbildung 44
Nach der Betonung

Verflüssigen

Der Verflüssigen-Dialog scheint viele Hobby-Retuscheure anzuziehen wie das Licht die Motten: Kaum sind Lippen, Augen oder Nase nicht wie gewünscht abgebildet, wird mit diesem Filter gearbeitet – mit durchwachsenen, weil schwer zu kontrollierenden Resultaten. Für Profis ist er daher das letzte Mittel: Erst wenn das digitale Make-up versagt, wird auf ihn zurückgegriffen.

Dem an sich verlockenden Konzept, durch Verzerren von Pixelstrukturen beliebige Ausdrücke in ein Gesicht zaubern zu können, sind in der Praxis einige Riegel vorgeschoben. Zum einen unterstützt der Verflüssigen-Dialog nicht das bewährte Retusche-Konzept mit zwei Ansichten (Detail/Überblick): Sie haben also keine Möglichkeit, seine Auswirkungen im Gesamtkontext zu beurteilen.

Zum anderen trägt eine wahre Unmenge an Werkzeugen nicht gerade zum intuitiven Arbeiten mit dem Verflüssigen-Filter bei. Das Strudel- und das Turbulenz-Werkzeug z.B. fallen eher in die Kategorie »Spielerei« und sind für ernsthafte Retuschearbeit nicht zu gebrauchen.

Im Verflüssigen-Dialog (FILTER • VERFLÜSSIGEN) haben wir zunächst die zu erhaltenden Bildbereiche mit einer Maske geschützt (Abbildung 46). Anschließend verwendeten wir den Vorwärts-krümmen-Pinsel, der nur mit niedrigen Druck- und Dichtewerten brauchbare Ergebnisse liefert, und flachen die gebogene rechte Augenbraue ab (die Pinseleinstellungen: GRÖSSE: 133, DICHTE: 28 und DRUCK: 37). Außerdem verschieben wir mit demselben Werkzeug das Augenkorn des rechten Auges auf gleiche Höhe mit dem linken. Dadurch erreichen wir einen harmonischeren, verträumteren Blick (Abbildung 49).

▲ **Abbildung 45**
Die Augenpartie vor dem Verflüssigen

▲ **Abbildung 46**
Eine Maske definiert geschützte Bildbereiche.

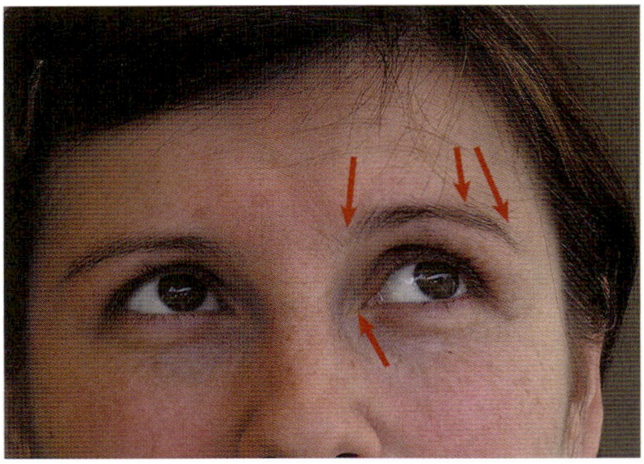

◀ **Abbildung 48**
Die Werkzeugoptionen des
Vorwärts-krümmen-Pinsels

▲ **Abbildung 47**
Ansatzpunkte des Vorwärts-krümmen-Werkzeugs

Abbildung 49 ▶
Nach dem Verflüssigen

Teint weichzeichnen

Karins Teint zeigt derzeit noch die Porenstruktur der Haut. Um einen schönen, ebenmäßigen Teint zu erzielen, wollen wir ihn weichzeichnen. Dazu duplizieren wir die Bildebene und wenden den Helligkeit-interpolieren-Filter (STÖRUNGSFILTER) mit einer Stärke von 3 Pixel an.

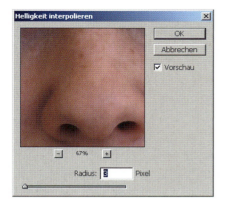

▲ **Abbildung 50**
Der Helligkeit-interpolieren-Filter

◀ **Abbildung 51**
Der Rotkanal

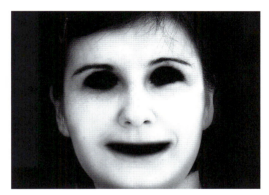

◀ **Abbildung 52**
Die gespenstisch wirkende Ebenenmaske schützt die Haare im Gesicht vor Weichzeichnung.

Der Teint ist zwar nun weichgezeichnet, allerdings sehen die ins Gesicht hängenden Haare jetzt seltsam verschmiert aus. Deshalb benötigen wir eine exakte Ebenenmaske für die weichgezeichnete Bildebene, welche die Haare ausmaskiert. Nach unseren Erkenntnissen aus dem Auswahl-Kapitel (vgl. Seite 121) kommt dafür nur eine kanalbasierte Auswahl in Frage. Wir duplizieren daher den Rotkanal (vorteilhaftestes Kontrastverhältnis) und bearbeiten ihn zunächst mit einer harten Tonwertkorrektur. Die Gesichtshaut sollte dabei möglichst ins Weiße wegbrechen, die Haare dunkel bleiben. Durch Nachbearbeitung mit dem Abwedler und Nachbelichter können die Augen, Brauen sowie der Mund ebenfalls ausmaskiert werden. Sie sind wichtig für die Beurteilung der Gesichtsschärfe. Die Weichzeichner-Ebene sollten Sie nicht mit voller Deckkraft einsetzen, im Allgemeinen genügen ca. 50 % Deckkraft.

Nach Abschluss der Arbeiten kopieren Sie den Kanalinhalt in die Zwischenablage, klicken mit gedrückter Alt/⌥-Taste auf das Ebenenmasken-Icon der Weichzeichner-Ebene und fügen die neue Ebenenmaske ein. Nun sind die Haare vor der Weichzeichnung verschont.

▲ **Abbildung 53**
Die Einstellungen zur selektiven Farbkorrektur

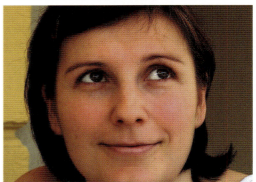

Abbildung 54 ▶
Das Ausgangsbild und das Ergebnis
des Workshops

Farb- und Tonwertkorrektur

Da das Bild durch die Markisenfarbe einen leichten Rotstich hatte, haben wir diesen über den Auto-Farbe-Befehl beseitigt. Anschließend kam eine selektive Farbkorrektur zum Einsatz, welche die zu hohen Cyan- und Gelbanteile im Bild senkte. Die Einstellungen der selektiven Farbkorrektur wurden bewusst relativ drastisch gewählt, aber anschließend mit nur 30 % Deckkraft eingeblendet. Dadurch konnten wir die Hauttöne wesentlich besser kontrollieren.

Lichtmodellierung

Wenn Sie Karins Gesicht noch etwas Tiefe verleihen möchten, empfiehlt sich der Einsatz der weiter oben beschriebenen Überlagern-Methode: Erzeugen Sie eine neue Ebene mit 50 % Graufüllung, und malen Sie an abzudunkelnden Stellen mit schwarzer und an aufzuhellenden Stellen mit weißer Farbe. Als Ebenenmodus muss ÜBERLAGERN zum Einsatz kommen.

In unserem Fall werden wir Karins Gesichtskonturen und ihre Lippen leicht abdunkeln, um einen zusätzlichen Tiefe-Effekt zu erzielen. Die Weißanteile der Augen könnten noch etwas Aufhellung vertragen. Auch das Rot der Wangen werden wir durch leichte Abdunklung der Bereiche in der Maske betonen. Achten Sie auf möglichst weiche Übergänge zwischen betonten und unbetonten Bereichen, man sollte in der überblendeten Version keine einzelnen Pinselstriche erkennen können. Am besten

◀ **Abbildung 55**
Maske zur Lichtmodellierung

Abbildung 56 ▶
Nach der Lichtmodellierung

bearbeiten Sie die Maske nach Abschluss der Malarbeiten nochmals mit dem Gauß'schen Weichzeichner.

Retusche-Variationen speichern mit Ebenenkompositionen

Bei der Retusche von Porträts gibt es selten »richtige« und »falsche« Lösungen. Verschiedene Herangehensweisen und Ideen bei der Retusche führen oft zu mehreren Lösungsvarianten, über die man entweder den Kunden oder nach einer kreativen Schaffenspause selbst entscheiden möchte.

Bisher war es eher schwierig, solche Variationen innerhalb einer Photoshop-Datei zu speichern und gleichzeitig ihre volle Editierbarkeit zu erhalten. In unserem vorangegangenen Porträtretusche-Workshop haben wir unsere Bearbeitungsschritte auf etwa zehn verschiedene Ebenen verteilt. Würden wir für die dabei entstandenen drei Retuschevorschläge jeweils reduzierte Ebenen anlegen, wären wir mit einem Schlag fast aller Bearbeitungsmöglichkeiten beraubt.

Die zweite Alternative wäre, zur Betrachtung der drei Vorschläge einfach die gewünschten Ebenen ein- und auszublenden. Dies bedeutet zwar ein Maximum an Flexibilität, ist aber praktisch kaum durchführbar. Wer weiß noch in einem Monat, welche Ebene zu welcher Variante gehört?

Einen sehr eleganten Ausweg aus diesem Dilemma bieten die neuen Ebenenkompositionen von Photoshop CS. Sie sind nichts anderes als Schnappschüsse der Ebenen-Palette, die für jede Ebene des Dokuments folgende Zustände festhalten:

- **Sichtbarkeit** – ist die Ebene ein- oder ausgeblendet?
- **Position** der Ebene
- **Aussehen** – Auf die Ebene angewandte Eigenschaften und Stile (z.B. Transparenz, Einkopiermodus, Ebenenstile)

Ob Sie alle drei oder nur einzelne Attribute festhalten möchten, können Sie selbst entscheiden. Jeder dieser Schnappschüsse wird chronologisch in der Ebenenkompositionen-Palette gespeichert. Mit den Cursor-Icons dieser Palette können Sie nun zwischen den einzelnen Zuständen des Ebenenstapels um-

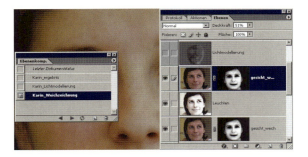

▲ **Abbildung 57**
Die angewählte Ebenenkomposition hat Auswirkungen auf die angezeigte Ebene.

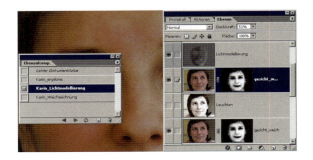

▲ **Abbildung 58**
Eine weitere Ebenenkomposition

◀ **Abbildung 59**
Die Ebenenkompositionen-Palette, einblendbar über FENSTER • EBENENKOMP.

▲ **Abbildung 60**
Die Icons der Ebenenkompositionen-Palette: RÜCKWÄRTS, VORWÄRTS, AKTUALISIEREN, NEUE KOMPOSITION, KOMPOSITION LÖSCHEN

schalten, ohne destruktiv in den Dokumentinhalt einzugreifen.

Ebenenkomp.-Palette
Die Ebenenkompositionen-Palette besteht aus den aufgezeichneten Kompositionen (Abbildung 59). Die derzeit auf das Dokument angewandte Komposition wird durch das gleichnamige Icon ❶ gekennzeichnet. Das Feld LETZTER DOKUMENTSTATUS ❷ stellt den Zustand des Dokumentes vor Anwendung der Ebenenkompositionen wieder her.

Die Fußzeile der Palette enthält die Kontroll-Icons (Abbildung 60): Mit dem Rückwärts- und Vorwärts-Icon können Sie die verschiedenen Ebenenkompositionen der Reihe nach auf das Dokument anwenden. Das Aktualisieren-Icon dient zum Speichern von Änderungen an einer Komposition. Mit dem Blatt-Symbol erstellen Sie eine neue Komposition, mit dem Papierkorb-Icon können Sie beliebige Kompositionen löschen.

Eine Ebenenkomposition erstellen
Um eine neue Ebenenkomposition erstellen zu können, müssen Sie eine Bilddatei mit mindestens einer Ebene geöffnet haben. Existiert im Bild nur eine Hintergrundebene, so muss diese per Doppelklick auf ihr Ebenen-Symbol in eine normale Ebene umgewandelt werden.

Blenden Sie die Ebenenkompositionen-Palette über FENSTER • EBENENKOMP. ein. Arrangieren bzw. editieren Sie Ihre Ebenen wie gewünscht (z. B. Einstellen der Transparenz oder des Einkopiermodus), und klicken Sie dann auf das Blatt-Icon in der Ebenenkompositionen-Palette. Es öffnet sich der Dialog NEUE EBENENKOMP. (Wenn Sie sich mit den

▲ Abbildung 61
Die Optionen beim Erstellen einer neuen Ebenenkomposition

▲ Abbildung 62
Warnung vor nicht aktueller Ebenenkomposition

Standardeinstellungen zufrieden geben wollen, können Sie diesen Dialog auch durch Drücken der [Alt]/[⌥]-Taste während des Klicks auf das Blatt-Icon unterbinden.)

Wenn Sie in eine Ihrer Kompositionen neue Ebenen einbinden wollen (z.B. weil eine neue Textpassage in Ihr Design aufgenommen werden soll), so müssen Sie die betreffende Komposition aktualisieren. Dazu fügen Sie zunächst die neuen Ebenen in Ihr Dokument ein, wählen dann in der Ebenenkompositionen-Palette die zu aktualisierende Komposition und klicken auf das Paletten-Icon EBENENKOMPOSITION AKTUALISIEREN. Genauso gehen Sie vor, wenn Sie Ebenen aus Ihrer Komposition löschen wollen.

Ebenenkompositionen anwenden

Um die Auswirkungen einer Ebenenkomposition auf das Dokument zu beurteilen, muss sie auf dieses angewandt werden. Dazu kann entweder das graue Quadrat links neben der Komposition ❶ angeklickt oder die Vorwärts- und Rückwärts-Buttons der Palette können eingesetzt werden. Eine bloße Markierung des Ebenenkompositionsnamens wendet diese noch nicht auf das Dokument an. Die Markierung dient vielmehr der Bearbeitung, d.h., Sie können eine markierte Ebenenkomposition aktualisieren oder löschen. Mit Hilfe der Buttons können die Kompositionen der Reihe nach auf das Dokument angewandt werden.

Mit dem Eintrag LETZTER DOKUMENTSTATUS in der Ebenenkompositionen-Palette können Sie wie bereits erwähnt den letzten Zustand des Dokuments wiederherstellen, der vor der Anwendung der Ebenenkompositionen geherrscht hat. Wenn Sie beispielsweise Änderungen an Ihrem Design durchführen und unmittelbar danach bereits gespeicherte Ebenenkompositionen darauf anwenden, gehen die Änderungen verloren. Durch einen Klick auf LETZTER DOKUMENTSTATUS wird aber der letzte Zustand vor den Dokumentänderungen wiederhergestellt.

Ebenenkompositionen prüfen

Nicht immer können aufgezeichnete Ebenenkompositionen auch wieder in gewünschter Weise auf das Dokument angewandt werden. Haben Sie beispielsweise von einer Komposition aufgezeichnete Ebenen gelöscht, miteinander verschmolzen oder in einen Hintergrund umgewandelt, dann wirkt die Komposition nur auf die unberührt gebliebenen Ebenen. Photoshop zeigt diesen Umstand durch ein Warndreieck in der entsprechenden Komposition an. Auch Farbkonvertierungen können die Anwendbarkeit von Ebenenkompositionen beeinträchtigen. Es empfiehlt sich in diesem Fall, die Ebenenkompositionen zu aktualisieren. Die Warndreiecke können übrigens per Klick mit der rechten Maustaste (Windows) oder `Ctrl` + Klick (Mac) ausgeblendet werden (im erscheinenden Kontextmenü Ebenenkomp.-Warnung löschen bzw. Alle Ebenenkomp.-Warnungen löschen wählen).

Für Ihre Notizen

Farb- & Tonwertkorrektur

Lassen Sie die Farben nach Ihrer Pfeife tanzen

Farbkorrektur- und Farbvariationsmöglichkeiten sind zahlreich in Photoshop vorhanden. Einen Überblick über die Funktionen gibt dieses Kapitel.

Nach den Auswahlmethoden ist die Farbkorrektur das zweite Königskapitel der Bildbearbeitung. Egal ob Screendesigner, Retuscheur oder Fotograf – es gibt kaum einen Photoshop-User, der noch nicht damit zu tun hatte. Leider ist Farbkorrektur auch für viele Profis ein frustrierender Job, der mit Experimentierfreude und Probierarbeit verbunden ist.

Doch gerade das Stichwort »Probieren« ist unserer Ansicht nach die falsche Herangehensweise an ein so komplexes Kapitel wie die Farbkorrektur. Die Farbgebung eines Bildes so zu ändern, dass seine Aussage unterstrichen und nicht konterkariert wird, ist keine Spielwiese, sondern erfordert analytische und gestalterische Kompetenz. Um erfolgreich Farbkorrekturen durchführen zu können, sollten Sie einerseits in der Lage sein, Farbgebungsfehler in einem Bild zu erkennen und zu beseitigen, aber andererseits auch Farbe als Gestaltungsmittel einsetzen können. Farbkorrektur erschöpft sich nicht in der Rekonstruktion der Realität, d.h. ein Bild in Photoshop so zu korrigieren, dass es der tatsächlichen Aufnahmesituation entspricht. Nein, es geht auch darum, Realität zu modellieren, also die Aussage eines Bildes durch Farbgebung zu unterstreichen. Betrachten Sie Abbildung 1, so wird Ihnen möglicherweise der latente Gelbstich in diesem Bild auffallen, den die automatische Farbkorrektur von Photoshop in Abbildung 2 sorgfältig herausgefiltert hat. Trotzdem ist uns subjektiv Abbildung 1 sympathischer, da der Gelbstich von einem Sonnenuntergang im Frühling hervorgerufen wird, den das kleine Mädchen und seine Mutter sichtlich genießen.

Unsere Schulungserfahrungen zeigen, dass sich viele Photoshop-Anwender die grundlegende Frage nach der Semantik (Bedeutung) eines Bildes erst gar nicht stellen. Auch eine eingehende Ist-Analyse der Farbgebung des Bildes findet nur selten statt. Stattdessen wird die Farbkorrektur oft als Spielwiese betrachtet, auf der man seine Photoshop-Lieblingsfilter (FARBTON/SÄTTIGUNG, GRADATIONSKURVEN & Co.) nach Lust und Laune ausprobieren kann – Hauptsache, es kommt irgendwann »was Lässiges« raus. Diese Einstellung führt selten zum Erfolg – wenn man nach dem Durchprobieren von zehn Filtern noch immer zu keinem brauchbaren Ergebnis kommt, rächt sich die unstrukturierte Arbeitsweise schnell durch enormen Zeitaufwand.

In diesem Kapitel wollen wir Ihnen die Farbkorrektur-Werkzeuge von Photoshop nicht isoliert näher bringen, sondern ihren Einsatz im Rahmen strukturierter Farbkorrektur besprechen.

▲ **Abbildung 1**
»Guter« oder »böser« Gelbstich?

▲ **Abbildung 2**
Die automatische Farbkorrektur lässt den Sonnenuntergang aus dem Bild verschwinden.

Farb- und Tonwertkorrektur im Bildbearbeitungs-Workflow

Wichtig ist, dass Sie bei der Farbkorrektur einem Arbeitsschema folgen, denn das Arbeiten »aus dem Bauch heraus« führt selten zu den besten Ergebnissen. Arbeiten Sie nach der »Biggest Problem first«-Methode. Erledigen Sie zuerst die augenscheinlichen Probleme, erst dann die Details. Sie werden merken, dass viele der störenden kleinen Fehler durch das Beseitigen der »großen« Probleme ebenfalls verschwinden. In einem Porträt mit markantem Blaustich macht es keinen Sinn, sofort die Augenfarbe zu korrigieren – entfernen Sie erst den Blaustich, und vermutlich hat sich dann auch das Problem mit der Augenfarbe erledigt.

Außerdem stehen die verschiedenen Bearbeitungsmöglichkeiten eines Bildes in Wechselwirkung zueinander – eine Erhöhung der Schärfe greift beispielsweise in die Ton- und Farbwerte eines Bildes ein. Unstrukturiertes Vorgehen bewirkt, dass Sie einen zuvor getätigten Arbeitsschritt wiederholen müssen, um seine Wirkung zu verstärken oder abzuschwächen. Hier ein Vorschlag für ein sinnvolles Vorgehen.

1. **Analyse des Bildes und Definition des Bearbeitungszieles:** Betrachten Sie das Bild eingehend in verschiedenen Vergrößerungsstufen (Monitorgröße/Originalgröße), um Mängel in der Farbgebung, Bildkomposition, Schärfe etc. festzustellen. Schauen Sie »unter die Haube« des Bildes: Betrachten Sie die einzelnen Farbkanäle, um das Bildrauschen zu beurteilen, und analysieren Sie das Histogramm.
Nun können Sie folgende Fragen beantworten:
Was genau sollte an dem Bild verbessert werden? Bildausschnitt, Farbgebung, Rauschen entfernen, Schärfe, Restaurierung? In welchem Kontext sollte es später eingesetzt

werden? Welcher »Look« ist dafür erforderlich?

Definieren Sie das Ziel der Bildbearbeitung möglichst präzise, um später Ihre Ergebnisse danach beurteilen zu können und unnötige »Fleißaufgaben« zu vermeiden. Eine derartige »Pflichtenliste« ist zudem eine gute Orientierungshilfe bei Aufträgen von Kunden.

2. **Freistellen:** Wählen Sie einen geeigneten Bildausschnitt, bzw. stellen Sie das Objekt von seinem Hintergrund frei. Das Freistellen sollte eines der ersten Tätigkeiten in Photoshop sein, da Sie sich damit viele unnötige Retusche- und Farbkorrekturarbeiten am Bild ersparen können.

3. **Retusche & Bildmontage:** Sofern erforderlich, kommt nun das breite Arsenal der Retusche-Werkzeuge zum Einsatz. Flicken Sie Risse in den Bildern mit dem Kopierstempel, ändern Sie Objektproportionen mit den Transformations- und Verflüssigen-Werkzeugen etc. Achten Sie darauf, dass möglichst alle Elemente Ihrer Bildkomposition auch im Nachhinein noch bearbeitbar sind (Verwendung von Ebenen).

4. **Globale Farb- und Tonwertkorrektur:** Nun wird die Tonwertkorrektur vorgenommen bzw. mit den Gradationskurven der Gesamtkontrast des Bildes angepasst. Die globale Farbkorrektur hingegen sollte ungewollte Farbstiche entfernen bzw. gewünschte Farbstimmungen verstärken. Um die Editierbarkeit der vorgenommenen Korrekturen zu gewährleisten, sollten Sie mit Einstellungsebenen arbeiten.

5. **Lokale Farb- und Tonwertkorrektur:** Jetzt erst werden einzelne Problemstellen im Bild bearbeitet. Zu blass wirkenden Augen können Sie beispielsweise durch Erhöhung der Sättigung in diesem Bildbereich zu Leibe rücken. Die Zeichnung der Haare erhöhen Sie durch Anhebung des Bildkontrasts in diesem Bereich. Ein besonders wichtiger Bereich der lokalen Farb- und Tonwertkorrektur ist die Angleichung der Licht- und Farbverhältnisse bei Bildmontagen. Selbst wenn Sie einen perfekt freigestellten Jamie Oliver in ein Foto Ihrer Küche montieren, wird diese Montage erst dann glaubwürdig, wenn auch die Lichtverhältnisse der beiden Bilder übereinstimmen. Eine gute Hilfe dabei ist der neue Photoshop-Filter GLEICHE FARBE, der Ihnen das Angleichen der Licht- und Farbgebung großteils abnehmen kann.

6. **Ausgabeoptimierung:** Abschließend wird das Bild für seine Ausgabe vorbereitet. Dazu gehört das abschließende Schärfen des Bildes, das für gedruckte Bilder stärker ausfallen sollte als für den Screen-Einsatz. Prüfen Sie mit Hilfe der Farbumfang-Warnung (ANSICHT • FARBUMFANG-WARNUNG), welche Farben im Ausgabefarbraum nicht wiedergegeben werden können. Erst danach sollte das Bild in den gewünschten Ausgabefarbraum (z.B. CMYK Euroscale Coated) konvertiert werden. Nähere Informationen zu Farbräumen finden Sie im Kapitel »Farbmanagement« ab Seite 172.

Natürlich kann diese Liste nur eine Orientierungshilfe sein, in einigen Fällen sind Abweichungen durchaus erforderlich. In einem verrauschten Bild einer Digitalkamera werden Sie die Scharf- und Weichzeichnungsfilter weitaus früher einsetzen müssen als bei der Ausgabe. Farb- und Tonwertkorrektur gehen zudem Hand in Hand, da eine Änderung der Farben auch die Tonwerte eines Bildes beeinflusst. Sie sollten diese Liste also nicht sklavisch abarbeiten, aber zumindest später in der Lage sein, die

Wirkung der eingesetzten Farbkorrektur-Filter den Schritten dieser Liste zuzuordnen.

Einen wichtigen Faktor haben wir in dieser Aufstellung noch nicht erwähnt: die Zeit. Anspruchsvolle Farbkorrekturen gelingen nicht in einem Durchgang, sondern brauchen Zeit. Sofern möglich, sollten Sie vor den letzten Detailkorrekturen am Bild eine Nacht vergehen lassen, um genügend kreative Distanz für eine objektive Beurteilung der vorgenommenen Änderungen zu haben. Vergleichen Sie Ausgangs- und Ergebnisbild am Monitor – und sofern erforderlich – als Proof-Ausdruck.

Tonwertkorrektur

Bildhelligkeit und Kontrast

Eine große Versuchung in der Farbkorrektur besteht also darin, sich sofort in Details zu verlieren, ohne das »Big Picture«, also die Wirkung des Bildes insgesamt zu betrachten. Selbst wenn Sie Hauttöne perfekt in das Gesicht Ihres Motivs zaubern, wird sich der Betrachter doch an einer seltsamen Wirkung des Bildes – flauer Hintergrund versus künstlich wirkende Gesichter – stoßen.

Deshalb möchten wir unser Kapitel beim Fundament der Tonkorrektur beginnen – dem Beurteilen und Anpassen des Kontrasts bzw. der Helligkeit. Sie werden verwundert sein, warum wir in diesem Abschnitt Kontrast- und Helligkeitseinstellungen an Graustufen-Bildern demonstrieren – doch Ihr Auge arbeitet genauso. Sein Wahrnehmungsapparat besteht nämlich aus etwa 120 Millionen lichtempfindlichen Zellen (Stäbchen), aber nur ca. 6 Millionen farbempfindlichen Zellen (Zapfen). Selbst bei Farbbildern spielt also die Helldunkel-Wahrnehmung eine wichtige Rolle.

High-, Medium- und Low-Key-Bilder

Bevor wir den Kontrast bzw. die Helligkeit eines Bildes anpassen, sollte es zunächst grundsätzlich als High-, Medium- oder Low-Key-Bild klassifiziert werden. Hinter diesen neudeutschen Bezeichnungen verbirgt sich der **Tonwertcharakter**: In einem Bild können dunkle (Low Key), mittlere (Medium Key) oder hohe Tonwerte (High Key) vorherrschend sein.

Wenn Sie beim Betrachten zu keinem eindeutigen Ergebnis kommen, können Sie auch das Histogramm (im besonderen die neue Histogramm-Palette in Photoshop CS zu Hilfe nehmen). Diese ist unter FENSTER • HISTOGRAMM zu finden. Ein Histogramm zeigt die relative Häufigkeit der einzelnen Grauwerte in einem Bild bzw. Farbkanal. Es ist also ein Diagramm, bei dem auf der x-Achse die Graustufen eines Bildes bzw. Farbkanals aufgetragen sind. Die y-Achse zeigt die Anzahl der Pixel, die den jeweiligen Grauwert haben.

Die »Berge« im Histogramm helfen Ihnen, das Bild nach seiner Helligkeit zu klassifizieren. Zeigt es eine Häufung dunkler Tonwerte, handelt es sich um ein Low-Key-Bild, dominante Mitten weisen auf ein Medium-Key-Bild hin. Ergo stehen »Berge« bei hellen Grauwerten für ein High-Key-Bild.

Nicht immer kann ein eindeutige Zuordnung vorgenommen werden. Denken Sie an das Bild eines schwarzen Pferdes in einer hellen Wüstenlandschaft. In diesem Fall müssen Sie eine subjektive Entscheidung treffen: Die Tonwertcharakteristik des Motivs (Pferd) hat in diesem Fall Vorrang vor jener des Hintergrunds.

Mit der Klassifizierung in High-, Medium- und Low-Key-Bilder haben Sie einen wertvollen Anhaltspunkt für anschließende Tonwertkorrekturen. Schließlich soll der Charakter des

▲ Abbildung 3
Durch die dominanten hellen Tonwerte liegt hier ein High-Key-Bild vor.

▲ Abbildung 4
Die dunkleren Haare des Kindes machen aus dieser Aufnahme ein Mid-Key-Bild.

▲ Abbildung 5
Ein Low-Key-Bild

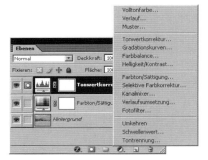

▲ Abbildung 6
Photoshop bietet viele Farbkorrektur-Filter als Einstellungsebenen an.

Bildes dadurch verstärkt und nicht zerstört werden. Es wäre beispielsweise kontraproduktiv, in einem High-Key-Bild zwanghaft die dunkelsten Bildpunkte auf Schwarz zu stellen, wenn sie nur bis in die mittleren Grautöne reichen.

Tonwertkorrektur
Kommen wir nun zu den Konsequenzen unserer Klassifizierung: der Überarbeitung der Bildhelligkeit mittels Tonwertkorrektur. Doch Achtung: Der Befehl BILD • ANPASSEN • TONWERTKORREKTUR sollte für uns tabu sein, genau wie auch alle anderen dieses Menüs. Der Grund: Photoshop bietet dieselben Filter auch als **Einstellungsebenen** an, die nicht destruktiv in die Bilddaten eingreifen und deren Einstellungen jederzeit wieder abgeändert werden können. Mit Hilfe von Ebenenmasken kann die

▲ Abbildung 7
Dieses Bild soll mittels Tonwertkorrektur aufgefrischt werden.

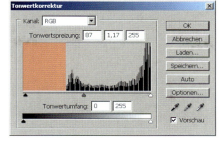

▲ Abbildung 8
Vor der erfolgten Tonwertkorrektur – das rote Rechteck markiert die ungenutzten Tonwerte.

Wirkung dieser Farbkorrektur-Filter auch auf bestimmte Bildbereiche beschränkt werden.

Doch nun zurück zur Tonwertkorrektur. Der Tonwert eines Bildes ist das Maß für seinen optischen Eindruck, ausgedrückt in Prozent. Bei für den Druck gerasterten Bildern bezeichnet er das Flächenverhältnis zwischen Rasterpunkten und Gesamtfläche. Ein Tonwert von 0 würde also einer unbedruckten Fläche entsprechen, auf der keine Rasterpunkte vorhanden sind, ein Tonwert von 100 bedeutet eine voll bedruckte Fläche ohne durchschimmerndes Papierweiß. Die Tonwertkorrektur wird eingesetzt, um den zur Verfügung stehenden Tonwertumfang (in unserem Fall 256 Graustufen) optimal für unser Bild auszunutzen.

Das flau und kontrastarm wirkende Foto in Abbildung 7 besteht beispielsweise nur aus 165 verschiedenen Graustufen und lässt 91 Tonwerte ungenutzt. Besonders fatal: Der dunkelste Grauwert im Bild ist ein Mittelgrau (Tonwert: 91). Die Folge: In helligkeitsähnlichen Details geht die Zeichnung verloren, sie erscheint als einfarbige Fläche. Obwohl der Hinterreifen des Busses relativ groß abgebildet ist, ist darauf kein Profil mehr erkennbar, dieses wurde durch eine fast einfarbige Fläche ersetzt. Auch auf dem Mantel des Fahrers sind keine Falten erkennbar, und die Fassadenfront im Hintergrund des Busses bricht plötzlich ins Weiße weg.

Durch Anlegen einer Tonwertkorrektur-Einstellungsebene können wir das Bild verlustfrei verbessern. Zuerst wollen wir durch Festsetzen des Schwarz- und Weißpunktes dafür sorgen, dass die dunkelsten Pixel im Bild tatsächlich schwarz und die hellsten weiß wiedergegeben werden. Dafür haben Sie drei Einstellungsmöglichkeiten:

Änderungen zurücksetzen

Halten Sie die Alt/⌥-Taste in einem beliebigen Farbkorrektur-Dialogfeld gedrückt, so verwandelt sich die ABBRECHEN in eine ZURÜCK-Schaltfläche. Damit können Sie die vorgenommenen Einstellungen zurücksetzen, ohne den Dialog dafür verlassen zu müssen.

08_farb-korrektur/auto.psd

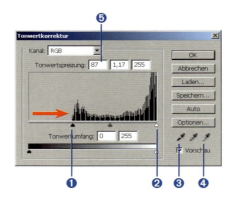

Abbildung 9 ▶
Der Schwarzpunkt-Regler wanderte in Richtung des Tonwert-Gebirges.

1. Bewegen des schwarzen ❶ und weißen Reglers ❷ unterhalb des Histogramms
2. Auswählen des dunkelsten und hellsten Punktes im Bild mit der Schwarzpunkt- ❸ und Weißpunkt-Pipette ❹
3. Nummerische Eingabe der jeweiligen Grauwerte in der Tonwertspreizung, wobei der erste Wert ❺ den jetzigen Grauwert bezeichnet, der anschließend ins Schwarze verschoben werden soll, und der dritte Wert den Grauwert des zukünftigen Weißpunkts bezeichnet.

 Farbkorrektur-Einstellungen speichern
Häufig benötigte Farbkorrektur-Einstellungen können Sie mit den SPEICHERN und LADEN-Schaltflächen in den jeweiligen Dialogfeldern sichern und laden. Einziges Manko: Die bei Einstellungsebenen wichtigen Einkopiermodi und Deckkraftwerte können nicht gesichert werden. Als Alternative können Sie sich eine eigene Photoshop-Datei mit Ihren gesammelten Einstellungsebenen anlegen und diese bei Bedarf in Ihr aktuelles Dokument laden.

In allen drei Fällen werden als Weiß- bzw. Schwarzpunkt festgesetzte Grauwerte zu Weiß bzw. Schwarz. Als logische Konsequenz werden auch alle Grauwerte unterhalb des Schwarzpunkts und oberhalb des Weißpunkts zu Schwarz bzw. Weiß. Wenn Sie also ein Stück dunkelgrauer Kohle auf schwarzem Boden fotografiert haben und bei der Tonwertkorrektur den Schwarzpunkt auf dem Kohlenstück festlegen, dann werden Sie eine durchgängig schwarze Fläche erhalten.

Mit der Auto-Funktion nimmt Ihnen Photoshop Arbeit ab und ermittelt selbstständig den Schwarz- bzw. Weißpunkt des Bildes. Dabei wird das Bild einfach nach den hellsten und dunkelsten Pixeln abgesucht, auf den der Schwarz- bzw. Weißpunkt gesetzt wird. Genauer gesagt, ignoriert Photoshop dabei standardmäßig 0,1 % der hellsten und dunkelsten Pixel, da durch Digitalisierungsfehler selbst in einem maximal hellgrauen Bild schwarze Pixel vorkommen können.

Sie können in den OPTIONEN unter BESCHNEIDEN festlegen, wie viel Prozent der dunkelsten (TIEFEN) bzw. hellsten (LICHTER) Pixel Photoshop bei der automatischen Tonwertkorrektur verwerfen soll. Trotzdem werden Sie mit den automatischen Tonwertkorrekturen von Photoshop nicht immer zufrieden sein. Der Grund dafür liegt in unserem Verlangen nach »Zeichnung«, d.h., wichtige Bilddetails sollten erhalten bleiben und nicht im Einheitsfarbbrei verschwinden.

Das Festsetzen des Schwarz- und Weißpunkts ist aber nicht immer eindeutig zu erledigen: Enthält das Bild neben hellen Bildbereichen auch noch Spitzlichter (beispielsweise ein gleißender Sonnenaufgang im Gebirge, der sich in der frischen Pulverschneedecke spiegelt), so macht es keinen Sinn, den Weißpunkt

◄ **Abbildung 10**
Das Bild nach der Tonwertkorrektur. Das Bild hat zwar an Kontrast gewonnen, doch in vielen Details gibt es noch Zeichnungsverluste.

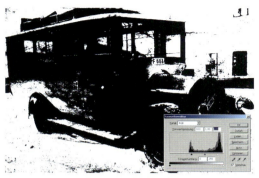

▲ **Abbildung 11**
Gegenprobe: Halten Sie beim Verschieben des Weißpunkt-Reglers die [Alt]/[⌥]-Taste gedrückt, so werden jene Bildbereiche angezeigt, die nach der Korrektur ins Weiße wegbrechen.

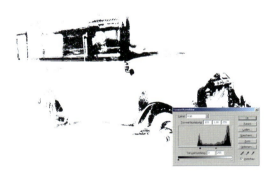

◄ **Abbildung 12**
Dasselbe gilt natürlich auch für den Schwarzpunkt-Regler.

auf den hellsten Bereich des Sonnenlichts zu setzen und dafür die Farbe des Schnees in kontrastarmes Grau abgleiten zu lassen. Der Lichtkegel kann ruhig übersteuern, d.h. völlig weiß und ohne Zeichnung abgebildet werden, dafür sollte man die Pulvrigkeit des Schnees durch Erhalten der Bilddynamik erkennen können.

Sie müssen sich immer fragen, welche Bilddetails für den Betrachter wichtig sind oder besser gesagt, die vom Fotograf beabsichtigte Stimmung/Aussage des Bildes unterstreichen. In diesem Zusammenhang spricht man auch von »zeichnenden Lichtern« oder »zeichnenden Tiefen«, die wichtige Bilddetails festhalten.

Einen Regler haben wir bis jetzt bewusst außer Acht gelassen: den **Gamma-Regler**, der den mittleren Grauwert festsetzt und damit die Bildhelligkeit steuert. Sie können diese Einstellung zwar in der Tonwertkorrektur vornehmen, mit den Gradationskurven kann sie aber deutlich flexibler getroffen werden.

Tonwertbegrenzung

Auch für den schönen Graustufen-Balken im Tonwertkorrektur-Dialogfeld gibt es praktische Anwendungen. Er legt den Tonwertumfang des Bildes fest. Theoretisch stehen uns 256 Graustufen je Farb- bzw. Graukanal zur Verfügung. Im Druck können aber nicht alle davon wiedergegeben werden, da bei der Erstellung der Druckplatte Rasterpunkte unter ca. 5% Flächendeckung (abhängig von der Plattenqualität und vom Druckverfahren) verloren gehen. Will heißen: Obwohl uns am Bildschirm ein sehr helles Grau mit Tonwert 250 einwandfrei wiedergegeben wird, wird es im Druck später ins Weiße wegbrechen, da die Druckplatte keine derart kleinen Rasterpunkte unterstützt. Sehr dunkle Grauwerte wiederum brechen im Druck ins Schwarze weg, da die winzigen weißen Zwischenräume von den riesigen schwarzen Rasterpunkten vernichtet werden.

Um diesen Verlusten vorzubeugen, sollten Sie den Tonwertumfang sowohl bei Farb- (hier den Composite-Kanal) als auch bei Schwarz-Weiß-Bildern auf 5% bis 95% begrenzen. Dieser Wert ist aber nur als Faustregel zu verstehen, je nach Druckverfahren kann es zu Abweichungen kommen. Im Zeitungsdruck sind unter Umständen stärkere Begrenzungen erforderlich, Hochglanzmagazine wiederum können nahezu den gesamten Tonwertumfang wiedergeben (ca. 3%-Begrenzung der Höhen und Tiefen).

Neben den bereits angesprochenen Beschneidungseinstellungen bieten die Optionen der Tonwertkorrektur noch die Möglichkeit, den Algorithmus für die **automatische Farbkorrektur** (Auto-Schaltfläche) zu bestimmen. Leider sind die Namen der Optionen etwas irreführend: SCHWARZ-WEISS-KONTRAST VERBESSERN entspricht dem Auto-Kontrast-Befehl aus

▲ Abbildung 13
Hier bestimmen Sie die Vorgehensweise von Photoshop bei der automatischen Tonwertkorrektur.

dem Anpassen-Menü: Photoshop beschneidet alle Farbkanäle auf identische Weise und erhöht damit den Kontrast im Bild, Farbstiche bleiben unberücksichtigt. KONTRAST KANALWEISE VERBESSERN optimiert den Kontrast jedes Farbkanals isoliert. Dadurch können je nach Farbstruktur des Bildes Farbstiche entstehen oder gemindert werden. DUNKLE UND HELLE FARBEN SUCHEN wiederum ist identisch mit dem Auto-Farbe-Befehl. Wie der Name schon verrät, sucht dieser Algorithmus das Bild nach den hellsten und dunkelsten Farbwerten ab und richtet danach den Bildkontrast aus. Der Vorteil gegenüber den beiden anderen Methoden: Farbstiche werden entfernt, da der Schwarz- und Weißpunkt an den tatsächlich im Bild vorhandenen hellsten und dunkelsten Farbwerten ausgerichtet wird.

Um zu zeigen, welche gestalterische Macht hinter Tonwertkorrekturen steckt, haben wir das Bild einer abendlichen Schneelandschaft ausgewählt (Abbildung 14). Mit simpler Tonwertkorrektur kann aus der dämmrigen Landschaft entweder eine Nachtszene entstehen

▲ Abbildung 14
Ein verblasstes, vom Flugzeug aus aufgenommenes Foto eines Gebirgsmassivs ist unser Testbild für die automatischen Farbkorrekturen von Photoshop.

▲ Abbildung 15
Auto-Kontrast erhöht zwar den Bildkontrast, lässt aber den Blaustich unberührt.

▲ Abbildung 16
Da die Auto-Tonwertkorrektur alle Bildkanäle getrennt optimiert, wird der Kontrast stärker erhöht und der Blaustich abgeschwächt.

▲ Abbildung 17
Die Auto-Farbkorrektur sucht nach den dunkelsten und hellsten Farbpixeln im Bild und maximiert anhand dieser Pixel den Kontrast.

oder eine taghelle Mittagsszene. Ein ähnliches Gestaltungsprinzip verfolgt die »amerikanische Nacht« im Film: Steht kein Geld für teure Nachtdrehs zur Verfügung, wird durch Verringerung der Kamerablende eine nachtähnliche Abdunklung erzielt. Denselben Effekt können Sie nachträglich in Photoshop mit Hilfe der Tonwertkorrektur bzw. den Gradationskurven simulieren. Das Ergebnis wird Sie vermutlich an die alten Winnetou-Filme erinnern, bei denen die »amerikanische Nacht« häufig zum Einsatz kam.

08_farb-korrektur/
gebirge.psd

▲ **Abbildung 18**
Das Originalbild mit eingeblendeter Histogramm-Palette

08_farb-korrektur/
schnee.psd

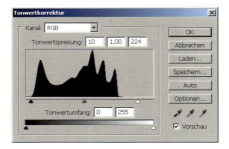

▲ **Abbildung 19**
Die Tonwertkorrektur dunkelt das Bild weiter ab.

▲ **Abbildung 20**
Das abgedunkelte Bild

▲ **Abbildung 21**
Aufhellung des Bildes durch Tonwertkorrektur

▲ **Abbildung 22**
Das aufgehellte Bild

Gradationskurven

Das alte Foto in Abbildung 10 nutzt nach der Tonwertkorrektur zwar den gesamten Umfang der Graustufen, doch bei näherer Betrachtung fällt uns ein Mangel an zeichnenden Details auf. Der Mantel des Fahrers scheint mit der umgebenden Karosserie zu einem undefinierbaren Etwas zu verschmelzen, da beide Gegenstände nahezu identische Grauwerte aufweisen. Diesen Umstand wollen wir durch Einsatz der Gradationskurven korrigieren.

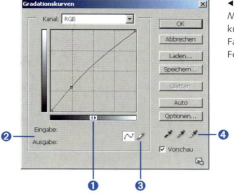

◂ Abbildung 23
Mit dieser Gradationskurve hebt sich der Fahrer viel besser vom Fond des Wagens ab.

Im Unterschied zur Tonwertkorrektur, die nur drei Regler zur Tonwertänderung bietet, unterstützen Gradationskurven bis zu 16 Ankerpunkte. Jeder Ankerpunkt bestimmt, ob ein Eingabe-Tonwert aufgehellt oder abgedunkelt wird. Aus diesen Ankerpunkten interpoliert Photoshop dann die Gradationskurve, die auf alle Grauwerte im Bild wirkt. In der Praxis macht es kaum Sinn, mit 16 Ankerpunkten zu arbeiten und daraus eine ideale Gradationskurve für das gesamte Bild zu basteln. Stattdessen sollten Sie jene Bilddetails isolieren, bei denen eine Änderung von Helligkeit und Kontrast erforderlich ist, und eine Gradationskurven-Einstellungsebene für jeden dieser Bereiche anlegen. Diese »partiellen« Gradationskurven sollten sich dafür auf maximal sechs Ankerpunkte beschränken. Mit Hilfe einer Ebenenmaske können Sie die Wirkung der Kurve auf eben diese Bereiche begrenzen.

Mit Hilfe der beiden kleinen Dreiecke ❶ können Sie zwischen Graustufenskala (0 = Schwarz, 255 = Weiß) und Prozentangaben (0 % = Weiß, 100 % = Schwarz) umschalten. In der Druckvorstufe empfiehlt sich der Prozentmodus, während am anderen Ende der Produktionskette (Fotografie) eher die Graustufenskala zum Einsatz kommt. Da in den beiden Modi Schwarz und Weiß am jeweils entgegengesetzten Ende der Achse liegt, kehrt sich auch die Gradationskurve beim Wechsel zwischen Prozentmodus und Graustufenskala um.

Die Felder EINGABE/AUSGABE ❷ zeigen die nummerische Auswirkung der Kurve an und ermöglichen ein präzises Editieren der Kurvenwerte. Unter EINGABE erscheint der ursprüngliche Tonwert, unter AUSGABE seine von der Gradationskurve hervorgerufene Änderung. Zur Anzeige von Ein- und Ausgabewert muss ein Kurvenpunkt angewählt sein.

Neben dem Arbeiten mit Kurvenpunkten können Sie auch freihändig Gradationskurven zeichnen, der entsprechende Modus verbirgt sich hinter dem Buntstift-Icon ❸. Dieser Modus ist eher für Freestyle-Kolorierungen geeignet als für die rekonstruierende Farbkorrektur. Die nur in diesem Modus aktive Schaltfläche GLÄTTEN erlaubt das Abrunden zu spitz geratener Kurven. Ihrer Kreativität sind zudem Grenzen gesetzt, da Photoshop die freihändig gezeichneten Kurven automatisch in Stützpunkt-Kurven konvertiert und rundet.

Mit den bereits aus der Tonwertkorrektur bekannten drei Pipetten ❹ können Sie Schwarz-, Weiß- und Graupunkte im Bild

Tonwertkorrektur **289**

▲ **Abbildung 24**
Das unbearbeitete Original
(08_farbkorrektur/statue.psd)

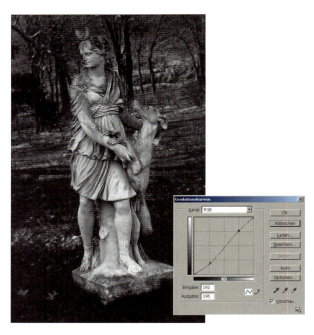

▲ **Abbildung 25**
Mit einer leicht s-förmigen Gradationskurve kann der Bildkontrast angehoben werden.

setzen, die Gradationskurven werden danach angepasst. Mit der AUTO-Schaltfläche lösen Sie die automatische Kontrast-, Tonwert- oder Farbkorrektur aus, abhängig davon, was in den OPTIONEN eingestellt wurde.

Mit den Schaltflächen LADEN und SPEICHERN haben Sie wie in jedem Farbkorrektur-Dialogfeld die Möglichkeit, Ihre Gradationskurven zu sichern und auf gespeicherte Kurven zuzugreifen.

Tastenkürzel im Gradationskurven-Dialogfeld

Wirkung	Tastenkürzel
Bestimmten Bildpixel als Kurvenpunkt setzen	[Strg]/[⌘] + Klick ins Bild
Bestimmten Bildpixel als Kurvenpunkt setzen in allen Farbkanälen	[Strg]/[⌘] + [⇧] + Klick ins Bild
Mehrere Kurvenpunkte selektieren	[⇧] + Klick auf Kurvenpunkte
Nächsten Ankerpunkt der Gradationskurve aktivieren	[Strg]/[Ctrl] + [↹]
Vorigen Ankerpunkt der Gradationskurve aktivieren	[Strg]/[Ctrl] + [⇧] + [↹]
Ankerpunkte verschieben	Cursor-Tasten

Farb- & Tonwertkorrektur

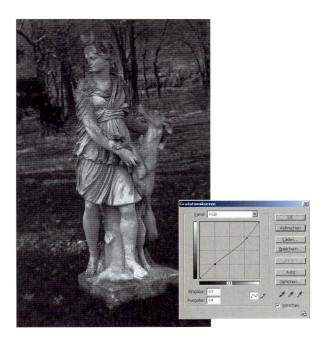

▲ **Abbildung 26**
Eine invertierte S-Kurve sorgt für weiche Bildübergänge.

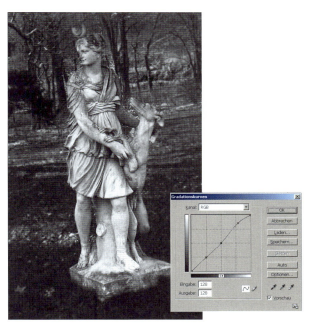

▲ **Abbildung 27**
Durch das Anheben der Lichter wirkt die Statue im Vordergrund präsenter.

Die Wirkung einer Gradationskurve kann sehr anschaulich durch ihre Form beschrieben werden. Nachfolgend besprechen wir einige klassische Formen der Gradationskurve und ihre Auswirkungen auf die Tonwerte des Bildes aus Abbildung 24:

- **Kontrast anheben:** Mit einer S-Kurve kann der Bildkontrast erhöht werden, sprich: Hellere Pixel werden noch heller, dunklere dunkler (Abbildung 25).
- **Kontrast abschwächen:** Die entgegengesetzte Kurvenform führt zu einer Senkung des Kontrasts, das Resultat sind »weichere« Bildübergänge und ein Verlust an Bildschärfe (Abbildung 26).
- **Lichter anheben:** Zum Anheben der Lichter reicht eine kleine Ausnehmung zu Beginn der Gradationskurve. Dadurch können Sie die in den Lichtern vorhandene Zeichnung präsenter machen (Abbildung 27).
- **Mitteltöne aufhellen:** Mit einer leichten »Mulde« können Sie die Mitteltöne aufhellen und so das Bild etwas heller und freundlicher machen. Die Lichter und Tiefen sollten Sie möglichst unberührt lassen, da in diesen viel Zeichnung enthalten ist (Abbildung 28).

Tonwertkorrektur **291**

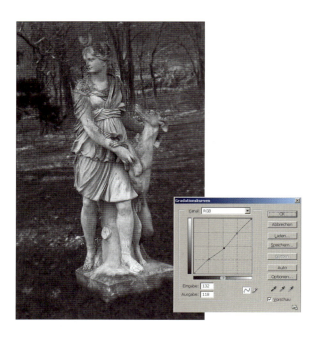

◀ **Abbildung 28**
Das Anheben der Mitteltöne lässt das Bild freundlicher erscheinen, obwohl die Höhen und Tiefen in der Zeichnung erhalten bleiben.

▲ **Abbildung 29**
Histogramm-Palette mit ursprünglichem Histogramm (hellgrau) und aktualisierter Darstellung (schwarz)

Auswirkungen der Gradationskurve anhand des Histogramms beobachten

Ein großes Manko vieler Farbkorrektur-Befehle ist die fehlende Histogramm-Ansicht zur Beurteilung der Auswirkungen. Mit Photoshop CS hält die neue Histogramm-Palette (FENSTER • HISTOGRAMM) Einzug. Selbst wenn Sie gerade in einem Filter-Dialog Einstellungen vornehmen, zeigt Ihnen die Histogramm-Palette die aktuellen Auswirkungen an. Sie brauchen nur die Histogramm-Palette auf Ihrer Arbeitsfläche eingeblendet zu haben. Der in Abbildung 29 dargestellte Vorher-nachher-Vergleich wird leider von den Farbkorrektur-Einstellungsebenen nicht unterstützt, hierzu müssen Sie die gleichnamigen Befehle aus dem Menü BILD • ANPASSEN anwenden. Näheres zur Histogramm-Palette erfahren Sie ab Seite 279.

16-Bit-Unterstützung bei der Farbkorrektur

Die Unterstützung für Bilder mit 16-Bit-Kanälen wurde in Photoshop CS wesentlich ausgebaut. Nun können auch Einstellungsebenen auf 16-Bit-Bilder angewandt werden, auch alle Füllmethoden und Malwerkzeuge unterstützen 16-Bit-Dateien. Auch für die Kanalberechnung können 16-Bit-Kanäle herangezogen werden. Ein 16-Bit-Kanal unterstützt 65 536 verschiedene Graustufen, während ein 8-Bit-Kanal nur 256 Graustufen enthalten kann. Während uns die Verdopplung der Bit-Zahl visuell nur selten auffällt, überstehen 16-Bit-Bilder intensive Farbkorrekturen wesentlich besser als ihre 8-Bit-Pendants, bei denen es zu Histogramm-Lücken und Posterisierungen kommen kann.

Bei aller 16-Bit-Euphorie darf aber nie vergessen werden, dass die Qualität eines Bildes vor allem von der an der Digitalisierung beteiligten Hardware abhängt.

▲ Abbildung 30
Der Fahrer scheint mit dem Dach und der Karosserie des Wagens zu verschmelzen.

▲ Abbildung 31
Eine Ebenenmaske beschränkt die Wirkung der Gradationskurve auf den Fahrer.

o8_farb-
korrektur/
auto.psd

Beginnen wir nun die Tonwerte unseres Oldtimer-Bildes mit partiellen Gradationskurven zu verbessern. Legen Sie dazu eine GRADATIONSKURVEN-Einstellungsebene an, und aktivieren Sie deren Ebenenmaske.

Für das Malen der Ebenenmaske betätigen Sie bei aktiver Ebenenmaske die ⌐-Taste. Damit wird die Ebenenmaske dem Bild überblendet. Nun können Sie mit den Malwerkzeugen eine Maske für unser erstes Korrekturobjekt, den Fahrer, anlegen (Abbildung 31). Mit erneutem Betätigen von ⌐ verlassen Sie den Überblendungsmodus.

Damit die Gesichtszüge und Kleidungsdetails des Fahrers besser zur Geltung kommen, heben wir die dunklen Farbtöne leicht an (Abbildungen 32/33). Um den Aufhellungseffekt behutsam zu verstärken, duplizieren wir die Gradationskurven-Einstellungsebene und überblenden sie mit weichem Licht und einer Deckkraft von ca. 70 % (Abbildung 34).

Tonwertkorrekturen mit Ebenenmodi verändern

Der Einsatz von Einstellungsebenen bietet einen dritten Vorteil: Sie können die Wirkung ihrer Tonwertkorrekturen mit Ebenenmodi verändern. Es empfiehlt sich, nach dem groben Festlegen der Tonwertkorrekturen die weiteren Feinkorrekturen in der Ebenen-Palette vorzunehmen: Durch Ändern der Deckkraft und des Ebenenmodus kann die Wirkung der Tonwertkorrektur geändert werden, ohne ständig in unterschiedlichen Dialogboxen Einstellungen vornehmen zu müssen. Folgende Ebenenmodi bieten sich für den Einsatz in der Tonwertkorrektur an:

- MULTIPLIZIEREN sorgt für eine Abdunklung des Bildes, sein Gegenstück UMGEKEHRT MULTIPLIZIEREN hellt das Bild auf.
- HARTES LICHT, ÜBERBLENDEN und WEICHES LICHT erhöhen den Bildkontrast, wobei HARTES LICHT die intensivste und WEICHES LICHT die geringste Kontrasterhöhung bringt.

Abbildung 32 ▶
Mit dieser Gradationskurve hebt sich der Fahrer viel besser vom Fond des Wagens ab.

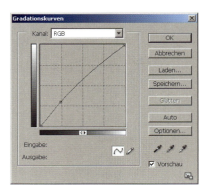

▲ **Abbildung 33**
Nach der Anwendung der Gradationskurven-Einstellungsebene

▲ **Abbildung 34**
Die Gradationskurven-Einstellungsebene wurde dupliziert und mit WEICHEM LICHT sowie 70 % Deckkraft überblendet.

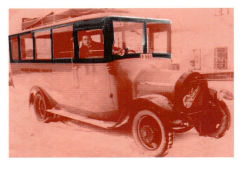

▲ **Abbildung 35**
Mit einer Ebenenmaske (hier in überblendeter Darstellung) haben wir den Aufbau des Busses maskiert, um ihn anschließend mit Gradationskurven zu bearbeiten.

Als Nächstes wird der Aufbau des Wagens korrigiert, da er zu sehr ins Schwarze abgleitet und so kaum eine visuelle Trennung zwischen Innen- und Außenraum des Wagens möglich ist. Deshalb erhöhen wir mit einer S-Kurve den Kontrast in diesem Bildbereich.

Abschließend erstellen wir eine **Maske** für den recht fahlen und ausgebleichten Hintergrund. Mit Hilfe der Gradationskurven senken wir die Lichter des Hintergrunds relativ brutal ab, damit der Betrachter mehr Information über den Ort der Aufnahme enthält. Nun wird beispielsweise der Schnee auf der Straße wieder deutlich sichtbar, und auch die Häuserfront im Hintergrund erhält mehr Präsenz. Hat der ursprüngliche Bildhintergrund eher noch den Touch einer Mondlandschaft gehabt, kann man nun schon eher die verschneite Dorfstraße erkennen. Natürlich werden durch diese Korrektur auch Bildstörungen im Hintergrund verstärkt, doch diese können in der nachfolgenden Bildretusche mit dem Kopierstempel-Werkzeug rasch behoben werden (Abbildungen 36–40).

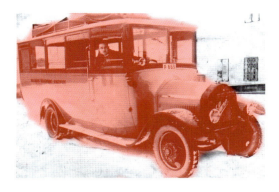

▲ **Abbildung 36**
Abschließend haben wir zuerst eine Hintergrund-Maske angelegt, um anschließend den Kontrast des Hintergrunds zu erhöhen.

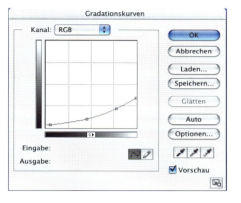

▲ **Abbildung 37**
Die Gradationskurve sollte etwas Zeichnung in den Bildhintergrund zurückholen.

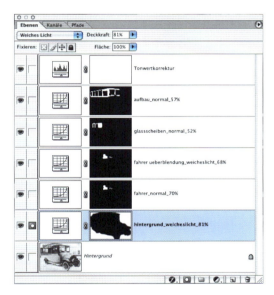

▲ **Abbildung 38**
Der Aufbau der erfolgten Tonwertkorrektur in der Ebenen-Paletten

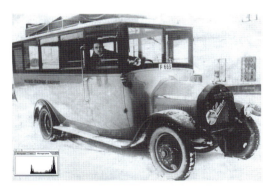

▲ **Abbildung 39**
Das Ausgangsbild

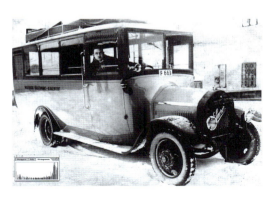

Abbildung 40 ▶
Das fertig korrigierte Bild

Tonwertkorrektur **295**

Über- und unterbelichtete Bilder korrigieren

Ein wichtiger Bereich der Farbkorrektur ist das Ändern von unter- und überbelichteten Bildern. Während unterbelichtete Bilder sich durch trübe, dunkle Farben mit fehlender Zeichnung äußern, können überbelichtete Bilder durch flaue, »ausgebleichte« Farben mit hohen Weißanteilen charakterisiert werden.

Seit Version CS können Sie über- und unterbelichteten Bildern auf zwei Arten zu Leibe rücken:

- Mit einer »klassischen« Gradationskurvenkorrektur in Verbindung mit den Ebenenmodi MULTIPLIZIEREN (bei überbelichteten Bildern) und UMGEKEHRT MULTIPLIZIEREN (bei unterbelichteten Bildern).
- Mit dem neuen Farbkorrektur-Filter TIEFEN/LICHTER.

Beim **Multiplizieren** werden die übereinander liegenden Farbwerte zweier Ebenen miteinander multipliziert und durch 255 dividiert, was in jedem Fall zu einer Abdunklung führt (Beispiel: Grauwert 1: 158, Grauwert 2: 123. 158 × 123 = 19434 ÷ 255 ≈ 76). Übrigens können Sie sich den Ebenenmodus MULTIPLIZIEREN auch rein analog veranschaulichen, indem Sie zwei identische Negative auf einem Leuchttisch genau übereinander legen.

Beim Ebenenmodus UMGEKEHRT MULTIPLIZIEREN werden die Tonwerte der Bilder vor dem Multiplizieren invertiert, und auch das Ergebnis dieser Multiplikation wird schließlich invertiert. Näherungsweise darstellbar ist dies über die Formel $T_{res} = 1 - (1 - T_H) \times (1 - T_V)$, wobei T_{res} der resultierende Tonwert ist, T_H und T_V sind die relativen Tonwerte der Vorder- und Hintergrundebene. Werden also die beiden Grauwerte 124 (in relativer Darstellung 124/255 = 0,4862) und 174 (in relativer Darstellung 174/255 = 0,6823) negativ miteinander multipliziert, erhält man als Ergebnis (1 − (1 − 0,6823) × (1 − 0,4862)) × 255 = 213 als Helligkeitswert.

Der neue Farbkorrektur-Filter TIEFEN/LICHTER (Menü ANPASSEN) entfernt wahlweise Tiefen und Lichter aus dem Bild und verstärkt durch eine integrierte Farbkorrektur den Kontrast und die Sättigung des Bildes.

Betrachten wir die beiden Methoden zunächst an einem Graustufen-Bild: Hier wird einerseits die Überbelichtung viel deutlicher sichtbar als bei einem Farbbild, zum anderen stören hier keine Farbstiche bei der Beurteilung der Helligkeitssituation.

Im unterbelichteten Originalbild von Abbildung 41 haben wir zunächst eine GRADATIONSKURVEN-Einstellungsebene eingefügt und im Ebenenmodus UMGEKEHRT MULTIPLIZIEREN auf das Bild wirken lassen. Da wir in der Einstellungsebene noch keine Korrekturen vorgenommen haben, wirkt diese noch wie ein Duplikat der Ursprungsebene.

Das Ergebnis in Abbildung 42 ist zwar schon besser, verfügt aber noch über einige Schwachpunkte: So unterscheidet sich das Sakko kaum vom darunter liegenden T-Shirt, den Haaren fehlt es an Zeichnung, und die Gesichtskonturen sind insgesamt zu dunkel. Die bereits erstellte Gradationskurven-Einstellungsebene sollte diese Fehler beheben. Im GRADATIONSKURVEN-Dialog platzierten wir an mehreren neuralgischen Punkten (rechte Wange, Sakko, T-Shirt, Hintergrund) durch Mausklick + ⇧ Farbaufnehmer. Durch Drücken der Strg/⌘-Taste haben wir diese auch gleich in Kurvenpunkte umgewandelt und ihre Helligkeit abgeändert. Als Konsequenz haben wir die Tiefen stark angehoben und die Mitten leicht abgesenkt, wodurch die Zeichnung an den entscheidenden Stellen zurückkehrte. Das Hin und Her bei der Verbesserung falsch

▲ **Abbildung 41**
Das unterbelichtete Original

▲ **Abbildung 42**
Nach dem Anwenden des Ebenenmodus UMGEKEHRT MULTIPLIZIEREN

o8_farb-korrektur/
unterbelichtet.psd

▲ **Abbildung 43**
Die aufgenommenen Punkte ...

▲ **Abbildung 44**
... wurden in ihrer Helligkeit unterschiedlich stark angehoben.

▲ **Abbildung 45**
Nach der Anpassung der Gradationskurven

belichteter Bilder ist also eine genaue Analyse der Abbildungsfehler und ihre systematische Korrektur durch Platzieren von geeigneten Farbaufnehmern/Gradationskurvenpunkten.

Obwohl Photoshops leistungsfähige Farbkorrektur-Werkzeuge durchaus in der Lage sind, auch »schwere« Belichtungs- und Farbgebungsfehler auszubessern, spricht der dafür nötige Zeitaufwand gegen sie: Sobald rund um ein Bild ein Korrekturgerüst aus mehreren Einstellungsebenen, Filtern und Ebenenmasken gebaut werden muss, um ihm angenehme Farben zu entlocken, leidet das Zeitbudget merklich. Hinzu kommt die mangelnde Fähigkeit von Photoshop, Ebeneneigenschaften wie Ebenenmodus oder Deckkraft als Vorgaben

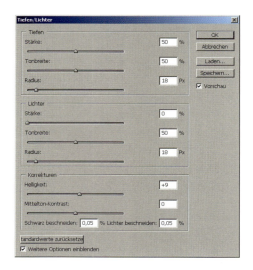

▲ Abbildung 46
Die Einstellungen des Tiefen/Lichter-Filters

zu speichern. Besonders bei mittelmäßig gelungenen Fotoserien, die aus verschiedensten Gründen nicht mehr neu aufgenommen werden können (man denke nur an die Event-Fotografie), stößt man mit der oben beschriebenen Handarbeit schnell an die Grenzen des Zeitbudgets.

Das haben auch die Entwickler von Adobe erkannt und präsentieren mit dem Filter TIEFEN/LICHTER (BILD • ANPASSEN) quasi die erste Waschstraße der Farbkorrektur: über- bzw. unterbelichtetes Bild rein, an vier Reglern gedreht, fertig. Dagegen sieht das manuelle Aufpolieren von Bildern mittels Einstellungsebenen schnell alt aus. Das Prinzip des Filters scheint einfach: Sie können sowohl für die hellsten als auch für die dunkelsten Bereiche einstellen, wie stark diese abgedunkelt (Lichter) oder aufgehellt (Tiefen) werden sollen. Mit der TONBREITE definieren Sie, welche Tonwerte den Tiefen und Lichtern zugerechnet werden.

Da der Filter auch die Umgebung von Tiefen und Lichtern in seine Korrektur einbezieht, können Sie festlegen, innerhalb welches RADIUS die Korrektur erfolgen soll. An diese Einstellungen kommen Sie nur im erweiterten Modus des Filters heran, im STANDARD-MODUS können Sie nur die Stärke der Tiefen bzw. Lichtreduktion regeln.

Hier die Einstellungen im Detail:

- STÄRKE: Damit bestimmen Sie die Stärke der Korrekturen, höhere Werte führen zur stärkeren Aufhellung (Bereich TIEFEN) bzw. Abdunklung (Bereich LICHTER) der Licht- und Schattenbereiche.
- TONBREITE definiert die Licht- bzw. Schattenbereiche des Bildes. Wählen Sie bei dieser Einstellung einen höheren Wert, so werden auch mittlere Farbtöne in die Korrektur einbezogen, während bei niedrigen Werten nur die hellsten (Bereich Lichter) oder die dunkelsten (Bereich Tiefen) Farbtöne des Bildes korrigiert werden.
- RADIUS legt fest, in welchem Umkreis Pixel zur Bestimmung von Licht- und Schattenbereichen herangezogen werden. Hohe Werte können zu größeren Licht- oder Schattenbereichen führen, bei geringeren Werten kommt es zu kleineren und detaillierteren Bereichen. Als Anhaltspunkt für einen sinnvollen Radiuswert können Sie sich an der Größe von wichtigen Bilddetails orientieren.
- FARBKORREKTUR: Dieser Dialogabschnitt ist nur in Farbbildern anwendbar. Nachdem der Tiefen/Lichter-Filter über- bzw. unterbelichtete Bildbereiche im Bild korrigiert hat, kann die Farbgebung dieser Bereiche im Punkt FARBKORREKTUR justiert werden. Höhere Werte bewirken, dass die neu entstehenden Farben kräftiger (mehr Sättigung) ausfallen, niedrigere Werte erzeugen schwä-

▲ **Abbildung 47**
Ergebnis der Tiefen/Lichter-Korrektur

chere Farben. Sie sollten allerdings berücksichtigen, dass diese Farbkorrektur nur auf die reparierten Schatten und Lichtbereiche im Bild wirkt. Deshalb müssen diese Einstellungen der Farbgebung im übrigen Bild angepasst werden.

- MITTELTON-KONTRAST: Mit diesem Schieber können Sie den Kontrast der mittleren Farbtöne einstellen. Dadurch wird die Bildzeichnung beeinflusst. Höhere Werte steigern den Bildkontrast (helle Bereiche im Bild werden zusätzlich aufgehellt, dunkle Bereiche abgedunkelt), wodurch die Erkennbarkeit von Bilddetails in diesem Farbbereich verbessert wird. Zu hohe Einstellungen machen jedoch die Arbeit dieses Filters zunichte, da über- und unterbelichtete Bilder dann erst recht wieder übersteuern.
- SCHWARZ BESCHNEIDEN und WEISS BESCHNEIDEN bestimmen, wie viele Schwarz- bzw. Weißanteile des Bildes in absolutes Schwarz (Tonwert: 0) oder absolutes Weiß (Tonwert: 255) umgewandelt werden. Eine Erhöhung

dieser Werte macht dann Sinn, wenn Sie den Licht- oder Schattenkontrast ihres Bildes verstärken wollen. Dadurch kann u.U. die Tiefenzeichnung des Bildes verbessert werden. Allerdings sollten Sie auch hier Vorsicht walten lassen, damit keine Übersteuerungen auftreten.

Während wir in diesem Abschnitt den Tiefen/Lichter-Filter nur in Bezug auf die Korrektur der Helligkeits- und Kontrastverhältnisse behandelt haben, werden wir im nächsten Teil des Kapitels auch auf die tatsächliche Farbkorrektur mit diesem Filter eingehen.

Geeignete Farbmodi zur Farbkorrektur

»Was soll bitte ein Farbkorrektur-Kapitel ohne Farbbilder?«, das wird sich mancher Leser erzürnt bei der Lektüre des bisherigen Kapitels fragen. Nun ist die Zeit des Verstehens gekommen. In diesem Abschnitt werden Sie lernen, dass mit den Farbkorrektur-Werkzeugen von Photoshop allerhand Farbeffekte entstehen können, bei einigen Bildern werden Sie aber das ganze komplexe Gebilde der Farbkorrektur verfluchen. Die Farbgebung von Bildern zu verbessern ist keinesfalls eine Tätigkeit für zwischendurch, sondern verlangt nach einer genauen Analyse des Quellmaterials und dem sorgfältigen Einsatz von Filtern.

Bevor wir uns auf die Farbkorrektur-Werkzeuge stürzen, stellt sich natürlich die Frage nach dem »besten« Farbmodus für eine Farbkorrektur. Das Bild sofort nach CMYK konvertieren und dort die Farben anpassen? Oder doch lieber in RGB bleiben? Und was ist mit LAB? Für aufmerksame Leser des Abschnitts »Farb- und Tonwertkorrektur im Bildbearbei-

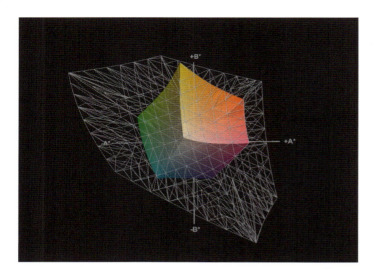

▲ **Abbildung 48**
Der ISO-Coated-CMYK-Farbraum ist um ein Vielfaches kleiner als der Adobe RGB-Farbraum.

tungs-Workflow« stellt sich diese Frage nicht mehr. Wir rekapitulieren: Erst im sechsten und letzten Schritt erfolgt die Ausgabeoptimierung eines Bildes und damit auch die Konvertierung in den jeweiligen Zielfarbraum.

Logische Konsequenz: Die Konvertierung in einen anderen Farbmodus sollte erst nach allen durchgeführten Bearbeitungsschritten erfolgen. Bis dahin verbleibt das Bild im ursprünglichen Farbmodus. Wie immer bestätigen einzelne Ausnahmen (ein Graustufen-Bild wird nach RGB konvertiert, um es zu kolorieren) die Regel. Idealerweise wechselt ein Bild keinmal oder maximal einmal den Farbmodus.

Der Grund für diese harte Bestimmung: Jede Änderung des Farbraums durch Konvertierungsfehler bringt einen Verlust von Bildinformation mit sich. Auch die vermeintlich verlustfreie Konvertierung von RGB nach LAB hinterlässt ihre Spuren im Histogramm des Bildes. Diese sind zwar mit freiem Auge nicht wahrnehmbar, können aber nach erfolgten Tonwertkorrekturen durch Posterisierungen unangenehm zutage treten. Eine Konvertierung von RGB nach CMYK dagegen führt zu deutlichen und sichtbaren Farbverlusten.

Der ideale Farbmodus für Farbkorrekturen und für 90 % der Bildbearbeitungsangelegenheiten ist eindeutig RGB. Zum einen sind RGB-Farbräume bei weitem größer als CMYK-Farbräume und können für präzisere Korrekturen genutzt werden. Zum anderen funktionieren einige Filter und Filtereinstellungen (z. B. die Clipping-Anzeige in der Tonwertkorrektur) nur im RGB-Modus. Leider hält sich ja bis heute die Mär, dass CMYK über mehr Farben als RGB verfüge (vier Farbkanäle bei CMYK = 256^4 versus drei Farbkanäle bei RGB = 256^3) – dem ist aber nicht so. In Wirklichkeit umfasst CMYK einige tausend Farben – die genauere Zahl hängt vom eingestellten Farbraum ab. Von den 4 Milliarden Farbkombinationen beschreiben viele denselben Farbwert, andere sind undruckbar (beispielsweise jeweils 100 % C, M, Y, K).

Bei der Wahl des Farbmodus sollten Sie allerdings nicht gegen unser erstes Prinzip verstoßen und diesen durch eine Konvertierung leichtfertig ändern. Liegt Ihr Bild in CMYK vor, sollte es auch in diesem Modus verbleiben.

Farbkorrekturwerkzeuge

Bisher haben wir Bildhelligkeit und -kontrast mit den Mitteln der Tonwertkorrektur angepasst. Bei der Farbkorrektur kommt nun ein weiterer Parameter dazu: das Erkennen und Beheben von **Farbstichen**.

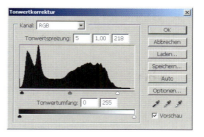

◄ **Abbildung 50**
Anpassen der Tonwerte

▲ **Abbildung 49**
Das Ausgangsbild unseres Workshops
(08_farbkorrektur/farbstich.psd)

Abbildung 51 ►
Nach der Tonwertkorrektur

Abbildung 51 zeigt unsere bisher behandelten Korrekturmöglichkeiten: Das diesige und trübe Bild wird durch richtiges Setzen der Schwarz- und Weißpunkte im Tonwertkorrektur-Dialog bedeutend heller und angenehmer. Natürlich haben wir die Tonwertkorrektur als Einstellungsebene auf das Bild angewandt, um bei späterer Änderung der Werte flexibel zu bleiben. Der Blaustich ist aber noch immer im Bild vorhanden. Ihn werden wir durch Einsatz der bereits bekannten Farbkorrektur-Werkzeuge aus dem Bild entfernen.

Farbstiche erkennen mit der Info-Palette
Kaum haben wir das faszinierende Thema Farbkorrektur angeschnitten, sind wir schon beim ersten Problem gelandet: den leidigen Farbstichen. Sie zu erkennen und zu beheben, ist bereits die halbe Miete bei der Farbkorrektur. Farbstiche sind besonders leicht anhand von erhöhten Farbwerten in den Neutraltönen eines Bildes aufzuspüren. Verfügt eine weiße Kaffeetasse auf einem Foto über einen Grünschimmer, dann ist das ein deutlicher Indikator für einen Grünstich. Wie unser Einführungsbeispiel mit dem Sonnenuntergang gezeigt hat, sind Farbstiche manchmal sogar erwünscht, um Bildstimmungen wiederzugeben. Ob ein

◄ **Abbildung 52**
Die Informationen-Palette kann bis zu vier Farbaufnehmer in unterschiedlichen Farbsystemen darstellen.

◄ **Abbildung 53**
Die Stelle an der linken oberen Fahnenecke (siehe Fadenkreuz ❶) sollte eigentlich grau sein …

▲ **Abbildung 54**
… die Informationen-Palette zeigt jedoch einen Blaustich an.

Farbstich nun ästhetisch oder peinlich wirkt, müssen Sie selbst beurteilen. Ungewollte Farbstiche, die durch Verwendung des falschen Filmmaterials oder durch Nichtberücksichtigung der Lichttemperatur entstehen, sind meistens ein Fall für die Farbkorrektur.

Nicht immer sind Farbstiche mit freiem Auge erkennbar, ein unschätzbarer Helfer sind dann das Farbaufnahme-Werkzeug (I) und die Info-Palette, welche die Farbwerte präzise anzeigt. Einmal gesetzte Farbaufnehmer können Sie durch Drücken der Strg/⌘-Taste verschieben und durch Ziehen aus dem Bild löschen. Die Position der Farbaufnehmer wird übrigens gespeichert und bleibt auch nach dem Schließen der Datei erhalten.

Abbildung 52 zeigt die Info-Palette während des Einsatzes eines Farbkorrektur-Filters: Die Zahlen links neben dem Schrägstrich geben die ursprünglichen Werte an, rechts die Farbwerte nach Anwendung des Filters. Bei geöffneten Filter-Dialogfeldern funktioniert das Verschieben der Pipette mit gedrückter ⇧-Taste. Müssen Sie dazu den Bildausschnitt ändern, können Sie dies mit gedrückter Leertaste tun, der Zoomfaktor kann mit Strg/⌘ + + erhöht werden. Mit Hilfe des Pipetten-Icons können Sie das Farbsystem für jeden Farbaufnehmer autonom einstellen.

▲ **Abbildung 55**
Die angepasste Blaukurve: Der Eingabewert 236 wird zum Ausgabewert 229.

▲ **Abbildung 56**
Die angepasste Grünkurve: Aus 226 wird 229.

▲ **Abbildung 57**
Der Rotwert 225 wird auf 229 angehoben.

Farbaufnehmer können Sie löschen, indem Sie sie aus dem Bild ziehen. Alle Farbaufnehmer in einem Bild können Sie mittels des Löschen-Befehls der Farbaufnehmer-Optionsleiste entfernen. Mit Hilfe des Tastenkürzels `Strg`/`⌘` + `H` blenden Sie alle »Extras« (Farbaufnehmer, Auswahlbegrenzungen, Raster etc.) aus.

Haben Sie ein beliebiges Farbkorrektur-Dialogfeld geöffnet und bewegen den Mauszeiger ins Bild, so nimmt dieser Form und Funktion der Pipette an: Seine aktuellen Farbwerte werden in der Info-Palette angezeigt, halten Sie die Maustaste gedrückt, zeigt auch das Farbregler-Dialogfeld die gewonnene Farbe an.

Wir benutzen das Farbaufnahme-Werkzeug, um den Blaustich des Bildes in Abbildung 49 zu entfernen. Ein Farbaufnehmer auf der an sich hellgrauen Flagge am Bildrand offenbart einen Blaustich: Obwohl dieser grauneutrale Pixel identische Rot-, Grün- und Blauwerte haben sollte, weichen diese mit 225 für Rot, 226 für Gelb und 236 für Blau deutlich voneinander ab.

Nun muss nur mehr der Graupunkt gesetzt und mit Hilfe der Gradationskurven eingestellt werden. Hierzu wählen wir einen Punkt im Bild aus, der farblich neutral sein müsste, d.h., grau ist wie der obige Punkt auf der Flagge.

Erstellen Sie eine Gradationskurven-Einstellungsebene, und klicken Sie mit gedrückter `Strg`/`⌘` und `⇧`-Taste auf die weiße Flagge am linken Bildrand (siehe Fadenkreuz in Abbildung 53). Dadurch werden auf allen Farbkurven (nicht aber auf der Composite-Kurve) die gemessenen Farbwerte als Punkte dargestellt.

Beheben von Farbstichen mit Gradationskurven

Berechnen/Schätzen Sie nun mit Hilfe der Informationen-Palette den Durchschnittswert der drei Farbwerte. In unserem Fall wäre dies 225 (R) + 226 (G) + 236 (B) = 687 ÷ 3 ≈ 229. Nun setzen Sie die gemessenen Ausgangsfarbwerte der einzelnen Gradationskurven auf 229. Die entsprechenden Kurven der einzelnen Farbkanäle können Sie mit `Strg`/`⌘` + `1` – `3` aufrufen. Den gesetzten Farbpunkt können Sie

Farbkorrekturwerkzeuge **303**

▲ **Abbildung 58**
Ergebnis der Farbkorrektur

mit [Strg]/[⌘] + [↵] selektieren. Benutzen Sie die Felder EINGABE und AUSGABE zur präzisen Eingabe des Durchschnittswerts. Auf der Blaukurve wird also aus dem Eingangsfarbwert 236 der Ausgangswert 229, auf der Rotkurve aus 225 der Wert 229 usw.

In der korrigierten Version ist der Blaustich und damit auch die unnatürliche Kühle des Bildes verschwunden. Da es kein augenscheinliches Hauptmotiv gibt, können die lokalen Farbkorrekturen entfallen. Je nach Verwendungszweck des Bildes können Sie die Schärfe des Vordergrunds noch selektiv mit dem Filter UNSCHARF MASKIEREN verbessern. Nähere Informationen zum Scharfzeichnen von Bildern finden Sie im Kapitel »Bilder von Scanner und Digitalkamera optimieren« ab Seite 60.

Auto-Farbe als schneller Helfer

Fast ganz oben im Anpassen-Menü lauern sie: die (vermeintlich) intelligenten Farbkorrektur-Helfer AUTO-TONWERT, AUTO-KONTRAST und AUTO-FARBE. Wie die beiden berühmten Comic-Mäuse Pinky & Brain versuchen sie, seit den Urzeiten von Photoshop die Herrschaft über die Farbkorrektur-Welt zu erlangen. Ihr Erfolgsrezept ist leider auch ihre größte Schwäche: Sie versuchen ohne Zutun des Benutzers, nur durch Analyse des Histogramms, die Tonwerte, den Kontrast und die Farbgebung eines Bildes zu optimieren.

Wie wir bereits im Kapitel »Tonwertkorrektur« festgestellt haben, gibt es für Tonwert und Kontrasteinstellungen noch keinen automatisierbaren Algorithmus, der auch zu ästhetisch zufrieden stellenden Ergebnissen führt. Deshalb sollten wir diese Einstellungen weiterhin manuell anpassen.

Eine Ausnahme bildet der in Photoshop 7 neu hinzugekommene Befehl AUTO-FARBE, der für das Ausgleichen der Farbbalance und des Kontrasts äußerst nützlich ist. Obwohl seine Ergebnisse noch immer einer Überarbeitung bedürfen, bilden sie eine gute und schnell verfügbare Ausgangsbasis für weitere Farbkorrekturen.

Hinter der automatischen Farbkorrektur steckt ein Algorithmus, der das Bild nach den dunkelsten und hellsten Farben absucht und diese als Schwarz- und Weißpunkte festsetzt. Dadurch wird der gesamte zur Verfügung stehende Tonwertumfang der Farbkanäle genutzt, und das Bild gewinnt an Kontrast und Zeichnung. Natürlich können Sie diese Schritte auch manuell im Dialog TONWERTKORREKTUR ausführen, allerdings sind dafür wesentlich mehr Mausklicks erforderlich als für den Aufruf von AUTO-FARBE.

Erliegen Sie jedoch nicht der Versuchung, diesen Befehl aus dem Anpassen-Menü aufzurufen. Erzeugen Sie lieber eine Gradationskurven-Einstellungsebene, und rufen Sie AUTO-

▲ **Abbildung 59**
Das Ausgangsbild (08_farbkorrektur/farb-ebenen.psd)

▲ **Abbildung 60**
Die Standardeinstellungen von Auto-Farbe verdunkeln das Bild übermäßig.

Abbildung 61 ▶
Die versteckten Optionen der automatischen Farbkorrektur …

Farbe von dort auf, um die Editierbarkeit der Korrekturen zu gewährleisten.

Was, Sie finden keinen Auto-Farbe-Button in diesem Dialogfeld? Kein Wunder, Sie müssen diese Funktion erst in den Optionen aktivieren. Mit einem Klick auf die Option Dunkle und helle Farben suchen sorgen Sie dafür, dass die Auto-Schaltfläche im Gradationskurven-Dialog als automatische Farbkorrektur arbeitet. In den Optionen (Abbildung 61) sollten Sie auch gleich die meist zu hohen Beschneidungswerte für Tiefen und Lichter senken.

0–0,1 % sind völlig ausreichend, die standardmäßig eingestellten 0,5 % sorgen für zu hohe Zeichnungsverluste in den Lichtern und Tiefen, wie Abbildung 60 beweist.

Die Option Neutrale Mitteltöne ausrichten sollten Sie unbedingt aktivieren, um den Grauwert des Bildes bearbeiten zu können. Damit können Sie eventuell vorhandene Farbstiche aus dem Bild entfernen. Standardmäßig neutralisiert die automatische Farbkorrektur die Mitteltöne mit dem Grauwert RGB 128. Wenn in Ihrem Bild ein Farbstich vorhanden

▲ Abbildung 62
… und was AUTO-FARBE daraus macht.

▲ Abbildung 63
Nach den manuellen Farbanpassungen

ist, müssen Sie die betreffende Farbe im Grauwert absenken – beispielsweise auf R 128, G 128, B 124 im Falle eines Blaustichs. Wie immer leistet Ihnen dabei die Informationen-Palette eine wertvolle Hilfe. Setzen Sie mit der Pipette einen Farbaufnehmer auf eine an sich farbneutrale Stelle im Bild – z. B. weiße Wolken, ein graues Auto etc. Ändern Sie nun den Grauwert, und beobachten Sie die Info-Palette – idealerweise wird der aufgenommene Farbwert wieder neutral.

Lokale Farbkorrektur

Bisher haben wir uns nur der globalen Farbkorrektur gewidmet, welche die Farbgebung des gesamten Bildes ändert und auf die Besonderheiten der einzelnen Motive keine Rücksicht nimmt. Obwohl sich dadurch der Farbeindruck massiv verbessert, lässt die Farbgebung solcher Details oft noch zu wünschen übrig. Ein Paradebeispiel für lokale Farbkorrektur ist die Rekonstruktion menschlicher Hauttöne, die durch schlechte Lichteinflüsse oder Verbleichen in Mitleidenschaft gezogen wurden. Leider versagen alle Photoshop-Automatismen

Grautöne im CMYK-System

Grautöne bestehen in CMYK nicht wie in RGB aus gleichen Anteilen aller Farbkomponenten, sondern aus einem unregelmäßigen Mischverhältnis von C, M, Y und K. Helles Grau (RGB-Wert 208) wird beispielsweise in CMYK aus 21 % Cyan, 15 % Magenta, 15 % Gelb und 2 % Schwarz gemischt. Für das Arbeiten mit Neutraltönen zum Entfernen von Farbstichen empfiehlt sich also das RGB-System. Selbst in CMYK-Bildern können Sie damit arbeiten, indem Sie die Farbsystem-Anzeige in der Info-Palette auf RGB stellen.

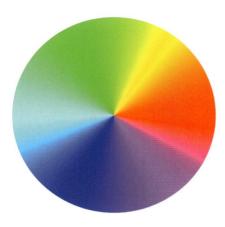

▲ **Abbildung 64**
Der Farbkreis

Referenztabelle für mitteleuropäische Hauttöne

Cyan	Magenta	Gelb
3	10	15
4	12	20
5	15	25
6	24	35
7	28	40
8	32	45
14	36	50
14	36	50
17	45	60
35	65	80
45	75	90

bei dieser Aufgabe, da viel mit Fingerspitzengefühl manuell erledigt werden muss.

Ein filigranes Werkzeug, das Sie bei der Anpassung von Hauttönen gut unterstützen kann, ist die SELEKTIVE FARBKORREKTUR. Ihr erster großer Vorteil: Sie arbeitet CMYK-basiert. Da ästhetisch ansprechende Hauttöne im Druck wegen des geringeren Farbumfangs bedeutend schwieriger zu reproduzieren sind als am Bildschirm, gibt es CMYK-Referenztabellen für Hauttöne. Mit Hilfe der selektiven Farbkorrektur können Sie anhand dieser Tabellen auch RGB-Bilder korrigieren.

Hauttöne im CMYK-System

Die Wiedergabe von Hauttönen im Druck ist aufgrund des relativ geringen Farbumfangs eine größere Herausforderung als im RGB-Bereich. Deshalb existieren Referenztabellen für diverse Hautton-Typen auf CMYK-Basis, welche die Überprüfung und Korrektur von Hauttönen erleichtern sollen. Um den Hautton einer Person zu klassifizieren, messen Sie mit der Pipette einen durchschnittlichen Mittelwert im Gesicht. Achten Sie darauf, eine möglichst »natürliche« Stelle (z.B. im unteren Stirnbereich) zu erwischen.

Gesichtspartien mit Make-up sollten Sie vermeiden, da dadurch das Ergebnis verfälscht wird. Die Anzeige der Info-Palette stellen Sie natürlich auf CMYK um. Lesen Sie nun aus der Tabelle den Magentawert ab, und passen Sie die Cyan- bzw. Gelbwerte den Einträgen der Tabelle an. Stellen Sie einen Magentawert von etwa 36 fest, so sollte der Wert für Cyan 14 und jener für Gelb 50 betragen. Zum Anpassen dieser Werte können Sie die selektive Farbkorrektur verwenden. Die Referenztabelle bezieht sich nur auf mitteleuropäische Hauttöne, asiatische oder afrikanische Haut setzt sich aus anderen Farbverhältnissen zusammen.

Der zweite Vorteil: Sie können die Anteile Ihrer zu korrigierenden Farbe in jedem Farbbereich unterschiedlich (selektiv) ändern. Bei von Akne geplagter Haut können Sie z.B. die Magentaanteile in hellen Farbbereichen senken, in dunklen jedoch anheben.

Wie ihre Funktionsweise unschwer verrät, kommt die selektive Farbkorrektur aus dem Druckbereich und wird in diversen High-End-Scannern bzw. Separations-Software zum Anpassen der Druckfarbenmenge für verschiedene Farbkomponenten verwendet.

Allerdings hat die selektive Farbkorrektur auch ihre Einschränkungen: Sie können nur vorhandene Anteile einer Druckfarbe ändern. Damit können Sie eine Farbe nur in ihre Nachbarfarben im Farbkreis umwandeln. Beispielsweise kann Orange (gleiche Anteile an Magenta und Gelb) entweder in Richtung Rot oder Gelb verändert werden. Gewagte Kolorierungen, wie beispielsweise über den Dialog Farbton/Sättigung, sind nicht möglich.

Anhand des Farbkreises kann die Wirkungsweise der selektiven Farbkorrektur gut veranschaulicht werden: Er besteht aus den Farben Rot, Gelb, Grün, Cyan, Blau und Magenta. Einander gegenüberliegende Farben (z.B. Magenta und Grün) werden als Komplementärfarben bezeichnet. Eine Farbe kann immer aus ihren beiden Nachbarfarben zusammengemischt werden. Da es im RGB-System beispielsweise keine Grundfarbe Magenta gibt, kann sie dort aus gleichen Anteilen von Rot und Blau erzeugt werden. Umgekehrt wird Rot im CMYK-System aus gleichen Teilen von Magenta und Gelb gemischt. Um die Anteile einer Grundfarbe im Bild zu reduzieren, kann entweder die Grundfarbe selbst reduziert oder ihre Komplementärfarbe erhöht werden.

Ist die Komplementärfarbe in diesem Farbsystem nicht als Grundfarbe vorhanden, werden einfach ihre beiden Nachbarfarben verwendet. Wenn Sie also die Magentaanteile in der selektiven Farbkorrektur reduzieren wollen, so können Sie auch die Cyan- und Gelbwerte zu gleichen Teilen (entspricht dann der Komplementärfarbe Grün) erhöhen. Da durch Absenken eines Farbanteils auch die Luminanz beeinträchtigt wird (das Bild verliert an Kontrast und wirkt flau), sollten Sie eher die Komplementärfarben-Methode wählen.

Die selektive Farbkorrektur kann mit zwei Methoden angewandt werden: Absolut ist die einfachere, vom aktuellen Prozentwert der Farbkomponente werden Ihre Änderungen direkt abgezogen, z.B. Magentawert: 50% + 12% = 62%. Bei der relativen Methode bildet der aktuell eingestellte Farbwert den Grundwert (100%), von dem Ihre Änderungen prozentual abgezogen werden. Eine relative Erhöhung des Grundwerts 50% um 12% ergibt 56 (12% von 50 sind 6). Mit der relativen Methode können Sie zwei verschiedene Farbkomponenten schnell zu gleichen Teilen erhöhen (z.B. Magenta und Gelb + 10%), für die Arbeit mit Referenztabellen bietet sich allerdings die absolute Methode an. Leider müssen Sie sich für eine Methode entscheiden, die dann im gesamten Dialog gilt. Natürlich lässt Photoshop keine negativen Werte zu, wollen Sie einen Cyan-Wert von 6% um 12 Prozent reduzieren, so können Sie eine maximale Reduktion auf 0 erreichen.

Im folgenden Workshop wollen wir daher neben dem bisher Gelernten auch die lokale Farbkorrektur von Gesichtstönen behandeln.

Farbkorrektur von Gesichtstönen

1. Ausgangsbild

Unser Ausgangsbild (08_farbkorrektur/kind.psd) ist eindeutig unterbelichtet, dazu ist nicht einmal ein Blick auf das Histogramm erforderlich. Die Tür, die eigentlich weiß sein sollte, ist in helles Gelbgrau abgedriftet. Die Info-Palette gibt unseren angepeilten Weißpunkt (oberhalb der linken Schulter) aktuell mit R 188, G 178 und B 158 aus – bei weitem zu dunkel und obendrein gelbstichig. Der von uns gewünschte Schwarzpunkt (rechter Bildrand) ist unkorrigiert und mit R 17, G 12 und B 9 auch ziemlich gelbstichig.

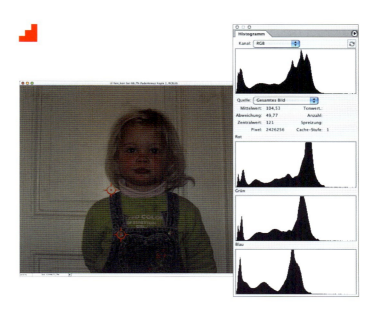

2. Automatische Farbkorrektur

Um Abhilfe zu schaffen, erzeugen wir eine Gradationskurven-Einstellungsebene und klicken auf den Auto-Button. In den Optionen sollten Sie die Einstellung DUNKLE UND HELLE FARBEN SUCHEN anklicken, um die automatische Farbkorrektur zu aktivieren. Auch NEUTRALE MITTELTÖNE AUSRICHTEN sollte aktiv sein, damit der geänderte Graupunkt berücksichtigt wird. Klicken Sie auf den Farbwähler, und ändern Sie den standardmäßig eingestellten Grauwert so, dass unser Weißpunkt farbneutral wird, also ungefähr dieselben Rot-, Grün-, und Blauanteile enthält. Wir haben den voreingestellten 128er-Grauwert auf R 125, G 126, B 134 abgeändert, um die Rotanteile zu senken und die zu spärlich vorhandenen Blautöne anzuheben. Das nebenstehende Histogramm zeigt die Tonwertspreizungen nach der automatischen Farbkorrektur in allen Kanälen.

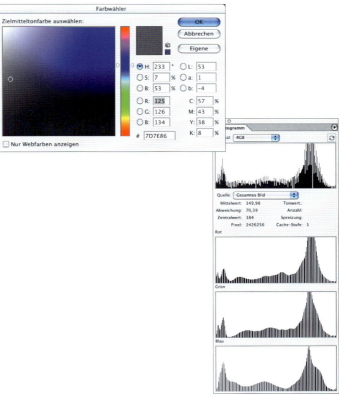

Farbkorrekturwerkzeuge

3. Korrektur der Gesichtstöne

Nach der globalen Farbkorrektur ist zwar der Hintergrund perfekt, das Gesicht des Mädchens wirkt durch zu hohe Blauanteile aber kalt und steril. Wir wollen daher versuchen, diese Gesichtstöne mit Hilfe einer lokalen Farbkorrektur nachzubessern. Dazu erzeugen wir eine Selektive Farbkorrektur-Einstellungsebene mit Ebenenmaske (in der unteren Abbildung mit Farbüberzug dargestellt), in der das Gesicht des Mädchens einmaskiert wurde. Die vorgenommenen Einstellungen wirken also nur auf Haare und Gesicht des Mädchens.

4. Selektive Farbkorrektur

Nun analysieren wir mit Hilfe der Info-Palette die vorhandenen Hauttöne. Der in der Mitte der Stirn platzierte Farbaufnehmer weist mit C 25 %, M 52 %, Y 29 % und K 4 % laut unserer Hauttontabelle einen viel zu niedrigen Gelbwert auf, dafür ist Magenta überhöht. Der Gelbwert eines europäischen Hauttons sollte etwa 5/4 bis 4/3 des vorhandenen Magentawerts ausmachen. Da unser Modell noch sehr jung ist, wollen wir den Gelbwert auf ca. 125 % des Magentatons setzen, da zu hohe Gelbanteile Haut schnell alt aussehen lässt.

Die Anpassungen führten wir hauptsächlich im neutralen Graukanal der selektiven Farbkorrektur durch. Die einzelnen Farbkomponenten in der selektiven Farbkorrektur wurden so geändert, bis die Info-Palette die gewünschten Farbverhältnisse anzeigte. Im Fall des Stirn-Referenzpunkts sind dies C 17 %, M 35 %, Y 51 % und K 1 %. Der Wangenton ist mit C 16 %, M 35 %, Y 41 % und K 0 % bewusst magenta-lastiger gehalten.

5. Ändern der Haarfarbe

Um die Haare besser vom Gesicht abzuheben, haben wir die Hintergrundebene dupliziert, die Haare mit einer Ebenenmaske einmaskiert (Farbüberzug-Darstellung). Diese »Haar-Ebene« wurde im Modus UMGEKEHRT MULTIPLIZIEREN bei einer Deckkraft von 29 % mit der Ursprungsebene überlagert. Dadurch ist das Mädchen wieder erblondet, und die Haare heben sich besser vom Gesicht ab.

6. Weichzeichnen der Hauttöne

Durch die vorgenommene Farbkorrektur wurde leider auch das im Bild vorhandene Rauschen deutlich sichtbar. Bei näherer Betrachtung wirkt das Gesicht fleckig und unschön. Daher greifen wir zu einem alten Porträtfotografen-Trick: Wir maskieren alle Gesichtselemente, die uns subjektiv Schärfe vermitteln (Mund, Nasenflügel, Augen, Augenbrauen) aus und zeichnen das Gesicht anschließend mit dem Filter HELLIGKEIT INTERPOLIEREN (FILTER • STÖRUNGSFILTER) weich. Führen Sie diesen Schritt auf einer neuen Ebene aus, um das Filterergebnis durch Anpassen der Deckkraft nachjustieren zu können.

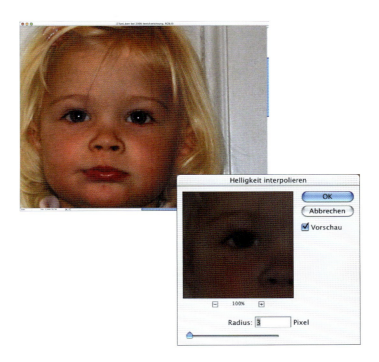

7. Resultat

Abschließend können Sie Ihr Resultat begutachten. Zur Kontrolle finden Sie unten stehend noch eine Abbildung mit dem Ebenenaufbau unseres Bearbeitungsprojekts.

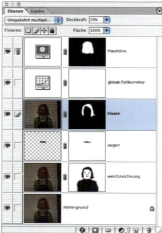

Farbton/Sättigung

Da wir Tonwertkorrektur und Gradationskurven meist für die Rekonstruktion der »Farbrealität« (Entfernen von Farbstichen, Korrektur von Tonwerten) eingesetzt haben, benötigen wir nun noch Werkzeuge, um die manchmal triste Farbwirklichkeit etwas zu verschönern. Mit der selektiven Farbkorrektur haben wir bereits ein derartiges Werkzeug kennen gelernt, auch der Photoshop-Klassiker FARBTON/ SÄTTIGUNG fällt in die Rubrik der filigranen Farbverbesserer, die ihre Wirkung wohldosiert entfalten. O.k., natürlich können Sie mit diesem Dialog allerhand psychedelische Kolorierungen zaubern, in der Farbkorrektur ist dieses Werkzeug aber meist nur mit vorsichtigen, manchmal sehr minimalen Einstellungen zu gebrauchen.

Der Befehl FARBTON/SÄTTIGUNG basiert auf dem HSB-Farbmodell. Dieses Modell teilt eine Farbe in die drei Komponenten **Hue** (Farbton),

▲ Abbildung 65
Der HSB-Kegel

▲ Abbildung 66
Vor dem Einsatz der Farbton/Sättigung-Einstellungsebene sind die Orangen noch gelbstichig (08_farbkorrektur/orangen.psd).

Saturation (Sättigung) und **Brightness** (Helligkeit) auf.

- Der **Farbton** wird in Grad angegeben. Dies kommt nicht von ungefähr, denn dieser Wert bezeichnet die Position des Farbtons am Farbkreis.
- **Sättigung** (Chroma) ist die Reinheit der Farbe, sie beschreibt den Farbanteil eines Farbtons und wird in Prozentwerten angegeben. Setzen Sie die Sättigung auf 0 %, so wird sämtliche Farbe aus dem Bild entfernt, übrig bleibt eine Graustufen-Darstellung. Die Sättigung kann grafisch als Radius des Farbkreises dargestellt werden. In der Mitte befinden sich die entsättigten Farben, zum Rand hin nimmt die Sättigung zu.
- Mit dem **Brightness**-Parameter, der ebenfalls in Prozent angegeben wird, kann eine Farbe nach ihrer Helligkeit beurteilt werden. Die beiden Extreme sind hier Schwarz (0 % Helligkeit) und Weiß (100 % Helligkeit).

In der Praxis wird der Farbton/Sättigung-Befehl eingesetzt, um – wie der Name schon verrät – die Sättigung verschiedener Farbwerte anzupassen. Dieser Farbparameter ist mit den übrigen Farbkorrekturbefehlen nur schwer zu bändigen – in den Gradationskurven wären dafür proportionale Änderungen an allen drei bzw. vier Farbkomponenten erforderlich. Auf den ersten Blick bietet sich der Dialog auch für die Korrektur von Farbstichen an (Verschieben des Farbton-Parameters), allerdings ist diese Aufgabe mit den Gradationskurven oder der Tonwertkorrektur wesentlich besser zu bewältigen.

Am besten illustrieren wir die Einsatzmöglichkeiten des Farbton/Sättigung-Dialogs an einem typischen Beispiel: Die Orangen in Abbildung 66 wollen nicht so recht überzeugen – sie wirken fahl und gelbstichig. Das Problem liegt in den Gelbtönen des Bildes: Sie sind zu gelb und müssen am Farbkreis in Richtung Rot verschoben werden, um wieder ein schönes Orange zu erhalten.

▲ **Abbildung 67**
Der Farbton/Sättigung-Dialog

Nach dem Erstellen einer Farbton/Sättigung-Einstellungsebene wählen wir im Feld BEARBEITEN ❶ die Gelbtöne aus (Abbildung 67); hier können Sie übrigens die Primär- und Sekundärfarben Rot, Grün, Blau, Cyan, Magenta und Gelb einstellen oder aber alle Farben global bearbeiten. Der Regler FARBTON ❷ beschreibt, um wie viel Grad der gewählte Farbbereich am Farbkreis nach rechts oder links verschoben wird. Die Sättigung lassen wir unverändert, sie beschreibt, ob die Farben kräftiger werden sollen (und damit auf dem Farbkreis nach innen oder außen wandern), die LAB-Helligkeit haben wir angehoben, da Rot eine dunklere Farbe darstellt.

Kryptischer ist da schon die Farbleiste ❸ unten mit ihren vier Reglern. Diese sind nur verfügbar, wenn Sie einen Teilbereich des Farbspektrums bearbeiten. Die inneren beiden ❹ legen den eigentlichen Farbbereich fest, der verschoben wird. Sie können sich diesen Bereich als Kreissegment vorstellen, das entlang des Farbkreises verschoben wird (oder ein Stück Torte auf einem runden, drehbaren Tortenteller). Die beiden äußeren Regler definieren den Farbabnahme-Bereich, der ähnlich wie eine weiche Auswahlkante einen fließenden Übergang zwischen ausgewählten und nicht ausgewählten Farben schafft. Sinn dieses Bereichs ist die Vermeidung von extremen Kontrasten und Posterisierungen. Sie sollten etwa 30° Farbabnahmebereich einrechnen, um diese Farbabrisse zu vermeiden. Die Gradangaben zu den vier Reglern sind über der Farbleiste nummerisch eingeblendet. Sie sind nicht an die von Photoshop vorgegebenen Farbbereiche gebunden und können diese durch Verschieben der Regler ändern. In diesem Fall fügt Photoshop einen neuen Eintrag im Bearbeiten-Drop-down-Feld ein (z. B. GELB 2). Die obere Farbleiste repräsentiert den Farbkreis, die untere Leiste zeigt die durch Parameteränderungen entstandenen Auswirkungen bei voller Sättigung an.

Mit den Pipetten können Sie Farbwerte aus dem Bild aufnehmen, Photoshop stellt dann automatisch den entsprechenden Farbbereich ein. Die Hinzufügen-Pipette erlaubt die Vergrößerung eines Farbbereichs, dieser wird um die angeklickte Farbe und alle dazwischen liegenden Farben erweitert. Haben Sie beispielsweise den Gelbton-Bereich (45 – 105°) ausgewählt und klicken mit der Hinzufügen-Pipette auf 29° Orange, so wird der Gelbton-Bereich auf 29° bis 105° erweitert.

Die Pipette FARBTON ENTFERNEN arbeitet genau entgegengesetzt: Klicken Sie mit ihr auf das eben hinzugefügte Orange, wird dieses wieder aus dem Farbbereich entfernt. Die Pipetten sind also »visuelle« Schieberegler, mit denen Sie rasch die gewünschten Farben aus Ihrem Bild hinzufügen können. Allerdings führt ihr unkontrollierter Einsatz schnell zu einem Einstellungschaos: Fügen Sie den Cyan-Tönen etwas Hellgrün hinzu, wächst ihr »Farbbereich« schnell auf schwer überblickbare 300° an.

Wesentlich für das Verhalten des Dialogs FARBTON/SÄTTIGUNG ist die FÄRBEN-Checkbox. Ist sie aktiv, wird das Bild im eingestellten Farbton eingefärbt. Das Bild wird dafür zunächst entsättigt. Die nun von den Farben verbleibenden Tonwerte ersetzt Photoshop durch Helligkeitsabstufungen des eingestellten Farbtons. Das Schwarz eines Autoreifens wird also bei roter Kolorierung zu einem dunklen Braunrot, eine weiße Wolke erhält einen leichten Rotstich. Für rekonstruierende Farbkorrektur ist die Färben-Checkbox trotz ihrer tollen ästhetischen Möglichkeiten leider unbrauchbar.

Doch nun zurück zu unseren Orangen: Eine 7°-Verschiebung des Farbtons in Richtung Rot reichte aus, um sie appetitlich erscheinen zu lassen. Ein unerlässlicher Begleiter bei jeder Farbkorrektur ist die Info-Palette, bei Farbton/Sättigung ist sie aber noch wichtiger: Die Gefahr beim Bearbeiten der Sättigung besteht darin, Farbtöne zu übersteuern bzw. in nicht druckbare Bereiche abgleiten zu lassen. Haben Sie CMYK als Farbsystem eingestellt, warnt Sie ein Rufzeichen hinter den Farbwerten, wenn diese nicht druckbar sind. Schalten Sie nach einer gröberen Farbton/Sättigung-Bearbeitung unbedingt in die FARBPROOF-ANSICHT (Strg/⌘ + Y), bzw. blenden Sie mit (Strg/⌘ + ⇧ + Y) die FARBUMFANG-WARNUNG ein. Nur

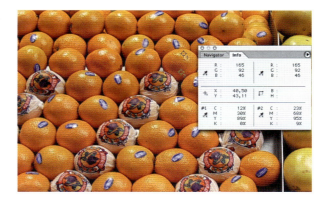

▲ **Abbildung 68**
Nachdem die Gelbtöne stärker in Richtung Rot verschoben wurden

so können Sie die Auswirkungen Ihres Tuns auch im Druck optimal beurteilen.

Kanalmixer

Oft übersehen, aber umso nützlicher bei komplexen Farbkorrektur-Fällen ist der Kanalmixer. Mit ihm können Sie wie auf einem Mischpult in einen Zielfarbkanal Anteile aus anderen Farbkanälen mischen. Was wie ein Werkzeug für verschrobene Pixel-Freaks klingt, ist in Wahrheit oft das letzte Mittel, um aus vermeintlich ins Schwarz abgeglittenen Tiefen doch noch Zeichnung und Farbe herauszuholen.

Reversibler Graustufenmodus

Farbton/Sättigung-Einstellungsebenen können Sie auch nutzen, um eine reversible Graustufen-Version eines Bildes zu erzeugen. Stellen Sie im Dialog den Sättigungswert einfach auf 0, dadurch werden sämtliche Farbanteile aus dem Bild entfernt. Durch Ein- und Ausblenden der Einstellungsebene können Sie beliebig oft zwischen Graustufen und Farbmodus umschalten, während eine Änderung über BILD • MODUS nur beschränkt rückgängig gemacht werden kann.

Fotos reparieren mit dem Kanalmixer

1. Licht ins Dunkel?

Betrachten Sie einmal die Abbildung: Selbst eine präzise Tonwertkorrektur kann die Gesichter der Menschen unter dem Dach nicht aus ihrer Finsternis befreien. Die Datei finden Sie unter 08_farbkorrektur/kanalmixer.psd.

2. Kanalanalyse

Ein Blick in die Kanäle-Palette offenbart Schlimmes: Der Grün- und Blaukanal sind viel zu dunkel, um selbst mit gefinkelten Gradationskurven-Tricks noch Zeichnung oder gar Farbe in die Gesichter der Menschen zu bringen. Doch der Rotkanal verheißt Hoffnung: In ihm sind selbst Gesichtsdetails wie Münder, Nasen und Augen noch deutlich erkennbar. Klingt nach einem schweren Fall ...

3. Kanalmixer

Doch kein Problem für den Kanalmixer: Mit seiner Hilfe erstellen wir brauchbare Blau- und Grünkanäle, indem wir sie mit hohen Rotanteilen versehen. Durch die verbesserte Zeichnung in den beiden Kanälen werden wir später sogar brauchbare Gesichtsfarben erhalten.

Erzeugen Sie eine Kanalmixer-Einstellungsebene, und wählen Sie den Blaukanal aus. Die goldene Regel beim Kanalmixen: Alle Anteile sollten gemeinsam 100 % ergeben, sonst wäre ein kräftiger Farbstich die Folge. Reduzieren Sie den Blaukanal auf 20 %, und setzen Sie den Rotanteil auf 80 %. Denselben Schritt führen Sie auch für den Grünkanal durch.

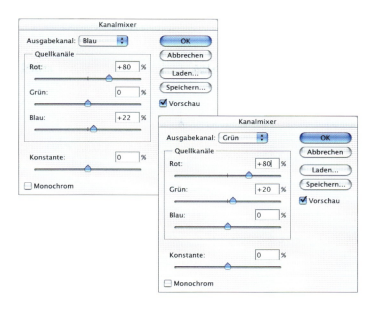

4. Ebenenmanipulationen

Nach Bestätigen der Änderungen sieht das Resultat bereits bedeutend freundlicher aus: Die Gesichter sind zwar noch etwas blass, aber deutlich erkennbar. Um eine weitere Aufhellung zu erzielen, duplizieren wir die Kanalmixer-Einstellungsebene und wenden als Ebenenmodus UMGEKEHRT MULTIPLIZIEREN an.

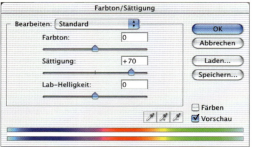

5. Hauttöne sättigen

Nun gilt es noch, die gesunde Farbe in die gräulichen, weil entsättigten Gesichter der Touristen zu bringen. Hierfür legen Sie eine Farbton/Sättigung-Einstellungsebene an und erhöhen die Sättigung auf etwa 70 %. Danach sollten Sie mit einer Ebenenmaske die Wirkung der Einstellungsebene auf die dunklen Gesichter begrenzen.

6. Rauschunterdrückung

Dadurch wurde leider auch das Bildrauschen sichtbar. Um Abhilfe zu schaffen, duplizieren Sie die Bildebene, zeichnen sie weich und stellen die Deckkraft auf ca. 20 %. Aus der einstigen »Dunkelkammer« ist nun ein passables Urlaubsfoto geworden.

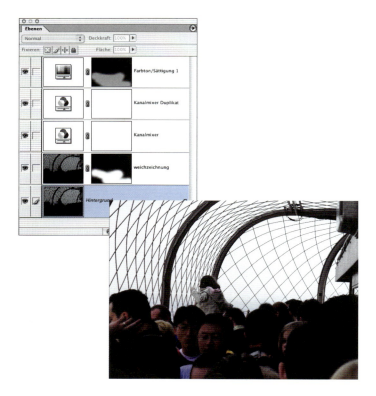

Farbkorrektur im Schnellverfahren

Adobe Photoshop CS beschert uns drei neue Farbkorrektur-Filter, die bisher sehr zeitaufwändige Farbkorrekturen radikal vereinfachen sollten. Der FOTOFILTER ermöglicht das schnelle Kolorieren von Bildern, ohne die Luminanz zu beeinträchtigen, mit GLEICHE FARBE können Sie mehrere Bilder in ihrer Farbgebung angleichen, und der Filter TIEFEN/LICHTER ist spezialisiert auf das Ausbessern von über- oder unterbelichteten Bildern.

◄ **Abbildung 69**
Einstellungsmöglichkeiten des Fotofilters

Fotofilter

Der FOTOFILTER ermöglicht das einfache Kolorieren von Bildern ohne Beeinträchtigung der Helligkeitswerte (Luminanz). Analoges Vorbild für diesen Filter sind Farbfolien, die über das Kameraobjektiv gegeben wurden, um die Lichttemperatur der Aufnahme zu ändern.

Durch die Änderung der Lichttemperatur, die nichts anderes ist als eine lineare Beschreibung der Lichtfarbe, können Bilder in verschiedensten Farbtönen eingefärbt werden.

Photoshop bietet zwar Dutzende Möglichkeiten zum Kolorieren von Bildern (diverse Ebenenmodi, Farbton/Sättigung etc.), doch nur mit dem Fotofilter können Sie dabei die Bildhelligkeit erhalten und unerwünschte Nebenwirkungen einer Kolorierung (Erhöhung des Kontrastes, Abdunklung) vermeiden.

Den Fotofilter erreichen Sie über BILD • ANPASSEN, Sie haben aber auch die Möglichkeit, ihn als Einstellungsebene anzuwenden und dadurch auch nachträgliche Korrekturen an der Wirkungsweise des Filters vorzunehmen.

Zum Einfärben des Bildes bietet Ihnen der Fotofilter zwei Möglichkeiten: Einerseits können Sie einen vordefinierten Filter dafür verwenden, andererseits einen frei wählbaren Farbton.

Der Einsatz von Filtern bietet sich an, wenn Sie die allgemeine Beleuchtungssituation in einem Bild verbessern wollen. Durch den Einsatz der **Warmfilter** können Sie beispielsweise eine »wärmere« Farbgebung erzeugen, indem die Gelbanteile des Bildes verstärkt und die Blauanteile reduziert werden. Der Kaltfilter funktioniert auf die umgekehrte Weise. Des Weiteren gibt es noch einen »Unterwasser«-Filter, um den durch Lichtbrechung hervorgerufenen Grünstich bei Unterwasseraufnahmen zu simulieren.

Weist Ihr Bild einen **Farbstich** auf, sollten Sie die Komplementärfarbe dazu im Feld FARBE einstellen, damit wird dieser Farbstich eliminiert. Zwei Komplementärfarben stehen einander im Farbkreis gegenüber. Die Komplementärfarbe von Rot ist Cyan (Türkis), jene von Gelb Blau und die von Grün Magenta.

Mit dem Schieberegler DICHTE können Sie die Stärke der Kolorierung einstellen. Höhere Werte entsprechen stärkerer Einfärbung.

Die Checkbox LUMINANZ ERHALTEN legt fest, ob die Helligkeitsinformation des Originalbildes verändert wird oder nicht. Ist sie aktiviert, werden beispielsweise weiße Bildbereiche nicht koloriert. Bei deaktivierter Checkbox wird das Bild durch die Kolorierung abgedunkelt.

Lichtstimmungen mit dem Fotofilter

1. Aus Mittag wird Morgen

Dieses Foto einer Pariser Straßenkreuzung wurde an einem diesigen Tag um die Mittagszeit aufgenommen. Mit dem Fotofilter wollen wir etwas Morgenstimmung in das Bild bringen. Öffnen Sie das Bild unter 08_farbkorrektur/fotofilter.psd.

Legen Sie eine neue Fotofilter-Einstellungsebene an. Aus der Filterliste wählen Sie den KALTFILTER und eine DICHTE von etwa 50 %. Die Option LUMINANZ ERHALTEN sollte aktiv sein.

2. Verbesserungen

Der Fotofilter hat unser Bild dezent koloriert, aber dabei markante Farbnuancen wie die orangefarbenen Markisen erhalten. Für eine richtige Morgenstimmung fehlt aber der typische, trübe Kamerablick. Dafür duplizieren Sie die Bildebene und wenden auf das Duplikat den Filter Verwacklungseffekt (FILTER • VERGRÖBERUNGSFILTER) an. Legen Sie auf der Duplikatsebene eine Ebenenmaske an, die Sie mit einem radialen Schwarz-Weiß-Verlauf füllen. Nun ist die Morgenstimmung perfekt.

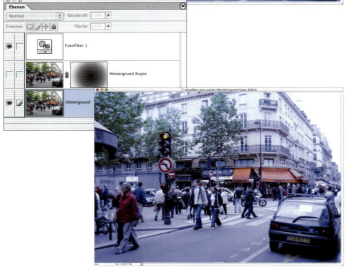

Gleiche Farbe

Der Gleiche Farbe-Filter löst ein leidiges Problem vieler Photoshop-User: Selbst perfekt retuschierte Fotomontagen wirken oft unrealistisch, weil es deutliche Unterschiede in der Farbgebung der zusammengefügten Bildelemente gibt. Doch auch bei Fotoserien existiert dieses Problem: Wird ein Motiv aus verschiedenen Perspektiven aufgenommen, so variiert die Lichteinstrahlung, was einen einheitlichen »Farb-Look« der Bilder verhindert. Sollten die Bilder dann eng nebeneinander abgebildet werden, machen sich diese Farbgebungsdifferenzen störend bemerkbar. In beiden Fällen konnte nur durch langwieriges Experimentieren mit Gradationskurven und Tonwertkorrektur eine Besserung der Situation erzielt werden. In Photoshop CS kann diese lästige Arbeit an einen Filter delegiert werden, der in den meisten Fällen sehr akzeptable Ergebnisse erzielt: Gleiche Farbe.

Mit dem Gleiche Farbe-Filter können Sie die Farbgebung eines Bildes an die eines anderen Bildes angleichen. Ebenso ist es möglich, eine Farbangleichung zwischen zwei Ebenen durchzuführen. Mit einer Auswahl können Sie bestimmen, welche Bildbereiche Photoshop für die Farbangleichung heranziehen soll bzw. welche Bereiche von der Angleichung betroffen sind.

Im Bereich Zielbild ❶ scheint das anzupassende Bild auf. Standardmäßig ist dies die aktive Ebene im geöffneten Photoshop-Dokument. Mit Auswahl bei Korrektur ignorieren ❷ bestimmen Sie, ob die Korrekturen nur innerhalb einer eventuell bestehenden Auswahl wirksam sein sollten oder aber die ganze Bildebene betreffen. Im Unterpunkt Bildoptionen ❸ können Sie die Anpassung der Helligkeit und der Sättigung des Zielbildes festlegen. Die

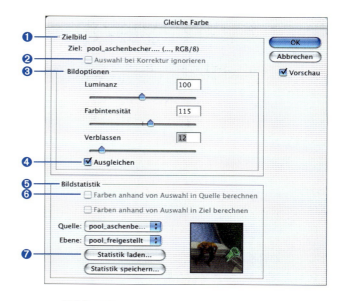

▲ **Abbildung 70**
Die Einstellungsmöglichkeiten für den Gleiche Farbe-Filter

Option Ausgleichen ❹ entfernt einen eventuell durch die Farbanpassung entstehenden Farbstich.

Im Bereich Bildstatistik ❺ bestimmen Sie das Quellbild zur Farbangleichung. Sie haben die Möglichkeit, sowohl eine Bilddatei als auch die darin enthaltenen Ebenen separat zur Farbanpassung zu verwenden.

Wählen Sie ein Photoshop- oder TIFF-Dokument als Quelle, werden standardmäßig alle Ebenen verschmolzen und zur Farbanpassung verwendet. Im Drop-down-Feld Ebene können Sie aber auch eine bestimmte Bildebene auswählen. Natürlich kann das Quellbild auch mit einer Auswahl beschränkt werden. Dies ist besonders nützlich, wenn Sie beispielsweise nur eine Anpassung der Hauttöne durchführen wollen. Ohne Selektion würde der Bildhintergrund die korrekte Farbgebung verfälschen.

▲ **Abbildung 71**
Diese drei Fotos einer Sherry-Flasche weisen noch Farbgebungsunterschiede auf.

▲ **Abbildung 72**
Hier wurden die rechten beiden Ebenen an die linke angeglichen.

▲ **Abbildung 73**
Die Innenaufnahme eines Rubik-Würfels sollte farblich an seine Außenaufnahme angepasst werden, …

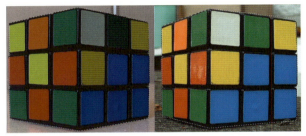

▲ **Abbildung 74**
… doch mit den Standardeinstellungen des Gleiche-Farbe-Filters wird das Ergebnis eher verschlimmert – von einer Angleichung kann keine Rede sein.

Farben anhand von Auswahl in Ziel berechnen ❻ bewirkt, dass Photoshop nur die Auswahl im Zielbild zur Berechnung der Farbanpassung benutzt. Diese Option sollten Sie aktivieren, wenn Sie nur einen Teil des Zielbildes anpassen wollen und diesen ausgewählt haben.

Die Buttons Statistik laden ❼ und Statistik speichern ermöglichen das Speichern der Farbanpassungsinformationen und Filtereinstellungen. Damit können Sie Farbangleichungen an ein bestimmtes Quellbild vornehmen, ohne dass dieses in Photoshop geöffnet werden muss. Zuvor müssen Sie natürlich die Farbanpassungsinformationen zu diesem Bild gespeichert haben.

Im Praxistest erzielt Gleiche Farbe besonders bei farbähnlichen Bildern ohne zu starke Kontraste gute Ergebnisse. Weist das Quellbild starke Farbunterschiede auf, sollten Sie mit einer Auswahl jenen Bereich bestimmen, der für die Farbanpassung herangezogen werden soll. Wenn Sie die Hauttöne zweier Menschen angleichen wollen, kann der Gleiche Farbe-Filter nur mit präzisen Gesichtsauswahlen zufrieden stellend arbeiten. Ansonsten wird das anzupassende Gesicht einfach in einem diffusen Farbmix koloriert, da Photoshop dann auch Farbinformation aus dem Hintergrund heranzieht.

Tiefen/Lichter

Der Dritte im Bunde der neuen Farbkorrektur-Befehle von Photoshop CS ist der Filter TIEFEN/LICHTER. Er wurde für die rasche Verbesserung von unter- und überbelichteten Bildern konzipiert. Einen Gutteil seiner Einsatzmöglichkeiten und Optionen haben wir bereits im Abschnitt »Tonwertkorrektur« behandelt. Da wir dort ausschließlich mit Graustufenbildern operiert haben, ist es interessant, wie der Filter TIEFEN/LICHTER Farbbilder verbessern kann.

Das besondere Problem bei falsch belichteten Bildern ist der Farbverlust, der durch zu helle oder dunkle Tonwerte hervorgerufen wird. Im folgenden Workshop zeigt sich, dass die Farbrekonstruktion relativ gut funktioniert. Allerdings gilt auch hier: Wo nichts ist, kann nichts rekonstruiert werden. Wenn also die Bildfarben durch starke Unterbelichtung gelitten haben, werden Sie ohne eine manuelle Nachkorrektur nicht auskommen.

Der Dialog TIEFEN/LICHTER bietet nur eine Basis-Farbkorrektur, welche die Sättigung der wiederhergestellten Farben anhebt.

Extreme Unterbelichtungen verbessern

1. Unterbelichtetes Bild

Die Frau in der Abbildung ist wegen mangelhafter Lichtverhältnisse und ihrer sehr dunklen Hautfarbe unterbelichtet abgebildet. Mit dem Dialog TIEFEN/LICHTER (BILD • ANPASSEN) wollen wir das ändern. Die Abbildung finden Sie unter tiefen_lichter.psd im Verzeichnis 08_farbkorrektur.

2. Tiefen/Lichter-Einstellungen

In diesem Dialog können Sie die Stärke einstellen, mit der die Tiefen bzw. Lichter reduziert werden. Die TONBREITE darunter bestimmt, welche Tonwerte als Tiefen bzw. Lichter definiert werden, der Radius bezeichnet den Umgebungsbereich von Tiefen und Lichtern, der ebenfalls mit korrigiert wird. Wir haben die TIEFEN um 55 % und die LICHTER um 45 % reduziert, um den extremen Vorder- und Hintergrundkontrast aus dem Bild zu nehmen und den Fokus auf die abgebildete Dame zu lenken. Die Farbkorrektur-Einstellung haben wir auf 14 % belassen, der MITTELTON-KONTRAST bleibt unverändert.

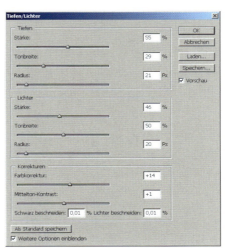

Farbkorrektur im Schnellverfahren 323

3. Ergebnisbeurteilung

Auf den ersten Blick sieht unser Ergebnis ja ganz passabel aus, die wesentlichen Gesichtselemente sind gut erkennbar, ohne dass der Hautton verfälscht wurde. Doch ein Zoom ins Bild offenbart die Nebenwirkungen unseres Tuns: Die Tiefen/Lichter-Korrektur hat auch das starke Bildrauschen in den gut wahrnehmbaren Mittelton-Bereich verschoben.

4. Rauschunterdrückung

Um das starke Rauschen zu unterdrücken, duplizieren Sie die Bildebene. Im QuickMask-Modus (Q) maskieren Sie Auge, Mund und Nasenflügel aus – diese Elemente lassen ein Gesicht »scharf« wirken und sollten daher unter keinen Umständen weichgezeichnet werden. Wählen Sie nun den Helligkeit interpolieren-Filter (FILTER • HELLIGKEIT INTERPOLIEREN), und zeichnen Sie die Bildebene mit 5 Pixeln weich. Dieser Filter besitzt gegenüber dem GAUSSSCHEN WEICHZEICHNER den Vorteil, dass er Kontrastunterschiede beim Weichzeichnen berücksichtigt und diese im Bild belässt. Abschließend stellen Sie die DECKKRAFT der weichgezeichneten Ebene auf 46 % und überblenden das Ergebnis mit dem Original, wodurch das Rauschen stark gemindert wird.

Für Ihre Notizen

Druckvorstufe in Photoshop

Einsatz von Photoshop im Prepress-Bereich

Schmuckfarben, Duplex-Druck und CMYK-Separation – die Druckvorstufe hat ihre ganz eigenen Bildformate und Anforderungen. In diesem Kapitel schauen wir uns an, wie wir Bilder in Photoshop für den professionellen Druck vorbereiten können.

Dieses Kapitel ist einigen wichtigen technischen und gestalterischen Fragen der Druckvorstufe gewidmet. Hier erfahren Sie, wie Sie Schmuckfarben in Photoshop-Dokumenten einbinden, blicken der CMYK-Separation unter die Haube und erhalten Hintergrundwissen zu den wichtigsten Dateiformaten der Druckvorstufe.

CMYK-Separation in Photoshop

Nach der letzten Farbkorrektur sagen wir Lebewohl zum RGB-Modus und separieren unser Dokument zwecks Ausgabe nach CMYK. Wie wir schon im Kapitel »Farbmanagement« auf Seite 172 erfahren haben, ist es meist mit einem simplen Klick auf BILD • MODUS • CMYK nicht getan. Wir müssen Photoshop einiges über das eingesetzte Druckverfahren und -medium verraten, um nicht unfreiwillig Altpapier zu produzieren. Obwohl Sie all die folgenden Daten bei Ihrer Druckerei erfragen sollten, schadet etwas Hintergrundwissen über die einzelnen CMYK-Parameter nicht.

Zentrale Anlaufstelle für das Fine-Tuning der CMYK-Separation sind die FARBEINSTELLUNGEN ([Strg]/[⌘] + [⇧] + [K]). Wählen Sie in der Rubrik ARBEITSFARBRÄUME unter CMYK die Option EIGENES CMYK aus, so können Sie den diversen CMYK-Vorgaben von Photoshop unter die Haube blicken und nötigenfalls Änderungen vornehmen (Abbildung 1).

Als Erstes müssen die verwendeten DRUCKFARBEN benannt werden. Hier in Europa wird das in den meisten Fällen EUROSTANDARD sein. Die Bezeichnung in Klammern gibt an, ob es sich beim Druckmedium um gestrichenes (coated), ungestrichenes (uncoated) Papier oder Zeitungspapier handelt. Da auf unlackiertem, saugfreudigem Zeitungspapier die Druckfarbe viel stärker verrinnt als auf lackiertem Hochglanzpapier, muss auch der TONWERTZUWACHS dieser Tatsache Rechnung tragen. Dieser definiert, um welche prozentuelle Fläche sich der Druckpunkt auf dem Papier durch Verrinnen vergrößert. Bei Hochglanzpapier sind es magere 9 %, bei Zeitungspapier immerhin 30 %. Bei der CMYK-Separation wird dieser Tonwertzuwachs eingerechnet, ein höherer Tonwertzuwachs resultiert in helleren Tonwerten. Durch das Verrinnen gleicht sich dies beim Druck wieder aus.

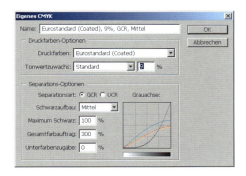

▲ Abbildung 1
Einstellungen für eigenes CMYK

◄ Abbildung 3
Beim Unbuntaufbau wird Schwarz so intensiv wie möglich eingesetzt.

Abbildung 2 ►
Beim Buntaufbau fungiert Schwarz nur als Tiefen-Verstärker.

Nun kommen wir zu den Separationseinstellungen:

GCR vs. **UCR** liest sich wie die Abkürzung zweier entlegener Flughäfen, bestimmt aber in Wirklichkeit den Farbaufbau des CMYK-Dokuments. Theoretisch sollten die Druckfarben Cyan, Magenta und Yellow übereinander gedruckt schwarz ergeben. Da in der Praxis nur schmutziges Braun herauskommt, behalf man sich mit der Zugabe von Schwarz (Key). Wie stark Schwarz in die CMY-Mischung eingreift, bestimmt der Farbaufbau:

▶ Beim **Unbuntaufbau** (Gray Component Replacement, GCR) wird das graue »Grundgerüst« aller Tertiärfarben (mit Cyan, Magenta, Yellow-Anteilen) durch Schwarz gebildet. Ein dunkles RGB-Grau (R 64, B 64, G 64) würde im GCR-Modus also durch 75 % Schwarz ersetzt werden. Die Intensität des GCR können Sie im Dialogfeld Schwarzaufbau einstellen (Abbildung 2).

▶ Beim **Buntaufbau** (Under Color Removal, UCR) werden Tertiärfarben fast vollständig aus CMY-Komponenten gebildet. Etwas Schwarz dient zum Aufbau der Tiefe.

Welchen Schwarzaufbau Sie einsetzen, sollten Sie mit Ihrer Druckerei abstimmen. Ein Unbuntaufbau minimiert das Risiko von Farbstichen durch Farbschwankungen im Druck. Bei Großauflagen können auch die Druckkosten durch einen geringeren Farbverbrauch gesenkt werden. Allerdings bestehen bei einem starken GCR noch kaum Möglichkeiten zur selektiven Farb- und Tonwertkorrektur nach der CMYK-Separation, da der Großteil der Tertiärfarben einheitlich über Schwarz definiert wird. Diesen Nachteil besitzt der Unbuntaufbau nicht.

Der **Gesamtfarbauftrag** ist die Addition der Prozentwerte aller vier Farbauszüge am dunkelsten Bildpunkt. Auch dieser Wert ist abhängig von der Papierqualität und Druckverfahren. Ein hoher Gesamtfarbauftrag führt zu einer hohen Bilddichte, zu niedrige Werte führen zu flachen, flauen Bildern. Kunstdruckpapier im Bogenoffset-Druck verträgt ca. 340 % Gesamtfarbauftrag, 300 % ist für Euroskala gestrichen ein guter Ausgangswert.

Bei einem niedrigen Gesamtaufbau wird die fehlende Dichte durch **Unterfarbenzugabe**

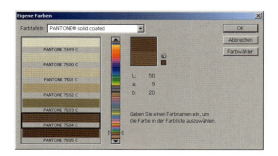

▲ **Abbildung 4**
In Photoshop können Farben gemäß standardisierter Farbkataloge ausgewählt werden.

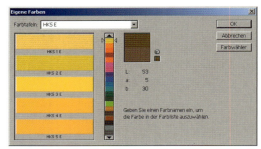

▲ **Abbildung 5**
Die Farben des HKS K-Farbfächers können direkt in Photoshop selektiert werden.

ausgeglichen. Diese Methode ist aber an sich nur im Zeitungsdruck üblich.

Nun steht einer Konvertierung nach CMYK nichts mehr im Wege. Da es sich dabei um eine Farbraumkonvertierung handelt, sollten Sie die entsprechenden Hinweise im Kapitel »Farbmanagement« ab Seite 172 beachten.

Farbkataloge

Wie blau ist Blau? Wie viel Gelb ist in einem »schönen, warmen« Gelb? Wie sieht diese Farbe auf Zeitungspapier und wie auf lackiertem Papier aus? Die Antworten auf diese Fragen verbergen sich in Farbkatalogen. Soll eine Druckfarbe farbsicher ausgewählt werden, so empfiehlt es sich, einen standardisierten Farbkatalog zur Auswahl der Farbe zu verwenden. Diese können im Fachhandel bestellt werden

SWOP
Der amerikanische Standard für Druckfarben im Vierfarbdruck basiert auf der so genannten SWOP-Skala.

und vereinfachen die Definition und Auswahl von Farben erheblich.

So werden zum Beispiel von der amerikanischen Firma **Pantone** weltweit anerkannte Farbkataloge angeboten. Pantone bietet in mehreren Katalogen unter anderem die Farbentsprechungen für die Mischung von Sonderfarben aus Prozessfarben für über 1000 Sonderfarben. Daneben gibt es umfassende Kataloge für über 3 000 CMYK-Kombinationen, jeweils für gestrichenes und ungestrichenes Papier oder Sortimente von Pastellfarben. Die Pantone-Farbkataloge werden jährlich neu gedruckt. Zur Gewährleistung der Farbsicherheit werden lizenzierte Druckfarbenhersteller von Pantone in regelmäßigen Abständen kontrolliert.

HKS-Farbfächer

HKS K	Glanzpapier (gestrichenes Papier)
HKS N	Naturpapier
HKS Z	Zeitungspapier
HKS E	Endlospapier

Ein alternatives, überschaubareres Farbsystem stellt **HKS** dar. Dieses baut auf 97 Grundfarben auf und wird für unterschiedliche Papiersorten angeboten (siehe die Tabelle). Die HKS-Farbfächer werden alle vier Jahre nachgedruckt. Das HKS-Farbsystem ist in Deutschland gut vertreten, hat allerdings kaum Anwender jenseits der Grenzen von Europa. Dies sollte man bedenken, wenn im Ausland Druckaufträge erteilt werden. Zu bemerken ist, dass jede HKS-Farbe durch CMYK-Farben gemischt werden kann.

Photoshop bietet neben den bereits erwähnten Farbsystemen einige weitere zur Auswahl an. Diese sind in Europa aber nicht allzu verbreitet. Zu den prominenteren darunter zählen **Trumatch** und **Focoltone**.

Euroskala-Farben

Die in Europa für den Vierfarbdruck verwendeten Druckfarben Cyan, Magenta, Gelb und Schwarz sind nach DIN 16 539 und DIN 16 538 genormt. Diese werden als Euroskala-Farben bezeichnet. In der Euroskala ist die Druckfarbenzusammensetzung festgelegt.

Duplex-Bilder

Nicht immer soll Farbe im Druck Realität nachempfinden, auch ihre Nutzung als ästhetisches Stilmittel ist in der klassischen wie modernen Fotografie populär. Die bekannteste Variante von »künstlerischer« Farbe sind Mehrton-Bilder. Als Basis für solche Bilder fungiert ein Graustufen-Bild. Bestimmte Graustufenbereiche werden dann mit vorgegebenen (Schmuck-)Farben koloriert. Je nachdem, wie viele Farben eingesetzt werden, spricht man

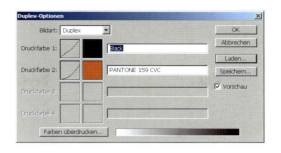

▲ **Abbildung 6**
Der Duplex-Dialog

von Duplex (2 Farben), Triplex (3) oder Quadruplex-Bildern (4).

Im Unterschied zu CMYK-Bildern werden Mehrtonbilder nicht mit Farbkanälen gespeichert, sondern nur in einer Graustufen-Version. Um aus einem Farbbild ein Duplexbild zu machen, muss es also zuerst in Graustufen konvertiert werden. Für jede eingesetzte Farbe wird zusätzlich eine Farbkurve gesichert. Diese beschreibt, mit wie viel prozentuellen Farbanteilen ein Graustufenwert ersetzt werden soll. Ähnlich wie bei den Gradationskurven interpoliert Photoshop dann aus diesen Einzelwerten eine Kurve. Diese Form der Kurve hängt einerseits von der Tonwertcharakteristik des Bildes und andererseits von den Duplex-Farben ab: Ersetzen Sie ein 20%iges Schwarz durch 20% Schwarz und 20% Rot, dunkelt das Bild massiv ab, und Zeichnung geht verloren. Eine bessere Kombination für diesen Fall wären z.B. 12% Schwarz und 10% Rot.

Die Duplex-Farben können frei gewählt werden, allerdings empfiehlt sich als erste Farbe Schwarz, um die Zeichnung des Bildes zu erhalten.

Doch keine Sorge, Änderungen an den Farbkurven sind im Duplex-Format nicht destruktiv, d.h., das Graustufen-Basisbild bleibt

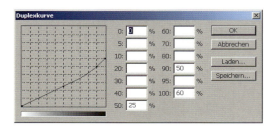

▲ **Abbildung 7**
Duplexkurve mit prozentuellen Angaben

▲ **Abbildung 8**
Duplex mit der Prozessfarbe Magenta

▲ **Abbildung 9**
Duplex mit Pantone-Violett

▲ **Abbildung 10**
Triplex mit orangen und braunen Pantone-Farben

unberührt. Lediglich die Bildschirm- und Druckdarstellung ändert sich. Dieser Ansatz hat aber auch einen entscheidenden Nachteil: Es gibt keine Farbkanäle im Bild, anhand derer die Auswirkung von Farb- und Tonwertkorrekturen beurteilt werden könnte. Eine Lösung besteht darin, das Bild temporär in den Mehrkanal-Modus (BILD • MODUS • MEHRKANAL) zu transferieren und danach wieder in den Duplex-Modus zurückzukehren.

Da das Finden der optimalen Farbkurveneinstellungen ein sehr langwieriger Prozess ist, sollten Sie immer eine der zahlreichen Photoshop-Vorgaben als Ausgangsbasis nutzen. Diese können Sie über die Laden-Schaltfläche des Duplex-Dialogs bewerkstelligen, die vorgefertigten Gradationskurven befinden sich im Ordner Vorgaben/Duplex. Photoshop kennt CMYK, Pantone und schwarz-grau-basierte Duplexvorgaben. Sollte für Ihre gewünschte Schmuckfarbe keine Vorgabe existieren, wählen Sie eine Farbe mit ähnlicher Helligkeit. Danach können Sie die einzelnen Kurven an das Bild anpassen. Mehr zu Duplex finden Sie in einem Zusatzkapitel unter www.galileodesign.de auf der Website zum Buch.

Schmuckfarben in Photoshop

Im Print-Bereich werden Alpha-Kanäle nicht nur für Freistellungszwecke eingesetzt, sondern auch zur Speicherung von Schmuckfarben. Im Unterschied zu Prozessfarben werden Schmuckfarben nicht durch Zusammendruck von CMYK-Komponenten erzeugt, sondern im gewünschten Farbton vorgemischt. Die Drucktinte hat also genau die erforderliche Farbe. Einsatzzwecke für Schmuckfarben gibt es viele: Zum einen sind es kostengünstige Duplex-Drucke, bei denen neben Schwarz noch eine zusätzliche Farbe vorkommen kann. Dafür sind nur zwei statt der sonst üblichen vier Druckplatten erforderlich. Schmuckfarben werden auch für bestimmte Oberflächeneffekte benötigt, etwa wenn ein Schriftzug im Licht silbern oder golden glänzen soll. Im CMYK-Verfahren könnte man Gold und Silber nur durch langweiliges Ocker und Grau nähern, Spezialtinten mit eingemischten Glanzpartikeln können die beiden Edelmetalle bedeutend besser simulieren. Der dritte große Anwendungsbereich von Schmuckfarben liegt im Branding: Nicht selten sieht ein CD auch spezielle »Firmenfarben« vor, die außerhalb des CMYK-Farbumfangs liegen.

Leider ist die Arbeit mit Schmuckfarben in Photoshop von vielen Mühsalen und Fallstricken geprägt, ganz im Unterschied zu diversen Vektorgrafik-Programmen. Zur Ehrenrettung von Photoshop muss erwähnt werden, dass Sie in einer Bildbearbeitungssoftware eher selten mit Schmuckfarben in Berührung kommen werden – für die wenigen »Standardfälle« (Duplex-Bilder) bietet das Programm sehr komfortable Dialoge. Alle anderen Problemstellungen (Texte, Vektorgrafik-Logos in Sonderfarben ausgeben) sind definitiv in Layout- und Vektorgrafik-Software besser zu lösen.

Beginnen wir mit dem ersten gängigen Irrtum: Sie haben im Farbwähler über den Button EIGENE eine Schmuckfarbe ausgewählt und zeichnen damit hoffnungsfroh Ihren Logo-Entwurf (Abbildung 11). Die böse Überraschung erfolgt spätestens beim Softproof: Photoshop hat Ihre Sonderfarbe still und heimlich in RGB- respektive CMYK-Komponenten umgewandelt und sie nicht wie gewünscht separat ausbelichtet.

Dabei hätte schon ein Blick in die Kanäle-Palette stutzig machen müssen: Darin sind keine Schmuckfarbenkanäle vorhanden (Abbildung 12). Warum?

Ein Blick zurück in die Vergangenheit erklärt einiges: Bis Version 5 konnte Photoshop überhaupt keine Schmuckfarben ausgeben, als einziges Behelfsmittel stand die Kanäle-Palette zur Verfügung: Alle in einer Schmuckfarbe zu druckenden Inhalte wurden über einen Alpha-Kanal definiert und dieser mit Hilfe von Plug-in-Lösungen im DCS-Format (Desktop Color Separations) gespeichert.

Ab Version 5 übernahm Adobe – zum Leidwesen vieler Prepress-Experten – diesen Ansatz: Ein Alpha-Kanal kann über die Kanaloptionen zum Schmuckfarbenkanal gemacht werden. Alle auf ihm befindlichen Inhalte werden auch korrekt separiert. Sämtliche andere Wege, wie das Definieren von Schmuckfarben über den Farbwähler, sind leider zum Scheitern verurteilt.

Einen neuen Schmuckfarbenkanal können Sie über den gleichnamigen Menübefehl der Kanäle-Palette erzeugen. Und hier lauert auch bereits der zweite Fallstrick: Diesmal sollten

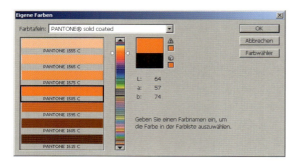

▲ Abbildung 11
Über den Button EIGENE FARBEN des Farbwählers wurde eine vermeintliche Schmuckfarbe ausgewählt …

▲ Abbildung 12
… und als Textfarbe zugewiesen.

Abbildung 13 ▶
Doch die Kanäle-Palette offenbart: Photoshop hat die Schmuckfarbe nach CMYK konvertiert.

▲ Abbildung 14
Dialogfeld zum Anlegen eines neuen Schmuckfarbenkanals

Sie den von Photoshop vorgeschlagenen Kanalnamen keinesfalls ändern. Er richtet sich nämlich nach der eingesetzten Schmuckfarbe (über das Bedienfeld FARBE einstellbar). Da Sie die Photoshop-Datei vermutlich später in einem Layoutprogramm platzieren werden und auch dort dieselbe Schmuckfarbe einsetzen möchten, kann nur durch eine korrekte Benennung gewährleistet werden, dass sowohl die Schmuckfarben-Elemente von Photoshop als auch jene aus dem Layoutprogramm auf derselben Druckplatte landen. Daher sollte sich der Farbname im Layoutprogramm mit dem Kanalnamen in Photoshop decken.

Die SOLIDITÄT bezeichnet die Deckkraft des Farbauftrags und ist daher eng verwandt mit den Deckkraft-Einstellungen herkömmlicher Alphakanäle. Diese Einstellung hat aber nur Einfluss auf die Bildvorschau in Photoshop und sollte in etwa den Deckkraft-Werten der Schmuckfarbe angepasst werden. Glänzende Metallicfarben haben eine Solidität von 100 %, CMYK-erweiternde Schmuckfarben können mit ca. 40 % genähert werden, transparente Lacke können Sie mit 0 % Solidität simulieren (auch 0 % Solidität ist sichtbar).

Erzeugen von Schmuckfarben-Kanälen
Leider ist das Erzeugen von Schmuckfarben-Kanälen in Photoshop nicht sehr komfortabel, da in Schmuckfarbe gedruckte Elemente auf einem umfunktionierten Alphakanal platziert

◄ **Abbildung 15**
Die Ebenen-Palette zur Erzeugung eines Schmuckfarbenkanals

▲ **Abbildung 16**
Der Inhalt des Schmuckfarbenkanals als Graustufen-Ansicht

◄ **Abbildung 17**
Die Kanäle-Palette mit Schmuckfarbenkanal

▲ **Abbildung 18**
Der goldene Schmuckfarbenkanal wurde über dem Bild eingeblendet.

werden müssen. Am einfachsten funktioniert dies durch Erstellen einer weißen Basisebene, über der in Schwarz bzw. auf Graustufen-Basis die in Sonderfarbe zu druckenden Inhalte erstellt werden. Mit Hilfe einer Einstellungsebene FARBTON/SÄTTIGUNG (Sättigung: 0) können Sie die darunter liegenden Ebenen rasch und reversibel in Graustufen konvertieren. Anschließend kopieren Sie mit [Strg]/[⌘] + [⇧] + [C] eine reduzierte Version der Schmuckfarben-Ebenen und fügen sie in den Schmuckfarbenkanal ein. Wenn Sie Ihre Schmuckfarben-Inhalte weiterhin editierbar erhalten möchten, so können Sie sich mit einer Ebenenkomposition helfen, in der Sie alle Schmuckfarben-Ebenen auf sichtbar schalten und alle anderen Ebenen ausblenden. Mehr zu Ebenenkompositionen erfahren Sie ab Seite 273.

Dateiformate für den Druck

TIFF

Das Tagged Image File Format (TIFF) ist der Quasi-Standard unter den Bitmap-Formaten der Druckvorstufe und kann von nahezu jedem Bildbearbeitungs-, Satz- und Vektorgrafikprogramm gelesen werden. Das TIFF-Format darf in Photoshop aber keinesfalls auf ein reines Bitmap-Format reduziert werden, es kann Vektorinformationen, Beschneidungspfade, Bildebenen, Textebenen, Anmerkungen oder Einstellungsebenen speichern – nahezu alle Features, die auch das PSD-Format unterstützt. Allerdings werden diese Informationen nur beim Öffnen eines TIFFs in Photoshop berücksichtigt – einfache Grafikbetrachter oder Layoutprogramme ignorieren derartige Zusatzinformationen und zeigen nur eine reduzierte Version des Bildes an. TIFF ist kein starres Dateiformat, sondern eher ein flexibler Informations-Container. Seine Tag-Struktur erlaubt es Programmen, neben Bitmap-Daten eigene Informationsstrukturen wie Ebenen und Anmerkungen zu sichern. Nur Duplex-Bilder können nicht im TIFF-Format gesichert werden.

Allerdings steht es anderen Programmen frei, diese proprietären Erweiterungen zu ignorieren. Mit anderen Worten: Wer die Sonder-Features des Photoshop-TIFF-Formats nutzt, darf nicht damit rechnen, dass andere Applikationen die Datei korrekt anzeigen. Speichern Sie ein TIFF mit Ebenen, so sichert Photoshop zusätzlich eine reduzierte Ebenenversion, um böse Überraschungen beim Öffnen in Satzprogrammen zu vermeiden.

Vorsicht sollten Sie bei der BILDKOMPRIMIERUNG walten lassen: Nur LZW wird von allen gängigen Layoutprogrammen unterstützt. JPEG oder ZIP-komprimierte TIFFs kann nur InDesign erfolgreich öffnen.

Die BYTE-ANORDNUNG verkommt zur Nebensache: InDesign, PageMaker und XPress unter Macintosh oder Windows können beide Byte-Anordnungen lesen.

EPS

EPS (Encapsulated PostScript) verfolgt einen anderen Ansatz als TIFF: Zwar können auch hier neben Bitmap-Daten Zusatzinformationen wie Freistellpfade oder Zeichnungselemente gespeichert werden. Wie der Namen schon verrät, ist der Inhalt von EPS-Dateien in einer PostScript-Bounding-Box gekapselt und nicht zur weiteren Bearbeitung gedacht. Layoutprogramme müssen nicht die gesamte EPS-Datei auswerten, sondern zeigen einfach nur die mitgespeicherte Bitmap-Vorschau an. Dadurch können EPS-Dateien schneller in Layouts eingebettet werden und bieten schon im Öffnen-Dialog eine Vorschau. Diese Zeitersparnis rächt sich aber beim Drucken: Das gesamte EPS-File muss zum Drucker geschickt werden, damit dessen PostScript-Interpreter es auswerten kann. Bei TIFF sieht die Sache anders aus: Es wird vor dem Versand an den Drucker auf die passende Größe skaliert und spart daher Zeit beim Drucken.

In den EPS-Optionen können Sie unter BILDSCHIRMDARSTELLUNG das Format für die Bildschirmvorschau einstellen. Am PC werden Vorschaudateien als TIFF angelegt, am Mac im PICT-Format. Die Vorschaudatei kann entweder schwarz-weiß (1 Bit) oder in Graustufen (8 Bit) angelegt werden. Am Mac wird zusätzlich die JPEG-Komprimierung für Bildschirmdarstellung unterstützt.

▲ **Abbildung 20**
Einstellungen für das EPS-Format

▲ **Abbildung 19**
Die TIFF-Optionen

Drucken Sie EPS-Dateien vom PC aus, sollten Sie unbedingt eine ASCII-Kodierung verwenden, da die Kontrollzeichen im binären Datenstrom fehlinterpretiert werden. Am Mac können Sie das platzsparendere Binary-Format verwenden.

Abgesehen von der unterschiedlichen Enkodierung und den fehlenden Zusatz-Tags gibt es keine Unterschiede zwischen EPS und TIFF.

DCS

DCS steht für Desktop Color Separations und ist ein weitgehend mit EPS identisches Dateiformat. Es sollte das Handling von großen Druckdaten erleichtern.

Ursprünglich bestand ein nach DCS ausgegebenes Bild aus fünf Dateien: ein Master File, das die Vorschau enthielt, sowie eine Datei für jede Druckfarbe. Die Verlinkung von Vorschaudatei mit den eigentlichen Bilddaten erlaubte ein sehr ressourcenschonendes und zeitsparendes Layout. DCS 1.0 unterstützte aber keine Schmuckfarben, die Version 2.0 hebt diese Beschränkung auf. In DCS 2.0 können Sie die separierten Bilddaten wahlweise in einer oder in getrennten Dateien speichern.

Bilddateien für Satzspiegel anlegen

Sollten Bilder für den Zeitungssatz aufbereitet oder erstellt werden, bietet die Rubrik MASSEINHEITEN & LINEALE in den Photoshop-Voreinstellungen eine interessante Option: Im Bereich SPALTENMASSE können Sie Spaltenbreite und Abstand Ihres Satzspiegels eingeben. Im Dialog DATEI ÖFFNEN können Sie nun als Einheit für die Breite eines Bildes SPALTEN auswählen – das Umrechnen in Pixel oder metrische Dimensionen entfällt.

Screendesign mit Photoshop und ImageReady

Grafiken für das Web vorbereiten

SWF-Export, CSS-Unterstützung und intelligente Arbeitshilfen: Mit ImageReady CS wird Screendesign zum reinen Vergnügen.

ImageReady CS glänzt mit einigen neuen Features: Dem Programm wurde ein grundlegender SWF-Export spendiert. Vektorinformationen sowie Schriften bleiben dabei erhalten und werden nicht in Bitmaps umgewandelt. Die exakte Positionierung von grafischen Elementen erleichtern »automatisch magnetische« Hilfslinien, die standardmäßig beim Verschieben von Elementen eingeblendet werden. Entscheidend verbessert wurde auch der HTML-Export: ImageReady kann nun XHTML-kompatiblen Code ausgeben und Layouts mit Hilfe von CSS-Befehlen anstatt mit HTML-Tabellen positionieren. Die neue Web-Inhalt-Palette erleichtert das Erstellen interaktiver Bedienelemente wie Rollover-Grafiken. ImageReady unterstützt nun auch die Generierung datengestützter Informationsgrafiken für den Web-Bereich. Sie können beispielsweise grafische Wetter-Banner generieren lassen, die für eine bestimmte Region die erwarteten Temperaturen und Tageshöchstwerte anzeigen. Die dafür erforderlichen Anpassungen an der Originalgrafik nimmt das Programm aufgrund vorgegebener Datensätze automatisch vor.

Nachgebessert hat Adobe auch die Automatisierung: Aktionen können in ImageReady im Unterschied zu Photoshop eine Reihe von Bedingungen berücksichtigen. Beispielsweise können Sie eine Aktion nur dann auf ein Bild anwenden lassen, wenn es ein Hochformat ist. Möglich wird dies durch die Option SCHRITT EINFÜGEN in der Aktionen-Palette. Unverständlicherweise verfügt der »große Bruder« Photoshop nicht über eine derartige Funktion.

Gerade diese Funktionsredundanz ist aber aus User-Sicht ärgerlich: Befehle, die eigentlich in Photoshop besser aufgehoben wären, sind in ImageReady implementiert. Umgekehrt fehlen ImageReady einige wichtige Werkzeuge für das produktive Aufbereiten von Webgrafiken. Das magnetische Lasso oder die Kanäle-Palette sind nur zwei essenzielle Auswahl-Hilfsmittel, die wir in ImageReady sehr vermissen. Warum müssen wir das simple Freistellen einer Hintergrundgrafik gleich an den »großen Bruder« Photoshop delegieren? Die beiden Applikationen »verstehen« sich zwar gut, doch das permanente Wechseln kostet Zeit und lässt den Grundsatz des möglichst einfach gehaltenen Workflows außer Acht.

Zugegeben, Arbeitsweisen und Geschmäcker von Webdesignern sind höchst unterschiedlich, und jeder hat andere »Leib und

Magen«-Features, die er von Photoshop gern in ImageReady mitnehmen würde. Das hätte aber zur Folge, dass man den Funktionsumfang beider Programme immer mehr aneinander angleichen müsste und schließlich »PhotoReady« und »ImageShop« herauskämen. Dieser Weg macht natürlich keinen Sinn. Besser wäre es, die bestehenden Redundanzen aufzuheben und ImageReady komplett in Photoshop aufgehen zu lassen. Wir dürfen also gespannt sein, wie sich Adobe dieser Problematik im nächsten Release annimmt.

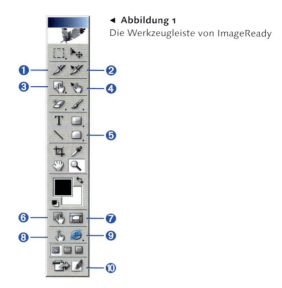

◀ **Abbildung 1**
Die Werkzeugleiste von ImageReady

Die Oberfläche

Nach der Überführung eines vorbereiteten Screendesigns in ImageReady (DATEI • IN IMAGEREADY BEARBEITEN bzw. `Strg`/⌘ + ⇧ + `M`) wähnt man sich in einer Art »Photoshop-Fortsatz«. Die Oberfläche von Image Ready gleicht zu 80% jener von Photoshop, dafür geben die verbleibenden 20% oftmals Rätsel auf. Die Icons und Begriffe mögen zwar verständlich gewählt sein, entscheidend ist aber ihre Auswirkung auf den HTML-Quellcode, die aus den Bezeichnungen nicht immer hervorgeht.

Werkzeugpalette

Die Werkzeugpalette von ImageReady weist einige augenscheinliche Differenzen zu jener von Photoshop auf: das Slice- und das Slice-Auswahlwerkzeug (❶ und ❷) sind dort zwar auch vorhanden, aber weniger prominent platziert. Die Reihe darunter teilen sich das Imagemap-Werkzeug ❸ und das Imagemap-Auswahlwerkzeug ❹. Mit Imagemaps können Sie mehrere Regionen eines bestimmten Bildes mit verschiedenen HTML-Dokumenten verlinken. Ein weiterer Unterschied: Die Pfadwerkzeuge fehlen in Image-Ready, dafür gibt es mehr Form-Werkzeuge (z.B. das Registerkarten-Werkzeug ❺). Spannend wird's dann wieder unterhalb des Farbwählers: Mit den beiden Icons ❻ und ❼ können Sie die Imagemap- und Slice-Markierungen ein- bzw. ausblenden. In der drittletzten Reihe finden wir die Vorschau-Icons: Die DOKUMENT-VORSCHAU ❽ stellt das entworfene Screendesign mit allen hinzugefügten interaktiven Funktionen (Rollovers, Remote Slices) in ImageReady dar. ImageReady simuliert dabei den »idealen« Browser, der alle HTML-Elemente korrekt platziert und die JavaScript-basierten Interaktionsfunktionen fehlerlos ausführt. Da dies in der Praxis nicht immer der Fall ist, sollten Sie Ihr Design mit der nebenstehenden Schaltfläche ❾ in einem Browser Ihrer Wahl testen. ImageReady öffnet dann eine temporäre Version Ihres Screendesigns im ausgewählten Browser. IN PHOTOSHOP

▲ Abbildung 2
Ein Screendesign entsteht. Wir beginnen mit dem Hintergrund.

▲ Abbildung 3
Das Karteikarten-Werkzeug von ImageReady in Aktion

BEARBEITEN ❿ bildet den untersten Button der Werkzeugpalette.

Ein Screendesign entsteht

In diesem Abschnitt wollen wir die Entstehung eines einfachen Screendesigns in Photoshop und ImageReady nachvollziehen. Nach einer kurzen Entwurfsphase erstellen wir eine 1024 x 768 Pixel große Photoshop-Grafik, die als Container für den Screendesign-Entwurf dient. Wir haben uns bewusst für die derzeit am weitesten verbreitete Bildschirmauflösung entschieden, wenngleich diese nur einen ungefähren Richtwert darstellt – schließlich lassen Windows-Taskleiste bzw. Mac OS X-Dock den verfügbaren Platz für das Browser-Fenster um ca. 40 bis 60 Pixel schrumpfen.

Um den Hintergrund zu simulieren, erstellen wir in Photoshop zunächst eine Verlaufsfüllungsebene, um spätere parametrische Änderungen am Verlauf ohne Neuerstellung durchführen zu können. ImageReady kann diesen Ebenentyp nicht erstellen bzw. editieren. Wir wählen den Verlauf KUPFER und als Verlaufstyp einen linearen Verlauf. Vertikale Verläufe sind sehr dankbare Hintergründe, durch ihre Schattierungen hauchen sie auch stark textdominierten Seiten grafisches Leben ein. Zudem sind die Dateigrößen für vertikale Hintergrundverläufe verschwindend gering: Der Verlauf muss zwar in seiner gesamten vertikalen Länge exportiert werden, um später korrekt in der HTML-Seite dargestellt zu werden. Dafür reicht eine Breite von wenigen Pixeln, da er später über das Background-Attribut des Body-Tags gekachelt wird.

Nach dem Wechsel zu ImageReady erzeugen wir mit dem Registerkarten-Rechteck-Werkzeug (R) die Kartenreiter für die Navigation. Dieses Werkzeug gehört der Vektorformen-Familie an. Für das Erstellen grafischer Elemente wie Buttons, Icons oder Textkästen sollten Sie möglichst immer auf Vektorformen zurückgreifen, da diese verlustfrei transformierbar sind. Wie unser Beispiel zeigt, funktioniert auch das Anwenden von

▲ **Abbildung 5**
Die intelligenten Hilfslinien von ImageReady erlauben eine präzise Positionierung.

▲ **Abbildung 4**
Die vier Karteikarten sind Formebenen.

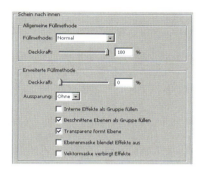

◄ **Abbildung 6**
Mit dieser Ebenenstil-Füllmethode erzeugen wir transparente Buttons.

Abbildung 7 ►
Der Textbereich wird hinzugefügt.

Ebenenstilen genauso unproblematisch wie bei pixelbasierten Ebenen. Etwas gewöhnungsbedürftig ist die Tatsache, dass die Formen als Vektormaske angelegt werden – Sie müssen also die Vektormaske editieren, um die Ebene zu bearbeiten.

Als Grundfarbe für die Formebenen haben wir neutrales Grau (RGB 127) gewählt, für ihr plastisches Aussehen sind Ebenenstile verantwortlich. Den transparenten Look der linken drei Buttons haben wir durch Variation der Deckkraft-Einstellungen erzielt: In der Rubrik Allgemeine Füllmethode wurde sie auf 100 % gesetzt, in der Erweiterten Füllmethode auf 0 %. Dadurch ist nur der Ebeneneffekt Schein nach innen sichtbar, nicht aber die tatsächliche graue Füllfarbe der Ebene. Diesen Effekt haben wir mit schwarzer Farbe bei 40 % Deckkraft und 7 Pixel Größe herbeigeführt.

Für den dunkleren, aktiven Button wenden wir dasselbe Prinzip an, allerdings wird die Deckkraft in der erweiterten Füllmethode auf 50 % gesetzt, was einen halbtransparenten, dunkelgrauen Button zur Folge hat.

Um den Textbereich besser vom Hintergrund abzuheben, erstellen wir mit dem Rechteck-Werkzeug (U) dafür einen grauen Hintergrund, den wir nahtlos an die Navigationsleiste anfügen (Abbildung 7).

Da die Website die aktuelle Modekollektion unseres Kunden präsentieren soll, muss natürlich ein Modell aus dieser Kollektion auf die Startseite. Wir haben uns bewusst für ein farblich dezentes Herrensakko entschieden,

Die Oberfläche

▲ Abbildung 8
Das Hauptmotiv wird integriert.

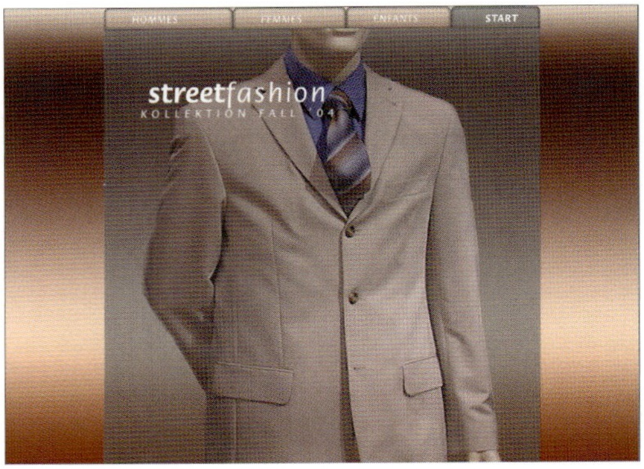

▲ Abbildung 9
Beschriftungen und Logos werden integriert.

◀ Abbildung 10
Der vollständige Entwurf unseres Screendesigns

10_screen-design

damit darüber platzierte Textblöcke gut lesbar bleiben. Deshalb wird auch die Deckkraft dieser Ebene leicht gesenkt.

Nun sind die Textbausteine an der Reihe: Das Streetfashion-Logo haben wir an der linken Sakko-Schulter platziert, die Buttons in der Menüleiste bekommen die Beschriftungen Hommes, Femmes, Enfants und Start. Da unser Klient auch Unterwäsche in seiner Kollektion führt, möchten wir auch diese natürlich prominent in Szene setzen. Dafür erstellen wir mit dem ovalen Rechteck-Werkzeug einen

Teaser und gruppieren damit ein Foto aus der Unterwäsche-Kollektion.

Slices & Imagemaps

Nachdem wir unser Screendesign fertig entworfen haben, muss es noch mit Interaktionsmöglichkeiten (Links, Rollover-Bilder etc.) versehen werden. Zur Definition dieser interaktiven Bereiche gibt es zwei Möglichkeiten:

▲ **Abbildung 11**
Beim Slicing wird das Screendesign in »Einzelteile« zerschnitten.

▲ **Abbildung 12**
Imagemaps sind durch Koordinatenangaben im HTML-Quellcode festgelegte Polygone, die anklickbare Bereiche auf der Website definieren.

- **Slices:** Das Screendesign wird beim Export in zahlreiche, kleine Webgrafiken »zerschnitten« und in eine oder mehrere HTML-Tabellen integriert. Jede dieser Grafiken oder Slices (von engl. Slice = Stück, Teil) kann mit Links oder Mausereignissen versehen werden.
- **Imagemaps:** Bei dieser Methode bleibt das Screendesign als Ganzes erhalten. Unsichtbare Polygone definieren klickbare Bereiche, die Links oder Mausereignisse enthalten können. Nachteil von Imagemaps ist ein ungünstiges Ladeverhalten der Seite, da die gesamte Screendesign-Grafik geladen sein muss, bevor der Benutzer sie zu Gesicht bekommt. Zudem sind Rollover-Buttons nur mit Einschränkungen möglich.

Aufgrund ihrer Vorteile bezüglich Ladezeit und Optimierung sind vor allem Slices das Mittel der Wahl, um einen Screendesign-Entwurf zum Leben zu erwecken. Um Grafiken zu zerschneiden, kennt ImageReady mehrere Wege: zum einen das manuelle Slice-Werkzeug, bei dem das Slice durch Aufziehen eines Rechtecks verändert wird. Zum anderen bietet die Web-Inhalt-Palette, in der alle Slices verwaltet werden, die Funktion ROLLOVER BASIEREND AUF EBENEN ERSTELLEN. Hinter dieser leicht irreführenden Bezeichnung verbirgt sich eine Funktion, die für alle selektierten Ebenen Slices erstellt. Ein Slice umfasst dabei alle nicht-transparenten Bereiche einer Ebene, transparente Flächen werden weggeschnitten. Zusätzlich wird für jedes generierte Slice auch gleich ein Rollover-Status erstellt, auf den wir weiter unten eingehen.

Der Einsatz des Slice-Werkzeugs ist zwar verlockend, doch nur in Ausnahmefällen angebracht: Trotz Positionierungshilfen können sich leicht Ungenauigkeiten einschleichen, die in unwartbaren HTML-Tabellen münden können: Sind zwei nebeneinander positionierte Slices nicht gleich hoch, muss sich ImageReady mit

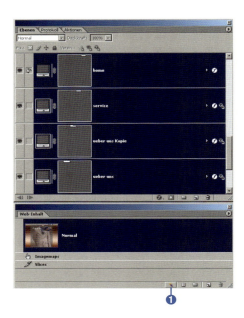

◀ **Abbildung 13**
Alle selektierten Ebenen werden mit dem Icon ROLLOVER AUS SLICES ERSTELLEN der Web-Inhalt-Palette automatisch gesliced.

▲ **Abbildung 14**
Unser Screendesign nach Erstellung der Slices

dem Einsatz von Platzhalter-Grafiken behelfen, was den HTML-Code zusätzlich aufbläht.

Um nach der Ebenenmethode Slices zu erstellen, selektieren Sie in der Ebenen-Palette die gewünschten Ebenen und wählen in der Web-Inhalt-Palette das Icon ROLLOVER BASIEREND AUF EBENEN ERSTELLEN ❶.

Slices optimieren

Der größte Vorteil von Slices gegenüber Imagemaps: Sie können für jeden einzelnen Slice die Kompressionsmethode bzw. das Dateiformat bestimmen. Besonders bei »gemischten« Screendesigns, die sowohl illustrative Grafiken als auch Fotos enthalten, kommt dieser Vorteil zum Tragen. Für illustrative Grafiken mit wenigen Farben sind bekanntlich verlustfreie Kompressionsmethoden wie der LZW-Algorithmus (vom GIF-Format unterstützt) am besten geeignet, die diskrete Kosinustransformation des JPEG-Formats führt hier nur zu meist störendem Farbrauschen. Umgekehrt macht sich das GIF-Limit von 256 Farben bei Fotos unangenehm bemerkbar. Was liegt daher näher, als für jedes Slice das optimale Dateiformat zu wählen.

Die Optimierung-Palette (Abbildung 16) ermöglicht solche Einstellungen. Markieren Sie mit dem Slice-Auswahlwerkzeug die gewünschten Slices, und treffen Sie in der Optimierung-Palette die passenden Einstellungen. Nützlich ist in diesem Zusammenhang der Befehl SLICES FÜR DIE OPTIMIERUNG VERBINDEN aus dem Slices-Menü. Mit ihm können Sie verschiedene Slices für Optimierungszwecke dauerhaft verbinden und müssen nicht für jede Einstellungsänderung erneut eine Slice-Auswahl treffen. Sie erkennen derart verbundene Slices am orangefarbenen 8-Icon, das am linken oberen Slice-Rand eingeblendet wird.

Die JPEG-Optionen bieten neben der Einstellung des Kompressionsgrads (STÄRKE)

◄ **Abbildung 15**
Die Schaltflächen werden für die gemeinsame Optimierung gruppiert.

◄ **Abbildung 16**
Die Optimierung-Palette mit JPEG-Optionen

Abbildung 17 ►
Die GIF-Optionen der Optimierung-Palette

◄ **Abbildung 18**
Verschiedene Dithering-Methoden: kein Dithering, Diffusions-Dithering, Muster-Dithering und Störungsfilter

auch die Möglichkeit, das Bild vorher weichzuzeichnen, um die Kompressionsartefakte besser zu verbergen. Etwas irreführend ist die Option TRANSPARENZ: Das JPEG-Format unterstützt keine transparenten Bereiche, Sie können nur eine Basisfarbe definieren, mit der im Bild bestehende transparente Bereiche gefüllt werden. MEHRERE DURCHGÄNGE aktiviert den Progressive JPEG-Modus: Das JPEG wird »schrittweise« bereits während des Ladevorgangs dargestellt. Da dieser Modus auch die Dateigröße erhöht, sollte er nur bei großen JPEG-Grafiken eingesetzt werden.

Die GIF-Einstellungen bieten mehr Optionen: Zum einen können Sie bestimmen, mit welchem Algorithmus die erforderliche Reduktion auf max. 256 Farben erfolgt. Meist ist SELEKTIV die beste Wahl, da es sich an der menschlichen Farbwahrnehmung orientiert. Darunter ist die Anzahl der Farben einstellbar, die in reziprokem Zusammenhang zur Dateigröße steht. WEB-AUSRICHTUNG stellt in der heutigen Zeit fast einen Anachronismus dar, damit bestimmen Sie, wie stark sich die Farben an den 216 websicheren Farben orientieren, die auch User mit vorsintflutlicher Hardware korrekt angezeigt bekommen sollten.

Interessanter ist das Optionsfeld DITHER: Hier können Sie Dithering-Methode und Stärke einstellen, die das Aussehen der farbreduzierten Bildversion wesentlich beeinflussen. Beim Dithering wird durch Variation der Farbpunktgröße die Illusion zusätzlicher Farben geschaffen, ähnlich wie bei Halbton-Grafiken im Druck (Abbildung 18).

Abbildung 19 ▶
Doppelte Dokumentansicht: links das Original, rechts die optimierte Version

Neben den hinlänglich bekannten Qualitätseinstellungen für GIF- und JPEG-Grafiken können Sie dem Slice auch Metadaten hinzufügen oder sein ICC-Profil einfügen. Da uns noch kein ICC-fähiger Browser bekannt ist, sollte diese Einstellung deaktiviert werden, um Speicherplatz zu sparen.

Die Auswirkung der Optimierung, sprich die Qualitätsverschlechterung durch Kompression oder Farbreduktion, können Sie am besten in der doppelten Dokumentansicht beurteilen, die Sie über die Registerkarte 2-FACH aktivieren können. Links sehen Sie das Original, rechts die optimierte Ansicht. Mit [Strg]/[⌘] + [Y] können Sie in die optimierte Darstellung wechseln und zwischen unterschiedlichen Optimierungsansichten umschalten.

Gewichtete Optimierung

Manchmal können illustrative und fotografische Elemente des Screendesigns nur schwer mit Hilfe von Slices getrennt werden. Wird beispielsweise ein Text über einem Bild platziert, ist eine Slice-Erstellung wegen des komplexen Schriftumrisses nicht möglich. Bei regulärer JPEG-Kompression zeigen sich aber an farbarmen Grafiken unschöne Artefakte. Ein Lösungsansatz für dieses Problem liegt in der gewichteten Optimierung. Dabei werden bestimmte Bereiche des Slices in besserer, andere dafür in schlechterer Qualität komprimiert. Die gewichtete Komprimierung ist nur im JPEG-Dateiformat möglich: Sie kann über den Button neben dem Stärke-Einstellungsfeld konfiguriert werden.

Im darauf erscheinenden Dialog haben Sie die Möglichkeit, alle Text- und/oder Vektorformebenen eines Bildes zur Definition der hochqualitativen Bildbereiche zu verwenden. Alternativ können Sie auch einen in Photoshop definierten Alphakanal dafür einsetzen. Weiße Bereiche im Alphakanal werden mit hoher, schwarze mit niedriger Qualitätseinstellung gespeichert.

Mit den beiden Qualitätsreglern unten bestimmen Sie die Qualität der nicht optimierten

◀ **Abbildung 20**
Ohne gewichtete Optimierung – der Schriftzug »Apfel« rechts wirkt durch die Kompressionsartefakte unscharf.

▲ **Abbildung 21**
Ändern der Qualitätseinstellung beim gewichteten Optimieren

▲ **Abbildung 22**
Mit gewichteter Optimierung – zugunsten einer höheren Qualität der Text- und Vektorformen wurde der Hintergrund stärker komprimiert.

(minimal) und jene der optimierten (maximal) Bereiche.

Die Vorschau links unten zeigt jene Bereiche weiß, die mit maximaler Qualität komprimiert werden, das übrige Bild wird schwarz dargestellt.

Interaktive Grafiken mit der Web-Inhalte-Palette

Die zentrale Anlaufstelle für interaktive Webgrafiken ist die Web-Inhalte-Palette. Mit ihr können einzelnen Slices verschiedene Mauszustände zugewiesen werden. Befindet sich der Mauscursor über einem Slice, kann dieses beispielsweise sein Aussehen verändern oder die Darstellung eines anderen Slices beeinflussen. JavaScript-kundigen Lesern werden die angebotenen Interaktionsmöglichkeiten als Event-Handler bekannt vorkommen.

Standardmäßig finden Sie für jedes existierende Slice einen Eintrag in der Web-Inhalt-Palette. Die ROLLOVER-STATUS-ERSTELLEN-Schaltfläche ❶ am unteren Palettenrand erzeugt einen neuen Rollover-Status für das aktuell gewählte Slice. Dabei geht ImageReady chronologisch vor: Da sich der Mauscursor erst über dem Slice befinden muss (Over), bevor dort die Maustaste gedrückt werden kann (Down), wird als Erstes ein Over-Status erstellt. Mit

Export-Droplet

Praktisch ist auch der Droplet-Pfeil in der rechten oberen Paletten-Ecke: Dieser erzeugt rasch ein Konvertierungs-Droplet mit den aktuellen Einstellungen der Optimierung-Palette. Durch Ziehen auf das Droplet können Sie ganze Bilderordner in ein web-gerechtes Dateiformat konvertieren.

Abbildung 23 ▶
Die Web-Inhalt-Palette. Unten die Icons für ROLLOVER BASIEREND AUF EBENE ERSTELLEN, SLICES IN TABELLEN GRUPPIEREN, NEUES SLICE-SET, ROLLOVER-STATUS ERSTELLEN und ROLLOVER-STATUS LÖSCHEN

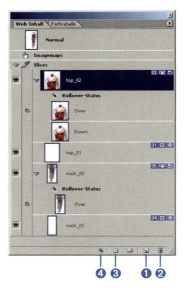

▲ **Abbildung 24**
Die verschiedenen Mauszustände

einem neuerlichen Klick auf das Symbol fügen Sie einen Down-Status hinzu. Sie können den gewünschten Status aber jederzeit durch Doppelklick auf den entsprechenden Eintrag ändern. ROLLOVER-STATUS ENTFERNEN ❷ löscht einen markierten Rollover-Status.

Mit Hilfe von Slice-Sets, die ähnlich wie die Ebenen-Sets in Photoshop funktionieren, können Sie die einzelnen Slices in Ordnern gruppieren und auch bei komplexeren Projekten die Übersicht bewahren. Möchten Sie mehrere Slices in einer separaten HTML-Tabelle platziert haben, markieren Sie diese einfach und selektieren die Option SLICE IN TABELLE GRUPPIEREN ❸. Bei komplexeren Slice-Sets können Sie so den HTML-Code übersichtlicher gestalten und im Nachhinein leichter die Ausrichtung der gruppierten Slices ändern.

Haben Sie Ihre Buttons auf separaten Ebenen verteilt, können Sie mit der Option ROLLOVER BASIEREND AUF EBENE ERSTELLEN ❹ rasch Rollover-Effekte erstellen: ImageReady erstellt dann automatisch ein Slice für die aktuell selektierte Ebene. Transparente Bereiche werden dabei beschnitten. Gleichzeitig wird auch ein Rollover-Status für das aktuelle Slice erstellt (Abbildung 25–27).

Neben der Sichtbarkeitsspalte für einzelne Slices befindet sich die Eigenschaftsspalte der einzelnen Slices. Das Sternchen-Symbol ❺ zeigt an, dass aktuell ein Rollover-Effekt ausgelöst wird. Das »Pickwhip«-Symbol, das an ein Schneckenhaus erinnert, dient dazu, Slices »remote zu machen«. Hinter dieser Denglisch-Meistervokabel verbirgt sich die Fähigkeit von ImageReady, mit einem Mausereignis über einem Slice ein anderes Slice zu beeinflussen. Sie können beispielsweise den Preis eines Kleidungsstücks einblenden, während der Mauszeiger sich über diesem befindet – obwohl sich Preis und Kleidungsstück auf zwei verschiedenen Slices befinden.

▲ **Abbildung 25**
Die Funktion Rollover basierend auf Ebenen …

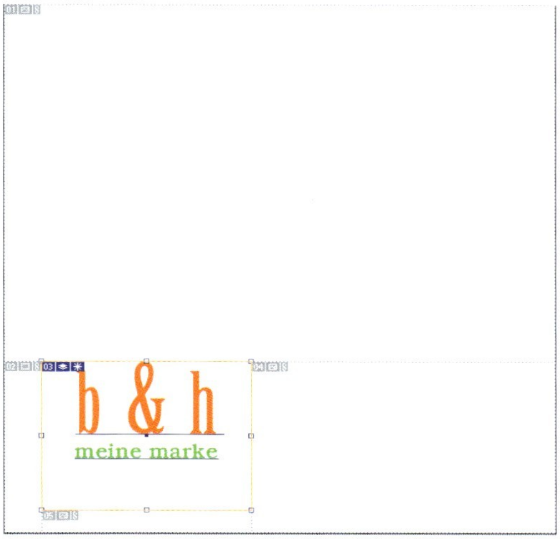

▲ **Abbildung 26**
… erstellt ein Slice in der exakten Größe des Textrahmens …

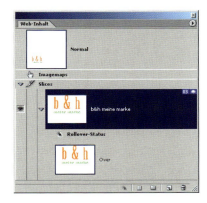

◄ **Abbildung 27**
… und erzeugt gleichzeitig einen Over-Status in der Web-Inhalt-Palette.

▲ **Abbildung 28**
Das Sternchen zeigt an, dass der betreffende Slice ein Rollover-Ereignis empfängt (z.B. Maus befindet sich über diesem Slice).

▲ **Abbildung 29**
Das Pickwhip-Symbol dient dazu, Slices »remote zu machen« – dabei wird ein Slice von einem anderen »ferngesteuert«.

▲ **Abbildung 30**
Der Rundpfeil zeigt das Quell-Slice eines Remote-Slices an.

▲ **Abbildung 31**
Das Visier steht für das Ziel-Slice eines Remote-Slices.

Die Oberfläche **347**

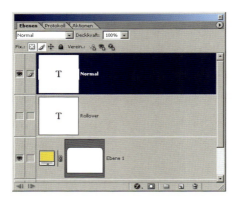

◀ **Abbildung 32**
Der Aufbau in der
Ebenen-Palette

Abbildung 33 ▶
Die Zustände in der
Web-Inhalt-Palette

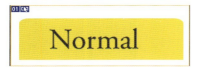

◀ **Abbildung 34**
Der Normal-Zustand des Rollover-Buttons

Abbildung 35 ▶
Der Rollover-Zustand des Buttons

Rollover-Slices erstellen

Die einfachste Form von interaktiven Grafiken sind Rollover-Slices, die je nach Mausposition ihr Aussehen ändern. Das Erstellen von Rollover-Slices in Image-Ready folgt einem einfachen Prinzip: Erstellen Sie zunächst für jeden Slice mehrere Ebenen mit Beschriftung und Hintergrund. In unserem Fall sind das zwei Textebenen mit den Worten »Normal« und »Rollover« für die gleichnamigen Zustände. Den Hintergrund haben wir mit Hilfe des Registerkarten-Werkzeugs erstellt. Erzeugen Sie anschließend ein Slice in passender Größe, das den Button umschreibt. In der Web-Inhalt-Palette erzeugen Sie einen Over-Zustand für den Button. In der Ebenen-Palette können Sie nun festlegen, wie sich der Button verändert, wenn sich die Maus über ihm befindet.

Wir haben die Textebene »normal« aus- und die Textebene »rollover« eingeblendet. Den Hintergrund haben wir mit einem Ebenenstil SCHEIN NACH INNEN versehen. All diese Änderungen werden nur dann sichtbar, wenn sich die Maus über dem Button befindet. Um dies zu testen, können Sie mit [Y] zur Dokumentvorschau umschalten. Alternativ können Sie mit [⌘]/[Strg] + [Alt]/[⌥] + [P] das Dokument nach HTML exportieren und in Ihrem Standard-Browser öffnen lassen.

Remote-Slices erstellen

An dem oben beschriebenen Beispiel (Preis wird eingeblendet, wenn sich die Maus über dem Kleidungsstück befindet) möchten wir Ihnen die Funktionsweise von Remote-Slices praktisch demonstrieren. Die Dateien zu diesem Beispiel finden Sie auch auf der Buch-CD-ROM im Ordner 10_sreendesign. Ausgangsbasis ist eine Photoshop-Datei mit zwei Ebenen: eine Bildebene mit dem Kleidungsstück und eine daneben platzierte Textebene mit Beschreibung und Preis (Abbildung 36). Die Textebene schalteten wir in der Ebenen-Palette zunächst auf nicht sichtbar. Dann erstellten wir

▲ **Abbildung 36**
Die zwei Ausgangs-Slices

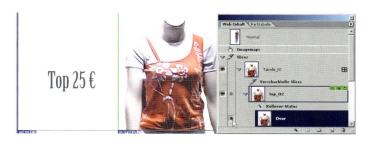

▲ **Abbildung 38**
Klicken Sie auf das Pickwhip-Symbol, und ziehen Sie es bei gedrückter Maustaste auf das »fernzusteuernde« Slice.

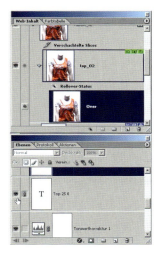

▲ **Abbildung 39**
Befindet sich die Maus nicht über dem Top, gibt es nichts zu sehen.

▲ **Abbildung 37**
Aktivieren Sie in der Ebenen-Palette den Over-Status des Tops, und machen Sie in diesem Status die Textebene »Top 25 €« sichtbar.

▲ **Abbildung 40**
Befindet sich der Mauscursor auf dem Kleidungsstück, wird auch der Preis eingeblendet.

für die Bildebene in der Web-Inhalt-Palette einen neuen Rollover-Status. Diesen aktivierten wir und blendeten dann in der Ebenen-Palette die Preis-Ebene wieder ein. Dadurch haben wir erreicht, dass die Preis-Ebene zunächst unsichtbar ist.

Nun musste nur mehr eine Verbindung zwischen dem Überfahren des Kleidungsstückes und dem Einblenden des Preises herge-

Die Oberfläche **349**

▲ Abbildung 41
Dynamische Wettergrafik mit eingeblendetem Ebenenset »leicht bewölkt«

▲ Abbildung 42
Die Einpassungsmethode für das Bild ist in den Pixel-Ersetzungs-Optionen einstellbar.

stellt werden. Dafür verwendenten wir den Point-and-Shoot-Mechanismus des Pickwhip-Symbols: Durch Klicken und Ziehen auf die Textebene wird der Preis immer dann eingeblendet, wenn die Maus sich über dem Kleidungsstück befindet. Da nun quasi ein Slice das andere fernsteuert, spricht ImageReady von »Remote Slices« (Abbildung 38–40).

Datengestützte Webgrafiken

Eines der spannendsten neuen Features von ImageReady sind datengestützte Webgrafiken: Sie können Datenquellen im CSV (Comma separated Value) oder Textformat verwenden, um das Aussehen von Webgrafiken zu beeinflussen. Da jedes Datenbank-Managementsystem bzw. jede Tabellenkalkulation Daten in dieses Format exportieren kann, können Sie mit ImageReady eine Vielzahl an Informationen visualisieren. Alternativ stellt das Programm ein Daten-Interface bereit, in das die Daten eingegeben werden können.

Sichtbarkeit

Welche Parameter einer Webgrafik können mit externen Daten manipuliert werden? Zunächst können Sie die Sichtbarkeit einzelner Ebenen steuern. Eine interessante Anwendung dafür liefert die Datei weather.psd aus dem ImageReady-Beispielverzeichnis: Sie symbolisiert einen digitalen Wetter-Ticker, der die zu erwartende Wetterprognose (sonnig, heiter, bewölkt etc.) mit Symbolen visualisiert. In der Datei weather.psd wurde jedes dieser Symbole in ein eigenes Ebenenset gesteckt. Standardmäßig sind alle Symbole ausgeblendet. Jeder Datensatz enthält eine der sechs möglichen Prognosen (sonnig, Gewitter, Regen, Schnee, bewölkt, leicht bewölkt). Das jeweils richtige Ebenenset wird dann dynamisch eingeblendet.

Textinhalt

Textebenen können nicht nur ein- bzw. ausgeblendet werden, ein Datensatz kann auch ihren Inhalt definieren. Auch hier bietet die obige Wetterkarte ein gutes Beispiel: Die

Werte für Höchst- und Niedrigsttemperaturen stammen ebenfalls aus den Datensätzen.

Pixel-Ersetzung
Die dritte Möglichkeit betrifft Bildebenen: Deren Inhalt kann per PIXEL-ERSETZUNG durch andere Bilder ersetzt werden. Die Kleidungskollektion unseres Labels gibt ein ideales Beispiel dafür ab: Sie umfasst mehrere Dutzend Kleidungsstücke. Es wäre ein ziemlich mühsames Unterfangen, alle Abbildungen dieser Kleidungsstücke in ein Photoshop-Dokument zu integrieren und dann bei Bedarf ein- und auszublenden. Die Automatisierungsfunktionen von ImageReady ermöglichen es, ein Kleidungsstück exemplarisch an der gewünschten Seitenposition zu platzieren. Mit der Pixel-Ersetzung werden dann einfach die Fotos der übrigen Kleidungsstücke an ebendieser Stelle platziert.

Genug der Theorie, in einem kurzen Praxis-Workshop wollen wir eine dynamische Webgrafik für unser Mode-Label erstellen. Dabei sollten die verschiedenen Unterwäsche-Modelle des Labels in Form eines Produktkatalogs präsentiert werden. Sie erfahren dabei die grundlegende Vorgehensweise beim Erstellen dynamischer Webgrafiken in ImageReady.

Dynamischer Produktkatalog

1. Ausgangsbasis

Ausgangsbasis unseres Workshops ist eine Detailseite der Homepage, welche die Unterwäschekollektion unseres Labels präsentiert. Auf jeder Seite soll immer ein Modell mit Foto, Titel, Beschreibung und Preis präsentiert werden. Diese vier dynamischen Elemente liegen auf den drei Textebenen beschreibung, preis, titel und der Bildebene bild. Die Daten zum Beispiel finden Sie unter 10_screendesign/dynamische webgrafik auf der Buch-CD-ROM.

Datengestützte Webgrafiken

2. Variablen festlegen

Zuerst muss ImageReady kommuniziert werden, welche Bildelemente es wie ersetzen soll. Zu diesem Zweck existiert der Dialog BILD • VARIABLEN • DEFINIEREN. Das Definitionsverfahren funktioniert folgendermaßen: Sie wählen zuerst die dynamische Ebene aus und legen unter VARIABLEN-TYP fest, welche Manipulationen ImageReady datengestützt vornehmen soll. Abschließend vergeben Sie noch einen Namen für die Variable. Im Fall der Textebenen beschreibung, preis und titel ist dies natürlich eine Textersetzung, die Bildebene erhält eine Pixelersetzung. Mit Variablen belegte Ebenen erkennen Sie übrigens am * neben dem Namen.

3. Datensätze eingeben

Über die Schaltfläche NÄCHSTER wechseln Sie in die Eingabeansicht und können für den neu erstellen Datensatz die gewünschten Werte eingeben. Klicken Sie dazu einfach auf den entsprechenden Variablennamen, und tragen Sie unter WERT die gewünschte Bezeichnung ein. Mit dem Neuer-Datensatz-Icon können Sie einen neuen Datensatz erstellen. Alternativ können Sie über die Schaltfläche IMPORTIEREN DATEN im CSV- oder TXT-Format importieren. Allerdings müssen sich die dort verwendeten Feldnamen für die Daten mit den Variablennamen in ImageReady decken. Für die Bildersetzung müssen Sie aus einem Auswahlfeld die einzufügende Datei wählen.

4. Vorschau betrachten

Nach Abschluss der Eingabe können Sie per [Y] in die Dokumentvorschau wechseln und mit den Pfeilen in der Werkzeugoptionsleiste die einzelnen Datensätze in der Vorschau betrachten. Sowohl die Texte als auch die Bilder sollten in der Vorschau ersetzt werden.

5. Exportieren

Mit EXPORTIEREN • DATENSÄTZE ALS DATEIEN EXPORTIEREN können Sie für jeden Datensatz eine Webgrafik erstellen lassen. Dabei haben Sie die Wahl zwischen PHOTOSHOP (komplett editierbar), OPTIMIERT (Grafik wird reduziert und gemäß den Einstellungen in der Optimierung-Palette gespeichert) und FLASH (SWF). Zusätzlich können Sie bestimmen, ob nur Bilder oder auch die zugehörigen HTML-Files exportiert werden, und deren Benennung wählen.

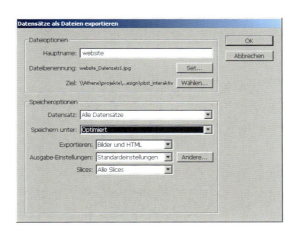

▲ **Abbildung 43**
Die Animationspalette von ImageReady

▲ **Abbildung 44**
Mit dem Befehl DAZWISCHEN EINFÜGEN erzeugen Sie Zwischenbilder, welche die Animation weicher verlaufen lassen.

Animationen

Zu guter Letzt wollen wir auch noch das Erstellen von Animationen in ImageReady behandeln. Zentrale Anlaufstelle dafür ist die Animationspalette. Sie zeigt die nummerierten Einzelbilder (Frames) der Animation, die mit einer einstellbaren Verzögerung nacheinander abgespielt werden. Diese können Sie im Dropdown-Menü unterhalb des jeweiligen Frames festlegen.

Animationen können in ImageReady auf zwei Arten erstellt werden:

1. Als Basis für jeden Animationsframe fungiert eine eigene **Bildebene.** Die Animation besteht dann aus dem Abspielen der einzelnen Ebenen.
2. Bei **parametrischen Animationen** können Sie die Deckkraft, Position und Effekte verschiedener Bildebenen über die Zeit verändern. Diese Animationsmethode entspricht in etwa einem Bewegungs-Tween in Flash, wenngleich ImageReady natürlich nicht annähernd an die Animationsmöglichkeiten in diesem Programm herankommt. Dies zeigt sich leider auch in der nur teilweise implementierten Keyframe-Animation: Sie können zwar mit der Schaltfläche DAZWISCHENEINFÜGEN Zwischenbilder von ImageReady erzeugen lassen, nachträgliche Bearbeitungen an den ursprünglichen »Schlüsselbildern« haben aber keinen Einfluss auf diese Zwischenbilder.

In der Animationspalette befinden sich neben den Abspiel-Icons ❶ die Schaltflächen DAZWISCHEN EINFÜGEN ❷ und DUPLIZIEREN und LÖSCHEN von Frames. Links neben den Abspiel-Icons können Sie im Drop-down-Menü die Wiederholungsoptionen für einen Frame einstellen: Sie haben die Wahl zwischen einmaliger, mehrmaliger oder unbegrenzter Wiederholung.

Möchten Sie eine Animation nach Methode 1 erstellen, markieren Sie einfach die betreffenden Ebenen und wählen aus dem Kontextmenü der Animationspalette FRAMES AUS EBENEN ERSTELLEN. ImageReady erzeugt dann für jede Ebene ein neues Frame. Mit der Schaltfläche DAZWISCHEN EINFÜGEN können Sie Zwischenbilder einfügen, um die Frames mittels Deckkraft-Parameter weich ineinander überblenden zu lassen.

Methode 2 bedingt eine andere Vorgehensweise: Dabei wird der bereits in der Animationspalette befindliche Frame dupliziert. Aktivieren Sie das Duplikat, und nehmen Sie in der Ebenen-Palette die gewünschten Änderungen vor, also Variation der Deckkraft, Änderung der Position oder Anpassen der Ebeneneffekte. Nur diese drei Parameter sind animierbar. Wenden Sie beispielsweise einen Filter auf die Ebene an, so sind alle Frames davon betroffen. Mit der Funktion DAZWISCHEN EINFÜGEN können Sie nun Zwischenbilder einfügen, um die Animation flüssiger zu gestalten.

In diesem Dialog können Sie bestimmen, ob alle oder nur ausgewählte Ebenen animiert werden sollten und welche Parameter betroffen sind. Zwei weitere Besonderheiten beim Erstellen von ImageReady-Animationen müssen Sie berücksichtigen:

▶ Nehmen Sie an Frame 1 Änderungen vor, so wirken diese auf die ganze Animation: Eine in Frame 1 verschobene Ebene wird auch in allen anderen Frames verschoben. Wollen Sie dieses Verhalten unterbinden, deaktivieren Sie im Kontextmenü der entsprechenden Ebene die Option ÄNDERUNGEN AN FRAME 1 PROPAGIEREN.

▶ Haben Sie eine Animation erstellt und fügen dem Dokument nachträglich eine Ebene hinzu, so ist diese in allen Frames sichtbar, unabhängig davon, welchen Frame Sie gerade bearbeiten. Um dieses Verhalten zu umgehen, deaktivieren Sie die Option NEUE EBENE SICHTBAR IN JEDEM STATUS/FRAME. Die hinzugefügte Ebene ist dann im gerade aktiven Frame sichtbar.

Banneranimation

1. Erstellen einer Banneranimation

Die soeben beschriebenen Funktionen wollen wir an einer kleinen Banneranimation für unser Mode-Label praktisch demonstrieren. In ihr soll eine Rabattaktion für Anzüge beworben werden.

Als Vorarbeiten haben wir die Krawatte des Anzugs freigestellt und mit Strg/⌘ + J *in eine eigene Ebene kopiert. Unter ihr soll sich der Schriftzug »–50 %« verstecken und per Animation zum Vorschein kommen. Der Schriftzug »office style Anzüge« sollte erst in den letzten fünf Frames eingeblendet werden.*

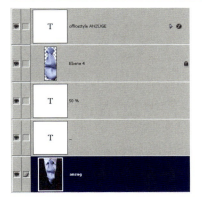

2. Bewegungsanimation

Duplizieren Sie den ersten Frame. Aktivieren Sie das Duplikat, und schieben Sie dort die beiden Textebenen »–« und »50 %« beidseitig hinter der Krawatte hervor. Anschließend öffnen Sie den Dialog DAZWISCHEN EINFÜGEN und erstellen fünf Zwischenbilder. Duplizieren Sie den letzten Frame, verschieben Sie den Schriftzug »–50 %« an den unteren Bildrand, und wiederholen Sie den gezeigten Prozess mit zehn Zwischenbildern.

3. Ebenenstil-Animation

Der Schriftzug »office style« soll per Ebenenstil-Animation eingeblendet werden. Aktivieren Sie Frame Nr. 15, blenden Sie in der Ebenen-Palette die Ebene »office style Anzüge« ein und fügen ihr den Ebenenstil SCHEIN NACH AUSSEN hinzu. Da zunächst nur dieser Schein sichtbar sein soll, stellen wir die Deckkraft der erweiterten Füllmethode auf 0. Nach Duplikation des Frames wird sie im Duplikat auf 100 gesetzt. Erstellen Sie nun fünf Zwischenframes, ergibt sich ein sanfter Einblendungseffekt.

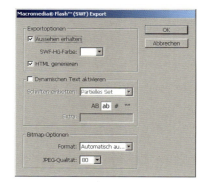

4. Flash-Export

Nach Prüfung der Animation kann diese mit DATEI • EXPORTIEREN • MACROMEDIA FLASH ins SWF-Format exportiert werden. Ebenen-Effekte können leider nicht nach Flash exportiert werden, sie müssen zuvor gerastert werden, was abhängig von den eingesetzten Animationen zu höheren Dateigrößen führen kann. Diese Rasterung können Sie über die Option AUSSEHEN ERHALTEN einstellen. Ist sie deaktiviert, werden die Ebenen-Effekte zugunsten kleinerer Dateigrößen verworfen. Obwohl ImageReady kein ActionScript unterstützt, kann DYNAMISCHER TEXT aktiviert werden, d.h., Sie können in Flash per ActionScript den Inhalt dieser Felder ändern.

Dafür muss aber die verwendete Schriftart in das SWF eingebettet werden. Um Platz zu sparen, kann dies auch nur teilweise geschehen. Mit den darüber befindlichen Icons können Sie die Groß- und Kleinbuchstaben einer Schrift sowie Zahlen und Sonderzeichen einschließen. Die Bitmap-Optionen legen die Kompressionsmethode für die enthaltenen Grafiken fest.

Exportieren

Die schwerste Aufgabe in ImageReady kommt zum Schluss: der Export des Screendesigns ins HTML-Format. Besonders für gestalterisch orientierte User bricht nun eine schwere Zeit an: Sie müssen sich durch ein wahres Konvolut an Einstellungen mit kryptischen Bezeichnungen schlagen. HTML- und CSS-kundige User werden sich fragen, ob sie nicht besser den Editor anwerfen und »schnell mal das bisschen Code selber stricken«. Obwohl ImageReady meist nur Zuarbeiter für GoLive & Co. ist, können die richtigen Einstellungen beim Export den Nachbearbeitungsaufwand rapide sinken lassen. Den HTML-Export von ImageReady können Sie unter Datei • Ausgabe-Einstellungen konfigurieren.

HTML oder XHTML?

Gleich in der ersten Rubrik stellt sich die Gretchenfrage: Soll ImageReady HTML- oder XHTML-kompatiblen Code generieren? (Option Ausgabe im XHTML-Format). Bleiben Sie beim »guten, alten« HTML, wenn Sie den Laisser-faire-Ansatz bevorzugen: Die HTML-Tags können groß oder klein geschrieben werden, und es gibt keinerlei Fehlermeldungen des Browsers, wenn die Tags nicht korrekt verschachtelt oder nicht geschlossen sind. Das HTML-Snippet
`<b><i>Fetter, kursiver Text</b></i>`
ist zwar syntaktisch falsch, weil die Tags in umgekehrter Reihenfolge geschlossen werden müssen, wie sie geöffnet wurden. Richtig wäre also:
`<b><i>Fetter, kursiver Text </i></b>`

Trotzdem wird es von allen Browsern richtig dargestellt. Bei falsch verschachtelten Tabellen oder Ebenen sieht die Sache anders aus: Versprengte Zeilen und Spalten sowie falsch platzierte Ebenen sind meist das Resultat solcher Syntaxfehler. Der Browser muss quasi seine Fantasie spielen lassen, um die durch Programmierfehler beeinträchtigte Dokumentstruktur zu rekonstruieren. Für browserkompatibles Arbeiten ist »schlampiges« HTML schlecht geeignet.

Einen Ausweg aus diesem Dilemma bietet XHTML. Bei XHTML können HTML-Befehl nur nach den Regeln der Strukturierungssprache XML angwandt werden. An die Stelle von Laisser-faire tritt nun syntaktische Strenge:

1. XHTML-Tags dürfen nur kleingeschrieben und müssen immer geschlossen werden.

▲ **Abbildung 45**
Die Ausgabe-Einstellungen für HTML

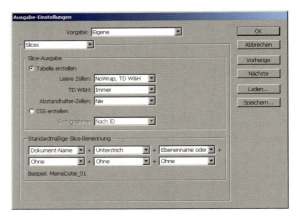

▲ **Abbildung 46**
Die Slice-Ausgabeoptionen

2. Allein stehende Elemente wie `<br>` müssen in XHTML ebenfalls geschlossen werden: `<br />`
3. Attribute wie das src-Attribut des `<img>`-Tags müssen immer in Anführungszeichen stehen: `<img src="test.gif">`
4. Ein XHTML-Dokument muss obligatorisch über die Tags `<html>`, `<head>`, `<body>` und `<title>` verfügen. Zudem ist eine DOCTYPE-Deklaration erforderlich, die es als XHTML-Dokument ausweist.
5. Im Unterschied zu HTML verweigert der Browser die Anzeige einer fehlerhaften XHTML-Seite mit einer Fehlermeldung.

Der große Vorteil dieser auf den ersten Blick umständlichen Vorgehensweise: XHTML-Dokumente können in jedem neueren Browser validiert (Prüfung auf Strukturfehler) werden. Da XHTML vom W3C standardisiert wurde, kann die Browserkompatibilität optimal gewährleistet werden. Die unverbindliche Syntax von HTML bereitet bei der Fehlersuche wesentlich mehr Aufwand. XHTML erfordert allerdings exaktes Arbeiten und XHTML-fähige Tools in der gesamten Bearbeitungskette.

Slice-Ausgabe

Der nächste entscheidende Punkt ist die Slice-Ausgabe: Hier legen Sie fest, ob die Slices mit Hilfe von HTML-Tabellen oder CSS-Ebenen platziert werden. Im Falle von Tabellen können Sie steuern, wie leere Zellen gefüllt werden sollten, um die Unterdrückung leerer Tabellenzellen durch den Browser zu verhindern. Hier reicht die Einstellung NoWrap, TD W&H, bei der ImageReady Höhen- und Breitenattribute für die jeweilige Zelle generiert. TD W&H legt die Generierung von Höhen- und Breitenattributen für Tabellenzellen fest. Dies sollte möglichst immer erfolgen, da die Tabelle dann schneller vom Browser dargestellt wird. Abstandhalter-Zellen werden generiert, um Höhenunterschiede zwischen zwei nebeneinander befindlichen Slices auszugleichen oder die Tabelle auf der Seite einzurücken. Auf Abstandhalter sollten Sie möglichst verzichten, sie verkomplizieren die Tabellenstruktur unnötig. Achten Sie auf »saubere« Slices mit derselben Höhe. Eingerückte Tabellen können Sie mit dem Attribut position von CSS wesentlich flexibler gestalten.

Hintergrund

Über die Rubrik Hintergrund können Sie wahlweise das gesamte Screendesign als Hintergrundbild definieren (dieses wird dann per background-Attribut in die HTML-Datei eingebunden) oder ein externes Bild als Hintergrundbild für die Website festlegen.

Optimiert speichern und HTML aktualisieren

Der tatsächliche HTML-Export findet über Datei • Optimiert-Version speichern statt. Wahlweise können die HTML-Datei und die zugehörigen Bilder oder nur eine dieser beiden Komponenten aktiviert werden. Wird das Screendesign nach dem Export geändert, können diese Änderungen mit Datei • HTML aktualisieren in die bereits veröffentlichte Version eingepflegt werden. Damit dieser Befehl funktioniert, müssen die von ImageReady ins HTML-File eingefügten Kommentare unangetastet bleiben.

Design-Teamwork mit Version Cue

Zusammenarbeit leicht gemacht

> Version Cue verwaltet – wie der Name sagt – die Versionierung, die Benutzer- und Zugriffsrechte sowie den Status und Backup eines Projekts.

Was ist Version Cue, und wofür braucht man es?

Version Cue heißt das neue Projektmanagement-System, das Adobe mit der Creative Suite eingeführt hat. Seine Mission: Mediengestalter vom sprichwörtlichen »kreativen Chaos« zu befreien und ihre Zusammenarbeit im Team und mit Auftraggebern zu erleichtern. Was sich angesichts manch vergangener Projekterfahrungen so bedrohlich anhört wie ein »Räum sofort dein Zimmer auf« in früher Kindheit, verliert in der Praxis rasch seinen Schrecken: Wer etwas Zeit investiert, um Version Cue zu konfigurieren und aktivieren, profitiert von mehr Transparenz im Design-Workflow und kann obendrein lästige Dinge wie Datensicherung, Versionsverwaltung und Archivierung an diesen digitalen Helfer delegieren.

Das Problem, das kreative Menschen schon immer geplagt hat, ist, dass das Erschaffen eines Werkes nun mal nicht von »Nichts« zum »fertigen Produkt« vor sich geht, sondern dass es zahlreiche Zwischenstadien einer Arbeit gibt. Man hat auf dem Weg zum fertigen Produkt immer wieder Entscheidungen zu treffen, die den nachfolgenden Weg der Arbeit unwiderruflich beeinflussen.

Die Arbeit mit einem digitalen Medium bietet hier dem Künstler schon einmal den Vorteil, verschiedene Stadien seines Werkes zu speichern und von diesen Zwischenprodukten weiterzuarbeiten, um so auch verschiedene Varianten seines Werkes zu erzeugen. Da gerade dieses Produzieren von Varianten in der heutigen Zeit immer wichtiger wird, um dem Kundenwunsch gerecht zu werden, stürzt man sich unweigerlich ins Dateichaos, indem man Dutzende Versionen mit meist inkonsistenten Dateinamen abspeichert und so eigentlich den kreativen Prozess mehr behindert, als fördert.

Genau das versucht Adobes neueste Innovation zu verbessern. Version Cue übernimmt die Aufgabe des Speicherns der unterschiedlichen Versionen eines Dokuments und bietet gleichzeitig noch nützliche Zusatzfunktionen wie etwa die Möglichkeit, Dokumente oder deren Versionen mit Schlagwörtern zu versehen und nach diesen dann auch suchen zu können. Gleichzeitig wird über eine User- und Rechteverwaltung auch die Arbeit mehrerer Personen an bestimmten Dokumenten unterstützt.

Man kann sich das Ganze als Datenbank der einzelnen Dokumente vorstellen, die in Projekten organisiert ist und die einem hilft, immer den Überblick über die unterschiedlichen Versionen seiner Dokumente zu bewahren.

In anderen Worten: Sie haben nicht mehr Dutzende Dateien mit irgendwelchen obskuren Dateinamen, um eine bestimmte Version eines Dokumentes zu bezeichnen, sondern Sie haben nur noch eine Datei und können über einen speziellen Dialog in den CS-Applikationen sämtliche vorher gespeicherten Versionen abrufen.

Installation

Die Installation von Version Cue ist denkbar einfach. Sie funktioniert wie bei jedem anderen Programm der Creative Suite. Mit dem gemeinsamen Installer wird standardmäßig auch Version Cue mit installiert. Version Cue benötigt etwa 100 MB Speicherplatz auf der Festplatte. Im Gegensatz zu den anderen Adobe-Programmen wird Version Cue nicht über das Dock oder Start-Menü aufgerufen. Da es sich bei Version Cue um einen Serverdienst auf Systemebene handelt, wird er über die Windows-Systemsteuerung bzw. die Mac OS X-Systemeinstellungen konfiguriert. Beide verfügen nach der Installation der Adobe Creative Suite über einen Version Cue-Eintrag. Hier können Sie die grundlegende Konfiguration von Version Cue vornehmen und diesen Dienst aktivieren. Danach wird er bei jedem Hochfahren des Systems gestartet und steht permanent zu Verfügung.

Das Kontrollfeld beherbergt aber nur einen Bruchteil der Einstellungsmöglichkeiten, die eigentliche Projektverwaltung können Sie über Adobe-Programme mit Version Cue-Unterstützung (Photoshop, Illustrator, InDesign CS) oder über das Version Cue-Web-Interface vornehmen. Dieses ist im lokalen Netzwerk standardmäßig über die IP-Adresse des Version Cue-Rechners auf Port 3707 erreichbar. Besitzt Ihr Rechner beispielsweise die IP-Adresse 192.168.0.5, so können Sie mit http://192.168.0.5:3707 auf das Version Cue-Web-Interface zugreifen. Wenn Sie direkt am Version Cue-Rechner arbeiten, funktioniert auch die Adresse http://localhost:3703. Im Abschnitt »Konfiguration und Verwaltung« werden wir näher darauf eingehen.

Installationsvarianten

Prinzipiell gibt es mehrere Möglichkeiten, Version Cue einzusetzen. Je nach Bedarf muss man sich für eine Arbeitsweise entscheiden.

▸ **Stand-alone-Variante**
Die einfachste Variante ist, dass ein Benutzer, der sich nicht in einem Netzwerk befindet und auch nicht mit mehreren Benutzern an Projekten arbeiten muss, Version Cue installiert. Version Cue ist nicht nur für mehrere Benutzer interessant, sondern auch, wenn man alleine an Projekten arbeitet und nicht auf die Vorteile wie Versionierung oder einfaches projektbezogenes Dateimanagement verzichten will. Hier profitiert auch der Einzelne von Versionskommentaren, einfacher Backup- und Archivierungsfunktion und Metadatensuche.

▸ **Peer-2-Peer-Variante**
Befindet man sich in einem Netzwerk mit mehreren Benutzern der Creative Suite, hat man die Möglichkeit, auf jedem Rechner auch Version Cue zu installieren und zu verwenden. Jeder Benutzer hat seine eigenen Projekte auf seinem eigenen Rechner, und er kann diese versionieren und von Version Cue verwalten lassen. Zusätzlich hat er die Möglichkeit, anderen Benutzern bestimmte Projekte freizugeben und ihnen so die Mitarbeit zu ermöglichen. Der Nachteil dieser

Methode ist, dass Version Cue auf jedem installierten Rechner Systemressourcen beansprucht. Der Vorteil hier ist, dass jeder Benutzer auf seine eigenen Projekte viel schneller zugreifen kann, da diese sich ja auf dem eigenen Rechner befinden, und dass man unabhängig von einem Arbeitsnetzwerk ist.

▶ **Client-Server-Variante**
Schließlich ist die dritte Möglichkeit, mit Version Cue zu arbeiten, dass man einen Rechner dediziert als Server in einem Netzwerk mit Version Cue ausstattet, auf den dann alle Benutzer der Creative Suite zugreifen können. Da auf diesem Server ausschließlich Version Cue läuft, können andere Programme dem Serverdienst keine Systemressourcen abspenstig machen. Dies führt zu mehr Stabilität und einem enormen Geschwindigkeitsvorteil.

Ein weiterer positiver Effekt liegt darin, dass alle Projektdaten an einem Ort gesammelt werden und somit auch der Überblick über alle Projekte bestehen bleibt. Ist der Server-Rechner mit Datensicherungshardware (RAID-Festplatten, unterbrechungsfreie Stromversorgung) ausgestattet, verringert sich das Risiko von Datenverlusten bei Hardware-Crashs oder Stromausfällen ungemein. Außerdem lassen sich von einem konsolidierten Projektspeicherplatz sehr einfach Sicherungskopien erstellen, was auch einen erheblichen Nutzen darstellt.

Ein weiterer Aspekt der Datensicherheit ist der **Datenzugriff durch Benutzer**: Gerade bei arbeitsteiligen Projekten sollten die Zugriffsrechte jedes Users genau abgestimmt sein, um Datenverlust durch unbeabsichtigtes Löschen zu vermeiden. Die Client-Server-Variante bietet die besten Schutzmechanismen für selektiven Datenzugriff. Während bei der Peer-2-Peer-Variante die Version Cue-Benutzerauthentifizierung durch Zugriff über das Dateisystem des jeweiligen Rechners übergangen werden kann, bietet ein restriktiv konfigurierter (nur der Administrator hat Zugriff auf das Dateisystem des Rechners) Server den besten Schutz vor ungewollter Datenmanipulation. Auch ein gemeinsames User-Management für alle Projekte, wie es Version Cue in diesem Zusammenhang bietet, kann sehr sinnvoll sein.

Hardware-Grundvoraussetzungen
Prinzipiell gilt, egal für welche Arbeitsweise Sie sich entscheiden, dass der Rechner, auf dem Version Cue installiert ist, genügend Arbeitsspeicher und Rechenleistung zur Verfügung haben sollte. Wenn Sie zudem über ein Netzwerk mit Version Cue arbeiten, sollten Sie zumindest über ein 100 Mbit Ethernet Netzwerk verfügen, um nicht zu lange beim Öffnen und Speichern von Dateien warten zu müssen. Es funktioniert zwar auch, über das Internet zu einem Version Cue-Server zu verbinden, aber man muss sich auf längere Wartezeiten beim Laden und Sichern von Dateien einstellen. Der Rechner sollte außerdem mindestens 512 MB RAM besitzen. Je nachdem, wie viele Benutzer dann mit Version Cue arbeiten bzw. wie groß Ihre Dateien sind, können die Anforderungen jedoch noch sehr viel höher sein. Beim Zugriff von mehreren Personen auf den Server sind 1 GB RAM sehr empfehlenswert, da die Java Virtual Machine, die Version Cue zugrunde liegt, sehr viel Arbeitsspeicher benötigt.

Ausgemusterte Rechner taugen also nur in seltensten Fällen als Version Cue-Server. Version Cue wurde für Arbeitsgruppen mit maximal zehn Mitarbeitern konzipiert. Natürlich können auch 50 Leute mit einem Version

Cue-Server arbeiten, solange sie nicht gleichzeitig auf die Projekte zugreifen. Als »Unternehmenslösung« für größere Firmen ist Version Cue also leider nicht geeignet.

Konfiguration & Verwaltung

Version Cue wird grundsätzlich an zwei Orten konfiguriert.
- Zum einen macht man grundlegende Einstellungen zur Funktionalität über die **Systemeinstellungen** am Mac und die **Systemsteuerung** unter Windows.
- Das **Web-Interface** über den Webbrowser gibt dann noch Konfigurationsmöglichkeiten für User und Projekte und bietet alle möglichen Servicefunktionen.

Konfiguration in den Systemeinstellungen

In den Systemeinstellungen am Mac oder der Systemsteuerung unter Windows (Abbildung 1) kann man einige grundlegende Einstellungen zu Version Cue treffen. Zuerst lässt sich einmal Version Cue ein- und ausschalten bzw. gibt es auch eine Einstellung, um Version Cue beim Start des Rechners automatisch zu starten. Zusätzlich kann man noch die Speichernutzung für Version Cue festlegen. Diese bestimmt, wie viel Arbeitsspeicher Version Cue maximal vom Betriebssystem anfordert. Wir empfehlen Ihnen auf jeden Fall, sollten Sie Version Cue mit mehreren Personen einsetzen, die Standardzuteilung von 128 MB wenn möglich auf mindestens 512 MB zu erhöhen, da Version Cue sehr ressourcenhungrig ist.

Die weiteren Einstellungen beziehen sich auf die von Ihnen gewählte Anwendungsart für Version Cue. Im Drop-down-Menü Arbeitsbereichzugriff wählen Sie Dieser Arbeits-

◀ **Abbildung 1**
Das Version Cue-Kontrollfeld unter Windows

bereich ist freigegeben, wenn Sie in einem Netzwerk arbeiten und Ihren persönlichen **Arbeitsbereich** auch für andere zur Verfügung stellen wollen. Der Arbeitsbereich ist einfach gesagt die Datenbank Ihrer Projekte. Wenn Sie ihn nicht für andere Personen im Netzwerk zur Verfügung stellen wollen oder Sie sich in gar keinem Netzwerk befinden, dann wählen Sie Dieser Arbeitsbereich ist Privat.

Mit dem Aufklappmenü Grösse der Arbeitsgruppe können Sie bestimmen, für wie viele Leute Sie Version Cue verwenden wollen. Anhand dieser Einstellung kann Version Cue intern manche Programmteile mehrfach laden, um mehreren Benutzern ein schnelleres Arbeiten zu ermöglichen. Allerdings wird dadurch auch der Speicherbedarf angehoben. Wir empfehlen Ihnen ohnehin nicht mehr als zehn Personen in einer Arbeitsgruppe, und dementsprechend sollten Sie auch Ihre Einstellung in diesem Menü treffen.

Das Aufklappmenü Optimieren für hilft Version Cue ebenfalls bei der internen Speicherzuteilung, um so eine optimale Ausnutzung der Rechenleistung zu gewähren. Wählen Sie hier den Eintrag, der am besten für Ihre Arbeit passt.

◀ **Abbildung 2**
Das Web-Interface zur erweiterten Version Cue-Verwaltung

▲ **Abbildung 3**
Die Benutzerverwaltung von Version Cue

Konfiguration im Webbrowser
Mit der Schaltfläche Erweiterte Verwaltung wird automatisch der Webbrowser mit dem webbasierten Administrationswerkzeug geöffnet. Hier lassen sich Einstellungen zu den einzelnen Projekten, User-Verwaltung, Backup usw. aufrufen (Abbildung 2).

Das Web-Interface verlangt beim Aufrufen den Benutzernamen und das Passwort eines Administrators. Standardmäßig kann man sich mit Benutzernamen system und Passwort system einloggen. Wir empfehlen Ihnen, das Passwort dieses Benutzers sofort zu ändern, da jeder Version Cue-Besitzer dieses **Passwort** kennt und somit Administratorrechte auf Ihrem Arbeitsplatz hätte.

Um das Passwort zu ändern, loggen Sie sich als system/system ein, und klicken Sie auf der erscheinenden Startseite auf Benutzer bearbeiten. Dort erscheint eine Liste mit den angelegten Benutzern. Standardmäßig ist hier nur der System Administrator vorhanden. Klicken Sie auf den Namen System Administrator.

Dann erscheinen die Einstellungen für diesen Benutzer. Hier geben Sie im Kennwortfeld ein neues Passwort ein, und auch im darunter liegenden Feld zur Überprüfung des Kennworts (Feld Kennwort bestätigen). Mit dem Button Speichern werden die Änderungen am Benutzerprofil des Administrators geändert, und das neue Passwort ist gültig.

Um in Version Cue mit mehreren Benutzern arbeiten zu können, beinhaltet Version Cue seine eigene **Benutzerverwaltung**. Um Benutzer zu bearbeiten, verwenden Sie das Web-Interface und loggen sich dort als Administrator ein. Klicken Sie in der linken Spalte auf Benutzer ❶, um zur Liste der eingetragenen Benutzer zu gelangen (Abbildung 3). Hier können Sie sämtliche Tätigkeiten durchführen, die sich auf die Benutzerverwaltung beziehen, wie z.B. Benutzer anlegen, ihnen Rechte zu Ihren Projekten zuweisen oder von einem anderen Arbeitsbereich die Benutzerdaten zu importieren.

Wenn in der Liste kein Benutzer ausgewählt ist (erkennbar an der links neben dem Namen vorhandenen Checkbox ❷), dann sind nur die zwei Knöpfe NEU und LISTE IMPORTIEREN aktiv. Wenn Sie auf den Knopf NEU klicken, können Sie einen **neuen Benutzer anlegen**. Dort können Sie Benutzernamen, Kurzname, Passwort usw. eingeben und dem Benutzer eine **Rolle** zuteilen (siehe Infokasten unten). Man kann zwischen BENUTZER, PROJEKT MANAGER und ADMINISTRATOR wählen, je nachdem, welche Rechte der Benutzer in Ihrem Workspace haben soll.

In der rechten Tabelle kann man dem neuen Benutzer Rechte an allen aktuellen Projekten zuteilen. Mit dem Speichern-Knopf am oberen Rand der Benutzerverwaltung speichert man den neuen User, der sofort verfügbar ist.

Hat man mehrere Benutzer angelegt, dann kann man mit dem Knopf LISTE EXPORTIEREN ❸ alle mit einem Häkchen versehenen Benutzer der Liste in eine XML-Datei exportieren. Diese kann man dann beispielsweise auf einer anderen Version Cue-Installation mit dem Knopf LISTE IMPORTIEREN wieder laden, und man hat alle exportierten Benutzer zur Verfügung. Auch bietet sich so für erfahrene Systemadministratoren die Gelegenheit, aus einem beliebigen System eine Userliste zu exportieren, diese mittels Skript in das Version Cue-Format umzuwandeln und dann in Version Cue zu verwenden.

▲ **Abbildung 4**
Die Projekte-Ansicht des Version Cue-Web-Interface

Eine weitere nützliche Funktion in der Benutzerverwaltung ist das **Duplizieren** von bestehenden Benutzern ❹. Wenn Sie nur einen Benutzer in der Liste ausgewählt haben, wird der Button DUPLIZIEREN aktiv, und Sie können damit eine Kopie des gewählten Benutzers erstellen, der genau dieselben Rechte auf die Projekte hat wie das Original. Sie müssen nur noch einen neuen Namen und ein neues Passwort vergeben und können bei Bedarf auch noch die Rechte auf bestimmte Projekte anpassen. Dies geschieht genauso wie beim Anlegen eines neuen Benutzers.

Über den Link PROJEKTE ❺ gelangt man in die **Projektverwaltung** des Version Cue-Arbeitsbereiches. Hier sehen Sie alle Projekte aufgelistet, die auf dem Server verwaltet werden (Abbildung 4).

Rollen funktionieren nicht
Allerdings hier gleich eine Warnung: In der aktuellen Version von Version Cue scheinen Rollen nicht zu funktionieren. Das bedeutet, dass auch jemand, der als Benutzer angelegt ist, und laut Handbuch keine Projekte anlegen dürfte, trotzdem Projekte über den Öffnen- bzw. Speichern-Dialog von Photoshop CS anlegen kann. Hoffentlich wird dieser Fehler in einem kommenden Update von Version Cue schnell behoben.

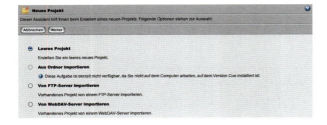

▲ **Abbildung 5**
Erstellen eines neuen Projektes

▲ **Abbildung 6**
Grundeinstellungen des neuen Projekts

Um ein **neues Projekt zu erstellen**, klicken Sie einfach auf die Schaltfläche Neu. Im folgenden Fenster (Abbildung 5) gibt es nun mehrere Auswahlmöglichkeiten. Standardmäßig wählt man Leeres Projekt und klickt auf Weiter und kann im folgenden Fenster (Abbildung 6) dann diverse Einstellungen zum Projekt tätigen. Neben Projektname und Kommentar gibt es mehrere Optionen, die sich auf die Dateiverwaltung beziehen.

▶ Dieses Projekt für andere freigeben: Diese Einstellung ist notwendig, damit man selbst und andere auf das Projekt aus Photoshop zugreifen können.

▶ Zugeordnete Benutzer zur Authentifizierung für dieses Projekt auffordern: Diese Einstellung zwingt Benutzer, einen Benutzernamen und ein Kennwort anzugeben, um Zugriff auf ein Projekt zu erhalten. Diese Option sollte unbedingt aktiviert sein, wenn der Computer, auf dem Version Cue installiert ist, sich in einem Netzwerk befindet. Ansonsten kann jeder aus diesem Netzwerk auf die Projektdateien zugreifen und diese z. B. löschen!

▶ Sperre für dieses Projekt aktivieren: Mit dieser Einstellung verhindert man, dass mehrere Benutzer zur selben Zeit an demselben Dokument arbeiten. Dies ist ein nützliches Feature, das immer aktiviert sein sollte. Es verhindert die gleichzeitige Bearbeitung eines Dokuments durch zwei verschiedene Benutzer. Denn dabei kann es leicht zu Datenverlusten durch Überschreiben kommen. Angenommen, Benutzer A öffnet über den Version Cue-Arbeitsbereich ein Photoshop-Dokument, um eine Farbkorrektur durchzuführen. Eine Viertelstunde später öffnet Benutzer B dasselbe Dokument, weil er einen Text austauschen möchte. Unmittelbar nach Benutzer A speichert auch Benutzer B das Dokument wieder auf dem Version Cue-Server. Die Folge: Die Farbkorrekturen von Benutzer A landen im Daten-Nirwana, da Benutzer B durch seine Speicherung quasi den Ausgangszustand des Dokuments wiederhergestellt hat. Lediglich die geänderten Texte bleiben erhalten.

Aktivieren Sie daher die Projektsperre, um Datenverluste durch Überspeichern zu vermeiden. Ist die Sperre aktiviert, kann der zweite Benutzer nur an einer Kopie des gerade benutzten Dokuments arbeiten.

◀ **Abbildung 7**
Dem Projekt zugewiesene Benutzer und ihre Rechte

Abbildung 8 ▶
Das neue Projekt wurde in die Liste aufgenommen.

Mit einem Klick auf Weiter können Sie dem Projekt Benutzer und deren Berechtigungen zuordnen (Abbildung 7). In der Auswahlliste haben Sie folgende Optionen:

▶ Keine, Schreibgeschützt und Lesen/Schreiben sind selbsterklärend.
▶ Verwalten heißt, dass der Benutzer zusätzlich zu Lesen/Schreiben erweiterte Rechte hat. Diese beinhalten die Möglichkeit, die Rechte der anderen Benutzer des Projektes zu ändern und ein Projekt auch wieder zu löschen. Er kann auch Sicherungskopien erstellen und das Projekt exportieren. Prinzipiell hat dieser Benutzer also für das Projekt Administratorrechte.

Hat man alle Einstellungen getroffen, klickt man nur noch auf die Schaltfläche Speichern, und das Projekt wird am Server erstellt (Abbildung 8).

Um **nachträglich Projekteinstellungen zu bearbeiten**, klickt man in der Liste der Projekte das gewünschte an. Das Fenster sieht dem im vorigen Abschnitt Neues Projekt erstellen sehr ähnlich und beinhaltet auch die gleichen Funktionen. Zusätzlich wird aber noch am unteren Rand des Fensters ein neuer Punkt Projektsicherungskopien angezeigt. Um dessen Inhalt anzuzeigen, klicken Sie auf das nach rechts zeigende Dreieck. Nun wird eine Liste der Sicherungskopien dieses Projektes angezeigt, und durch Anklicken kann man diese wiederherstellen. Leider funktioniert das in der aktuellen Version 1.0 von Version Cue aber nicht fehlerfrei.

Prinzipiell gibt es in Version Cue mehrere Möglichkeiten, **Projekte zu archivieren**.

▶ Einerseits gibt es die eingebaute **Backup-Funktion**, mit der man entweder pro Projekt oder vom ganzen Server ein gezipptes Backup erstellen kann,
▶ andererseits gibt es auch noch die Möglichkeit, Projekte über die **Exportfunktion** etwa auf einen FTP-Server zu kopieren.

Während man bei einer einfachen Kopie eines Projektes eigentlich nur die Projektstruktur als Ordner im Dateisystem erhält und die Metadaten und alte Versionen von Dateien zu dem jeweiligen Projekt verloren gehen, hat man mit der eingebauten Backup-Funktion komfortablere Möglichkeiten, wieder zu einer alten Version zurückzukehren. So bietet das Web-Interface die nützliche Funktion, ein Projekt direkt von einem Backup wiederherzustellen oder unter einem neuen Namen zu speichern. Um ein exportiertes Projekt wieder zu importieren, kann man ein neues Projekt erstellen und dann als Quelle FTP, WebDAV oder Dateiordner auswählen.

Um ein Backup zu erzeugen und wiederherzustellen, geht man wie folgt vor:

Konfiguration & Verwaltung **367**

Sicherungskopien von Projekten anlegen

1. Menü Sicherungskopie öffnen
Im Menü im Webbrowser klicken Sie auf der linken Seite PROJEKTE an. Wählen Sie nun das betreffende Projekt aus, und klicken Sie auf die Schaltfläche SICHERUNGSKOPIE ERSTELLEN.

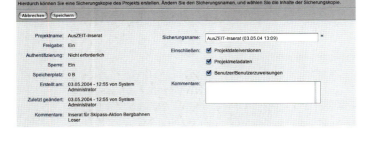

2. Backup erstellen
In der folgenden Seite können Sie nun dem Backup einen Namen geben. Es wird sinnvollerweise der Namen des Projektes plus Datum und Uhrzeit vorgegeben. Sie können nun noch auswählen, was in diesem Backup alles gesichert werden soll (PROJEKTDATEIVERSIONEN, PROJEKTMETADATEN, BENUTZER/BENUTZERZUWEISUNGEN), und einen Kommentar hinzufügen. Klicken Sie dann auf die Schaltfläche SPEICHERN, und Ihr Backup wird gesichert.

Wiederherstellen eines Backups

1. Backup aufrufen
Um ein erstelltes Backup wiederherzustellen, klicken Sie im Fenster PROJEKTE auf der rechten Seite auf die Schaltfläche SICHERUNGSKOPIEN.

2. Backup auswählen
In der nun erscheinenden Liste sind alle bisher erstellten Sicherungskopien verzeichnet. Wählen Sie die gewünschte aus, und klicken Sie auf die Schaltfläche WIEDERHERSTELLEN.

3. Ergebnis
In der Liste der Projekte befindet sich nun ein neues Projekt mit der Bezeichnung zusammengesetzt aus »Wiederherstellung von« und dem Namen des Projektes.

▲ Abbildung 9
Die erweiterten Optionen von Version Cue

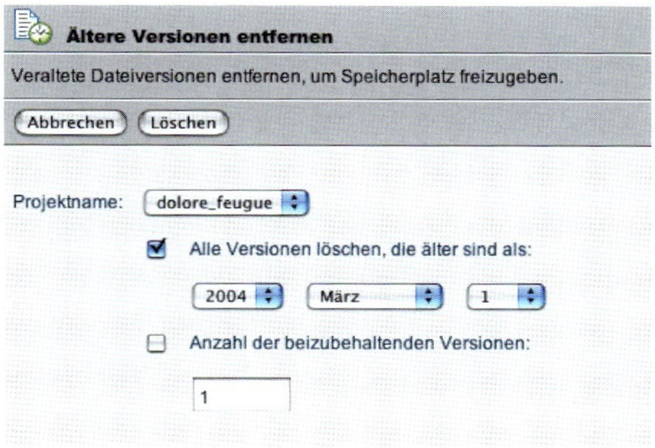

▲ Abbildung 10
Ältere Versionen können nach Datum oder Versionsnummer entfernt werden.

Das **Exportieren** ist die zweite Möglichkeit, eine Sicherheitskopie eines Projektes außerhalb des Version Cue-Servers anzulegen. Man hat die Auswahl aus mehreren Möglichkeiten des Exports:

- Speichern auf einen FTP-Server
- Speichern in ein WebDAV-Verzeichnis
- Speichern in ein lokales Verzeichnis. Diese Methode funktioniert nur, wenn man direkt an dem Computer arbeitet, auf dem der Version Cue-Server installiert ist.

Die vorher exportierten Projekte können natürlich auch wieder **importiert** werden. Dabei geht man auf dieselbe Art vor wie beim Anlegen eines neuen Projekts. Allerdings wählt man nicht Leeres Projekt aus, sondern abhängig vom Speicherort des zu importierenden Projekts WebDav, FTP oder lokales Verzeichnis.

Über das Interface des Webbrowsers kann man auch **Wartungsarbeiten** vornehmen. Über den Link Erweitert auf der linken Seite (siehe Abbildung 3) gelangt man zu den erweiterten Funktionen des Version Cue-Arbeitsbereiches (Abbildung 9).

Im Abschnitt Wartung finden sich vier Punkte:

- Sperre zurücksetzen: Wenn ein Dokument bearbeitet wird, wird es im System gesperrt. Diese Sperre bleibt auch dann, wenn der Benutzer vergessen hat, sein Dokument zu schließen, oder der Rechner abstürzt. In diesem Menüpunkt können Sie nicht mehr zutreffende Sperren auf Projekt- oder Nutzerbasis aufheben.
- Ältere Versionen entfernen: Alle Versionen der Dokumente eines Projektes zu archivieren, mag nicht immer sinnvoll sein. Wenn die einzelnen Dokumente sehr groß sind, kann ganz schnell der Speicherbedarf explodieren. Mit diesem Befehl kann man nicht mehr gebrauchte Versionen löschen und so wieder Speicherplatz freigeben. Sie haben zwei Möglichkeiten: Alle bis auf eine gewünschte Anzahl von Versionen eines Projektes entfernen (von der letzten Version zählend) oder alle Versionen entfernen, die älter als ein gesetztes Datum sind (Abbildung 10).

- **Version Cue-Daten sichern:** Damit kann man eine Sicherungskopie der gesamten Serverdaten machen.
- **Sicherungskopien verwalten:** Ermöglicht es, eine Sicherungskopie der Serverdaten wieder herzustellen oder nicht gebrauchte Sicherungskopien zu löschen.

Und nun noch ein letzter Punkt: die **Voreinstellungen**. Um zu den Voreinstellungen zu kommen, klicken Sie in der Navigationsliste (Abbildung 3) auf Erweitert und dann auf Voreinstellungen. Folgende Einstellungen können Sie hier treffen:

- Um den Namen des Version Cue-Arbeitsbereichs zu ändern, geben Sie einfach den gewünschten Namen in das Textfeld Arbeitsbereichname ein.
- Damit andere Computer Ihren Version Cue-Server zugreifen können, aktivieren Sie Diesen Version Cue-Arbeitsbereich für andere sichtbar machen.
- Aus Sicherheitsgründen sollten für Benutzer nur Projekte sichtbar sein, an denen sie beteiligt sind. Dazu aktivieren Sie Nur Projekte im Arbeitsbereich anzeigen, für die der Benutzer zugriffsberechtigt ist.

Abschließend müssen Sie die Änderungen mit dem Button Speichern bestätigen. Außerdem ist es bei diesen drei Einstellungen nötig, den Version Cue-Arbeitsbereich neu zu starten, damit die Änderungen wirksam werden. Dies geschieht mit den Systemeinstellungen am Mac und der Systemsteuerung am PC, wie am Anfang des Kapitels beschrieben.

Version Cue in Photoshop

Bevor Sie Version Cue nutzen können, müssen Sie die Version Cue-Unterstützung in Photoshop aktivieren. Erst dann sind die Speichern- und Öffnen-Dialoge von Photoshop mit der entsprechenden Funktionalität ausgestattet. Dazu wählen Sie im Menü Photoshop (bzw. Bearbeiten unter Windows) das Untermenü Voreinstellungen und hier den Menüpunkt Dateien verarbeiten aus. Im erscheinenden Dialogfeld kreuzen Sie Version Cue aktivieren an.

Das Version Cue-Dialogfeld

In den Dialogfeldern Öffnen und Speichern von Photoshop CS hat man dann die Möglichkeit, mit dem Version Cue-Server zu interagieren. In den beiden bekannten Dialogfeldern finden Sie nun unten links ein neues Symbol mit dem Titel Version Cue. Durch Klicken gelangen Sie in das Dialogfeld Version Cue (Abbildung 11).

Im Auswahlfeld ❶ befinden sich nun die verfügbaren Version Cue-Server und die zuletzt verwendeten Projekte. Aber nur wenn auf Ihrem Arbeitsrechner auch ein Version Cue-Server läuft, taucht dieser automatisch in der Serverliste auf. Durch einen Doppelklick auf den gewünschten Server werden dessen verfügbare Projekte angezeigt.

Wenn der Version Cue-Server auf einem anderen Computer Ihres lokalen Netzwerkes oder des Internets installiert ist, können Sie ihn der Liste hinzufügen, indem Sie auf die rote Werkzeugkiste klicken ❷ und Verbindungsaufbau mit auswählen. Im daraufhin erscheinenden Dialogfeld geben Sie die URL des gewünschten Version Cue-Servers ein.

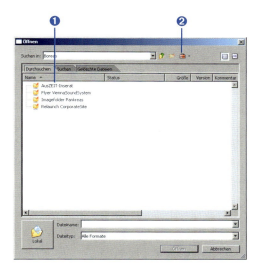

▸ **Abbildung 12**
Die Optionen der Werkzeugkiste

▲ **Abbildung 11**
Das Version Cue-Dialogfeld in der Projektansicht

▲ **Abbildung 13**
Dialogfeld zum Anlegen eines neuen Projekts

Wurde ein Projekt mit verpflichtender Benutzerauthentifizierung konfiguriert, müssen Sie sich mit Ihrem Version Cue-Benutzernamen und -Passwort anmelden, bevor Sie Zugriff auf die Daten erhalten. Je nach vergebener Berechtigungsstufe können Sie Lese-/Schreib- oder Verwaltungszugriff (neue Benutzer anlegen, Sicherungskopien erstellen) auf ein Projekt erhalten.

Über das Popup-Menü der Werkzeugkiste können Sie außerdem **neue Projekte** auf einem Server anlegen. Ein Klick auf NEUES PROJEKT öffnet das Dialogfenster (Abbildung 13).

Hier kann man auswählen, auf welchem Server das Projekt angelegt werden soll, und natürlich den Namen des Projekts festlegen. Zusätzlich können Projektinformationen angegeben werden, die natürlich nachträglich bearbeitbar sind, und zwar über den Menüpunkt EIGENSCHAFTEN BEARBEITEN der roten Werkzeugkiste. Erweiterte Projekteinstellungen (Benutzerberechtigungen etc.) müssen über das Web-Interface von Version Cue gemacht werden. Aus dem Dialogfeld EIGENSCHAFTEN BEARBEITEN kommt man mit einem einfachen Klick auf die Schaltfläche ERWEITERTE VERWALTUNG dorthin.

Über das Version Cue-Dialogfenster können auch **Projekte gelöscht** werden. Dazu müssen Sie in die Projektansicht des Version Cue-Servers wechseln. Alle Projekte des gewählten Servers befinden sich aufgelistet im Fenster. Um eines davon zu löschen, klickt man es an und wählt aus dem Menü der Werkzeugkiste LÖSCHEN aus. Sind gerade Dateien aus einem Projekt in Verwendung, kann dieses nicht gelöscht werden. Außerdem benötigen Sie Schreibzugriff auf ein Projekt, um es löschen zu können.

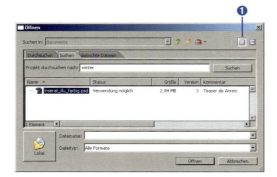

▲ Abbildung 14
Projektdateien können auch nach ihren Metadaten durchsucht werden.

◀ Abbildung 15
Ein Dokument in Miniaturansicht

▲ Abbildung 16
Ein Dokument in Listenansicht

Das Version Cue-Fenster hat die nützliche Möglichkeit, ein Projekt nach einer bestimmten Datei zu **durchsuchen**. Dafür wechselt man in die Suchen-Ansicht des Fensters (Abbildung 14).

Im Feld PROJEKT DURCHSUCHEN NACH tippt man den Suchbegriff ein und nach dem Klick auf die Suchen-Schaltfläche erscheinen die möglichen Dokumente. Die Suche ist nicht nur auf Dateinamen und Kommentare beschränkt, Photoshop durchsucht auch alle Metadaten der Dokumente. Diese können Sie entweder über die Metadaten-Palette des Dateibrowsers oder über den Menüpunkt DATEI • DATEI-INFORMATIONEN vergeben.

Eine praktische Funktion ist die Umschaltmöglichkeit zwischen **Listenansicht und Miniaturansicht** ❶ mit den zwei Buttons rechts oben im Fenster. Beide Ansichtsmöglichkeiten haben ihre Vor- und Nachteile. Die Miniaturansicht erlaubt eine Vorschau auf die Dateien, versteckt aber Informationen, die über die Listenansicht zugänglich sind, wie zum Beispiel die Größe, Version, Kommentare, Dateityp und Datum der letzten Änderung.

Darüber hinaus wird der Status der Datei angezeigt. Der Status gibt Auskunft über die Verwendbarkeit der Datei.

▶ HERUNTERLADEN MÖGLICH:
Das bedeutet, dass die entsprechende Datei verfügbar, aber noch nicht lokal zwischengespeichert ist. Lokale Zwischenspeicherung ermöglicht schnelleres Arbeiten mit Dateien, die auf einem Server mit langsamer Netzverbindung liegen.

▶ VERWENDUNG MÖGLICH:
Die Datei kann verwendet werden und ist lokal auf dem Arbeitsrechner zwischengespeichert.

▶ WIRD VON MIR VERWENDET und WIRD VON [USERNAME] VERWENDET:
Die betreffende Datei ist geöffnet und wird entweder von mir oder dem angegebenen User bearbeitet. Je nach Projekteinstellungen (aktivierte Dokumentsperre) kann nun die Originaldatei oder nur eine Kopie davon geöffnet und bearbeitet werden. Diese Projekteinstellungen werden über das Web-Interface getroffen. Eine schnelle Möglichkeit, dorthin zu gelangen, ist, wieder über

▲ Abbildung 17
Mit Versionen können Sie auch Kommentare speichern.

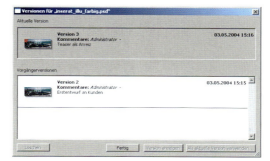

◀ Abbildung 18
Mit dem Menübefehl VERSIONEN im Menü DATEI zeigt Adobe Photoshop alle vorhergehenden Versionen an. Die Versionen werden mit einer Vorschau und Datum der Erstellung, von wem sie erstellt worden sind und deren Kommentar angezeigt.

das Kontextmenü der roten Werkzeugkiste (EIGENSCHAFTEN BEARBEITEN) zu gehen und dort die Schaltfläche ERWEITERTE VERWALTUNG zu klicken.

Datei zu Version Cue-Projekt hinzufügen

Um eine Datei zu einem Projekt hinzuzufügen, öffnet man diese und ruft im MENÜ DATEI • SPEICHERN UNTER auf. Wenn nicht schon das Version Cue-Dialogfenster gezeigt wird, wechseln Sie durch Klick auf das Version Cue-Symbol dorthin. Das gewünschte Projekt und der Speicherort im Projekt kann nun ausgewählt werden. Zusätzlich zum Dateinamen kann auch ein Kommentar gespeichert werden.

Um eine **Datei eines Projektes zu öffnen**, rufen Sie das MENÜ DATEI • ÖFFNEN auf. Das Öffnen einer Datei aus Version Cue verhält sich gleich wie das Hinzufügen. Wieder muss man hier beachten, ob man die Rechte besitzt, Dokumente in einem Projekt zu lesen und zu ändern.

Zusätzlich können Dokumente jetzt auch gesperrt sein, was am Dokumentstatus erkennbar ist. Dies passiert, wenn ein anderer Benutzer eine Datei bearbeitet und ein gleichzeitiges Arbeiten von zwei Benutzern an einer Datei einen Konflikt verursachen würde.

Eine neue Version einer Datei anlegen

Anstatt die Änderungen an einer Datei einfach zu überschreiben, kann man auch eine neue Version davon anlegen. Dies geschieht im Menü DATEI mit dem Menüpunkt EINE VERSION SPEICHERN. Der Vorteil davon ist, dass die alte Datei nicht verloren geht und man mit Version Cue einfach zu der vorhergehenden Version zurückspringen kann. Man könnte dies auch erreichen, indem man die Datei unter einem anderen Namen speichert. Das ist aber nicht sinnvoll, weil man sich merken muss, wie die vorherige Version benannt wurde. Besonders problematisch ist es, wenn andere Personen herausfinden wollen, wie die alte oder beziehungsweise die neue Datei heißt.

Das Versionen-Fenster bietet mehrere Möglichkeiten.

▸ LÖSCHEN löscht die selektierte Version aus der Liste der Vorgängerversion. Diese Version ist dann für immer verloren, das heißt, man sollte sie nur löschen, wenn sie wirklich nicht mehr gebraucht wird und man den okkupierten Speicherplatz frei machen möchte.

▸ ALS AKTUELLE VERSION VERWENDEN legt eine Kopie der ausgewählten Version an und speichert dies als eine neue Version der

Datei. Das heißt, dass die aktuell Version des geöffneten Dokumentes als eine Vorgängerversion gespeichert bleibt.
▶ VERSION ANZEIGEN öffnet die ausgewählte Version. Diese lässt sich dann auch unter einem neuen Namen wieder in das Version Cue-Projekt oder auch an einem anderen Ort speichern.

Was wird wo konfiguriert?

Nachdem nun die Konfigurationsmöglichkeiten von Version Cue in thematischer Gliederung besprochen wurden, sollte Ihnen die untenstehenden Tabelle dabei helfen, die gewünschten Einstellungen schneller zu finden. Version Cue kann entweder über eine beliebige CS-Applikation (Ausnahme: Acrobat) oder über das Web-Interface konfiguriert werden. Letzteres bietet bedeutend mehr Einstellungsmöglichkeiten, dafür ist der operative Part (Erzeugen von Dokumentversionen, Suche) den CS-Applikationen vorbehalten.

Version Cue in der Praxis

In einem kurzen Beispielprojekt wollen wir Ihnen den Praxiseinsatz von Version Cue demonstrieren. Es geht um die Gestaltung eines Zeitungsinserats für einen Wintersportort. Die

Konfigurationsmöglichkeiten von Version Cue

Aktion	Photoshop CS	Version Cue Web-Interface
Version Cue-Projekte erstellen, bearbeiten und löschen	X	X
Projekte mit anderen Version Cue/CS-Applikationsnutzern teilen	X	X
Dokumentversionen löschen	X	X
Dateien in ein Version Cue-Projekt einbringen	X	
Dokumentversionen erstellen	X	
Versionskommentare und Metadaten anzeigen	X	
Dokumente nach Metadaten durchsuchen	X	
Version Cue-Projekte mit Dateien von FTP/WebDAV-Servern erzeugen		X
Sicherungskopien von Projekten anlegen		X
Projektstatistik anzeigen		X
Version Cue-Projekte duplizieren oder exportieren		X
Arbeitsbereicheinstellungen bearbeiten		X
Import von Adobe Web Workgroup Server-Projekten		X
Benutzer hinzufügen und ihre Rechte bearbeiten		X
Projektauthentifizierung aktivieren		X
Benutzer und ihre Rechte anzeigen		X
Dokumentsperren aufheben		X
Version Cue-Logdateien anzeigen		X

handelnden Protagonisten sind Art-Director Gerhard, der als eine Art Supervisor die gestalterischen Belange des Projekts überwacht. Franz ist als Grafiker mit der Gestaltung des Inserats betraut, und Martin zeichnet als Kontakter für die Betreuung des Kunden verantwortlich. An diesem scheinbar banalen Projekt sind also bereits mindestens drei Personen beteiligt –, Ansprechpartner auf Kundenseite haben wir momentan außer Acht gelassen – die in die Gestaltung des Inserats mehr oder minder stark eingreifen werden. Unseren Praxiserfahrungen nach ist die Größe der Arbeitsgruppe für ein solches Projekt eher konservativ geschätzt, rechnet man die zahlreich vorhandenen Entscheidungsträger auf Kundenseite ein. Gerade unter diesen Voraussetzungen gestaltete sich die Koordinierung und Versionierung des Projekts als sehr zeitaufwändig. Durch Version Cue entwickeln sich diese Aufgaben fast zum Selbstläufer.

Arbeiten mit Version Cue

1. Version Cue-Projekt anlegen

Als Erstes haben wir für unser Inserat ein neues Version Cue-Projekt angelegt und die Zugriffsrechte für Franz (Verwalter), Gerhard und Martin (Schreibzugriff) eingerichtet. Zusätzlich wurde die Dokumentsperre aktiviert – eine Datei konnte damit nicht von zwei Personen gleichzeitig bearbeitet werden.

Franz begann in Photoshop mit dem ersten Rohentwurf des Projekts, das er über den Dialog Speichern unter *und die Version Cue-Umgebung auf den Projektarbeitsbereich speicherte. Die Workshopdatei finden Sie unter 11_version_cue.*

Bevor sich unsere drei Protagonisten mit dem Projektarbeitsbereich verbinden konnten, mussten sie sich mittels Username und Passwort authentifizieren.

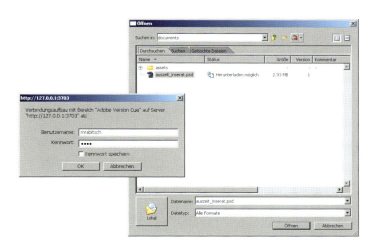

2. Erste Anmerkungen

Gerhard öffnete die Rohentwurf-Datei über Version Cue in Photoshop und machte mit dem Notiz-Werkzeug Anmerkungen zu den gewünschten Änderungen. Zusätzlich konnte er guten Gewissens die Positionierung des Claims leicht verändern – denn er sicherte seine Änderungen über DATEI • VERSION SPEICHERN in einer neuen Dokumentversion. Franz konnte bei Bedarf auf die ursprüngliche Version zurückgreifen.

3. Änderungen einpflegen

Nachdem Gerhard seine Änderungen abgeschlossen hatte – für Franz und Martin war das am Status des Dokuments sichtbar –, konnte Franz die Änderungen einpflegen und wie gewünscht die Schriftart und die Ausrichtung des Textes ändern. Franz erstellte wiederum eine neue Dokumentversion und fügte als Kommentar im Dialogfeld VERSION SPEICHERN die vorgenommenen Änderungen ein.

4. Kundenwünsche eingeben

Schließlich sollte das Inserat noch mit einer Banderole in der linken oberen Ecke versehen werden. Franz erstellte auch dazu einen Entwurf (siehe nebenstehend).

Dieser Entwurf wurde von Martin nach Kundenwünschen überarbeitet wurde. Beide speicherten ihre vorgenommenen Änderungen über DATEI • VERSION SPEICHERN in den Version Cue-Arbeitsbereich.

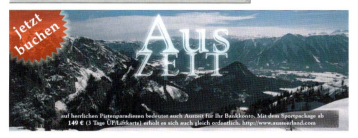

5. Mit Versionen-Dialog entscheiden

Gerhard konnte nun den Vorteil dieser Vorgangsweise nutzen. Er öffnete abermals das Photoshop-Dokument und betrachtete mit Hilfe des Versionen-Dialogs (DATEI • VERSIONEN, Schaltfläche VERSION ANZEIGEN) die beiden Entwürfe. Er entschied, dass Franz' Entwurf seinen gestalterischen Intentionen eher gerecht wurde, und setzte daher mit der Schaltfläche ALS AKTUELLE VERSION VERWENDEN diesen Entwurf als die letzte Dokumentversion fest.

Dieses zugegeben leicht idealistische Szenario zeigt die enorme Zeitersparnis, die beim Arbeiten im Team mit Version Cue möglich ist. Bisher war vor allem das Problem der zeitgleich existierenden Dokumentversionen latent, das mit allerhand mehr oder minder tauglichen Krücken (Dateinamenskonventionen, lokale vs. serverseitige Speicherung) gelöst wurde. Diesen Behelfslösungen fehlen aber Schutzmechanismen gegen gängige Datenrisiken wie Überschreiben beim Speichern bzw. Zugriffsbeschränkungen. Version Cue kann einige dieser Probleme sehr elegant lösen. Allerdings müssen alle Mitarbeiter dafür ein Mindestmaß an »Speicherdisziplin« mitbringen. Jede sinnlos geöffnete Projektdatei kann beispielsweise andere beim Bearbeiten des Projekts behindern.

Werden die Version Cue-Grundregeln aber befolgt, steht dem zeitsparenden Arbeiten mit dieser Netzwerklösung nichts mehr im Wege.

Beschränkungen von Version Cue

Auch wenn Version Cue vom Ansatz her ein leistungsfähiges Werkzeug ist, so gibt es doch einiges zu bemängeln. Zuallererst wäre da die Geschwindigkeit. Sollen mehrere Benutzer gleichzeitig auf Dateien in einem Projekt zugreifen, stößt man schon recht schnell an die Grenze von Version Cue. Ein weiterer Schwachpunkt bei Version Cue ist, dass man etwa nicht Abzweigungen in seiner Hierarchie erzeugen kann (so genannte »Branches«). Das bedeutet, dass man zwar ein Dokument, das gerade von jemandem bearbeitet wird, auschecken und als neues Dokument dann speichern kann, aber dass dabei auch die Referenz zum Ursprungsdokument verloren geht. Angesichts der relativ simplen Anwendungsmöglichkeiten von Version Cue ist das im Moment aber natürlich nur bedingt nötig.

Auch ganz interessant wäre eine Funktion, bei der ein Administrator oder Projektleiter gewisse Änderungen von Grafikern oder Designern erst absegnen muss, bevor diese in das Projekt aufgenommen werden. Dabei würde es sich schon um ein kleines Task Management System handeln, mit Rollenverteilung und Aufgabenzuweisung.

Ein weiterer Punkt, der von der aktuellen Version von Version Cue sehr fragwürdig gelöst ist, ist die Einbindung von WebDAV. Bei unseren Versuchen, Dateien über WebDAV herunterzuladen, zu verändern und dann wieder auf den Server zu kopieren, traten leider ab und zu Fehler auf, bei denen Daten verloren gingen. Deshalb können wir von der Verwendung von WebDAV nur abraten, noch dazu, wo man doch in den CS-Applikationen jegliche Funktionalität denkbar einfach zur Verfügung hat. Die einzige sinnvolle Anwendungsmöglichkeit, erscheint uns, ist das Integrieren von CS-fremden Dateiformaten in ein Projekt, um diese dort im Projektordner zu sammeln.

Auch beim User-Management hat Version Cue noch einige Probleme. So kann beispielsweise jeder beliebige User Projekte erstellen. Es gibt keine Möglichkeit, dies einzuschränken, obwohl die in der Administrations-Utility wohl vorgesehen ist. Die Einstellungsmöglichkeit funktioniert jedoch offensichtlich (noch) nicht.

Ein weiterer Schwachpunkt ist auch, dass man in der jeweiligen CS-Applikation nicht einfach ersehen kann, als welcher User man in der Version Cue eingeloggt ist. Außerdem gibt es keine Möglichkeit, sich abzumelden oder als ein anderer Benutzer anzumelden.

Für Ihre Notizen

Automatisieren

Vom Ende des Mausarms

Konvertieren, Freistellen, Umbenennen … auch von Profis wird viel Zeit mit Routinearbeiten verschwendet, die ihnen Photoshop längst abnehmen könnte.

Automatisieren? Programmieren? Das klingt für viele Photoshop-Anwender so abschreckend, dass sie lieber manuell arbeiten und damit viel Zeit verlieren. Dieses Vorurteil sollten Sie schnell überdenken. Mit den reichhaltigen Automatisierungsfunktionen können zahlreiche Routinetätigkeiten an Photoshop delegiert werden, die früher manuell erfolgen mussten.

Neben der Ersparnis an Arbeitszeit besitzt die Automatisierung einen weiteren wichtigen Vorteil: »Flüchtigkeitsfehler«, die bei monotonen Tätigkeiten wie dem Umspeichern von Dateien rasch auftreten, werden vermieden. Das vereinfacht die obligatorische Qualitätskontrolle nach Abschluss eines umfangreichen Bearbeitungsprozesses dramatisch. Außerdem vergisst Photoshop keine Fehler, wie das manche Grafiker im Arbeitsstress tun, sondern protokolliert sie säuberlich.

Automatisieren in Photoshop ist nicht mit Programmieren gleichzusetzen. Um gängige Arbeitsschritte an Photoshop zu delegieren, brauchen Sie keine einzige Zeile Quellcode zu schreiben. Erst bei interaktiven Arbeitsprozessen, die Eingaben vom Benutzer erfordern, ist das Programmieren mittels einer Skriptsprache erforderlich.

Photoshop bietet folgende Möglichkeiten, Arbeitsprozesse zu automatisieren:

▶ **Aktionen**
Aktionen sind Befehlsfolgen, die per Aktionen-Palette ähnlich wie bei einem Kassettenrekorder aufgezeichnet werden. Beim Aufrufen einer Aktion wird die Befehlsfolge wieder ausgeführt. Nahezu jeder Photoshop-Befehl kann in einer Aktion aufgezeichnet werden. Eine Ausnahme bilden die interaktiven Mal- und Bildkorrekturwerkzeuge. Aktionen können aber angehalten werden, damit der User nicht aufzeichenbare Befehle ausführen kann. Anschließend ist eine Fortsetzung der Aktion möglich. Im so genannten Modal-Modus wird die Aktion interaktiv abgearbeitet: Photoshop blendet alle Dialoge der aufgezeichneten Befehle ein, damit der Benutzer selbst die richtigen Einstellungen treffen kann. Auch einige aufgezeichnete Werkzeugbefehle können interaktiv abgearbeitet werden: Beim Freistellen-Werkzeug kann der Benutzer beispielsweise den Bildausschnitt bestimmen, nach Bestätigen seiner Auswahl wird die Aktion weiter ausgeführt. Auch Plug-ins von Drittanbietern können in Aktionen eingebunden werden. An ihre Grenzen stoßen Aktionen aber bei umfang-

reicheren und bedingten Befehlsfolgen, da ihnen alle wichtigen Charakteristika einer Programmiersprache fehlen. Wenn eine Befehlssequenz zehnmal hintereinander abgearbeitet werden soll, müsste sie auch ebenso oft aufgezeichnet werden. In einer Programmiersprache lässt sich dieses Problem viel eleganter mit einer Schleife lösen. Aktionen fehlen außerdem bedingte Anweisungen: Sie können beispielsweise nicht verhindern, dass eine nur für PSD-Dateien angelegte Aktion auch auf JPEGs angewandt wird. Aktionen können außerdem keine Variablen erzeugen und bearbeiten.

- Droplets
Droplets sind »ausgelagerte« Aktionen, die per Drag and Drop ausgeführt werden. Jede Aktion kann in Photoshop als Droplet exportiert und in einem beliebigen Ordner der Festplatte gespeichert werden. Ziehen Sie Dateien auf das Droplet, startet Photoshop und führt die Aktion aus. Mit Droplets können Sie eine Aktion rasch auf mehrere Bilder anwenden, wobei Ihnen Photoshop sogar das Öffnen und Speichern der Dateien abnehmen kann. Die bearbeiteten Dateien können entweder überschrieben oder unter neuem Namen gespeichert werden. Obwohl ein Droplet technisch gesehen eine autonome Applikation ist, muss Photoshop am System installiert sein, da es vom Droplet als Scripting Host benötigt wird.

- Stapel
Während Droplets für die rasche »externe« Manipulation von Bildern eingesetzt werden, sind Stapel die geeignete Methode, um mehrere Bilder in Photoshop einem bestimmten Bearbeitungsprozess zu unterziehen. Stapel bieten die Möglichkeit, eine Aktion auf alle in Photoshop geöffneten oder im Dateibrowser selektierten Bilder oder auf ein bestimmtes Bildverzeichnis anzuwenden. Auch Stapel bieten Optionen zum automatischen Speichern der geänderten Dateien.

- Skripte
Skripte bieten bei weitem die umfangreichsten Möglichkeiten der Automatisierung. Sie haben die Möglichkeit, Dialoge einzubinden, um Benutzereingaben abzufragen, bedingte Anweisungen zu vergeben oder anwendungsübergreifende Skripte zu erstellen. Beispielsweise kann ein Skript sowohl Bearbeitungsschritte in Photoshop CS als auch in Illustrator CS ausführen. Im Unterschied zu Aktionen werden Skripte in einer Programmiersprache erstellt.

Die Aktionen-Palette

Zentrale Verwaltungsstelle für alle Aktionen ist die Aktionen-Palette. Sie gestattet das Aufzeichnen, Bearbeiten, Löschen, Sortieren und natürlich das Ausführen von Aktionen. Zur besseren Übersicht sind diese in eigene Ordner, so genannte Sets, gegliedert. Auch beim Anlegen eigener Aktionen sollten Sie Ordnung walten lassen, oder wissen Sie etwa noch genau, was eine vor zwei Monaten aufgezeichnete Aktion anstellt? Kategorisieren Sie Ihre Aktionen also nach dem Einsatzbereich in Sets

Aktionen erstellen
Wenn Sie Genaueres zur Erstellung von Aktionen erfahren wollen, so lesen Sie unter Zusatzkapitel unter www.galileodesign.de. Navigieren Sie zum Buch und klicken Sie dann auf ZUSATZANGEBOT.

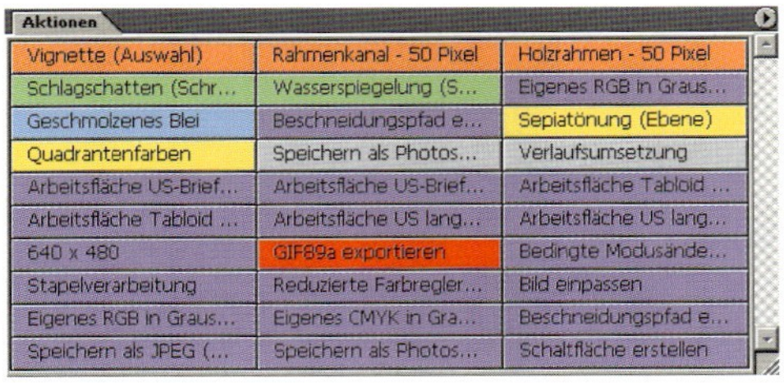

▲ **Abbildung 1**
Der Schaltermodus gestattet ein schnelles Ausführen der Aktionen.

▲ **Abbildung 2**
Die Aktions-Optionen

(z.B. Bildeffekte, Export-Aktionen etc.), und vergeben Sie möglichst selbsterklärende Titel.

Da die Aktionen-Palette bei intensiver Nutzung nicht ständig alle Ihre Aktionen beherbergen kann, sollten Sie momentan nicht benötigte Sets mit dem Aktionen speichern-Befehl aus dem Palettenmenü auf der Festplatte sichern und mit AKTIONEN ERSETZEN die passenden Aktionen in die Palette laden.

Das Auswählen und Ausführen der passenden Aktion ist in der Standardansicht ein eher mühseliges Unterfangen. Wechseln Sie mit dem Palettenmenü zum Schaltermodus (Abbildung 1), so genügt ein Klick auf die passende Aktion, um sie auszuführen. In diesem Modus können Sie allerdings keine Aktionen aufzeichnen oder bearbeiten.

Noch schneller können Sie Aktionen mit individuellen Tastenkürzeln ausführen, die in den Aktions-Optionen einstellbar sind. Ein Tastenkürzel setzt sich immer aus einer Funktionstaste und optional ⌘/Strg bzw. ⇧ zusammen. Interessanterweise haben Aktions-Tastenkürzel Vorrang vor den selbst eingestellten Tastaturbefehlen aus dem Bearbeiten-Menü. Wenn Sie also Aktions-Sets mit anderen Anwendern tauschen, könnten Ihre selbst definierten Tastenkürzel nicht mehr die gewünschten Menübefehle ausführen.

Aktionen aufzeichnen

Kommen wir nun zu hilfreichen Tipps für das Aufzeichnen von Aktionen. Führt Ihre Aktion destruktive Bearbeitungsschritte aus (z.B. Konvertierung in einen anderen Farbmodus) oder benötigt spezielle Vorbedingungen (z.B. Textebene muss selektiert sein), so sollten Sie dies dem Anwender mit einer **Unterbrechungs-Dialogbox** kommunizieren, die Sie mit dem Befehl UNTERBRECHUNG EINFÜGEN erstellen können. Der Benutzer hat dann die Möglichkeit, die Aktion entweder weiter auszuführen oder abzubrechen.

Wussten Sie, dass Sie während der Aufzeichnung einer Aktion beliebig viele andere Aktionen ausführen können? Dadurch sparen Sie eine Menge Zeit bei der Aufzeichnung **umfangreicher Aktionen**. Möchten Sie beispielsweise ein Bild mit Sepia-Effekt versehen und es anschließend gleich als JPEG speichern, so zeichnen Sie eine neue Aktion auf und führen dabei zuerst die Sepia-Aktion und anschließend die JPEG-Speicheraktion aus. Da Photoshop intern einen Verweis auf die beiden Aktionen speichert, führt jede Änderung an

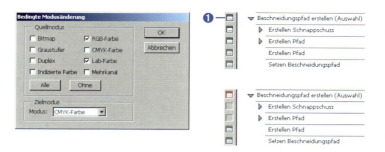

Abbildung 3
Der Befehl BEDINGTE MODUSÄNDERUNG

Abbildung 4
Zu allen Menübefehlen werden Dialoge angezeigt.

Abbildung 5
Der Benutzer bekommt nur ausgewählte Dialoge zu Gesicht.

ihnen auch zu einer Änderung der neu erstellten »Kombi-Aktion«.

Im Unterschied zu Skripten erlauben Aktionen keine **bedingten Verzweigungen**. Sie können also keine Wenn-dann-Bedingungen formulieren, wie das in diversen Programmiersprachen beispielsweise mit der if-Verzweigung möglich ist. Eine Ausnahme gibt es allerdings: Den Befehl BEDINGTE MODUSÄNDERUNG im MENÜ DATEI • AUTOMATISIEREN (Abbildung 3). Er konvertiert ein Bild abhängig von seinem Quellmodus in einen Zielmodus. Sie können beispielsweise definieren, dass nur RGB- oder Lab-Bilder nach CMYK konvertiert werden, nicht aber Graustufen- oder Duplex-Bilder.

Wenn Sie mit Ihrer Aktion Teile eines Photoshop-Dokuments in andere Dateiformate **exportieren** wollen, sollten Sie unbedingt das MENÜ DATEI • SKRIPTEN beachten. Diese Skripten ermöglichen den Export einzelner Ebenen oder Ebenenkompositionen in verschiedenste Dateiformate.

Ein häufig vorkommender Fallstrick in Aktionen ist die **Auswahl von Ebenen**. Klicken Sie beim Aufzeichnen einfach auf eine Ebene, so speichert Photoshop diese »absolut«, d.h. mit ihrem Namen. Beim Anwenden derselben Aktion in einer anderen Datei werden Sie höchstwahrscheinlich eine Fehlermeldung erhalten, weil es hier keine Ebene mit diesem Namen

gibt. Verwenden Sie stattdessen beim Aufzeichnen die Tastenkürzel Alt/⌥ + . bzw. #, um die nächst höhere oder tiefere Ebene auszuwählen. Diese Methode funktioniert unabhängig von der Ebenenbenennung.

Ausführungsmodi
Welche Interaktionsmöglichkeiten hat der Benutzer beim Ausführen einer Aktion? Kann er z. B. Werte für Filter selbstständig einstellen? Photoshop kennt drei Ausführungsmodi für Aktionen: Sie können die Aktion bei allen, bei bestimmten oder bei gar keinen Dialogen anhalten, um dem Benutzer Eingaben zu ermöglichen. In letzterem Fall werden einfach die bei der Aufzeichnung getätigten Standardeinstellungen übernommen.

Den teilweisen oder vollständigen modalen Modus können Sie durch Klick auf das Dialogeinblenden-Icon ❶ in der Aktionen-Palette aktivieren. Ein rotes Icon bedeutet, dass nicht für alle Aktionsschritte Dialoge eingeblendet werden, ein graues Icon das genaue Gegenteil (Abbildung 4/5).

Die Häkchen ganz links in der Aktionen-Palette zeigen die jeweils ausgeführten Schritte an. Durch Wegklicken eines Häkchens können Sie einen Aktionsschritt temporär überspringen.

Die Aktionen-Palette **383**

Scharfzeichnungsaktion in Photoshop

1. Ziel
In diesem Workshop wollen wir eine automatisierte Variante der Scharfzeichnungsmaske aus dem Kapitel »Bilder von Digitalkamera und Scanner optimieren« (Seite 60) erstellen.

2. Vorbereitungen
Öffnen Sie ein unscharfes Bild, und selektieren Sie die Bildebene. Anschließend beginnen Sie mit dem Aufzeichnen der Aktion. Drücken Sie als erstes ⌘/Strg + J, um die aktuelle Bildebene zu duplizieren.

3. Bedingte Modusänderung

Unser Dokument soll zur optimalen Scharfzeichnung nach Lab konvertiert werden. Ausnahme: Das Dokument befindet sich bereits im Lab-Modus. Wählen Sie daher im Dialogfeld BEDINGTE MODUSÄNDERUNG (DATEI • AUTOMATISIEREN) als Quellmodus alle Modi außer Lab, Graustufen und Duplex – und als Zielmodus Lab.

4. Auswahl und Duplizieren des Luminanz-Kanals
Betätigen Sie Strg/⌘ + 1, um den Luminanz-Kanal auszuwählen, und duplizieren Sie ihn. Führen Sie anschließend den Menübefehl BILD • ANPASSEN • HELLIGKEIT UND KONTRAST aus, um den Kontrast der zukünftigen Schärfungsmaske anzuheben.

5. Konturen finden
Nun ist der Filter KONTUREN FINDEN (FILTER • STILISIERUNGSFILTER) an der Reihe. Invertieren Sie sein Ergebnis mit Strg/⌘ + I. Führen Sie den Menübefehl BILD • ANPASSEN • AUTO-TONWERTKORREKTUR aus, um die Tonwertverteilung der Maske zu optimieren.

6. Helligkeit interpolieren & weichzeichnen

Nun ist der Filter Helligkeit interpolieren (Störungsfilter) an der Reihe. Hier können Sie ca. 4 Pixel Stärke vergeben. Abschließend zeichnen Sie das Ergebnis mit ebenfalls etwa 4 Pixel Stärke weich.

7. Auswahl laden & Bildebene duplizieren

Ein Klick bei gedrückter Strg/⌘-Taste lädt die nun entstandene Scharfzeichnungsmaske als Auswahl. Mit Strg + ^ wechseln Sie zurück in die Composite-Ansicht.

8. USM-Filter aufrufen

Rufen Sie nun den Filter Unscharf maskieren auf (Scharfzeichnungsfilter), und vergeben Sie passende Werte. Diese sind aber momentan sekundär, da beim Ausführen der Aktion später ohnehin der Dialog eingeblendet wird. Nach Bestätigen des USM-Dialogs und Aufheben der Scharfzeichnungsauswahl können Sie die Aufzeichnung beenden.

9. Nachbereitungsarbeiten

Aus unerfindlichen Gründen weigert sich Photoshop, das Tastenkürzel Strg/⌘ + H (Extras ausblenden) aufzuzeichnen. Selektieren Sie in der Palette den Eintrag Auswahl Lab-Kanal, und wählen Sie aus dem Palettenmenü den Menübefehl Einfügen. Klicken Sie nun auf Ansicht • Einblenden • Auswahlkanten, um diese vor dem USM-Filter zu verbergen. Als letzten Befehl der Aktion blenden Sie die Auswahlkanten wieder ein. Außerdem müssen noch die einzublendenden Dialoge definiert werden. Aktivieren Sie das Icon Dialoge einblenden für den USM-Filter.

Stapelverarbeitung

Mit der Stapelverarbeitung lassen sich Aktionen auf ganze Bilderverzeichnisse anwenden. Neu in Photoshop CS hinzugekommen ist die Möglichkeit, eine Aktion nur auf selektierte Bilder im Dateibrowser anzuwenden. Prinzipiell kann jede Aktion zur Stapelverarbeitung herangezogen werden, wirklich Sinn machen aber nur Aktionen mit Speichervorgängen.
In diesem Punkt hat die Stapelverarbeitungs-Dialogbox schon viel Verwirrung gestiftet: Dateien können gespeichert und geschlossen, Speichervorgänge in Aktionen überschrieben werden. Wir halten es für am sinnvollsten, die Speichervorgänge in Aktionen aufzuzeichnen und anschließend in der Stapelverarbeitung zu überschreiben. Damit sind die gewünschten Speicherparameter (Dateiformat, Kompression) an einer zentralen Stelle festgelegt und müssen nicht bei jeder Stapelverarbeitung neu definiert werden. Zudem ist die Option SPEICHERN UND SCHLIESSEN ein Widerspruch in sich: Weicht das Zielformat vom Quellformat ab, so belästigt den Anwender bei jedem Speichervorgang eine Speichern-unter-Dialogbox.

Ansonsten bietet die Dialogbox einige nützlich Optionen. Die Rubrik AUSFÜHREN ermöglicht den Zugriff auf alle in der Aktionen-Palette enthaltenen Einträge. Die Rubrik QUELLE erlaubt die Möglichkeit, alle Unterordner des Quellordners in die Aktionsverarbeitung einzuschließen. Durch die Unterdrückung von Farbprofil-Warnungen können Unterbrechungen bei der Aktionsausführung vermieden werden.

Beachtung finden sollten auch die zahlreichen Benennungsoptionen für Dateien, die zur Verfügung stehen, wenn der Eintrag ORDNER angewählt ist: Neben Datum, Seriennummer und Dateinamen in allen erdenklichen Schreib-

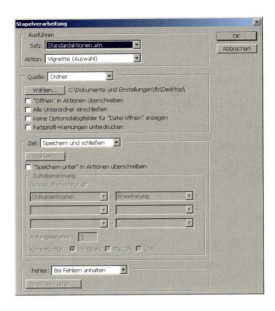

▲ Abbildung 6
Der Dialog STAPELVERARBEITUNG

weisen können durch Klick in das Eingabefeld auch freie Textbezeichnungen gewählt werden.

Interessant ist auch das Feld FEHLER: Hier können Sie bestimmen, ob Photoshop bei Fehlern in der Aktionsausführung anhalten oder diese nur protokollieren soll.

Droplets

Droplets sind »ausgelagerte«, autonome Aktionen, die in Form eigenständiger Applikationen (EXE-Files unter Windows) daherkommen. Dennoch sind sie vom »Mutterschiff« Photoshop abhängig, da die eigentlichen Befehlsfolgen dort abgearbeitet werden. Der Sinn von Droplets steckt schon in ihrem Namen: Die zu verarbeitenden Dateien werden per Drag and Drop auf das Droplet gezogen, dann star-

▲ **Abbildung 7**
Durch Ziehen ausgewählter Bilder auf das Droplet-Symbol wird die Stapelverarbeitung gestartet.

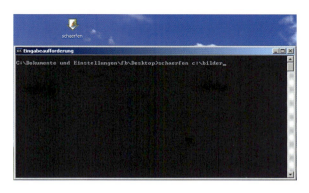

▲ **Abbildung 8**
Ein Droplet in der Windows-Kommandozeile

tet die Verarbeitung. Einerseits erspart man sich dadurch das Starten von Photoshop und den Aufruf des Stapelverarbeitungs-Dialogs, andererseits können auch Dateien aus den unterschiedlichsten Verzeichnissen verarbeitet werden.

Weniger bekannt ist, dass Droplets auch aus der Windows-Eingabeaufforderung aufgerufen werden können. Übergibt man dem Droplet dabei ein Bildverzeichnis als Parameter, wird die gewünschte Aktion für alle Bilder des Verzeichnisses ausgeführt. So kann die Automatisierungskapazität von Photoshop auch in eigenen Skripten eingesetzt werden (Abbildung 8).

Photoshop mit Skriptsprachen fernsteuern

Bei komplexeren, anwendungsübergreifenden Workflows stoßen Aktionen rasch an ihre Grenzen. Mit seiner Scripting-API tanzt Photoshop hingegen völlig nach Ihrer Pfeife.

Obwohl Aktionen schon ein sehr mächtiges Automatisierungswerkzeug sind, ist ihr Ein-satzbereich auf sehr banale, weil immer gleich laufende Befehlsfolgen begrenzt. Es gibt, wie wir gehört haben, keine Möglichkeit, Befehle nur unter bestimmten Bedingungen ausführen zu lassen (Konditionierung), Befehlsfolgen automatisch zu wiederholen (Schleifen) oder Einstellungen in Variablen zu speichern. All diese Möglichkeiten können erst durch die Programmierung von Photoshop mit Skriptsprachen genutzt werden. Außerdem kann Photoshop über Skripte wesentlich effizienter automatisiert werden als über Aktionen, da auch jene Befehle steuerbar sind, bei denen Aktionen die Unterstützung des Users benötigen (beispielsweise das Erstellen einer Textebene mit vorgegebenem Inhalt).

Die Photoshop-API ermöglicht zudem das Gestalten eigener Benutzerdialoge und leistet damit einen wertvollen Beitrag zur Usability: Während der User beim Ausführen einer Aktion oft mit zahlreichen Programmdialogen konfrontiert wird, können Sie mit einem Skript alle relevanten Einstellungen in einem selbst entworfenen Dialog vornehmen und dann abarbeiten lassen.

Vereinfacht gesagt: Scripting ermöglicht Ihnen die totale Kontrolle über Photoshop, wenngleich Sie sich diese Macht erst erarbeiten müssen: Neben fundierten Kenntnissen der objektorientierten Programmierung ist auch eine genaue Kenntnis des »Systems« Photoshop für erfolgreiches Scripting erforderlich. Doch selbst wenn Sie ein Programmier-Neuling sind, werden Sie nach der Lektüre dieses Kapitels mit Photoshop effizient kommunizieren können.

Was passiert beim Scripting?

Ein Skript wird in einem Texteditor erstellt und enthält eine Reihe von Befehlen, die von Photoshop ausgeführt werden sollten. Die Befehle müssen nach den Konventionen der verwendeten Programmiersprache formuliert werden. Nach Erstellung des Skripts wird dieses als Textdatei an einen Interpreter weitergeleitet, der es zeilenweise auswertet und ausführt. Entdeckt der Interpreter einen Fehler im Skript, so bricht er die Ausführung ab und gibt eine Warnmeldung aus. Im Unterschied zu »vollwertigen« Programmiersprachen wie C#, Delphi oder Java werden Skripte nicht kompiliert, d.h., in Maschinensprache übersetzt und damit in eigenständige Applikationen umgewandelt.

Dafür bieten sie ein Maximum an Flexibilität: Für die Änderung eines Skripts sind nur Korrekturen in der entsprechenden Textdatei nötig, der zusätzliche Kompilierungsvorgang entfällt.

Photoshop wird durch Scripting praktisch ferngesteuert. Jeder im Skript enthaltene Befehl wird wie durch Geisterhand ausgeführt. Als Vorgeschmack auf die Möglichkeiten von Scripting können Sie die Web-Fotogalerie-Funktion von Photoshop (Menü Datei) ausprobieren, die ebenfalls auf Scripting beruht.

Unterstützte Skriptsprachen

Photoshop-Skripte können in verschiedenen Programmiersprachen erstellt werden, wobei allerdings nur JavaScript plattformübergreifendes Scripting ermöglicht. Für das Erstellen für Skripten genügt ein einfacher Texteditor, für effizientes Programmieren sollte er allerdings über Zeilennummerierung, Suchen/Ersetzen-Funktion sowie Syntax-Highlighting verfügen. In der folgenden Übersicht haben wir die unterstützten Programmiersprachen aufgelistet.

▸ **JavaScript (Windows & Mac OS X)**
JavaScript bietet den Vorteil, dass es sowohl unter Windows als auch auf Macs verfügbar ist. Da der JavaScript-Interpreter schon in Photoshop integriert ist, müssen keinerlei zusätzliche Komponenten installiert werden, um mit JavaScript zu arbeiten. Erforderlich ist nur ein Text-Editor, der jedoch Programmier-Features mitbringen sollte

JavaScript ≠ JavaScript
Die JavaScript-API von Photoshop ist nicht identisch mit der JavaScript-Schnittstelle von Webbrowsern. Beide Varianten haben zwar dieselbe grundlegende Sprachsyntax (z.B. // leitet einen Kommentar ein), unterscheiden sich aber gravierend in Funktionsumfang und Aufbau. Mit der JavaScript-API von Photoshop können Sie beispielsweise Dateien öffnen und speichern, während »Browser-JavaScript« diese Operationen nicht vorsieht. Dennoch sind JavaScript-Grundkenntnisse essenziell für erfolgreiches Scripting in Photoshop.

(u.a. Syntax-Highlighting, Suchen und Ersetzen, Zeilennummerierung). Für Windows gibt es beispielsweise den Freeware-Editor Weaverslave (www.weaverslave.ws), unter Mac OS X empfiehlt sich der kommerzielle Editor BBEdit (http://www.barebones.com/products/bbedit/).

Der Nachteil von JavaScript: Sein Wirkungsbereich ist nur auf Photoshop beschränkt. Sie können damit keine anderen Applikationen steuern und anwendungsübergreifende Abläufe ermöglichen. Wenn Sie beispielsweise ein in Photoshop erstelltes Bild automatisch auf Ihren Webserver laden möchten, werden Sie mit JavaScript schnell an Ihre Grenzen stoßen.

- **AppleScript (nur unter Mac OS X)**
  AppleScript ist nur unter MacOS X verfügbar, Sie können damit erstellte Scripts nicht unter der Windows-Version von Photoshop ausführen lassen. Allerdings ist das Steuern mehrerer Applikationen durch AppleScript möglich (sofern diese Skriptunterstützung bieten). Um AppleScripts zu erstellen, brauchen Sie nur die Bordmittel Ihres Betriebssystems einzusetzen: Sowohl AppleScript als auch der Script-Editor sind standardmäßig im Programmordner verfügbar. Nähere Informationen zu AppleScript finden Sie unter http://www.apple.com/applescript.

- **VBScript (nur Windows)**
  Visual Basic-Scripting ist nur unter Windows verfügbar. Der Windows Scripting Host (WSH) bietet einen guten Visual Basic-Editor und ist auf den Windows-Versionen bereits vorinstalliert. Auch andere Produkte von Microsoft verfügen über einen Script-Editor, u.a. Microsoft Office. Der Vorteil von VBScript: Wie bei AppleScript können Sie mehrere Applikationen aus einem Script steuern. Nähere Informationen zum Scripting unter Windows: http://msdn.microsoft.com/scripting

- **Generisches Scripting (nur Windows)**
  Unter Windows können Sie auch eine beliebige Programmiersprache zur Steuerung von Photoshop einsetzen, sofern diese die COM (Component Object Model)-Schnittstelle von Microsoft unterstützt. Dies sind beispielsweise Delphi, C#, C++, PHP oder Perl.

Aus Gründen der Übersicht und Kompatibilität werden wir die Programmierbeispiele dieses Kapitels ausschließlich in JavaScript implementieren. Anhänger anderer Skriptsprachen seien auf die zahlreichen Scripting Guides von Adobe (siehe http://partners.adobe.com/asn/photoshop/scripting.jsp) verwiesen. Da alle Programmierbeispiele auf derselben API beruhen, sollten Portierungen in andere Sprachen problemlos durchführbar sein.

Die Photoshop-API

Das Photoshop-API (Application Programming Interface) ist eine strukturierte Sammlung von Programmbefehlen, mit denen Sie Photoshop steuern können. Das Photoshop-API ist quasi die Programmier-Parallelwelt zur grafischen Benutzeroberfläche. Für nahezu jeden Menübefehl in Photoshop existiert ein korrespondierender Skriptbefehl. Aus Gründen der Internationalisierung werden aber englische Skriptbefehle verwendet: Das Kommando für Freistellen lautet z. B. Crop.

Stellen Sie sich das Scripting von Photoshop einfach als eine alternative Kommunikationsform mit dem Programm vor: Sie können mit Maus und Benutzeroberfläche visuell mit Photoshop kommunizieren, aber genauso »schriftlich« mittels Skriptsprache. In beiden

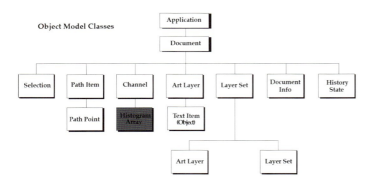

▲ Abbildung 9
Das Objektmodell der Photoshop-API

Fällen gelten dieselben Gesetzmäßigkeiten von Photoshop: Bevor Sie ein Bild bearbeiten können, muss es geöffnet oder erstellt werden, erst dann können Filter, Werkzeuge etc. angewandt werden.

Während diese Abfolgen in der grafischen Benutzeroberfläche klar kommuniziert werden (z.B. durch deaktivierte Filter, wenn keine Datei geöffnet ist), ist dies in der textuellen Programmierung nicht so leicht ersichtlich.

Deshalb ist die Photoshop-API objektorientiert: Programmelemente von Photoshop (z.B. Dateien, Ebenen, Kanäle) wurden mit den auf sie anwendbaren Befehlen und Zuständen in eigenständige Einheiten, so genannte Objekte transferiert. Ein Objekt besteht aus Methoden (ändern einen Zustand) und Eigenschaften (beschreiben einen Zustand). Ein Beispiel dafür ist das Document-Objekt, das u.a. die Eigenschaft resolution (eingestellte Auflösung) und die Methode crop (beschneidet das geöffnete Bild) enthält.

Um ungültige Operationen wie das Erstellen einer Ebene ohne geöffnete Datei zu vermeiden, wurden die API-Objekte in ein hierarchisches Objektmodell integriert. Jedes Objekt hat Eltern- und/oder Kind-Objekte. Wie im richtigen Leben müssen die Eltern-Objekte zuerst existieren, bevor sie Kinder bekommen können. Im konkreten Fall bedeutet das, dass Sie im Skript zunächst eine neue Datei anlegen müssen, bevor Ihnen der Befehl zum Einfügen einer Ebene zur Verfügung steht.

Im Folgenden erläutern wir die wichtigsten Hierarchien im Photoshop-Objektmodell und gehen dabei von oben nach unten vor (Abbildung 9).

Das **Application-Objekt** verweist auf die aktuell geöffnete Photoshop-Instanz. Mit ihm können Sie programmspezifische Einstellungen abrufen und kontrollieren. Dazu zählen die Voreinstellungen (Eigenschaft preferences) oder die Liste der verfügbaren Fonts (Eigen-

 Referenz der Photoshop-API für JavaScript
Natürlich ist es in diesem kurzen Kapitel unmöglich, eine Komplettreferenz der Photoshop-API für JavaScript zu bieten. Wir können hier nur die Möglichkeiten des Scriptings von Photoshop andeuten. Das umfangreiche Gebiet der Photoshop-Programmierung würde genug Stoff für mehrere Bücher liefern. Im Unterordner »Scripting Guide« Ihres Photoshop-Programmordners finden Sie jedoch das PDF-Dokument »JavaScript Reference Guide«, das auf über 250 Seiten eine Komplettreferenz der API und zahlreiche Skriptbeispiele enthält. Halten Sie dieses Dokument immer geöffnet, wenn Sie mit der API programmieren, denn es ist ein unentbehrlicher Ratgeber beim Scripting.

schaft fonts). Mit den Methoden doAction und ExecuteAction können Aktionen gestartet werden. Besonders wichtig ist aber die Eigenschaft documents, die auf die geöffneten Dokumente verweist.

Mit den Methoden und Eigenschaften des **Document-Objekts** können Sie Photoshop-Dokumente neu anlegen sowie Bilddateien öffnen, speichern und schließen. Auch auf wichtige Dokumenteigenschaften wie die aktive Ebene oder die Anzahl der Kanäle kann zugegriffen werden. Zudem können Bilddaten in die Zwischenablage kopiert und aus ihr eingefügt werden.

Das **Selection-Objekt** ist für die Erstellung und Änderung von Auswahlen in Bildern und Ebenen zuständig.

Mit dem **Channels-Objekt** werden die einzelnen Kanäle eines Bildes angesprochen. Sie können z.B. einen zusätzlichen Alpha-Kanal einfügen oder Filter auf die einzelnen Kanäle anwenden.

Die Photoshop-API kennt zwei Arten von **Ebenen-Objekten**: Ebenen-Ordner (layer set-Objekt) und Ebenen mit Bildinhalten (art layer-Objekt). Ein Ebenen-Ordner kann keine, eine oder mehrere Ebenen oder Ebenen-Ordner beinhalten. Ein Sonderfall sind Text- und Einstellungsebenen: Setzt man die Eigenschaft kind des art layer-Objekts auf text, so entsteht eine Textebene. Analog kann man Einstellungsebenen erzeugen: kind wird auf eine der vordefinierten LayerKind-Konstanten gesetzt.

Das **Document-Info-Objekt** enthält Methoden und Eigenschaften zum Bearbeiten jener Informationen, die über das Menü Datei • Dokumentinformationen abrufbar sind. In erster Linie können mit dem Document Info-Objekt Metadaten der Bilddatei wie Urheber, Beschreibung, Copyright etc. editiert werden.

Das **History-Objekt** ist das Scripting-Äquivalent zur Protokoll-Palette in Photoshop. Mit ihm können Sie einen oder mehrere Bearbeitungsschritte an einem geöffneten Dokument rückgängig machen. Wie die Protokoll-Palette verzeichnet auch das History-Objekt automatisch sämtliche Änderungen an einem Dokument.

Für jedes von Photoshop unterstützte Dateiformat gibt es ein entsprechendes **Save-Options-Objekt**, z.B. GIFSaveOptions, mit dem Sie Speicheroptionen für das jeweilige Dateiformat (hier GIF) festlegen können. In Fall von GIFSaveOptions ist das beispielsweise die Eigenschaft colors, welche die Anzahl der gespeicherten Farben festlegt. Die Eigenschaften der verschiedenen Save-Objekte entsprechen exakt den Einstellungsmöglichkeiten in den jeweiligen Speicher-Dialogen.

Einige Dateiformate (PDF, Raw, EPS, Photo-CD) verfügen zudem über **Open-Options**, welche die Darstellung der geöffneten Bilder in Photoshop festlegen. Bei Vektorformaten ist dies beispielsweise die Rasterauflösung des Dokuments. Sie entsprechen ebenfalls den Einstellungsmöglichkeiten beim Öffnen-Dialog.

Das **Solid Color-Objekt** entspricht dem Farbwähler in Photoshop. Wann immer Sie in Ihrem Skript Farbwerte einstellen möchten, müssen Sie auf das Solid Color-Objekt zurückgreifen. Mit seinen Unterobjekten RGB Color, CMYK Color, HSB Color, Grey Color, Lab Color und No Color können Farben in allen von Photoshop unterstützten Farbsystemen und -räumen festgelegt werden.

Dieser kurze Rundgang durch die Photoshop-API sollte Ihnen die wesentliche Struktur

Hallo Welt

▲ Abbildung 10
Die Ausgabe unseres ersten Skripts

dieser Programmierschnittstelle näher bringen. Haben Sie keine Angst, wenn Ihnen der Aufbau und die Anwendung der API noch unklar ist. Die Programmierbeispiele in den folgenden Workshops werden rasch Licht ins Dunkel der Photoshop-Programmierung bringen und Ihnen zugleich nützliche Anwendungsbereiche für Photoshop-Skripte näher bringen.

Beispiel 1: »Hallo Welt« mit Photoshop-Scripting

12_automatisieren/hallo_welt.psd

Als erstes Programmierbeispiel für Photoshop-Scripting haben wir natürlich den Klassiker »Hallo Welt« ausgewählt, der traditionellerweise in jeder Programmiersprache demonstriert wird. Die Funktion unseres Hallo Welt-Skripts ist ziemlich banal: Das Skript erstellt ein neues Photoshop-Dokument, fügt dem Dokument eine Ebene hinzu, wandelt die Ebene in eine Textebene um und gibt auf dieser den Text »Hallo Welt« aus.

Öffnen Sie nun Ihren Text-Editor, und geben Sie folgenden Programmcode ein:

```
1  var einheiten = app.preferences.rulerUnits;
2  app.preferences.rulerUnits = Units.MM;
3  var neuesDok = app.documents.add (80,30,72,
   "Hallo Welt«);
4  var ebene = neuesDok.artLayers.add();
5  ebene.kind = LayerKind.TEXT;
6  var textInhalt = ebene.textItem;
7  textInhalt.contents = "Hallo Welt";
8  neuesDok = null;
9  ebene = null;
10 textInhalt = null;
11 app.preferences.rulerUnits = einheiten;
```

Speichern Sie dann das Skript als hallo_welt.js. Um das **Skript auszuführen**, öffnen Sie Photoshop und wählen im Menü Datei • Skripten den Punkt Durchsuchen. Im darauf erscheinenden Dialog müssen Sie die zuvor gespeicherte Skript-Datei auswählen. Nun beginnt Photoshop mit der Ausführung des Skripts und erstellt ein Dokument mit dem Text »Hallo Welt«.

Der eigentliche Zweck dieser Übung ist jedoch das Kennenlernen der JavaScript-API von Photoshop, weshalb wir unser Skript nun Zeile für Zeile analysieren wollen.

In Zeile 1 wird die derzeit gültige Grundeinstellung für Maßeinheiten (app.preferences.rulerUnits) in der Variablen einheiten gespeichert.

Den Grund dafür liefert Zeile 2. Hier werden die Maßeinheiten auf Millimeter (Units.MM) gesetzt. Mit Hilfe der Variablen einheiten kann später wieder der Ausgangszustand hergestellt werden.

In Zeile 3 wird ein neues Dokument erstellt. Die Variable neuesDok enthält eine Referenz auf dieses Dokument. Damit können alle Änderungen am Dokument mit Hilfe dieser Variablen durchgeführt werden. Die Methode app.documents.add wird mit den Parametern 80,30,72, "Hallo Welt" aufgerufen. Diese Werte beziehen sich auf die Länge und Breite des Dokuments (80 x 30 mm), auf seine Auflösung (72 dpi) sowie seinen Titel (»Hallo Welt«). Die Dokumentdimensionen werden immer in jenen Einheiten gemessen, die in den Grundeinstellungen festgelegt sind.

In Zeile 4 fügen wir dem Dokument mit dem Befehl neuesDok.artLayers.add() eine neue Ebene hinzu. In der Variablen ebene wird eine Referenz auf die erzeugte Ebene gespeichert.

Um Text in die Ebene einfügen zu können, muss diese in eine Textebene umgewandelt werden. Dies geschieht durch Setzen der Eigenschaft ebene.kind auf LayerKind.TEXT.

Allerdings ist es nicht möglich, der Ebene direkt Text zuzuweisen. Hierfür ist ein eigenes textItem-Objekt vorgesehen, da Text in Photoshop zahlreiche Eigenschaften besitzt (Schriftart, Ausrichtung, Zeilenabstand ...). Sobald eine Textebene erstellt wird, ist auch das zugehörige textItem-Objekt verfügbar. Analog zum Textwerkzeug in Photoshop verfügt es auch über Standardeinstellungen bezüglich Schriftart und -größe. Deshalb speichern wir das textItem-Objekt der erstellten Ebene in der Variablen textInhalt (Zeile 6) und müssen nur die Eigenschaft textInhalt.contents mit dem String »Hallo Welt« (Zeile 7) setzen, um den Text »Hallo Welt« auszugeben.

Der Rest des Skripts besteht aus »Aufräumarbeiten«: In den Zeilen 8–10 werden die Inhalte der Variablen neuesDok, ebene und textInhalt gelöscht. Damit werden die von ihnen beanspruchten Speicherressourcen wieder freigegeben. In Zeile 11 setzen wir die Grundeinstellungen für Lineale und Maßeinheiten auf die ursprünglichen Werte zurück, indem die Eigenschaft app.preferences.rulerUnits wieder die Werte aus der Variablen einheiten erhält.

Fehlersuche mit dem Debugger

Sie fragen sich, warum Ihr Photoshop-Skript einfach nicht die gewünschte Textebene anlegen will, wo Sie doch alle notwendigen Variablen und Befehle initialisiert haben? Der

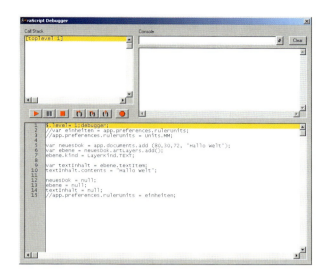

▲ Abbildung 11
Der JavaScript-Debugger

Debugger weiß die Antwort. Mit ihm ist es möglich, ein Skript Schritt für Schritt durchzugehen. Dabei können Sie einerseits prüfen, ob Ihre Variablen wirklich die gewünschten Werte enthalten (häufig sind diese nach ungültigen Rechenoperationen auf undefined oder null gesetzt) und wie Photoshop genau Ihre Programmbefehle umsetzt.

Der Debugger ist allerdings nicht sehr intuitiv aufzurufen und schaltet sich normalerweise nur bei Laufzeitfehlern im Skript ein. Wollen Sie ihn aufrufen, um den Ablauf eines Skripts zu kontrollieren, müssen Sie folgende Zeile ganz an den Anfang des Skripts einfügen:
$.level = 1;debugger;

Dann erscheint der Debugger aus Abbildung 11. Mit den Icons für Play, Pause und Stop können Sie die Skriptausführung starten, pausieren oder abbrechen. Die drei Icons rechts daneben betreffen die schrittweise Ausführung

▲ **Abbildung 12**
Die Konsole zeigt den Inhalt der Eigenschaft textInhalt.contents über den gesamten Skriptverlauf hindurch an.

eines Skripts zu Kontrollzwecken: Ein Klick auf STEP OVER führt eine JavaScript-Anweisung (begrenzt durch ;) aus. Ruft diese Anweisung eine JavaScript-Funktion auf, wird diese komplett ausgeführt.

Mit STEP INTO wird jeweils nur genau eine Anweisung ausgeführt, auch wenn das Skript an dieser Stelle eine komplette Funktion aufruft. Diesen Ausführungsmodus sollten Sie wählen, wenn Sie einen Fehler in der JavaScript-Funktion vermuten.

Mit STEP OUT können Sie eine Funktion bis zum Rücksprung ins Hauptprogramm ausführen.

Der rote Knopf wird eingesetzt, um Breakpoints zu setzen. Damit können Sie die Skriptausführung an neuralgischen Punkten unterbrechen, um den Status der definierten Variablen zu kontrollieren. Die Konsole des Debuggers können Sie verwenden, um sich Variablenwerte über den ganzen Skriptablauf hindurch anzeigen zu lassen.

Scripting über den Aktionen-Manager

Ihnen ist es zu mühsam, Ihren Photoshop-Workflow mit 20 Arbeitsschritten in JavaScript nachzuprogrammieren? Adobe hat natürlich auch in diesem Fall eine Lösung parat: Kopieren Sie die Datei SCRIPTLISTENER.8LI aus dem Unterordner Skript Handbuch/Hilfsprogramme Ihres Photoshop-Programmverzeichnisses nach Zusatzmodule/Adobe Photoshop Only/Automatisieren. Starten Sie danach Photoshop neu. Nun werden alle in Photoshop ausgeführten Arbeitsschritte auch in Form von JavaScript-Befehlen aufgezeichnet und in der Datei ScriptingListenerJS.log protokolliert. Diese wird im Root-Verzeichnis des Photoshop-Datenträgers angelegt (z.B. `C:\ScriptingListenerJS.log`). Je nach Betriebssystem wird eine solche Datei auch mit AppleScript (Mac OS X) oder Visual Basic-Anweisungen (Windows) angelegt.

Da die Protokollierung in Form von Aktionsbeschreibungen (`ActionDescriptor`-Objekt) und nicht über API-Befehle erfolgt, ergibt sich ein weiterer Vorteil: Sie können über Aktionen auch Befehle scripten, die nicht in der API verfügbar sind. Neben einigen Photoshop-Filtern betrifft dies vor allem Plug-ins von Drittanbietern. Einzige Voraussetzung: Der Befehl muss in einer Aktion aufzuzeichnen sein.

In unserem nächsten Skript wollen wir einen derartigen Fall durchspielen. Der Filter RELIEF aus den STILISIERUNGSFILTERN sollte in unserem Skript auf ein Bild angewandt werden. Leider entdecken wir bei der Recherche in der API-Referenz, dass für diesen Filter kein Skriptbefehl existiert.

Daher installieren wir wie oben angeführt den Script Listener, öffnen ein Dokument und wenden den Relief-Filter darauf an. Anschließend öffnen Sie im Editor die Datei SCRIPTING LISTENER.LOG aus dem Root-Verzeichnis Ihres Photoshop-Datenträgers. Suchen Sie nach der Zeichenfolge: `charIDToTypeID( "Embs" );` Hier beginnt die Aktionsbeschreibung des Relief-Filters (engl. Emboss). Kopieren Sie folgendes

Code-Snippet in Ihr Skript (12_automatisieren/aktionen_manager.txt):

```
var id758 = charIDToTypeID( "Embs" );
    var desc42 = new ActionDescriptor();
    var id759 = charIDToTypeID( "Angl" );
    desc42.putInteger( id759, 135 );
    var id760 = charIDToTypeID( "Hght" );
    desc42.putInteger( id760, 35 );
    var id761 = charIDToTypeID( "Amnt" );
    desc42.putInteger( id761, 100 );
executeAction( id758, desc42, DialogModes.NO );
```

Dies entspricht der Aktionsbeschreibung des Filters. Allerdings sind hier die Werte für Winkel (Angl), Höhe (Hght) und Betrag (Amnt) mit 135, 35 und 100 fix vorgegeben. Für unser Skript wollen wir aber eine Relief-Funktion erhalten, bei der diese Parameter frei wählbar sind. Daher ersetzen wir diese festen Werte durch die Variablen winkel, hoehe, betrag und betten den Code in eine Funktion ein, damit er von jeder Position des Skripts aufgerufen werden kann. Der Code sieht nach den Ersetzungen folgendermaßen aus (12_automatisieren/aktionen_manager_2.txt):

```
function relief (winkel, hoehe, betrag) {
  var id758 = charIDToTypeID( "Embs" );
    var desc42 = new ActionDescriptor();
    var id759 = charIDToTypeID( "Angl" );
    desc42.putInteger( id759, winkel );
    var id760 = charIDToTypeID( "Hght" );
    desc42.putInteger( id760, hoehe );
    var id761 = charIDToTypeID( "Amnt" );
    desc42.putInteger( id761, betrag );
executeAction( id758, desc42, DialogModes.NO );
}
```

Nun stellt sich noch die Frage nach dem Datentyp der Variablen. Die Methode putInteger verrät uns, dass alle drei Variablen vom Typ Integer (Ganzzahl) sein müssen. Nach der Deklaration kann die Relief-Funktion z.B. wie folgt in unserem Skript aufgerufen werden: relief (33, 10, 79);

Sie können den Scripting Listener natürlich auch zum Aufzeichnen komplexerer Befehlsfolgen verwenden. Allerdings wird das Listing durch die Vielzahl der Befehle bald unübersichtlich. Zur Orientierung können Sie die englischen Befehls- und Einstellungsbezeichnungen (z.B. »Embs« -> »Emboss« -> Relief-Filter) heranziehen. Wenn Ihnen die Übersetzungen nicht so vertraut sind, können Sie im Internet zahlreiche »Photoshop-Wörterbücher Englisch-Deutsch« finden (z.B. unter http://www.photoshoptutorials.de/basics_filter.php).

Wenn Sie keine Befehle für Ihre Skripte aufzeichnen möchten, empfiehlt sich die Deinstallation des Scripting Listener, da das Logfile sonst auf beachtliche Größe anschwillt und die Performance von Photoshop sinkt. Die Deinstallation geht einfach vonstatten: Beenden Sie Photoshop, und löschen Sie die Datei ScriptingListener.8li aus dem Automate-Verzeichnis.

Benutzeroberflächen erstellen
Seit Version CS können mit der Photoshop Scripting-API auch grafische Benutzeroberflächen für Skripte programmiert werden. Damit entstehen vielfältige Einsatzmöglichkeiten für »selbst gemachte« Photoshop-Applikationen, da der User elegant mit dem Skript »kommunizieren« kann und seine Einstellungen nicht in kryptischen Konfigurationsdateien treffen muss. Benutzerdialoge können während der Laufzeit erstellt bzw. verändert werden und

▲ **Abbildung 13**
Ein Rahmen mit zwei Buttons

▲ **Abbildung 14**
Einzeilige und mehrzeilige Textfelder,
links daneben zwei statische Textfelder

▲ **Abbildung 15**
Ein Schieber

eignen sich ausgezeichnet, um Fehlermeldungen oder Statusinformationen des Skripts dem User mitzuteilen.

Kommen wir nun zu den Elementen der Benutzeroberfläche. Die Basis jedes Dialogs bildet ein Fenster, das alle anderen Elemente der Benutzeroberfläche enthält. In der Scripting-API kann dieses Fenster mit dem Window-Objekt erzeugt werden. Auf Scripting-Basis können nur modale Dialoge erstellt werden, die der Benutzer mit OK bestätigen muss, damit die Änderungen wirksam werden. Non-modale Dialoge, die permanent auf der Arbeitsfläche eingeblendet bleiben (z.B. Paletten), können nicht über die Scripting-API programmiert werden.

Neben dem dialog-Fenster bietet die Photoshop-API noch zahlreiche Dialogelemente, die zum komfortablen Festlegen der Einstellungen durch den Benutzer dienen. Einige davon werden Sie sicher aus HTML-Formularen kennen. Die API umfasst folgende Elemente:

▶ **Rahmen** (Panel-Objekt) dient als Container für andere Dialogelemente, um ihre Anordnung und Ausrichtung festzulegen (Abbildung 13).
▶ **Buttons** (Button-Objekt) Schaltflächen zum Auslösen von Aktionen
▶ **Radio-Buttons** (RadioButton-Objekt) kann entweder an- oder abgewählt sein, in einer Gruppe von Radio-Buttons kann immer nur genau einer ausgewählt sein.
▶ **Checkbox-Buttons** (Checkbox-Objekt) kann entweder an- oder abgewählt sein, in einer Gruppe von Checkbox-Buttons können keiner, einer oder mehrere Buttons ausgewählt sein.
▶ **Textfelder** (Edittext-Objekt) dient zum Eingeben von Text durch den Benutzer (Abbildung 14).
▶ **Statische Textfelder (**StaticText-Objekt) können nicht vom Benutzer geändert werden, dienen zum Einbinden von Hinweisen etc. in den Dialog.
▶ **Laufleisten** (Scrollbar-Objekt) verfügen über einen Schieber in der Mitte und Buttons an beiden Seiten der Leiste, die zur Feineinstellung der Schieberposition dienen. Mit Laufleisten kann der Benutzer Werte ohne Zuhilfenahme der Tastatur eingeben.
▶ **Schieber** (Slider-Objekt) funktionieren ähnlich wie Laufleisten, verfügen aber nur über einen Schieber in der Mitte (Abbildung 15).

Nun wollen wir uns das **Erstellen eines Dialogs** in der (Programmier-)Praxis ansehen. Zunächst muss das Dialogfenster erzeugt werden. Dies geschieht durch Instanziierung des Window-Objekts. Als Parameter muss 'dialog' angegeben werden, damit auch ein Dialogfenster erzeugt wird. Zusätzlich werden als Parameter auch der Titel und die Maße des Dialogfensters festgelegt. Die Größe des Fensters wird in Pixel gemessen und durch ein Rechteck begrenzt. Mit den Koordinaten [80,80,360,420] bestimmen wir x- und y-Koordinaten der Eckpunkte links oben und rechts unten.

```
var dlg = new Window ('dialog','Titel des
Fensters', [80,80,360,420]);
```

Dem nun erzeugten Dialogfenster werden über die Methode add die einzelnen Dialogelemente hinzugefügt. Zunächst erzeugen wir einen Rahmen zur Gruppierung der späteren Textfelder. Dies geschieht mit der soeben deklarierten Variablen dlg, die unser Dialogfenster repräsentiert. Durch die Notation dlg.rahmen wird in diesem Objekt die neue Variable rahmen erzeugt und ihr mit der add-Methode das Dialogelement Panel zugewiesen.

Der erste Parameter von add legt den Typ des Elementes fest. Die möglichen Bezeichnungen entsprechen den Objektnamen in der obigen Aufzählung. Mit dem zweiten Parameter bestimmt das Begrenzungsrechteck den Rahmen und damit seine Größe. Der dritte Parameter gibt den Titel des Dialogelementes an.

```
dlg.rahmen = dlg.add('panel',[15,80,320,200],
'Zweiter Eintrag');
```

Jetzt können endlich die eigentlichen Eingabefelder eingefügt werden. Sie werden dem gerade generierten Rahmen mit der Methode add hinzugefügt. Zunächst erzeugen wir ein statisches Textelement, damit der User später weiß, welche Eingaben im Textfeld erwartet werden.

```
dlg.rahmen.StTxt = dlg.rahmen.add ('static
text',[15,15,60,35], 'Name');
```

Nun ist das Eingabe-Textfeld an der Reihe. Beachten Sie die gleichen y-Koordinaten der beiden Textelemente (2. Parameter der add-Methode). Durch sie ist gewährleistet, dass beide Elemente nebeneinander platziert werden. Die Variablen StTxt und Txtfeld repräsentieren das statische bzw. das Eingabe-Textfeld.

```
dlg.rahmen.TxtFeld = dlg.rahmen.add
('edittext',[65,15,180,35],'<Hier den Namen
eingeben>');
```

Nach dem Textfeld benötigen wir noch zwei Radiobuttons. Bekanntlich kann ein Radiobutton zwei Zustände annehmen: ausgewählt und nicht ausgewählt. Die Besonderheit von Radiobuttons: Pro Rahmen (Panel) kann immer nur genau ein Radiobutton von mehreren ausgewählt sein. Er eignet sich also für Entscheidungsfragen (z.B. Farbsystem? RGB, CMYK oder Lab).

```
dlg.rahmen.RadioBtn1 = dlg.rahmen.add ('ra
diobutton',[15,35,95,65],'männlich');
dlg.rahmen.RadioBtn2 = dlg.rahmen.add ('rad
iobutton',[95,35,180,65],'weiblich');
```

Radiobuttons können rasch in Checkboxen umgewandelt werden. Dazu wird einfach der Parameter 'radiobutton' durch 'checkbox' ersetzt. Checkboxen können beliebig selektiert werden, d.h., man kann keine, eine oder mehrere Checkboxen in einem Rahmen auswählen.

Nun fehlen nur noch der OK- und Abbrechen-Button zum Bestätigen oder Verlassen des Dialoges. Sie werden in einem neuen Rahmen erzeugt:

```
dlg.btnPnl = dlg.add('panel',
[15,100,240,150],'Was tun?');
dlg.btnPnl.okButton =
dlg.btnPnl.add('button', [25,15,85,35],'Ok',
{name:'ok'});
dlg.btnPnl.cancelButton =
dlg.btnPnl.add('button', [100,15,160,35],
'Abbrechen', {name:'cancel'});
```

Besonders wichtig ist das Setzen der name-Eigenschaft für OK- ({name:'ok'}) und Abbrechen-Button ({name:'cancel'}). Dadurch erkennt die API, welcher Button für das

Abbrechen und das Bestätigen eines Dialoges zuständig ist, und führt die entsprechenden Aktionen aus.

Schließlich muss der Dialog noch angezeigt werden, denn bis jetzt ist er noch unsichtbar. Dies geschieht durch die Methode show des Window-Objekts.

```
dlg.show();
```

Kommen wir jetzt zum **Auslesen der Dialogeinstellungen**. Bis jetzt ist unser Dialog aber nur Fassade, denn unser Skript kann noch nicht auf die getätigten Eingaben zugreifen. Die dafür nötigen Befehle sollte das Skript nach dem Schließen des Dialogs ausführen, daher müssen wir sie nach dlg.show () in unser Skript einfügen.

Der Zugriff auf die getätigten Einstellungen erfolgt über die Eigenschaften der entsprechenden Dialogelemente, die in der Tabelle zusammengefasst sind. Durch Auslesen dieser Eigenschaften können die eingegebenen Werte einfach eruiert werden.

Für unseren Beispieldialog können die Werte wie folgt ausgelesen werden:

```
with (dlg.rahmen){
var eingabe = TxtFeld.text;
var radiobtn1 = RadioBtn1.value;
var radiobtn2 = RadioBtn2.value;
}
```

und stehen nun als Variablen dem Skript zur weiteren Nutzung zur Verfügung. Besonders nützlich beim Auslesen der Dialogwerte ist der with-Befehl, denn mit ihm lässt sich die Objekt-Notation verkürzen. Anstatt immer den vollen Objektpfad (z.B. dlg.rahmen.TxtFeld.text) anzugeben, können mit dem with-Befehl Operationen automatisch auf Eigenschaften eines bestimmten Objekts bezogen werden.

Nun folgt die **Validierung der Dialogeinstellungen**. In einigen Fällen ist es erforderlich, die Eingabemöglichkeiten in Textfelder zu beschränken. Wenn Ihr Skript beispielsweise ein neues Photoshop-Dokument anlegt und vom Benutzer die Bildgröße erfahren will, sollten in dem entsprechenden Textfeld nur nummerische Eingaben möglich sein. Während der Dialog geöffnet ist, müssen daher die eingegebenen Werte ständig auf ihre Korrektheit überprüft werden. Dieser Prozess wird auch als Validierung bezeichnet. Aber wie kann man die Benutzereingaben validieren, bevor der Dialog geschlossen wird?

Wie »Browser-JavaScript« kennt auch Photoshop-JavaScript Event Handler, mit denen das Skript auf Interaktionen des Users mit der Benutzeroberfläche reagieren kann (z.B. Anklicken oder Ändern eines Elements). Durch den onChange-EventHandler kann automatisch eine Validierungsfunktion aufgerufen werden, wenn

Eigenschaften von Dialogelementen

Dialogelement	Eigenschaft	Datentyp	Beschreibung
EditText	text	string	Benutzereingaben im Textfeld
Checkbox	value	boolean	Checkbox selektiert? (true|false)
RadioButton	value	boolean	Radiobutton ausgewählt? (true|false)
Scrollbar	value	Number	nummerische Position der Laufleiste
Slider	value	Number	nummerische Position des Schiebers

der Benutzer den Cursor vom Textfeld auf ein anderes Dialogfeld setzt.

Wenn beispielsweise ein Eingabefeld nur ganzzahlige Werte enthalten darf, würde die Validierungsfunktion wie folgt aussehen.

```
dlg.rahmen.TxtFeld.onChange = function ()
{
  if (!parseInt(dlg.rahmen.TxtFeld.text)){
  Window.alert ("Bitte nur Zahlen eingeben !");
  }
}
```

Diese Funktion muss noch vor `dlg.show ()` in den Quellcode eingefügt werden. Mit Hilfe des Befehls parseInt wird der eingegebene Text in eine Ganzzahl umgewandelt. Scheitert dies, weil der Text nichtnummerische Zeichen enthält, gibt parseInt false zurück. In diesem Fall soll eine Warnmeldung ausgegeben werden, was mit `Window.alert("Bitte nur Zahlen eingeben");` erledigt wird.

Damit haben wir die wichtigsten Problematiken im Einsatz von grafischen Benutzeroberflächen behandelt und widmen uns zum Abschluss einem Programmierprojekt, um unsere erlangten Kenntnisse praktisch anzuwenden.

Programmierprojekt »Etikette«

Nun ist es endlich an der Zeit, unsere Programmierkenntnisse an einem praktischen Projekt zu beweisen. Stellen Sie sich vor, sie sind ein berühmter Reisefotograf mit einer ansehnlichen Portfolio-Website. Leider bemerken Sie in letzter Zeit einen auffälligen Umsatzrückgang und finden Ihre Bilder in Magazinen wieder, von denen Sie keinen Cent Honorar erhalten haben. Kurz und gut, Ihnen wird klar, dass Sie die Bilder Ihrer Portfolio-Site durch ein Wasserzeichen schützen müssen, um dem Diebstahl der Fotos Einhalt zu gebieten.

Da Sie auf Ihren Reisen Unmengen an Bildern schießen, würde das manuelle Anbringen der Wasserzeichen zu viel Zeit in Anspruch nehmen. Da Sie zudem auch variable Angaben wie den Ort und die Zeit der Aufnahme im und in den Metadaten des Fotos speichern möchten, scheiden auch Aktionen als Lösungsansatz aus. Bleibt nur mehr ein nettes Photoshop-Skript als Lösungsmöglichkeit übrig. Genau das wollen wir in diesem Kapitel programmieren.

Bevor Sie spontan drauflos programmieren, sollten Sie sich Gedanken über die gewünschte Funktionalität des Skripts machen und diese schriftlich festhalten. Dies ist einerseits nützlich, um bei einem umfangreicheren Projekt den Überblick zu behalten, andererseits ist ein solches **Pflichtenheft** bei Auftragsarbeiten obligatorisch und Bestandteil des Vertrags.

Die wesentliche Funktionalität unseres Projektes »Etikette« sieht wie folgt aus:

▶ Das Skript nimmt einen Bildordner mit Dateien im JPEG- oder TIFF-Format, fügt auf jedem Bild das Logo des Fotografen als Wasserzeichen ein.

▶ Zusätzlich sollten Ort und Zeit der Aufnahme sowie Copyright-Informationen als Text auf dem Bild eingeblendet werden.

▶ Vom Benutzer können zusätzliche Daten zur Bildserie eingegeben werden, die als Meta-Daten der einzelnen Bilder gespeichert werden sollten.

▶ Abschließend werden die bearbeiteten Dateien in einem Ausgabe-Ordner neu gespeichert.

▶ Alle Benutzerangaben sollten mittels entsprechender Dialoge getroffen werden können.

Das gewünschte Resultat haben wir in einem Screenshot aus dem Photoshop-Dateimanager festgehalten (Abbildung 16).

12_automatisieren/etikette

Abbildung 16
Auf dem Foto sind Datum und Ort als Text eingeblendet, in den Metadaten wurden weitere Informationen gespeichert.

Abbildung 17
Dateiauswahl-Dialog unter Windows XP

Während der Laufzeit des Skripts wird der Benutzer mit drei **Benutzerdialogen** konfrontiert: jeweils einer zur Bestimmung des Eingabe- und Ausgabeordners sowie ein Formular für die Angabe der zu speichernden Metadaten. Die Ordnerauswahl-Dialoge müssen nicht ausprogrammiert werden, da sie das jeweilige Betriebssystem bereitstellt. Es genügt folgender Code:

```
//Input-Folder auswählen
var OrdnerEin = Folder.selectDialog("Ordner
mit Bilddateien waehlen");
//Output-Folder auswählen
var OrdnerAus = Folder.selectDialog("Ausgabe-
Ordner waehlen");
```

`Folder.selectDialog` öffnet den Auswahl-Dialog, der Parameter »Ordner mit Bilddateien wählen« bestimmt die Beschriftung der Fensterzeile. Die Variablen `OrdnerEin` und `OrdnerAus` speichern die ausgewählten Ordner als Folder-Objekte.

Etwas mehr Arbeit bereitet das Eingabeformular für die Benutzerdaten und Optionen. Um die Spezifikationen unseres »Pflichtenheftes« zu erfüllen, müssen wir folgende Felder in dieses Formular aufnehmen:

- Ort: als Textfeld
- Copyright-Information: als Textfeld
- Beschreibung: mehrzeiliges Textfeld
- Datum der Aufnahme: Textfeld mit sinnvoller Voreinstellung (heutiges Datum)
- Stärke des Wasserzeichens: Schieber

Dazu erzeugen wir zuerst ein Dialog-Fenster:

```
var dlg = new Window ('dialog','Etikette
v.0.1',[100,100,500,420]);
```

und fügen dann einen Rahmen für den Dialoginhalt ein.

```
dlg.msgPnl = dlg.add ('panel',
[25,15,400,240],'Einstellungen');
```

Nun sind die einzelnen Textfelder samt statischen Beschreibungstexten an der Reihe. Etwas nervig ist die ständige Angabe des Begrenzungsrechtecks für jedes Dialogelement. Ich habe als Standardhöhe pro Formularzeile 20 Pixel angenommen und y1 bzw. y2 so gewählt, dass y2 um 20 Pixel größer ist als y1. Die Breite ist bei allen Textfeldern gleich: 200 Pixel. Beim Schieber wurden zwei Textfelder verwendet, eines links (»Wasserzeichen: schwach«) und eines rechts (»sichtbar«) von ihm. Durch Aktivieren der Eigenschaft `multiline` kann das Beschreibungsfeld mehrzeilige Texte aufnehmen.

Die beiden statischen Textfelder `OrdnerAus` und `OrdnerEin` zeigen Quell- und Zielverzeichnis der Bilddaten. Diese Information erhalten sie über die zuvor geöffneten Ordner-Auswahldialoge, deren Ergebnisse ja in den Variablen OrdnerAus und OrdnerEin gespeichert wurden. Im Eingabefeld datumTxt wird das aktuelle Datum ausgegeben, das zuvor mit der Hilfsfunktion datum () generiert wurde.

◀ **Abbildung 18**
Der fertige Konfigurationsdialog von Etikette

```
dlg.msgPnl.ereignis = dlg.msgPnl.add('statict
ext',[25,15,105,35],'Ort:');
dlg.msgPnl.ereignisTxt = dlg.msgPnl.add('edit
text',[115,15,315,35],'');
dlg.msgPnl.datum = dlg.msgPnl.add('statictext
',[25,45,105,65],'Datum:');
dlg.msgPnl.datumTxt = dlg.msgPnl.add('edittex
t',[115,45,315,65],datum ());
dlg.msgPnl.beschr = dlg.msgPnl.add('statictex
t',[25,65,105,85],'Beschreibung:');
dlg.msgPnl.beschrTxt = dlg.msgPnl.add('editt
ext',[115,65,315,105],'<Beschreibung>',{multi
line:'true'});
dlg.msgPnl.copyR = dlg.msgPnl.add('statictext
',[25,105,105,125],'Copyright:');
dlg.msgPnl.copyRTxt = dlg.msgPnl.add('edittex
t',[115,105,315,125],'Copyright');
dlg.msgPnl.wz = dlg.msgPnl.add('statictext',[
5,125,155,185],'Wasserzeichen: schwach');
dlg.msgPnl.wzS = dlg.msgPnl.add('slider',[190
,125,260,135],20,0,100);
dlg.msgPnl.wz2 = dlg.msgPnl.add('statictext',
[265,125,315,145],"sichtbar");
dlg.msgPnl.ordnerEin = dlg.msgPnl.add('sta
tictext',[25,145,315,165],'Bild-Ordner:' +
OrdnerEin);
dlg.msgPnl.ordnerAus = dlg.msgPnl.add('sta
tictext',[5,165,315,185],'Ausgabe-Ordner:'+
OrdnerEin);
dlg.btnPnl = dlg.add('panel',
[25,260,400,300],'Was tun?');
dlg.btnPnl.okButton =
dlg.btnPnl.add('button', [25,15,85,35],'Ok',
{name:'okBtn'});
dlg.btnPnl.cancelButton =
dlg.btnPnl.add('button', [100,15,160,35],'Can
cel', {name:'cancelBtn'});
```

Für die OK- und Abbrechen-Buttons habe ich wieder einen eigenen Rahmen erstellt. Durch das Setzen der name-Eigenschaft für beide Buttons weiß Photoshop, welcher Button für welche Dialogaktion steht.

Wenn Sie Ihr Skript nun speichern und über Datei Skripte auswählen, sollte in etwa folgender Dialog angezeigt werden:

Aber noch einige weitere Vorarbeiten sind zu leisten. Als Nächstes soll unser Wasserzeichen entstehen. Legen Sie ein neues Photoshop-Dokument an, und kreieren Sie auf einer Textebene Ihr Wasserzeichen. Das Wasserzeichen sollte später verlustfrei skalierbar sein, daher darf die Textebene nicht gerendert werden. Verwenden Sie eine weiße Schriftfarbe, und löschen Sie nach dem Erstellen des Wasserzeichens alle anderen Ebenen aus dem Dokument. Sichern Sie das Dokument im Photoshop-Format in jenem Ordner, in den später auch die Skriptdateien gespeichert werden.

Vor der eigentlichen Programmierung legen wir den **Ablauf des Skriptes** fest:

1. Zunächst werden die bereits erstellten Benutzerdialoge eingeblendet, in denen der User die notwendigen Einstellungen treffen kann.
2. Anschließend wird das Wasserzeichen-Dokument in Photoshop geöffnet und sein Inhalt in die Zwischenablage kopiert.
3. Dann wird jede TIFF- oder JPEG-Datei im Quellordner geöffnet, auf eine webgerechte Größe verkleinert und das Wasserzeichen aus der Zwischenablage eingefügt.
4. Zusätzlich fügt das Skript mit dem Textwerkzeug Ort und Datum der Aufname sowie einen Copyright-Hinweis auf jedem Foto ein.
5. Abschließend werden alle Ebenen des Fotos verschmolzen, und eine Kopie des Bildes wird im Zielordner im JPEG-Format gespeichert.

Nun kommen wir zur **Programmierung**. Den gesamten Quellcode von Etikette in diesem hochwertigen Farbbuch abzudrucken, wäre wahrlich Platzverschwendung und würde bei den eher gestaltungsorientierten Lesern wenig Begeisterung hervorrufen. Deshalb beschränken wir uns hier auf eine Besprechung des grundsätzlichen Code-Aufbaus. Wenn Sie Fragen zu einzelnen Befehlen des Quellcodes haben, möchten wir Sie auf die beiliegende CD-ROM verweisen. Dort finden Sie den mit ausführlichen Kommentaren versehenen Quellcode im Verzeichnis 12_automatisieren/ etikette. Zusätzlich können Sie den bereits angesprochenen Photoshop Scripting Guide aus dem Scripting-Unterordner Ihrer Photoshop-Installation konsultieren.

Etikette ist strukturiert programmiert, d.h., zusammenhängende Befehle wurden in Funktionen zusammengefasst, um die Übersichtlichkeit und Flexibilität des Codes zu erhöhen. Etikette besteht aus folgenden Funktionen:

- Init () blendet die soeben programmierten Dialoge zur Ordnerauswahl und den Einstellungen ein. Außerdem wird die Wasserzeichen-Datei geöffnet und ihr Inhalt in die Zwischenablage kopiert. Die im Einstellungsdialog eingegebenen Metadaten werden zur Weiterverarbeitung im Array metadaten gespeichert.
- dateienOeffnen (ordnerEin,ordnerAus,metadaten) ist für das Öffnen und Speichern der Bilddateien zuständig. Sie steuert außerdem durch Aufruf der Funktionen metaTags, Wasserzeichen und Beschriftung die Bearbeitung der Bilder.
- metaTags (docref, metadaten) Diese Funktion speichert die im Array metadaten enthaltenen Informationen (Beschreibung, Keywords, Copyright-Hinweise) in den Dateiinformationen des Bildes. Dazu wird die info-Eigenschaft des Document-Objektes eingesetzt. docref ist ein Verweis auf das aktuell bearbeitete Bild.
- wasserzeichen (docref) erledigt das Einfügen und die Positionierung des Wasserzeichens auf den Bildern. Dieses wird auf 2/3 der Bildgröße skaliert und zentriert positioniert.
- beschriftung (metadaten) fügt den Copyright-Hinweis als Text an der linken Bildunterkante sowie Ort und Zeit der Aufnahme links oben ein.
- createDialog (OrdnerEin,OrdnerAus) erstellt den Formulardialog. Die beiden Parameter OrdnerEin und OrdnerAus bezeichnen Eingabe- und Ausgabeordner. Sie werden zu Informationszwecken als Strings in einem statischen Textfeld eingeblendet.

- Exit() erledigt die abschließenden Aufräumarbeiten. Das Wasserzeichen-Dokument wird geschlossen, und die eventuell geänderten Grundeinstellungen werden wiederhergestellt.

Um die Übersichtlichkeit des Programms und der **Dateistruktur** zu erhöhen, wurden die einzelnen Funktionen in verschiedene Dateien aufgeteilt.

- Die Datei etikette.js enthält die Programmsteuerung sowie die Dialogfunktionen.
- In der Datei lib.js sind die Funktionen zum Einfügen des Wasserzeichens und der Beschriftung enthalten. Zudem existieren dort alle anderen erforderlichen Hilfsfunktionen.
- Die Datei etikette.conf sollte vom Benutzer editiert werden und enthält erweiterte Konfigurationseinstellungen, die in den Dialogen nicht berücksichtigt wurden. So können hier die Größe der Bilder, die Stärke der JPEG-Kompression sowie die Nummerierungsoptionen der Bilddateien festgelegt werden.

Alle Dateien wurden per //@include-Anweisung in etikette.js eingebunden, der Interpreter sieht damit nur eine große Datei, in welcher der gesamte Quellcode zusammengefügt wurde.

Abschließend folgt der krönende Moment: **Das Ausführen von Etikette**. Öffnen Sie das Menü Datei • Skripte, und wählen Sie die Datei etikette.js. Nun wird das Skript ausgeführt, und der raschen »Etikettierung« von ganzen Bildordnern steht nichts mehr im Wege.

Damit sind wir auch am Ende unserer Ausführungen zum Thema Scripting und Automatisierung angelangt. Sie werden sicher bemerkt haben, dass die Automatisierungsfunktionen von Photoshop einer gewissen Einarbeitung bedürfen. Insbesondere das Scripting verfügt über eine anfänglich steile Lernkurve.

Durch die gut strukturierte API sind aber selbst komplexere Applikationen sehr intuitiv programmierbar. Nehmen Sie sich doch etwas Zeit, und »spielen« Sie ein wenig mit den Listings aus diesem Kapitel. Sie werden erstaunt sein, wie viel zeitaufwändige Arbeiten Photoshop Ihnen plötzlich abnehmen kann.

Photoshop effizient bedienen

Mit Photoshop ohne Umwege kommunizieren

Durch »verborgene« Talente der Werkzeugleiste, effiziente Tastenkürzel und Tricks beim Arbeiten mit Menüs gehorcht Photoshop Ihren Befehlen viel schneller.

Leistung = Arbeit / Zeit. Dieser elementare Grundsatz aus der Physik gilt auch für die Arbeit in Photoshop. Klick-Marathons in der Menüleiste, langwieriges Herumschieben von Paletten auf der Arbeitsoberfläche oder einfach nur das Anwenden »falscher«, weil umständlicher Befehle kostet wertvolle Zeit, die nicht nur den kreativen Arbeitsfluss lähmt, sondern auch Ihren Kunden in Rechnung gestellt werden muss.

Deshalb haben wir uns entschlossen, dieses Kapitel der effizienten Bedienung von Photoshop zu widmen, und hoffen, dass Sie daraus einige Inspirationen für Ihre tägliche Arbeit in diesem Programm ziehen können. Dieses Kapitel erhebt allerdings keinen Anspruch darauf, jeden Shortcut von Photoshop zu behandeln. Wir haben uns bemüht, eine Art Grundausrüstung an Workarounds, Tastenkürzeln und Tricks zusammenzustellen, die jeder Photoshop-Profi beherrschen sollte. Viele weitere Tipps und Tricks finden Sie in den jeweiligen Spezial-Kapiteln.

Mit Usability-Innovationen geizt Photoshop CS wahrlich nicht: Zum ersten Mal können Sie Tastenkürzel für Werkzeuge, Paletten oder Menübefehle frei vergeben und damit den Weg zu schwer zugänglichen, aber häufig benötigten Befehlen radikal abkürzen. Nützlich im praktischen Arbeitsalltag ist der neue Eingabefeld-Cursor: Bewegen Sie die Maus in die Nähe eines Eingabefelds, so können Sie durch Klicken und Ziehen die Werte des Eingabefelds erhöhen oder senken. Dank dieser Leihgabe aus Adobe After Effects wird der obligatorische Griff zur Tastatur obsolet, wenn es um das Ändern von Werten in Eingabefeldern geht. Doch auch einige verborgene Talente der Photoshop-Paletten und Arbeitsoberfläche können den Photoshop-Workflow massiv beschleunigen. Mit diesen möchten wir, schön der Reihe nach, unsere Rationalisierungstour in Photoshop beginnen.

Paletten und Arbeitsoberfläche

Mit wenigen Tastenkürzeln und Shortcuts bändigen Sie die manchmal etwas widerspenstige Benutzeroberfläche von Photoshop. Wie Sie für das Jonglieren mit Paletten und Befehlen deutlich weniger Zeit benötigen, zeigt Ihnen dieser Teil des Kapitels.

Arbeitsoberfläche

Das beim kreativen Gestalten in Photoshop unvermeidbare Chaos an der Arbeitsoberfläche lässt sich durch wenige Tastenkürzel in den Griff bekommen:

- Mit `Tab` können Sie alle geöffneten **Paletten** aus- und wieder einblenden, `⇧` + `Tab` bewirkt fast dasselbe, hier bleibt nur die Werkzeugpalette eingeblendet.
- `⌘`/`Strg` + `Tab` lässt Sie durch alle derzeit in Photoshop **geöffneten Bilder** blättern.
- Auch für die Navigation in **übergroßen Bildern** müssen Sie nicht mehr die Maus bemühen: `Bild↑` und `Bild↓` scrollen das Bild genau eine Fensterhöhe nach oben bzw. nach unten. Es kommt noch besser: Mit `⌘`/`Strg` + `Bild↑` bzw. `Bild↓` scrollen Sie Ihr aktuelles Dokument eine Fensterbreite nach rechts bzw. links. Diese beiden Shortcuts sind ideal, wenn Sie ein Bild in der vergrößerten Ansicht nach Beschädigungen oder Farbfehlern absuchen wollen – durch das präzise Scrollen mit den beiden Shortcuts entgeht Ihnen kein Bildbereich. Mit `Pos1` verschiebt sich der Bildausschnitt in die linke obere Ecke, `Ende` verlagert ihn in die rechte untere Ecke.
- **Paletten** können durch Doppelklick auf ihre Fensterleiste **minimiert** bzw. maximiert werden. `⇧` + Klick auf die Fensterleiste verschiebt eine Palette an den nächstgelegenen Bildschirmrand.

Bildmodi

Neben der standardmäßigen Fensteransicht kennt Photoshop noch einen Vollbildmodus mit oder ohne Menüleiste. Diese beiden Modi bieten sich an, um ein Bild ohne störende Fenster und Paletten betrachten und seine Wirkung beurteilen zu können.

- Mit `F` können Sie zwischen den drei Bildmodi wechseln.
- `⇧` + Klick auf eines der Bildmodus-Icons in der Werkzeug-Palette schaltet alle geöffneten Dokumente in den jeweiligen Anzeigemodus.
- Mit `Strg`/`⌘` + `Tab` können Sie diese nun »durchblättern«, ohne von anderen Fenstern und Paletten gestört zu werden.
- Die Hintergrundfarbe im Vollbildmodus mit Menüleiste ist übrigens frei wählbar. Stellen Sie die gewünschte Farbe als Vordergrundfarbe ein, aktivieren Sie den Fülleimer, und klicken mit gedrückter `⇧`-Taste auf die graue Hintergrundfläche.

Farbfüllungen

- `Alt`/`⌥` + `←` füllt eine Fläche mit der eingestellten Vordergrundfarbe, `Strg`/`⌘` + `←` mit der Hintergrundfarbe.
- `⇧` + `←` blendet das Dialogfeld FLÄCHE FÜLLEN ein. `Strg`/`⌘` + `Alt`/`⌥` + `←` füllt mit dem aktuellen Dokumentzustand der Protokoll-Palette.
- Durch `X` wird die Vordergrund- mit der Hintergrundfarbe getauscht, mit `D` wird die Vordergrundfarbe auf Weiß, die Hintergrundfarbe auf Schwarz gesetzt.

Protokoll-Palette

Durch die verschiedenen Zustände in der Protokoll-Palette können Sie per `Strg` + `⇧` + `Z` vorwärts und mit `Alt` + `Strg`/`⌘` + `Z` rückwärts navigieren. Klicken Sie bei gedrückter `Alt`-Taste auf das Papierkorb-Icon, um mehrere Dokumentzustände ohne Warnmeldung zu löschen. In den VOREINSTELLUNGEN können Sie einstellen, wie viel Protokoll-Objekte die Protokoll-Palette speichert (Standardwert: 20). Wenn Sie oft Aktionen in Stapelver-

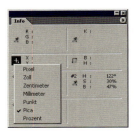

▲ **Abbildung 1**
Das Fadenkreuz-Icon erlaubt das rasche Wechseln der Einheiten.

▲ **Abbildung 2**
Die Aktionen-Palette im Schalter-Modus

▲ **Abbildung 3**
In den Aktions-Optionen können Sie für jede Aktion ein Tastenkürzel festlegen.

arbeitungen einsetzen, sollten Sie diesen Wert gering halten, da auch für jeden Aktionsbefehl ein Protokollobjekt angelegt wird. Zudem können Sie die Option ERSTEN SCHNAPPSCHUSS AUTOMATISCH ERSTELLEN in den Paletten-Optionen deaktivieren, dadurch wird das bei Aktionen unnötige Speichern des Ausgangszustandes vermieden.

Ein verhängnisvoller Fehler vieler Photoshop-User ist das versehentliche Speichern. Anstatt mittels SPEICHERN UNTER eine neue Datei anzulegen, wird mit SPEICHERN der bisherige Dokumentzustand überschrieben. Haben Sie destruktiv in das Dokument eingegriffen (Bildgröße ändern, Löschen von Ebenen ...), so sind diese Informationen auch in der Quelldatei verloren. Mit Hilfe der Protokoll-Palette können Sie auch versehentliche Speichervorgänge rückgängig machen. Klicken Sie dazu auf den ersten Schnappschuss bzw. wählen Sie den gewünschten Protokollzustand des Dokuments, und speichern Sie nochmals. Damit haben Sie den Urzustand der Quelldatei wiederhergestellt. Nun können Sie sich in der Protokoll-Palette zum »abgespeckten« Dokumentzustand vorbewegen und diesen mit SPEICHERN UNTER in eine eigene Datei sichern.

Leider funktioniert dieser Workaround nur, wenn Sie die **Quelldatei** nach den destruktiven Eingriffen noch nicht geschlossen haben, da dann alle nicht als Schnappschüsse gespeicherten Protokollobjekte verloren gehen.

Info-Palette

Sie müssen nicht gleich die Voreinstellungen bemühen, um die **Maßeinheiten** von Photoshop umzustellen: Ein Klick auf das Fadenkreuz-Icon in der Info-Palette F8 lässt Sie blitzschnell die Einheit wechseln, natürlich passen sich auch die eingeblendeten Lineale sofort an die neue Einstellung an. Für jeden gesetzten Farbaufnehmer legen Sie fest, in welchem Farbsystem der gemessene Farbwert ausgegeben werden soll. Dazu genügt ein Klick auf das nebenstehende Pipette-Icon. Neben den altbekannten Farbsystemen können Sie auch den Gesamtfarbauftrag oder die Proof-Farbe (abhängig von den getroffenen Einstellungen PROOF EINRICHTEN) ausgeben lassen.

Aktionen-Palette

In der Aktionen-Palette sollten Sie den SCHALTER-MODUS aktivieren, um das Ausführen von Aktionen zu beschleunigen. Wenn Sie aus dem Palettenmenü den gleichnamigen Eintrag gewählt haben, erscheinen alle aufgenommenen Aktionen als Buttons, die bei Mausklick sofort die gewünschte Aktion ausführen (Abbildung 2).

In diesem Modus können allerdings keine Aktionen bearbeitet werden. Für häufig benötigte Aktionen sollten Sie Tastenkürzel anlegen, dies bewerkstelligen Sie mit den Aktions-Optionen aus dem Palettenmenü. Tastenkürzel für Aktionen haben übrigens Vorrang gegenüber selbst definierten Tastenkürzeln im Bearbeiten-(Windows) bzw. Photoshop-Menü (Mac).

Lineale

- Mit [Strg]/[⌘] + [R] können Lineale eingeblendet werden,
- Hilfslinien werden mit [Strg]/[⌘] + [,] angezeigt.
- Das Dokumentraster können Sie mit [Strg]/[⌘] + [Alt]/[⌥] + [⇧] + [,] einblenden.
- Der wichtigste Shortcut ist aber [Strg]/[⌘] + [H]: Er blendet alle »Extras« (Hilfslinien, Raster, Farbaufnehmer, Auswahlumrandungen) ein bzw. aus.
- Klicken Sie mit der rechten Maustaste in die Lineale, um deren Einheiten umzustellen.
- Falls Sie Hilfslinien horizontal oder vertikal im Dokument zentrieren wollen, stellen Sie die Einheit einfach auf Prozent, die Dokumentmitte befindet sich dann logischerweise bei 50 %.
- Hilfslinien können aus den Linealen gezogen und mit dem Verschiebe-Werkzeug ([V]) bewegt werden. Betätigen Sie dabei die [Alt]/[⌥]-Taste, so verändert sich die Ausrichtung der Hilfslinie von horizontal auf vertikal und vice versa.
- Interessant ist das Verhalten der Hilfslinien beim Ändern der Bildgröße: Ist die Option

◀ Abbildung 4
Der von After-Effects bekannte »Scrub«-Cursor erlaubt die rasche Werteänderung per Maus.

Hilfslinien fixieren aus dem Ansicht-Menü aktiviert, so ändert sich die absolute Position der Hilfslinien nicht, sie sind nun an einer anderen Bildstelle eingeblendet. Ist diese Option deaktiviert, so werden die Hilfslinien mit skaliert und befinden sich über derselben Bildstelle.

Der Zahlencursor

Neu in Photoshop CS ist der aus After Effects bekannte Zahlencursor (Abbildung 4): Wird die Maus in die Nähe eines nummerischen Eingabefelds bewegt, verwandelt sich der Cursor in eine Hand mit zwei Pfeilen. Nun kann durch Klicken und Ziehen der Wert des Eingabefelds geändert werden. Die Maus bewegt sich dann auf einer imaginären Zahlengeraden: Ein Ziehen nach links bewirkt eine Verringerung der Werte, nach rechts kommt es zu einem Anstieg. Mit gedrückter [⇧]-Taste ändern sich die Werte in größeren Abständen, die [Alt]-Taste sorgt für geringere Abstände. Im Bildgröße-Dialog sorgte die [⇧]-Taste für eine Änderung in Zehnerschritten, während sich bei gedrückter [Alt]-Taste und gleicher »Maus-Strecke« nur die Einer-Stelle der Werte änderte. Der Zahlencursor wird nicht nur von Paletten, sondern auch von allen Dialogen mit nummerischen oder prozentualen Eingabefeldern unterstützt. Eine Ausnahme bildet die Filtergalerie, hier sind die nummerischen Eingabefelder der Filter ohnehin mit Slidern ausgestattet.

Paletten und Arbeitsoberfläche **407**

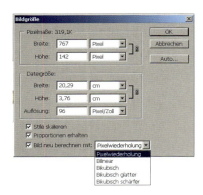

▲ **Abbildung 5**
Der neue Bildgröße-Dialog

▲ **Abbildung 6**
Unterschiedliche Einheiten für Breite und Höhe per Umschalt-Taste

▲ **Abbildung 7**
Originaltext mit angewandtem Stil

▲ **Abbildung 8**
Ohne STILE SKALIEREN: Die Kontur des Textes ist deutlich zu dick.

▲ **Abbildung 9**
Mit STILE SKALIEREN wurde die Stärke der Kontur proportional verringert.

Stile skalieren im Bildgröße-Dialog

Mit BIKUBISCH GLATTER und BIKUBISCH SCHÄRFER (Abbildung 5) haben zwei neue Interpolationsarten Einzug in den Bildgröße-Dialog gehalten. Beide nutzen als Basis die bikubische Interpolation – d.h., die Farbwerte eines Pixels werden mit jenen seiner 16 Nachbarpixel verrechnet, um weichere Übergänge bei der Vergrößerung und Verkleinerung von Bildern zu erhalten. Mit BIKUBISCH GLATTER vergrößerte Bilder werden anschließend noch weichgezeichnet, um verräterische Pixelmuster zu überdecken, BIKUBISCH SCHÄRFER eignet sich für die Erhöhung der Bildschärfe nach dem Verkleinern von Bildern. Die beiden Befehle sind eher als Automatismen für die Massenverarbeitung von Bildern (z.B. Web-Fotogalerie) gedacht und können eine individuelle Optimierung nicht ersetzen.

Ändern Sie im Feld BREITE die Einheit, so gleicht Photoshop nun auch die Einheit des Höhe-Werts an. Bisher konnten Sie für diese beiden Werte unterschiedliche Einheiten festlegen, was nur selten Sinn macht. Mit ⇧ können Sie den »alten« Modus aktivieren und zwei getrennte Einheiten verwenden.

Neben den zwei neuen Interpolationsarten hat der Bildgröße-Dialog eine neue, wichtige Option erhalten: Ändert sich die Bildgröße, können Stile mit skaliert werden. Bisher sorgte Photoshop nur dafür, dass sich die Größe des Textes der geänderten Bildgröße anpasst. Wurde ein Bild um 50% verkleinert, halbierte sich auch die Punktgröße der Schrift auf die Hälfte. Die Parameter von Stilen ließ Photoshop bisher unberührt, was in Abbildung 8 gut sichtbar wird: Die Kontur des Textes ist stark »angeschwollen«, da das Bild eine um 50% verkleinerte Version von Abbildung 7 darstellt. Hier half bisher nur manuelles Nachjustieren. In Abbildung 9 haben wir die Option STILE SKALIEREN aktiviert, und das Aussehen der

Schrift entspricht auch nach der Verkleinerung dem Original. Bei weniger »runden« Zahlenverhältnissen (z.B. Vergrößerung auf 287%) müssen Sie u.U. die Stileigenschaften manuell nachbearbeiten, da Photoshop die Werte der Stileigenschaften auf- oder abrunden muss.

Zeit sparen in der Ebenen-Palette
Die Ebenen-Palette ist nicht nur die kreative Schaltzentrale von Photoshop, sie nimmt auch meist einen Großteil der Arbeitszeit in Anspruch: Das Experimentieren mit Ebenenmodi und Deckkraft-Einstellungen ist bei vielen Bildmontagen das A und O für ein zufrieden stellendes Compositing-Ergebnis. Fast ebenso häufig sollten Ebenen dupliziert, kopiert oder aus Auswahlen erstellt werden. Die Maus macht bei der Bedienung der Ebenen-Palette ihrem Namen nicht gerade Ehre: Da die notwendigen Befehle entweder im Palettenmenü oder als Icons anzutreffen sind, verschenken Sie mit ihr wertvolle Zeit und legen lange Wege zurück. Neben dem altbekannten Doppelklick zum Umbenennen einzelner Ebenen kennt die Ebenen-Palette eine Fülle von Tastenkürzeln, die Ihnen Arbeit erleichtern:

- **Neue Ebene erzeugen**
    `Strg`/`⌘` + `⇧` + `N` erzeugt eine neue Ebene mit eingeblendeter Neue-Ebene-Dialogbox. Dadurch können Sie Namen, Kennzeichnung und Ebenenmodus bereits beim Erstellen festlegen.
    `Strg`/`⌘` + `Alt`/`⌥` + `⇧` + `N` erzeugt eine neue Ebene ohne Dialogeinblendung.

- **Ebenenmodi und Deckkraft ändern**
    Mit den Nummerntasten können Sie die Deckkraft der Ebene rasch ändern: Um die Deckkraft auf 10% zu setzen, reicht bei aktiver Ebenen-Palette `1` als Tastenkürzel. Analog dazu betätigen Sie `2` für 20%, `3` für 30% usw. Unrunde Prozentwerte wie z.B. 38% erreichen Sie durch unmittelbar aufeinander folgendes Drücken von `3` und `8`. Mausliebhaber können natürlich auch den bereits oben vorgestellten Zahlencursor zum Ändern der Werte verwenden.
    Zum Auswählen verschiedener Ebenenmodi können Sie auch auf die Maus verzichten: Mit den Tastenkombinationen `⇧` + `+` bzw. `-` können Sie die verschiedenen Ebenenmodi durchblättern. Diese Tastenkombinationen gelten nicht nur für die Ebenen-Palette, sondern auch für alle Werkzeuge mit Modus- oder Deckkraft-Einstellungen: Neben den Mal- und Zeichenwerkzeugen fallen darunter auch Kopier- und Reparaturstempel oder der Fülleimer.

- **Transparenz sperren**
    Mit `8` sperren Sie die Transparenz der aktiven Ebene, sämtliche Bearbeitungsschritte (Malwerkzeuge, Filter …) sind dann auf die nicht transparenten Bereiche der Ebene beschränkt. Wollen Sie die Konturen eines mühsam freigestellten Objekts vor unfreiwilliger Überarbeitung schützen, dann sollten Sie die Transparenz der Ebene sperren.

- **Navigation in der Ebenen-Palette**
    Zum Navigieren in der Ebenen-Palette können Sie die Tastenkürzel `Alt`/`⌥` + `.` bzw. `#` (nächst obere bzw. nächst untere Ebene aktivieren) verwenden.
    Eine Ebene in der Ebenen-Palette nach oben zu verschieben kann das Kürzel `Strg`/`⌘` + `Alt`/`⌥` + `.` bewerkstelligen. Wie Sie die Ebene nach unten verschieben, konnten wir leider nicht herausfinden! Sollten Sie es wissen, schreiben Sie uns doch bitte.
    `Strg`/`⌘` + `J` kopiert die aktuelle Auswahl und fügt deren Inhalt auf einer neuen

Ebene ein. [Strg]/[⌘] +[⇧]+ [J] bewirkt dasselbe, allerdings wird der Auswahlinhalt dabei ausgeschnitten. Besteht keine Auswahl, wird die ganze Ebene dupliziert.

▶ **Reduzierte Version der Ebene erzeugen**
Mit [Strg]/[⌘] + [⇧] + [C] können Sie eine reduzierte Version aller sichtbaren Ebenen in die Zwischenablage kopieren.
[Strg]/[⌘] + [Alt]/[⌥] + [⇧] + [E] legt eine reduzierte Version aller sichtbaren Ebenen auf der aktuellen Ebene an. Soll eine neue Ebene erstellt werden, fügen Sie dem Shortcut noch die Taste [N] hinzu. Nützlich ist das Reduzieren von Ebenen vor allem bei der Retusche: Nach dem »Sezieren« eines Porträts (getrennte Bearbeitung von Mund, Nase, Augen auf eigenen Ebenen) kann das Gesicht mit einem Tastenkürzel wieder auf eine Ebene zusammengesetzt werden, z. B. um eine abschließende Farbkorrektur durchzuführen.

▲ **Abbildung 10**
Das Kontextmenü der Ebenen-Palette verfügt über einige nützliche Löschbefehle.

▶ **Intelligentes Ein- und Ausblenden von Ebenen**
Auch das Auge-Icon einer Ebene entfaltet im Zusammenspiel mit Tastenkürzeln »magische« Kräfte: Klicken Sie bei gedrückter [Alt]/[⌥]-Taste darauf, dann werden alle anderen Ebenen ausgeblendet, ein erneuter Klick mit gedrückter [Alt]/[⌥]-Taste stellt den Ausgangszustand wieder her: Alle zuvor eingeblendeten Ebenen sind wieder sichtbar, permanent unsichtbare Ebenen bleiben unsichtbar.

Gruppieren vs. Verbinden von Ebenen

Diese beiden Begriffe sorgten in vielen früheren Versionen von Photoshop für Verwirrung: In diversen Vektorprogrammen bedeutet Gruppieren nämlich das gemeinsame Bearbeiten der Eigenschaften verschiedener Objekte (z. B. Vergrößern, Drehen …), in Photoshop wird dies als Verbinden bezeichnet. Verbundene Ebenen verhalten sich beim Transformieren wie ein Objekt, sie werden also gemeinsam vergrößert, gedreht oder verzerrt. Möchten Sie die Ebeneninhalte ausrichten, müssen die gewünschten Ebenen sogar verbunden sein. Auch das Anwenden von Ebenenstilen fällt bei verbundenen Ebenen besonders leicht:

Wenden Sie zuerst den gewünschten Ebenenstil auf eine der verbundenen Ebenen an, anschließend wählen Sie die Befehle EBENENSTIL KOPIEREN und EBENENSTIL IN VERBUNDENE EBENEN EINFÜGEN aus dem Kontextmenü des Ebenenstil-Icons. Gruppieren im Photoshop-Sinn hingegen bedeutete das Erstellen einer Schnittmaske (vgl. Kapitel »Auswahl« ab Seite 149): Die Transparenz einer Basis-Ebene fungiert als Maske für alle gruppierten Ebenen. Mit Version CS hat Adobe der Verwirrung ein Ende gesetzt und bezeichnet Ebenengruppierungen nun als Schnittmasken.

▶ **Löschen von Ebenen**
Um mehrere Ebenen zeitsparend zu löschen, sollten Sie sie verbinden. Aus dem Kontextmenü der Ebenen-Palette können Sie durch Verknüpfte Ebenen löschen (kleiner Übersetzungsfehler, gemeint sind verbundene Ebenen) alle verbundenen Ebenen auf einmal loswerden.
Zum Aufräumen der Ebenen-Palette empfiehlt sich der Befehl Ausgeblendete Ebenen löschen aus der Ebenen-Palette, der alle nicht sichtbaren Ebenen entfernt.

▶ **Ebenensets einsetzen**
Mehrere Ebenen können Sie am schnellsten in ein Ebenenset verschieben, indem Sie sie verbinden und auf das Ebenenset-Icon der Ebenen-Palette ziehen.
Auch den Inhalt eines Ebenensets können Sie rasch auf eine Ebene »eindampfen«: Alt/⌥ + Strg/⌘ + E reduziert alle im Set enthaltenen Ebenen und speichert das Ergebnis auf einer neuen Ebene.
Mit Ebenensets können Sie außerdem den Wirkungsbereich von Einstellungsebenen auf ausgewählte Ebenen beschränken. Verschieben Sie dazu wie oben beschrieben die Einstellungsebene und die gewünschten Ebenen in ein Ebenenset, anschließend stellen Sie den Modus des Ebenensets von Hindurchwirken auf Normal.

▶ **Arbeit mit Ebenenmasken**
Ebenenmasken können durch Klick auf das Masken-Icon bei gedrückter ⇧-Taste aktiviert bzw. deaktiviert werden, diese Methode funktioniert auch bei Vektormasken. Ein Klick mit der Alt-Taste auf eines der beiden Maskensymbole zeigt die Ebenen- bzw. Vektormaske anstelle des Bildinhalts an. Ebenen- und Vektormasken können übrigens auch auf Ebenensets angewandt werden: Ebenenset markieren und auf das Ebenenmaske- bzw. Vektormaske-Icon klicken. Die Maske wirkt dann auf alle im Set enthaltenen Ebenen.

Dateien anlegen
Auch für das Anlegen von Dateien kennt Photoshop einige nützliche Tastenkürzel, die effiziente Lösungen für gängige Probleme bieten. Sie möchten eine neue Datei mit denselben Dimensionen wie ein bereits geöffnetes Dokument anlegen?
Klicken Sie bei eingeblendetem Dialog Datei • Neu auf das Menü Fenster. Aus der Liste der aktuell geöffneten Dokumente ganz unten im Menü wählen Sie das gewünschte

Ebenenaktivierung in Aktionen
Besonders wichtig sind Alt/⌥ + . bzw. # (nächst obere bzw. nächst untere Ebene aktivieren) beim Aufzeichnen von Aktionen: Wollen Sie in einer Aktion die Ebene wechseln, sollten Sie das keinesfalls durch Anklicken der gewünschten Ebene aufzeichnen. In der Aktion wird nämlich der Ebenenname dann absolut gespeichert (z.B. als Auswahl • Ebene »Hintergrundbild«). Wollen Sie die Aktion dann in einem anderen Photoshop-Dokument aufrufen, wird Photoshop mit einer Fehlermeldung reagieren, da es hier keine Ebene mit dem aufgezeichneten Namen gibt. Verwenden Sie stattdessen Alt/⌥ + . bzw. #, so wird lediglich ein relativer Verweis aufgezeichnet (nächst obere bzw. untere Ebene), und die Aktion funktioniert unabhängig von den vergebenen Ebenennamen.

Bild aus. Alternativ können Sie das gewünschte Dokument auch aus dem Drop-down-Menü Vorgabe auswählen. Wie durch Zauberhand übernimmt Photoshop die richtigen Einstellungen für Breite, Höhe, Auflösung und Farbsystem, langwierige manuelle Eingaben entfallen.

Drag and Drop
Per Drag and Drop können bequem Ebenen dokumentübergreifend kopiert werden. Möchten Sie mehrere Ebenen von einem Photoshop-Dokument in ein anderes kopieren, dann verbinden Sie zunächst die gewünschten Ebenen und ziehen sie vom Fenster des Quelldokuments in jenes des Zieldokuments. Dadurch bleibt die Ebenenstruktur mit allen Parametern (Ebenenstile, Ebenenmodi, Deckkraft) erhalten. Halten Sie während des Ziehens die ⇧-Taste gedrückt, werden die Ebenen zentriert in das Zieldokument eingefügt.

Haben Quell- und Zieldokument dieselbe Größe, können Sie mit Hilfe der ⇧-Taste ausgewählte Bildbereiche an derselben Stelle im Zieldokument einfügen.

Verborgene Talente in der Werkzeug-Palette

Bevor wir Ihnen die diversen mehr oder minder verborgenen Talente der Photoshop-Werkzeuge vorstellen, möchten wir Sie auf die Option Umschalttaste für anderes Werkzeug in den allgemeinen Voreinstellungen von Photoshop aufmerksam machen. Ist sie deaktiviert, entfällt das lästige Drücken der ⇧-Taste zum Werkzeugwechsel innerhalb des Flyout-Menüs. Statt ⇧ + G brauchen Sie dann nur mehr G zu drücken, um vom Fülleimer auf das Verlaufswerkzeug zu wechseln.

Verschiebe-Werkzeug
Das vielleicht wichtigste aller Photoshop-Werkzeuge können Sie fast immer über einen bequemen Shortcut erreichen: Mit gedrückter ⌘/Strg-Taste wird von fast jedem anderen Werkzeug temporär zum Verschiebe-Werkzeug geschaltet. Ausnahmen bilden die Slice-, Pfad-, Pfadauswahl-, Form- und Handwerkzeuge.

Zusätzlichen Komfort bietet die Option Ebene automatisch wählen. Sie bewirkt, dass automatisch jene Ebene aktiviert wird, über welcher sich der Verschiebe-Cursor befindet. Sie kann in der Optionsleiste oder durch Drücken der ⌘/Strg-Taste aktiviert werden. Befinden sich an der aktuellen Mausposition mehrere Ebenen, so genügt ein Klick mit der rechten Maustaste, und die gewünschte Ebene kann aus dem Kontextmenü ausgewählt werden (Abbildung 11).

Mit dem gleichnamigen Befehl der Optionsleiste können Sie den Begrenzungsrahmen einer Ebene einblenden und so den exakten Mittelpunkt der Ebene feststellen (Abbildung 12).

Betätigen Sie die Alt/⌥-Taste beim Verschieben einer Ebene, so erzeugt Photoshop eine Kopie der Ebene und verschiebt diese. Mit demselben Tastenkürzel können Sie auch eine Auswahl verschieben und duplizieren, allerdings führt Photoshop diese Transformation dann auf der aktuellen Ebene aus.

Rasches Ausrichten und Verteilen von Ebenen

Mit den Ausrichten-Optionen des Verschiebe-Werkzeugs lassen sich viele zeitaufwändige und leider auch unpräzise Positionierungsbewegungen mit der Maus einsparen (Abbildung 18–21). Wenn es beispielsweise darum geht, zehn kreuz und quer im Dokument verteilte

◀ **Abbildung 11**
Aus dem Kontextmenü des Verschiebe-Werkzeugs können Sie die gewünschte Ebene aktivieren.

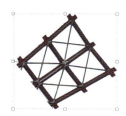

◀ **Abbildung 12**
Begrenzungsrahmen helfen beim exakten Ausrichten von Ebenen.

▲ **Abbildung 13**
Diese Speiche …

▲ **Abbildung 14**
… wurde durch Drücken der Alt / ⌥ -Taste auf verschiedene Ebenen dupliziert.

▲ **Abbildung 15**
Das Ausgangsbild

▲ **Abbildung 16**
Durch Drücken von Alt und rechter Cursortaste wird die Auswahl um jeweils einen Pixel verschoben und dupliziert.

▲ **Abbildung 17**
Dieser Bildeffekt entstand durch langes Gedrückthalten der obigen Tastenkombination.

◀ **Abbildung 18**
Die vertikalen Ausrichten-Werkzeuge

◀ **Abbildung 19**
Die horizontalen Verteilen-Werkzeuge

◀ **Abbildung 20**
Die vertikalen Verteilen-Werkzeuge

◀ **Abbildung 21**
Die horizontalen Ausrichten-Werkzeuge

Verborgene Talente in der Werkzeug-Palette

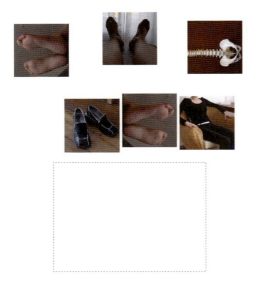

▲ **Abbildung 22**
Die chaotisch angeordneten Bildebenen sollten alle in das untere Auswahlrechteck eingeschrieben werden.

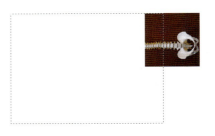

▲ **Abbildung 23**
Hier wurde der Befehl OBERE KANTEN AUSRICHTEN auf das Wirbelsäule-Bild angewandt.

▲ **Abbildung 24**
Nun folgte der Befehl LINKE KANTE AUSRICHTEN.

Bildebenen zu einer wohlstrukturierten Menüleiste zusammenzufügen, leisten die Ausrichten-Optionen unschätzbare Dienste.

Wie funktioniert nun das Ausrichten? Alle auszurichtenden Ebenen müssen miteinander verbunden sein, wobei an der jeweils aktiven Ebene ausgerichtet wird. Alternativ können Sie die Ebenen auch an einer Auswahlbegrenzung ausrichten lassen. Dies geschieht automatisch, wenn im Bild eine Auswahl besteht. In Abbildung 22 sollten die hastig ins Dokument gezogenen Voransichtsbilder in dem Auswahlrechteck unten platziert werden. Dafür haben wir zuerst die Bildebene der Wirbelsäule aktiviert und mit den Befehlen OBERE KANTEN AUSRICHTEN und LINKE KANTE AUSRICHTEN in das Auswahlrechteck eingeschrieben. Diesen Schritt wiederholen wir mit den anderen Bildebenen, wobei für das mittlere und für das rechte Bild die Befehle HORIZONTALE MITTEN AUSRICHTEN und LINKE KANTEN AUSRICHTEN zum Einsatz kamen.

Eng verwandt mit den Ausrichten-Befehlen ist das Verteilen von Ebenen: Unter Verteilen versteht Photoshop das Herstellen eines gleichmäßigen Abstands zwischen mehreren Ebenen.

Auswahl-Werkzeuge

Zahlreiche zeitsparende Tastenkürzel und Arbeitstechniken der Auswahl-Werkzeuge finden Sie im Auswahl-Kapitel ab Seite 94.

Abbildung 25 ▶
Das Originalbild

Abbildung 26 ▶
Das Freistellen-Werkzeug kann auch zum Vergrößern der Arbeitsfläche eingesetzt werden.

Abbildung 27 ▶
Die Vergrößerung der Arbeitsfläche erfolgt rascher und intuitiver als mit dem sperrigen Arbeitsfläche-Dialog.

Arbeitsfläche verändern mit dem Freistellen-Werkzeug

Dass man mit dem Freistellen-Werkzeug Bildausschnitte nach verschiedensten Techniken ändern und sogar Parallaxe-Fehler beheben kann, haben wir bereits im Auswahl-Kapitel festgestellt. Doch dieses scheinbar primitive Werkzeug kann noch mehr: Es ist auch ein sehr komfortabler Ersatz für den sperrigen Arbeitsfläche-Dialog. Maximieren Sie zuerst das Dokumentfenster, so dass genügend Hintergrundfläche für das Vergrößern der Arbeitsfläche vorhanden ist. Aktivieren Sie das Freistellen-Werkzeug ([F]), und ziehen Sie ein Begrenzungsrechteck über die gesamte Bildgröße auf. Verwenden Sie die Anfasser des Begrenzungsrechtecks, um es an der gewünschten Seite über das Bild zu ziehen. Nach Betätigen der [↵]-Taste vergrößert Photoshop die Arbeitsfläche des Dokuments auf die Größe des Begrenzungsrechtecks. Der neu hinzukommene Bildbereich wird mit der aktuellen Hintergrundfarbe gefüllt.

Ein weiterer Vorteil des Freistellen-Werkzeugs: Beschnittene Bildbereiche müssen nicht zwangsläufig verloren gehen: Wenn Sie die Option FREIGESTELLTER BEREICH auf AUSBLENDEN setzen, wirkt das Freistellen nicht destruktiv: Bei einer späteren Vergrößerung des Arbeitsbereichs werden die bisher unsichtbaren Bereiche wieder eingeblendet.

Verborgene Talente in der Werkzeug-Palette

▲ **Abbildung 28**
Die Optionen des Freistellen-Werkzeugs

Mit der ⌃Strg/⌘-Taste können Sie eine manchmal störende Eigenschaft des Freistellen-Werkzeugs abschalten: das Einrasten an Dokumenträndern, Linealeinheiten oder Dokumentrastern. Halten Sie diese Taste gedrückt, während Sie die Anfasser des Begrenzungsrechtecks bewegen, wird das Einrasten deaktiviert, und Sie können die exakte Position des Rechtecks selbst bestimmen.

Eine häufig übersehene Option des Freistellen-Werkzeugs ist die Schaltfläche VORDERES BILD. Mit ihr können Sie beliebige Photoshop-Dokumente auf die Größe eines bestimmten Bildes auf eine einheitliche Größe bringen. Zusatzvorteil gegenüber dem Bildgröße-Dialog: Auch der Bildausschnitt kann geändert werden. Typischer Anwendungsbereich für dieses Feature sind Web-Fotogalerien. Sie können zwar mit der Web-Fotogalerie (Menü DATEI • AUTOMATISIEREN) die Bilder auf vorgegebene Pixel-Dimensionen verkleinern lassen, doch erfahrungsgemäß ist bei einigen Fotos der Bildausschnitt verbesserungswürdig.

 Bildgrößen angleichen mit dem Freistellen-Werkzeug

Mit dem Freistellen-Werkzeug können Sie die Dimensionen verschiedener Bilder angleichen und dabei flexibel entscheiden, wie viel Hintergrund Sie entfernen möchten.

1. Bilder öffnen
Öffnen Sie alle zu korrigierenden Bilder.
Aktivieren Sie das Bild mit den richtigen Dimensionen, und klicken Sie auf die Schaltfläche VORDERES BILD. Alternativ können Sie geeignete Werte in die Breite- und Höhe-Felder der Werkzeugsymbolleiste eingeben.

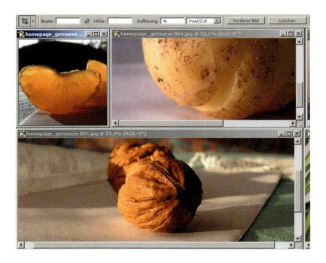

2. Freistellungsrechteck

Nun können Sie in jedem Bild ein Freistellungsrechteck über dem gewünschten Bildausschnitt aufziehen. Dieses ist auf die Proportionen des Ursprungsbilds beschränkt. Nach dem Betätigen von ⏎ wird das Bild auf die Dimensionen des Ursprungsbildes verkleinert.

3. Gleiche Zoomstufe

Zum leichteren Bearbeiten der weiteren Bilder wenden Sie den Befehl FENSTER • ANORDNEN • GLEICHE ZOOMSTUFE UND POSITION an. Damit werden alle Bilder in derselben Zoomstufe und Position wie das aktuelle Bild angezeigt. Durch die geöffneten Dokumente können Sie mit Strg/⌘ + ⇥ navigieren.

4. Aktion anlegen

Für das zeitsparende Speichern der Bilder können Sie sich eine Aktion anlegen, in der Sie den Speichervorgang für ein Dokument aufzeichnen. Mehr dazu erfahren Sie im Kapitel »Automatisieren« ab Seite 380.

Für präzise, nummerische Vergrößerungen ist nach wie vor der **Arbeitsfläche-Dialog** vorzuziehen (Abbildung 29). Auch hier hat Adobe nachgebessert: Sie können die Farbe der erweiterten Arbeitsfläche innerhalb des Dialogs bestimmen und sind nicht auf die eingestellte Hintergrundfarbe angewiesen. Ein Doppelklick auf das Farbfeld ❶ öffnet den Farbwähler, mit dem die einzustellende Hintergrundfarbe festgelegt werden kann. Dieselben Optimierungen hat auch das Dialogfeld FLÄCHE FÜLLEN (Menü BEARBEITEN) erfahren. Allerdings können Sie eine ausgewählte Fläche nicht nur mit einer bestimmten Farbe, sondern auch mit Mustern oder dem Protokollpinsel füllen.

Bilder frei auf der Arbeitsfläche verschieben

Auch das Handwerkzeug (H) bekommt in Version CS eine wichtige Funktion spendiert: In den beiden Vollbild-Modi (erreichbar über F) kann mit der Hand das Bild frei auf der Arbeitsfläche bewegt werden – unabhängig von der eingestellten Zoomstufe. Bisher hat Photoshop ein Bild einfach zentriert angezeigt, wenn es kleiner als die zur Verfügung stehende Bildschirmgröße war. Die Folge: Vergrößerte man das Bild, so mussten ständig alle eingeblende-

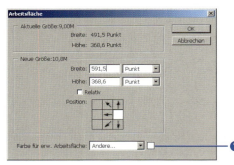

◀ **Abbildung 29**
In Photoshop CS kann die Farbe der erweiterten Arbeitsfläche frei festgelegt werden.

▲ **Abbildung 30**
Mit aktivierter Option BILDLAUF IN ALLEN FENSTERN DURCHFÜHREN scrollt Photoshop in allen geöffneten Dokumenten.

▲ **Abbildung 31**
Dasselbe Dokument in zwei Ansichten

▲ **Abbildung 32**
Der Bildausschnitt wurde nur im ersten Fenster geändert, das zweite Fenster scrollt automatisch mit.

ten Paletten neu arrangiert werden, damit sie keine Bildbereiche verdecken. Photoshop CS beendet diesen Eiertanz: Durch Klicken und Ziehen mit der Maus kann das Bild beliebig auf der Arbeitsoberfläche verschoben werden. Besonders bei Retuschearbeiten, die eine Vielzahl an eingeblendeten Paletten erfordern, bringt diese Innovation einiges an Arbeitsersparnis. Noch mehr Zeit sparen Sie, wenn Sie über die Leertaste temporär zum Handwerkzeug schalten und dann das Bild wie gewünscht verschieben.

Ein weiteres interessantes Feature ist der automatische Bildlauf, den Photoshop auf Wunsch in allen geöffneten Dokumenten durchführt. Besonders nützlich ist es bei Retuschearbeiten mit mehreren Ansichten desselben Bildes: Verändern Sie in einer Ansicht den Bildausschnitt, so geschieht dies automatisch auch in allen weiteren Ansichten des Bildes. Bisher mussten Sie den Bildausschnitt in mehreren Ansichten manuell anpassen. Während Sie im vergrößerten Bildausschnitt die erforderlichen Bearbeitungsschritte vornehmen, können Sie in der verkleinerten Ansicht die Auswirkung Ihrer Korrekturen auf das Gesamtbild beurteilen. Der automatische Bildlauf kann übrigens durch Drücken der ⇧-Taste bei aktivem Handwerkzeug durchgeführt werden. Ein Doppelklick auf das Hand-Icon passt die Bildgröße der Fenstergröße an.

Das Zoomwerkzeug (Z) wurde mit einem Äquivalent ausgestattet: der Option ALLE FENSTER. Mit ihr kann in alle geöffneten Dokumente und Ansichten ein- und ausgezoomt werden. Wie beim automatischen Bildlauf müssen Sie dafür das Zoomwerkzeug in nur einem Fenster anwenden, alle anderen geöffneten Fenster werden vergrößert bzw. verkleinert. Mit dem Menü FENSTER • ANORDNEN • GLEICHE ZOOMSTUFE können Sie alle geöffneten Fenster auf dieselbe Zoomstufe wie das gerade geöffnete Dokument setzen. Mit GLEICHE POSITION aus demselben Menü erreichen Sie, dass in jedem Fenster derselbe Bildausschnitt angezeigt wird. Mit dem Tastenkürzel Strg/⌘ + + bzw. - zoomen Sie übrigens nur im gerade aktiven Dokument – auch wenn die Option ALLE FENSTER aktiv ist. Fügen Sie diesem Shortcut noch die Alt/⌥-Taste hinzu, wird auch die Fenstergröße des Dokuments der aktuellen Zoomstufe angepasst. Ein Doppelklick auf das Zoom-Icon in der Werkzeug-Palette stellt den Zoom auf 100 %.

Textwerkzeug

Wird das Textwerkzeug eingesetzt, kommt das manchmal einer Hotkey-Sperre gleich: Die Tastenkürzel der Werkzeuge funktionieren im Textmodus natürlich nicht, sie werden als Text ausgegeben. Gut zu wissen, dass der Textmodus ganz einfach durch Drücken der ↵-Taste des Ziffernblocks beendet werden kann.

Klicken Sie bei aktiviertem Textwerkzeug in einen Textbereich, schaltet Photoshop diesen in den Bearbeitungsmodus. Wenn Sie lieber eine neue Textebene erstellen wollen, halten Sie dabei die ⇧-Taste gedrückt. Ein Doppelklick auf das Icon einer Textebene wählt ihren gesamten Inhalt aus, dasselbe Ergebnis erzielen Sie mit Strg/⌘ + A. Bei überfüllten Textrahmen wird auch der nicht sichtbare Inhalt mit ausgewählt.

Wollen Sie mehrere Textebenen zeitsparend umformatieren, sollten Sie sie vorher verbinden, Änderungen der Schriftart und -größe werden in allen verbundenen Textebenen automatisch mit geändert.

Um verschiedene Schriftarten an einer Textpassage zu testen, aktivieren Sie die entsprechende Textebene und klicken mit der Maus auf das Schriftauswahl-Feld in der Optionsleiste. Mit ↑ und ↓ können Sie nun alle Schriftarten der Reihe nach durchprobieren.

Zum Ändern der Schriftfarbe können Sie auch die bereits bekannten Farbfüllungs-Shortcuts verwenden: Alt/⌥ + ⌫ füllt die Schrift mit der Vordergrundfarbe, Strg/⌘ + ⌫ verwendet dafür die Hintergrundfarbe.

Wollen Sie mit dem Textwerkzeug einen genau dimensionierten Textrahmen erstellen,

Tastenkürzel des Textwerkzeugs

Tastenkürzel	Wirkung bei markiertem Text
Strg/⌘ + ⇧ + <	Schriftgröße erhöhen
Strg/⌘ + ⇧ + >	Schriftgröße verringern
Alt + ↑	Absatzhöhe vergrößern
Alt + ↓	Absatzhöhe verringern
Alt/⌥ + ←	Kerning erhöhen
Alt/⌥ + →	Kerning verringern
Strg/⌘ + ⇧ + L/C/R	Absatz links/zentriert/rechts ausrichten

◀ **Abbildung 33**
Nach dem ersten Klick mit dem Pinsel-Werkzeug

Abbildung 34 ▶
Positionieren Sie die Pinselspitze, und halten Sie die Umschalt-Taste gedrückt.

◀ **Abbildung 35**
Dadurch werden die zwei Eckpunkte mit einem Pinselstrich verbunden.

Abbildung 36 ▶
Ein einfaches Haus

klicken Sie mit gedrückter ⌥/⌥-Taste an die gewünschte Stelle. In der nun erscheinenden Dialogbox können Sie die genaue Breite und Höhe des Textrahmens eingeben.

Pinsel
Für die Pinseleinstellungen gelten ähnliche Tastenkürzel wie für die Ebenen-Palette: Mit den Nummerntasten können Sie seine Deckkraft rasch ändern. Um die Deckkraft auf 10 % zu setzen, reicht bei aktivem Eingabefeld 1 als Tastenkürzel. Analog dazu betätigen Sie 2 für 20 %, 3 für 30 % usw. Unrunde Prozentwerte wie z. B. 38 % erreichen Sie durch unmittelbar aufeinander folgendes Drücken von 3 und 8. Mausliebhaber können natürlich auch den bereits oben vorgestellten Zahlencursor zum Ändern der Werte verwenden.

Zum Umstellen des Farbmodus ist die Maus ebenso entbehrlich: Mit den Tastenkombinationen ⇧ + + bzw. − können Sie die verschiedenen Farbmodi durchblättern.

Mit Ö erhöhen Sie den Durchmesser der Pinselspitze, mit # verringern Sie ihn. Die Kantenschärfe eines Pinsels können Sie mit ⇧ + # steigern und mit ⇧ + < senken.

Sofern es sich bei dem eingestellten Pinsel um eine Werkzeugvorgabe handelt, können Sie mit . und . zum zuletzt bzw. zuvor eingestellten Pinsel schalten.

Mit der ⇧-Taste zwingen Sie den Pinsel zu geraden Linien.

Auch zur Verbindung zweier Punkte mit einem Pinselstrich ist die ⇧-Taste nützlich: Klicken Sie an die Stelle des ersten Punkts,

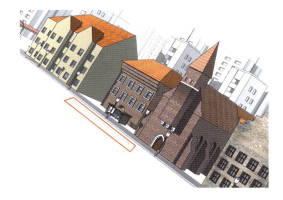

◄ **Abbildung 37**
Die Stadt in Schräglage – das Messwerkzeug hilft.

◄ **Abbildung 38**
Arbeitsfläche-drehen-Dialog mit sinnvoller Eingabe

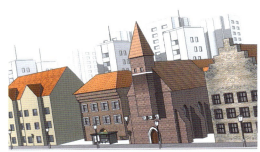

Abbildung 39 ►
Die eingeblendete Hilfslinie beweist: Nun ist die Häuserzeile (fast) im horizontalen Lot.

halten Sie ⇧ gedrückt, und klicken Sie an den zweiten Punkt.

Mit der ⇧ können Sie statt der Pinselkontur ein präzises Fadenkreuz als Cursor einblenden. Dieser Shortcut funktioniert auch mit jedem anderen Werkzeug-Cursor von Photoshop (z.B. magnetisches Lasso, Kopierstempel, Wischfinger …).

Verlaufswerkzeug und Fülleimer

Entspricht die Farbgebung eines Verlaufs nicht ganz Ihren Vorstellungen, so können Sie seine Deckkraft mit BEARBEITEN • VERBLASSEN (⇧ + Strg + F) senken bzw. eine andere Farbmethode bestimmen.

Wie bei allen anderen Werkzeugen mit Vorgaben können Sie auch die Palette der eingestellten Verläufe mit . und , durchblättern. Mit # können Sie zwischen den unterschiedlichen Verlaufstypen (Linear, Radial …) umschalten.

Die Füllmethode DAHINTER AUFTRAGEN des Fülleimers wirkt nur auf transparente Flächen eines Bildes. Damit können Sie die transparenten Bereiche eines Bildes zeitsparend einfärben. Die Füllmethode LÖSCHEN bewirkt das Gegenteil: Die angeklickte Farbe wird aus dem Bild entfernt.

Messwerkzeug

Das Messwerkzeug (I) kann nicht nur Längen und Winkel bestimmen, es ist auch eine nützliche Hilfe beim gerade Ausrichten verzerrt eingescannter Bilder. Ein extremer Fall ist die Häuserzeile in Abbildung 37, die aus ihrer Schräglage befreit werden soll. Ziehen Sie dazu mit dem Messwerkzeug eine Linie entlang der Gehsteigkante, die möglichst parallel zu dieser Kante verläuft. Anschließend wählen Sie BILD • ARBEITSFLÄCHE DREHEN • PER EINGABE…, und siehe da, Photoshop schlägt Ihnen bereits den vom Messwerkzeug definierten Winkel als

Abbildung 40 ▶
Das Messwerkzeug wurde parallel zur Hauskante geführt.

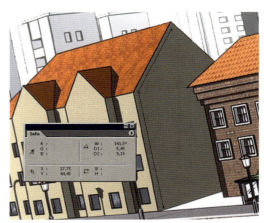

▲ Abbildung 41
Durch Drücken der Alt/Wahl-Taste erscheint ein Winkelmesser-Cursor, nun kann eine zweite Messgerade gezeichnet werden.

Abbildung 42 ▶
Die Info-Palette zeigt den gemessenen Winkel an.

Eingabe vor. Nun müssen Sie die Drehung nur noch gegen den Uhrzeigersinn durchführen lassen (Abbildung 37f.).

Das ist aber nicht das einzige Talent des Messwerkzeugs: Es kann auch den Winkel bestimmen, den zwei beliebige Geraden miteinander einschließen (Abbildung 40f.). Klicken Sie dazu mit der Maus, um den Anfangspunkt der Messung festzulegen, anschließend bewegen Sie das Messwerkzeug entlang der ersten Geraden. Nach Setzen des Endpunkts halten Sie die [Alt]/[⌥]-Taste gedrückt. Das Messwerkzeug-Icon verwandelt sich nun in einen Winkelmesser. Nun können Sie die zweite Gerade entlang fahren und den Endpunkt setzen. Die Info-Palette ([F8]) zeigt dann den gemessenen Winkel zwischen den beiden Geraden an.

Pipette

Die Pipette kann in Photoshop CS erstmals auch Farben außerhalb der Photoshop-Oberfläche aufnehmen. Sie können Farbwerte aus beliebigen, am Desktop eingeblendeten Programmen ermitteln. Allerdings ist dieses Feature gut versteckt: Bewegen Sie den Cursor bei eingeblendetem Pipette-Werkzeug einfach aus Photoshop heraus, dann verwandelt er sich in einen Mauszeiger ohne jede Funktion. Klicken Sie stattdessen in das gerade geöffnete Bild, und halten Sie die Maustaste gedrückt. Nun bleibt der Pipette-Cursor erhalten, und er nimmt jede Farbe auf, über die Sie ihn bewegen. Um möglichst viel »Bewegungsfreiheit« am Desktop zu erlangen, sollten Sie das Photoshop-Programmfenster verkleinern und an den Rand des Desktops verschieben.

Halten Sie die Alt/⌥-Taste gedrückt, um mit der Pipette die Hintergrundfarbe anstatt der Vordergrundfarbe festzulegen.

Mit gedrückter ⇧-Taste wird die Pipette zum Farbaufnehmer. Dies funktioniert auch aus diversen Dialogboxen heraus, die über ein Pipette-Icon verfügen, z.B. Tonwertkorrektur, Gradationskurven etc.

Farbaufnahme-Werkzeug

Die Aufnahmebereich-Einstellungen des Farbaufnahme-Werkzeugs wirken sich auch auf das Verhalten des Zauberstabs, des Hintergrund-Radiergummis und des magischen Radiergummis aus. Da diese drei Werkzeuge für ihren Einsatz Farbwerte messen müssen, verwenden sie die Aufnahmebereich-Einstellung des Farbaufnahme-Werkzeugs. Sie können damit einstellen, ob der genaue Farbwert des angeklickten Pixels oder der Durchschnitt aus den umgebenden 3 x 3 oder 5 x 5 Pixeln verwendet werden soll.

▲ **Abbildung 43**
Die Aufnahmebereich-Einstellung des Pipette-Werkzeugs wirkt sich auch auf andere Werkzeuge aus.

Mit dem Farbaufnahme-Werkzeug können Sie bis zu vier Farbmesspunkte im Bild setzen. Die damit festgestellten Farbwerte werden in der Info-Palette (F7) angezeigt. Die gesetzten Punkte können nachträglich mit der Maus verschoben werden. Um einen Messpunkt zu löschen, klicken Sie ihn bei gedrückter Alt/⌥-Taste an.

Werkzeug-Metamorphosen

Die ⌘/Strg-Taste verwandelt die meisten Werkzeuge temporär in das Verschiebe-Werkzeug. Es gibt allerdings einige Ausnahmen, bei denen dies wenig Sinn machen würde. In der Tabelle finden Sie die Verwandlungen für diese Werkzeuge.

Aber auch die Alt/⌥-Taste ermöglicht einige Werkzeug-Verwandlungen: Das Weichzeichner-Werkzeug (O) schaltet sie temporär zum Scharfzeichner-Werkzeug und den Nachbelichter (R) zum Abwedler. Das

Werkzeuge und ihre Verwandlungen durch Strg/Apfel

Werkzeug ...	wird durch Strg/Apfel zu ...
Slice-Werkzeug	Slice-Auswahlwerkzeug
Pfadauswahl-Werkzeug	Direkt-Auswahlwerkzeug
Zeichenstift	Direkt-Auswahlwerkzeug
Formwerkzeug	Pfadauswahl-Werkzeug
Hand	Zoomwerkzeug
Alle anderen Werkzeuge	Verschiebe-Werkzeug

▲ **Abbildung 44**
Der Dialog TASTATURBEFEHLE

magnetische Lasso (L) wird durch Alt/⌥ zum Polygon-Lasso und dieses wiederum zum Freihand-Lasso.

Tastaturbefehle bearbeiten

Ein großes Ärgernis an Photoshop war bisher die fehlende Möglichkeit, eigene Tastenkürzel festzulegen und bestehende zu ändern. Während diese Funktion in jeder Textverarbeitung schon Standard ist, musste man in Photoshop selbst für häufig benötigte Befehle wie z.B. Bildgröße oder den Scannen-Dialog die Menüleiste bemühen. In der Version CS haben die Entwickler dieses Defizit mehr als beseitigt: Photoshop verfügt mit dem Befehl BEARBEITEN • TASTATURBEFEHLE über einen sehr leistungsfähigen Dialog zum Ändern und Neuerstellen von Tastenkürzeln.

Einstellungsmöglichkeiten im Dialogfeld

Tastaturbefehle werden von Photoshop in so genannten Sets verwaltet. Das sind gespeicherte Tastatureinstellungen, die auch als Dateien exportiert werden können. Mit dem Auswahlfeld ❶ kann zwischen mehreren Sets gewechselt werden. Das aktuell im Auswahlfeld ❶ angezeigte Set ist aktiv, d.h., die dort getroffenen Tastaturbefehle gelten in Photoshop. Die nebenstehenden Icons dienen zum Speichern, Neuanlegen und Löschen von Sets. Um die Kompatibilität zu Hilfe-Dateien und Tutorials zu erhalten, können die Photoshop-Standard-Tastenkürzel selbst nicht geändert werden. Dafür müssen mit der Schaltfläche NEU ❸ eigene Sets erstellt werden. Um Ihre Arbeit zu erleichtern, enthält ein neu angelegtes Set bereits alle Tastenkürzel des aktiven Sets. Sie brauchen also nur jene Kürzel zu bearbeiten, die Sie ändern möchten.

TASTATURBEFEHLE FÜR legt fest, für welche Bedienelemente von Photoshop Tastenkürzel festgelegt werden sollten. Zur Wahl stehen ANWENDUNGSMENÜS, PALETTENMENÜS oder die WERKZEUGE.

Im Feld darunter werden die entsprechenden Menüs angezeigt. Klappen Sie einen Menüpunkt auf, werden die darin enthaltenen Befehle sichtbar.

Festlegen neuer Tastenkürzel

Um ein Tastenkürzel für einen Menüpunkt festzulegen, müssen Sie diesen in der Ansicht auswählen und anklicken. Daraufhin erscheint eine Eingabemarke. Drücken Sie nun das gewünschte Tastenkürzel. Da auch alle Untermenüs (z.B. BILD • MODUS) in der Ansicht enthalten sind, kann die Suche nach dem richtigen Befehl unter Umständen etwas länger dauern.

Gültige Tastaturbefehle für Anwendungs- und Palettenmenüs müssen zumindest eine der folgenden Tastenkombinationen enthalten:
▶ Strg/⌘-Taste (z. B. Strg + W)
▶ Alt/⌥-Taste in Verbindung mit einer Funktionstaste (z. B. Alt + F8)

Erfüllt Ihr Tastenkürzel diese Vorgaben nicht, macht Sie Photoshop durch eine Fehlermeldung darauf aufmerksam. Sie werden aufgefordert, eine neue Tastenkombination zu wählen.

Ein weiteres, häufiges Szenario: Ihr eingegebener Tastaturbefehl ist schon einer anderen Funktion zugeordnet. In diesem Fall erscheint nur eine Warnmeldung. Sie können das Tastenkürzel zwar der neuen Funktion zuordnen, müssen aber für den ursprünglichen Befehl ein alternatives Kürzel finden. Dies können Sie durch Klick auf die Schaltfläche Bestätigen und zu Konflikt gehen erledigen. Die Ansicht springt dann zum anderen Befehl, und Sie können ein anderes Tastenkürzel eingeben. Änderungen rückgängig machen annulliert den vergebenen Tastaturbefehl. Änderungen vordefinierter Tastenkürzel sollten Sie aber vermeiden, da ansonsten in Tutorials und Tipps angeführte Tastaturbefehle mit Ihrem Set nicht mehr funktionieren.

Haben Sie ein noch nicht benutztes Tastenkürzel für einen neuen Befehl vergeben, so werden keinerlei Warnmeldungen ausgegeben. Die Änderungen werden wirksam, sobald Sie den Dialog mit dem OK-Button verlassen.

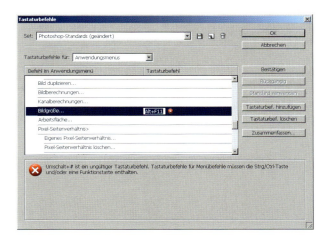

▲ **Abbildung 45**
Ein ungültiger Tastaturbefehl

Übrigens: Auch die Tastenkürzel für Werkzeuge können geändert werden.

Zurücksetzen von Tastenkürzeln

Haben Sie ein Photoshop-Tastenkürzel geändert und möchten zu dem Standardkürzel zurückkehren, können Sie dafür die Schaltfläche Standard verwenden einsetzen. Haben Sie beispielsweise das Tastenkürzel für Datei • Öffnen von Strg/⌘ + O auf Alt + F6 geändert, stellt ein Klick auf Standard verwenden das alte Tastenkürzel Strg/⌘ + O wieder her.

Tastenkürzel von anderen Usern importieren

Leider bietet der Tastaturbefehle-Dialog keine Möglichkeit, Tastenkürzel von anderen Photoshop-Usern zu importieren. Sie können dies aber ganz leicht selbst erledigen, indem Sie die entsprechende .KYS-Datei ins Unterverzeichnis Vorgaben/Tastaturbefehle Ihres Photoshop-Programmverzeichnisses kopieren. Dann muss Photoshop neu gestartet werden. Nun können Sie im Tastaturbefehle-Dialog das entsprechende Set auswählen.

Abbildung 46 ▶
Das neu vergebene Tastenkürzel [Alt] + [F10] erscheint auch im Bild-Menü.

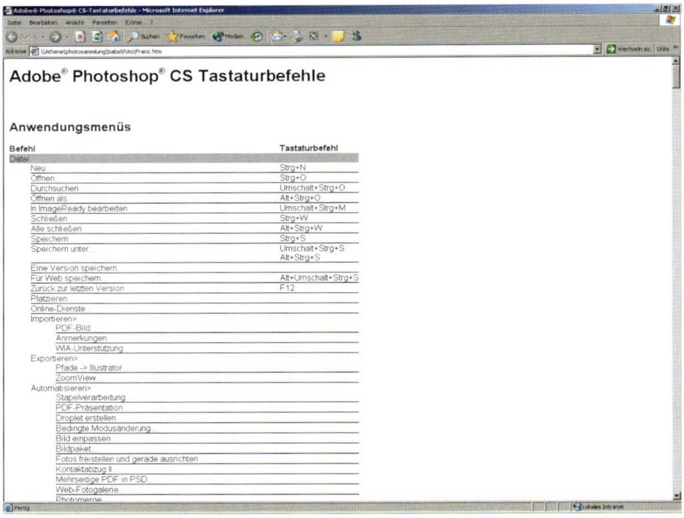

Abbildung 47 ▶
Die Tastenkürzel als HTML-Datei

Speichern und Exportieren von Tastaturbefehlen

Haben Sie mehrere Tastenkürzel erstellt bzw. geändert, sollten Sie Ihr Tastaturbefehl-Set unter einem sinnvollen Namen speichern. Nach dem Klick auf das Speicher-Icon erscheint ein Dialog, in dem Sie den Dateinamen des Sets bestimmen können, woraus sich auch die Bezeichnung im Listenfeld SET ergibt. Die Dateinamen von Sets tragen standardmäßig die Erweiterung .KYS.

Eine weitere nützliche Option verbirgt sich hinter der Schaltfläche ZUSAMMENFASSEN. Damit können die Tastenkürzel eines Sets als HTML-Datei exportiert und im Browser angezeigt werden. Besonders bei zahlreichen individuellen Kürzeln bietet sich ein Ausdruck dieser Datei als Referenz an. Zusätzlich sind die neuen Tastenkürzel auch in den Menübefehlen integriert.

Für Ihre Notizen

Index

Symbole

@include-Statement 19
16-Bit-Unterstützung 292
16-Bit Farbtiefe 50

A

Abdunkeln 217, 247
Abgeflachte Kante und Relief 226
absolut farbmetrisch 187
Abwedler 80, 85, 144, 260
Acrobat 13
Adobe (ACE)-Modul 177
Adobe Gamma 181
Adobe Gamma Assistent 182
Adobe Photoshop 12
  Aktivierung 21
Adobe RGB 1998 186
Adobe RGB 98-Farbraum 173
Ähnliches auswählen 120
Aktionen 380
  als Droplet 381
  ausführen 383
  Ebenen aktivieren 411
  in Aktion 382
  mit Dateibrowser 24
  Nachbereitungsarbeiten 385
  Tastenkürzel 407
  Unterbrechung 382
Aktionen-Manager
  Scripting 394
Aktionen-Palette 45, 336, 381, 406
Alpha-Kanäle 91, 108, 121
  Auswahl wiederherstellen 136
  aus Auswahl erstellen 136
  maximale Anzahl 136
  Schmuckfarben 331
  verrechnen 136
Als Alpha-Kanal-Speichern 136
Animation 354
  Banner 355
  Bewegung 356
  Ebenenstil 356
  Flash-Export 356
  Frames 354
  Zwischenbilder 355

Animation-Palette 354
Ankerpunkt
  hinzufügen 170
Ankerpunkt-hinzufügen-Werkzeug 158
Ankerpunkt-löschen-Werkzeug 158
AppleScript 19, 389
Application-Objekt 390
Arbeitsfarbraum 185
Arbeitsfläche
  verändern 415
Arbeitsfläche-Dialog 417
Arbeitsoberfläche
  optimieren 405
Arbeitspfad 155
  erstellen 156
Archivierung 360
Aufhellen 218
Augenabstand 263
Ausbessern
  Polygon-Lasso 252
  Störungen wegretuschieren 251
  transparent 253
Ausbessern-Werkzeug 251
Ausgabefarbraum 185
Ausgeblendete Ebenen löschen 411
Ausrichten 414
Ausschluss 221
Auswahl-Menü 109
Auswahl-Rezepte 91
Auswahlbegrenzung
  ausblenden 94
Auswahlberechnungen 105
Auswahlellipse 95
  Transformation 116
Auswahlen 90
  abrunden 98
  addieren 105
  Alpha-Kanal 108
  als Kanal speichern 108
  Art 95
  aus Pfad erstellen 161
  Ebenenmaske erstellen 150
  festes Seitenverhältnis 95
  flächenbasiert 93
  in 45°-Schritten verschieben 94
  in Alpha-Kanal 93

in Alpha-Kanal konvertieren 95
in Ebenenmaske konvertieren 94
in Pfade umwandeln 156
kanalbasiert 138
konturbasiert 92
luminanzbasiert 111
mehr als drei 108
minimieren 106
parametrisch 254
pixelgenau positionieren 94
Schnittmenge 105
speichern 136
subtrahieren 105
transformieren 115
transparenter Farbbereich 254
transparente Flächen 92
über Dateien verschieben 94
verändern 98, 117
vergrößern 120
während des Aufziehens
  verschieben 94
wiederherstellen 137
zentriert 95
Auswahllinie 91
Auswahlmethode
  extrahieren 125
Auswahlrechteck 95
Auswahlumrandung
  erstellen 119
Auswahlwerkzeuge 94
  Einzelne Zeile/Spalte 95
Auswahl transformieren 115
Auto-Farbe 304
Auto-Farbe-Befehl 286
Auto-Farbkorrektur 287
Auto-Funktion 284
Auto-Kontrast 286, 287, 304
Auto-Tonwert 304
Auto-Tonwertkorrektur 287
Automatische Farbkorrektur 304
Automatisieren 47, 48, 380
Automatisieren-Menü 20

B

Banding-Problem 237
Banneranimation 355

Basistexturen 195
BBEdit 389
Bearbeitungsprotokolleinträge 43
Bedingte Modusänderung 383, 384
Beleuchtung
   lineares Licht 221
   Schatten 260
   Scheinwerfer-Effekt 259
   Strahler 196
Beleuchtungseffekte 194, 196
Beleuchtungssituation 319
Benutzeroberfläche
   Elemente 396
   erstellen 395
Beschneidungspfad 162, 163, 165
   erstellen 162
Beschneidungswerte 305
Beschränkungsauswahl 106
Beta-Version 12
Bewegungsanimation 356
Bewertungssystem 29
Bézierkurven 156
bikubische Interpolations-
   methode 62
Bikubisch glatter 408
Bikubisch schärfer 408
Bildanalyse 195, 279
Bildansicht vergrößern 113
Bildausschnitte 247
Bildcache 27, 30
   exportieren 27
Bilder
   auf Arbeitsfläche verschieben 99
   beflaggen 28
   drehen 25
   mit Metadaten versehen 36
   mit Stichwörtern versehen 34
   optimieren 60
   sortieren 30
Bilder veredeln 194
Bildgröße-Dialog 408
Bildhelligkeit 281, 319
Bildhintergrund 143
Bildimport 47
Bildkomposition 247
Bildlauf 418
Bildmanipulation 247
Bildmodi 405
Bildmontage 246, 254
   Abwedler 260
   einheitliche Beleuchtung 260
   illustrativ 260
   illustrative Montage 257

Komposition 260
   mit Ebenenmasken 149
   Nachbelichter 260
   neigen 255
   Objektinteraktion 260
   perspektivisch verzerren 255
   Porträtretusche 261
   realistisch 260
   rotieren 255
   Schatten 260
   Schatten erstellen 257
   Schriftzug 259
   skalieren 255
   Transformieren 255
   transformiertes Standbild 257
   transparente Farbbereiche 254
   verschieben 255
   verzerren 255
Bildqualität
   JPEG 54
Bildrauschen 318
Bildstörungen 64, 251
Bildsuche 40
Bildtiefe 221
Blaukanal 62
Blaukurve 303
Blaustich 301
Blitzlicht
   Autokorrektur 45
Bluebox-Bilder freistellen 255
Brightness 313
Buntaufbau 327
Byte-Anordnung 334

C

Cache 27
   entleeren 28
Camera RAW 13, 48
   Anpassen-Reiter 50
   Belichtung 51
   Bildschärfung 52
   Farbstich eliminieren 50
   Farbstörungsreduktion 53
   Farbton 50
   Helligkeit 51
   Importdialog 50
   Luminanzglättung 53
   Temperatur 50
   Tiefen 51
Camera RAW-Bild
   in Photoshop 50
   Vorschau 50

Camera RAW-Formate
   unterstützt 49
Camera RAW-Informationen 33
Camera RAW-Update 49
CCD-Chips 33
Channels-Objekt 391
Chroma 313
chromatische Abberation 53
CIE-Farbräume 176
CIELab-Farbraum 176
Cinema 4D 197
CMM 177, 178
CMS 175
CMY-Komponenten 327
CMYK 300
   Arbeitsfarbraum 185
   Druckfarben 326
   eigenes 326
   GCR 327
   Mischung 327
   UCR 327
CMYK-Arbeitsfarbraum 186
CMYK-Fremddaten 192
CMYK-Komponenten 331
CMYK-Parameter 326
CMYK-Separation 326
Collagen 217
Color-Bleeding 61
ColorSync 177, 181
ColorSync-Assistent 184
Color Management Modul 177
Color Matching Method 177
Copyright-Hinweise 14
Corel Knock Out 131
Creative Suite 14
CSS-Befehle 336
CSV 350
Cursor
   Fadenkreuz 421

D

Dahinter auftragen 421
Dark-Matter 12
Datei
   kopieren 26
   löschen per Dateibrowser 26
   schreibgeschützt 26
   umbenennen 26
Dateibrowser 14, 22
   Aktionen 24
   Dateioperationen 26
   Flagge 28

Menüleiste 22
navigieren 24
neu in Version CS 22
Oberfläche 22
Rang 29
Suchfunktion 22
Voreinstellungen 30
Dateieigenschaften 32
Dateien anlegen
   Tastenkürzel 411
Dateiformate
   DCS 335
   EPS 334
   PICT 334
   PostScript 334
   TIFF 334
   Verbesserungen 48
Dateiinformationen 37
Dateiverwaltung 22
Datengestützte Webgrafiken 350
Datensicherung 360
Datumseinblendungen 252
DCS 331, 335
Debugger 393
Deckkraft 421
   ändern 409
Deckkraftunterbrechung 238
Densitometern 180
Desktop Color Separations 331
Differenz 221
Differenzwolken 196
Diffusions-Dithering 343
digitale Realität 247
Digitalisierung
   Farbprobleme 174
Digitalkamera
   Bilder optimieren 60
   Bilder suchen 42
Digitalkamera-Hersteller 43
Direkt-Auswahl-Werkzeug 160
Displacement-Map 197, 198, 201
Dithering 238, 343
   Diffusion 343
   Muster 343
   Störungsfilter 343
Document-Info-Objekt 391
Document-Objekts 391
drehen 25
Droplets 381, 386
Drucken
   mit Vorschau 193
Druckerprofile
   erstellen 180

Druckfarben 326
   Eurostandard 326
Druckfarbenstandard 328
Druckfarbraum 193
Druckvorstufe 326
   Buntaufbau 327
   Gesamtfarbauftrag 327
   Schmuckfarben 331
   Unbuntaufbau 327
   Unterfarbzugabe 327
Dunkelkammer 219
Dunkle und helle Farben suchen 286, 309
Duplex-Farben 329, 331
Duplexkurve 330
Duplexvorgaben 330

E

Ebenen
   als Gruppe füllen 154
   Deckkraft 340
   ein- und ausblenden 410
   gruppieren 153
   gruppieren/verbinden 410
   löschen 411
   nach oben verschieben 409
   neu 409
   reduzieren 410
   richtig auswählen 94
   verbindnen 411
Ebenen-Objekte 391
Ebenen-Palette 409
   Navigation 409
Ebenenaktivierung
   in Aktionen 411
Ebenenauswahl
   automatisch 94
Ebenenbeschneidungspfad 166
Ebeneneffekte 224
   Schein nach innen 339
Ebenengruppierung 152
   lösen 154
Ebenenkompositionen 273
Ebenenkompositionen-Palette 274
Ebenenmasken 149, 151, 244, 271, 411
   anzeigen 151
   aus Auswahl erstellen 150
   deaktivieren 151
   erstellen 149, 171
   Tastenkürzel 152
   über das Bild einblenden 151

   und Vektormasken 168
   Verkettung 150
   weichzeichnen 151
Ebenenminiatursymbol 149
Ebenenmodus 81, 215, 293
   abdunkeln 217
   ändern 409
   aufhellen 218
   Ausschluss 221
   auswählen 409
   Differenz 221
   Farbe 222
   farbig abwedeln 218
   farbig nachbelichten 218
   Farbton 222
   hartes Licht 220
   Lichtpunkt 221
   lineares Licht 220
   linear abwedeln 218
   linear nachbelichten 218
   Luminanz 222
   multiplizieren 215
   negativ multiplizieren 217
   Normalität 215
   Sättigung 222
   sprenkeln 215
   strahlendes Licht 220
   überlagern 217
   weiches Licht 220
Ebenensets 411
Ebenenstil
   Animation 356
   Schein nach innen 258, 348
   Schlagschatten 258
   speichern 228
   transparente Farbbereiche 254
Eckpunkt 156
Editierbarkeit 155
Effekte
   Airbrush 202
   Beleuchtungseffekte 196
   Blendenfleck 243
   Comic-Zeichnung 208
   Differenzwolken 196
   Glasschrift 224
   Leuchtmarker 216
   Leuchtstoffröhre 230
   Messing 231
   nahtlos machen 197
   Neonschrift 228
   pointilistisch 202
   Reliefeffekt 235
   Schein nach außen 229

Schein nach innen 229
Schraffurtechnik 203
Schriftzug 201
Silber 231
Stahl 231
Strahler 196
Verschiebungseffekt 197
Einblenden-Popup 28
Eingebettete Profile erhalten 189
Einstellungsebenen 102, 282, 319
   auf Ebenen beschränken 411
EPS 334
Euroscale Coated 186
Euroskala-Farben 329
Event-Handler 345
EXIF-Daten 14
EXIF-Kameradaten 33
EXIF-Metadaten 43
   im RDF-Format 39
Export-Droplet 345
Exportieren 357
   HTML 357
   Slices 358
   XHTML 357
Export 383
Extrahieren
   Bereinigen 126
   Füllwerkzeug 126
   Kantenverfeinerer 126
   Vorschaumodus 129
Extrahieren-Dialog 125

F

Fadenkreuz 421
Farb-Moiré 61
Farbabweichung 173
Farbanpassung 253
Farbaufnahme-Werkzeug 302, 423
Farbaufnehmer
   löschen 303
Farbauftrag
   Deckkraft 332
Farbbalance 304
Farbbereichsauswahl
   erstellen 112
Farbbereich
   auwählen 113
Farbbereich auswählen 110
   Transparenzen 110
   Vorschau-Modus 112
Farbdifferenz 222
Farbe 222

auftragen 215
Berechnung 217
Duplex 329, 331
Quadruplex 329
Schmuckfarben 328, 331
Triplex 329
Farbeinstellungen 177, 185
   erweitert 187
   Konvertierungsmodul 177
Farbeinstellungsdialog 185
Färben 315
Farbe ersetzen 253
   ähnliche Bereiche 253
   aufeinander folgend 253
   einmal 253
   Grenzen 253
   Hintergrund-Farbfeld 253
   Kanten suchen 253
   kontinuierlich 253
   Luminanz erhalten 253
   nicht aufeinander folgend 253
   Sampling 253
   umfärben 253
Farbgebung 278
Farbig abwedeln 218
Farbig nachbelichten 218
Farbkanäle 138, 140
   Alpha-Kanäle estellen 146
Farbkataloge 328
Farbkorrektur 16, 222, 247, 272
   automatisch 286
   Einstellungen speichern 284
   Farbmodus 299
   Foto-Filter 16
   gleiche Farbe 16
   Tiefen/Lichter 16
Farbkorrektur-Filter 282, 296, 319
Farbkorrekturwerkzeuge 300
Farbkreis 308
Farbmanagement 172, 190
   Aufgabe 173
   einrichten 178
Farbmanagement-Richtlinien 188
Farbmanagementsystem 175
Farbmodus 299
Farbprobleme 174
Farbprofile
   erstellen 179
Farbprozessor 176
Farbräume 173
   visualisieren 187
Farbsäume 53
   entfernen 118

Farbstich 50, 300, 305, 313, 319
   entfernen mit Gradations-
      kurven 303
   mit Info-Palette entfernen 301
Farbsysteme 328
   Focoltone 329
   HKS 329
   Pantone 328
   Trumatch 329
Farbtemperaturen 50
Farbton 222, 313
Farbton/Sättigung 312
Farbumfang 173
Farbumfang-Warnung 280, 315
Farbverbesserung 312
Filter 17, 194
   Beleuchtungseffekte 194, 196
   Blende 195
   Differenzwolken 195
   Distorsion 198
   farbig nachbelichten 205
   Farbkorrektur 195
   Farbpapier-Collage 208
   Gaußscher Weichzeichner 194
   Glas 198
   Kantenbetonung 208
   Konturen finden 206
   kräuseln 198, 258
   linear abwedeln 205
   mit Protokollpinsel 210
   Protokoll-Palette 209
   Relief-Filter 194
   Rendering-Filter 194, 195
   richtig einsetzen 204
   Schärfe 195
   Störungen hinzufügen 195
   Strichumsetzung 203
   Tontrennung 208
   Unschärfe 195
   verbiegen 258
   verblassen 205
   verflüssigen 198
   Verschiebungseffekt 195, 197
   versetzen 198, 201
   verzerren 198
   Verzerren-Filter 194
   Video-Filter 195
Filter-Typen
   Deformationsfilter 194, 198
   fotografische 195
   Grundfilter 194, 195
   Hilfsfilter 195
   Imitationsfilter 195

Malfilter 202
Schwingungen 198
Zeichenfilter 202
Filter-Typologie 194
Filter-Vorschau 206, 207
Filtergalerie 206
    Filter ausblenden 207
    Filter einfügen 207
    Reihenfolge ändern 207
Filterkette 206
Flächenoption 226
Fläche
    füllen 405
Flagge 28
Flagge-Funktion 46
Flash-Export 356
Focoltone 329
Formebenen 157
Foto-Filter 16, 319
Fotomontage
    unrealistisch 321
Fotos freistellen und gerade ausrichten 47
Fraktalbilder 240
Freiform-Zeichenstift-Werkzeug 158
Freigestellter Bereich 415
Freihand-Lasso 98
    als Polygon-Lasso verwenden 99
Freistellen 125, 140, 163, 280
    Bluebox-Bilder 255
    Greenbox-Bilder 255
    mit Knock Out 132
    Nachbearbeitung 145
    transparente Farbbereiche 254
    vor komplexem Hintergrund 143
Freistellen-Werkzeug 96, 415
    perspektivisch 96
    Vorderes Bild 416
Freistellpfade 154
Freistellung
    Farbkanal wählen 140
Freistellungsmasken
    aus Farbkanälen 140
Fremdprofile 179
Fülleimer 421
Füllmethoden 214
    abdunkeln 217
    aufhellen 218
    Ausschluss 221
    Differenz 221
    Farbe 222
    farbig abwedeln 218
    farbig nachbelichten 218
    Farbton 222
    Funkionsweise 214
    Gruppen 214
    hartes Licht 220
    Lichtpunkt 221
    lineares Licht 220
    linear abwedeln 218
    linear nachbelichten 218
    Luminanz 222
    multiplizieren 215
    Normalität 215
    Sättigung 222
    sprenkeln 215
    strahlendes Licht 220
    überlagern 216, 217
    umgekehrt multiplizieren 217
    weiches Licht 220

G

Gamma-Regler 285
Gammawert
    einstellen 183
Gauß'scher Weichzeichner 80, 114, 194
GCR 327
Generisches Scripting 389
Generische PDFs 58
geöffnete Bilder
    durchblättern 405
Gerätefarbraum 175
Geräteprofil 178
Geräteprofil wählen 190
Gesamtfarbauftrag 327
Gesichtsformen 262
    Augenabstand 263
    eckig 262
    Lidform 264
    Lippen 265
    oval 262
    rund 263
Gesichtston
    korrigieren 309
Gestrichenes Papier 326
GIF-Format 342
Glanz 227
Gleiche Farbe 321
Gleiche Zoomstufe 419
GoLive 13
GPS-Informationen 33
Gradationskurven 138, 289
    Ein- und Ausgabewert 289
    Farbstiche entfernen 303
    Formen 291
    Graustufenskala 289
    S-Kurve 294
    Schwarzpunkte u.a. setzen 289
    sichern 290
    Tastenkürzel 290
    und Histogramm 292
    zeichnen 289
Gradationskurven-Einstellungsebene 304
Grafiktablett 251
Graustufen-Bild
    Überbelichtung 296
Graustufen-Konvertierung 189
Graustufen-Modus 87
    umkehrbar 315
Graustufenbilder
    einfärben 222
Grautöne
    CMYK 306
Gray Color Replacement 327
Greenbox-Bilder freistellen 255
Grifflinie 156
Griffpunkt
    verschieben 160
Grünkurve 303

H

Haare 137
    freistellen 131
Haarfarbe
    ändern 311
Hard-Proof 179
Hartes Licht 221
Hauttöne 306, 309
    CMYK 307
    Referenztabelle 307
    sättigen 318
Hell/Dunkel-Wahrnehmung 281
Helle Bereiche vergrössern 80
Helligkeitsunterschied 64
Helligkeit interpolieren 80, 114, 324, 385
Helligkeit interpolieren-Filter 63, 311
Herstellerprofile 190
Hilfe-Menüs
    eigene 19
Hilfslinien
    Ausrichtung ändern 407
    ein- und ausblenden 407

Hilfslinien fixieren 407
Hintergrund 195
  überlagern 217
Hintergrund-Farbfeld 253
Histogramm 281
History-Objekt 391
HKS 329
HKS-Farbfächer 328, 329
Hochglanzpapier 326
Hochpass-Filter 75, 81
HSB-Farbmodell 312
HTML 357
HTML-Export 336
Hue 313

I

ICC 176
ICC-Profile 176, 190, 344
  in Dateiformat einbetten 192
ICM 177
ICM-Modul 177
Illustrative Montage 257
Imagemaps 337, 340
ImageReady 336
  Animation-Palette 354
  Animationen 354
  Ausgabeeinstellungen 357
  Automatisierung 336
  CSS 336
  datengestützte Grafiken 336
  Export-Droplet 345
  Exportieren 357
  Farbreduktion 344
  gewichtete Optimierung 344
  Hilfslinien 336, 339
  HTML-Export 336
  Imagemap 337, 340
  Imagemap-Auswahlwerkzeug 337
  Kompression 344
  Oberfläche 337
  Optimierung-Palette 342
  Positionierung 339
  Remote-Slices 348
  Rollover-Grafiken 336
  Rollover-Slices 348
  Rollover auf Ebenen 341
  Schrift einfügen 336
  Slice 337, 340
  Slice-Auswahlwerkzeug 337
  Slice-Sets 346
  Slice-Werkzeug 341

  Web-Inhalte-Palette 342, 345
  Werkzeugpalette 337
  XHTML 336
InDesign 13, 334
Industrial Light and Magic 12
Info-Palette 301, 406
Interaktive Grafiken 345
International Color Consortium 176
Interpolationsarten 408
In Profil konvertieren 190
IPTC-Daten 15
IPTC-Metadaten 32
ISO Coated 186
ISO Uncoated 186
Ist-Analyse 278

J

JavaScript 19, 337, 388
JavaScript-API 388
JavaScript-Debugger 393
JP2 55
JPEG-Bilder
  drehen 26
JPEG-Format 342
JPEG 2000 54
  Einstellungen 55
  Erweitere Optionen 55
  Kompressionsverfahren 54
  Mobile Geräte 55
  QuickTime 57
  sensible Bereiche 54
  Wavelet/Kleiner Welle 55
   Browser-Integration 56
JPF 55

K

Kachelgröße
  JPEG 2000 56
Kalibrierung 179, 181
  Monitor über Adobe Gamma 181
Kalibrierungssoftware 180
Kaltfilter 319
Kanal-Analyse 316
Kanalauswahlen 137
Kanalberechnungen 139
Kanäle
  abdunkeln 139
  als Auswahl laden 141
  Zauberstab 104
Kanäle-Palette 316, 331
  Auswahl erstellen 136

Kanalmixer 146, 147, 315
  Einstellungsebene 146
  Filter 146
Kantenbetonungsfilter 126
Kantenmarker 126
  Linien zeichnen 130
  nachbessern 129
Kantenpixel 199
Klassifizieren 29
Klonen 247
  gerade Linien 249
Knock Out 132
Knoll, John 12
Knoll, Thomas 12
Kolorimeter 179
Kontrast 281, 304
  abschwächen 291
  anheben 291
  erhöhen 102, 294
Kontrastreduktion 247
Kontrast kanalweise verbessern 286
Kontrollfeld Monitor 184
Kontur 64
Kontureffekte 123
Konturenmaske 69
Konturen finden 126, 384
Konturen scharfzeichnen 69
Konturkanten 130
Konvertierungsmethode
  Farbe 187
  Sättigung 188
Kopierstempel 247
  abdunkeln 248
  Abdunkeln-Modus 248
  alle Ebenen einbeziehen 248
  aufhellen 248
  ausgerichtet 248
  dokumentübergreifend 249
  Farbmodus 248
  gerade Linien 249
  Kantenschärfe 247
  Muster malen 250
  Optionen 248
  Pinseleinstellungen 247
  Retuscheebene 249
Körnung 84
Kräuseln-Filter 258
Kreisauswahl 95
Krishnamurti 204
Kriterien
  Suche 41
Künstliche Beleuchtung 260

Kunstprotokollpinsel 212
Kurvennäherung 165
Kurvenpunkt 156

L

Lab 300
Lab-Farbraum 175
Lab-Farbwerte 173
Lab-Modus 63
Lasso
  vom Freihand- zum Polygon 98
Lasso-Auswahlwerkzeuge 98
Lasso-Werkzeuge 98
Lens-Blur-Filter 13, 17
leuchtende Konturen 126
Lichter
  anheben 291
  entfernen 296
Lichtgebung 247
Lichtmodellierung 260, 272
Lichtpunkte 221
Lichtquellen 50
Lichtstimmungen 320
Lidform 264
Lineale ein- und ausblenden 407
Linear abwedeln 218
Linear nachbelichten 218
Lippen 265
Low-Key-Bild 281
Lucas Film 12
Luminanz 222
Luminanz-Kanal 64
Luminanz erhalten 319
LZW-Algorithmus 342

M

Magnetisches Lasso 99
  Breite 99
  Frequenz 99
  Kantenkontrast 99
  Tastenkürzel 100
Malfarbe wechseln 121
Malwerkzeuge 241
Masken 91, 294
  aus Farbbereichen erstellen 112
  mit Malwerkzeugen 150
  Optionen 123
  weichzeichnen 114
Masken-Symbol 149
Maskenfarbe 149
  umstellen 113

Maskierungsmodus 91, 113, 115, 121
Maskierungsmodus-Icon 123
Maskierungswerkzeug 131
Maßeinheiten umstellen 406
Mausereignisse 341
Mauszustände 346
Medium-Key-Bild 281
Mehrseitige PDF in PSD 48
Mesh-Manipulationen 198
Messwerkzeug 421
Metadaten 31
  als Textdatei exportieren 37
  anhängen 37
  Anzeigeoptionen 34
  Aufbau 38
  aus Bildern auslesen 38
  bearbeiten 34
  durchsuchen 40
  ersetzen 37
  im Internet 37
  Integration mit Programmiersprachen 40
  in Bilddateien speichern 38
  mit Skriptsprachen zugreifen 37
  Protokolleinträge speichern 43
  Suchfunktion 15
Metadaten-Palette 32
  Stift 34
Metadaten-Vorlagen
  anwenden 37
  erstellen 36
Microsoft ICM 177
Miniatur 27
Miniatur-Cache 29
Miniatur-Vorschau 27
Mittelton-Kontrast 299
Mitteltöne
  aufhellen 291
Modefotografie 261
Moiré 60
  entfernen 62, 64
Monitordarstellung 173
Monitorkalibrierung 182
  mit Adobe Gamma 181
Monitortyp 182
Montage 217
Montage-Komposition 260
Montagespuren 247
Montagewerkzeuge 254
Mosquito-Rauschen 55
Multiplikation 215
Multiplizieren 296
Muster 195

Muster-Dithering 343
Muster-Kopierstempel 250

N

Nachbelichter 74, 85, 142, 144, 260
  Mitteltöne 142
Navigationsleiste 339
NeatImage 64
Neonschrift 228
Neutrale Mitteltöne ausrichten 305, 309

O

Oberflächen
  metallisch 195
Objektivfehler 54
Open-Options 391
Optimierung
  gewichtet 344
Optimierung-Palette 342
Ordner Zusatzmodule 54

P

Padding 38
PageMaker 334
Paletten
  Aktionen 336
  Animation 354
  Ebenenkompositionen 274
  ein- und ausblenden 405
  Kanäle 331
  minimieren 405
  Optimierung 342
  Protokoll 209
  Web-Inhalt 342, 345
Panoramas 20
Pantone 328
partielle Gradationskurven 293
PDF 57
PDF-Bilder importieren 48
PDF-Datei
  mehrseitige öffnen 48
PDF-Sicherheitsoption 58
PDF 1.5 58
Perzeptiv 188
Pfade 155
  addieren 158
  aus Auswahl erstellen 156
  aus der Zwischenablage erzeugen 161

in Auswahlen umwandeln 161
mit Pfadwerkzeugen 158
Modi 158
runde 159
Rundung 158
schließen 159
Schnittmenge 158
speichern 165
subtrahieren 158
Tastenkürzel 161
zu Vektormaske 166
Pfade-Palette 155
Pfadmodus 157
Pfadpunkte
   Kurvenform anpassen 164
   löschen 159
   setzen 158, 163
Pfadwerkzeuge 157
   Pfade zeichnen 158
   Pfad nachbearbeiten 169
Pfadwinkel 158
Pflichtenheft 399
Photomerge 20
Photoshop
   Geschichte 12
   neue Features 13
   Versionen 12
Photoshop-API 387, 389
   Referenz 390
Photoshop-PDF-Format 58
Photoshop-Skripte 388
Photoshop-Standard-Tastenkürzel 424
Photoshop-Wörterbücher 395
Photoshop 7 250
Photoshop Scripting API 37
Pickwhip-Symbol 346
PICT 334
Pinsel
   Blendenfleck 243
   dual 242
   eigene definieren 243
   Einstellungen 241
   Farbeinstellungen 242
   Formeigenschaften 241
   gerade Linie zeichnen 420
   Metamorphose 242
   Palette 242
   Pinselform 241
   Streuung 242
   Struktur 242
   Tastenkürzel 420
   Werkzeugspitze 241

Pinselspitze
   Durchmesser 420
Pinselwerkzeug 145
Pipette 423
Pixelmaße 408
Plug-in
   JPEG 2000 54
Point and Shoot 350
Polygon-Lasso-Werkzeug
   als Freihand-Lasso verwenden 99
Polygon-Lasso 98
Porträtretusche 261
   Augenabstand 263
   Ebenenkompositionen 273
   Falten korrigieren 267
   Farbkorrektur 272
   Gesichtsformen 262
   Hauttöne kontrollieren 272
   Lichtmodellierung 272
   Lidform 264
   Lippen 265
   Mund betonen 268
   Schminktipps 261
   Schwächenanalyse 261
   Teint weichzeichnen 270
   Tonwertkorrektur 272
   verflüssigen 269
   Workshop 266
Posterisierungen 300
PostScript 334
Prepress 326
Produkt-Aktivierung 21
Profile
   für Drucker erstellen 180
   für Scanner erstellen 180
   Ordner 178
Profilfehler 189
Profillosigkeit 189
Profil konvertieren 190
Programmierprojekt 399
Progressive JPEG 343
Proofing 179
Proof einrichten 192
Protokoll
   des aktiven Dokuments löschen 209
   löschen 209
Protokoll-Palette 209, 405
Protokollpinsel 210
   funktioniert nicht? 210
   Protokollzustand wählen 212
Protokoll bearbeiten 33

PSB-Format 58
PSD-Format
   neu 58
Punkt-umwandeln-Werkzeug 158, 160

Q

Quadratauswahl 95
Quadruplex-Farben 329
QuarkXPress 334
Quellbilder
   Qualität 260
Quelldatei
   wiederherstellenn 406
QuickMask-Modus 91, 114, 121
   beenden 115
   nachbessern 107
   Rahmeneffekte 123
   wechseln 121
   weiche Kanten 121

R

Radiobutton 397
Rand
   entfernen 119
Rang 29
   anzeigen 29
   Schreibung 29
   sortieren 29
   vergeben 29
Rangfolge
   löschen 29
Rasterpunkte 286
Raum 83
Rauschen 60
   entfernen 62, 64
Rauschprofile 64
Rauschunterdrückung 62, 318, 324
Rave-Flyer 198
RDF-Format 38
Realität der Bilder 246
Referenzfarbraum
   geräteunabhängig 175
Regenschauer 195
Relativ farbmetrisch 187
Reliefkontur 227
Remote-Slices 348
Rendering-Filter 194, 195
Reparaturpinsel 250
   abdunkeln 251
   aufhellen 251

dokumentübergreifend 250
ersetzen 251
Farbe 251
Farbmodi 251
Flyout-Menü 250
Luminanz 251
multiplizieren 251
Muster malen 250
Nachteile 250
Rand angleichen 251
umgekehrt multiplizieren 251
Werkzeugspitzen 250
Retusche 246
  Barthaare 251
  Porträts 261
Retusche-Variationen 273
Retuscheebene 249
Retuschewerkzeuge 247
RGB 300
  Arbeitsfarbraum 185
RGB-Arbeitsfarbraum konvertieren 189
RGB-Farbbereiche 255
RGB-Fremddaten
  mit falschem Profil 191
  ohne Profil 191
ROIs 54
Rollover
  basierend auf Ebenen 341
  Down-Status 346
  Over-Status 345
  Remote-Slices 348
  Rollover-Effekt 346
  Status entfernen 346
  Status erstellen 346
  Status löschen 346
Rollover-Grafiken 336
Rollover-Slices 348
Rotkanal 271
Rotwert 303
rückgängig machen 406

S

Sättigung 222, 313
Satzspiegel 335
Save-Options-Objekt 391
Scannen 47
  Bilder optimieren 60
Scannerprofil
  erstellen 180
Schalter-Modus 406
Schärfe 68, 74

Schärfentiefe-Effekte 83
Scharfzeichnen 68, 83
  Lab-Modus 76
  mit Hochpass 81
Scharfzeichnungsaktion 384
Scharfzeichnungsfilter 68
Scharfzeichnungsmasken 78, 79
  automatisieren 80
Schatten 260
  auf eigenen Ebenen 260
  Distanz 260
  erstellen 257
  Farbe 260
  Intensität 260
Schattenkontrast 299
Schlagschatten 225
Schminktipps 261
Schmuckfarben 331
  Alphakanal 331
  Kanäle 332
Schnappschuss
  erstellen 211
  reduziert 210
Schnappschuss-Funktion 209
Schnittmasken 152
  erstellen 154
Schriftfarbe
  ändern 419
Schriftzug 201
Schwarz
  entfernen 119
Schwarz-Weiß-Bilder
  optimieren 87
  scannen 87
Schwarzaufbau 327
Schwarzpunkt 283
Schwarzweiss-Kontrast verbessern 286
Schwarz beschneiden 299
Schwellenwert 64, 70, 78, 203
Schwellenwert-Grenze 73
Schwingungen 124
Screendesign 336
  Animationen 354
  datengestützte Webgrafiken 350
  Event-Handler 345
  Exportieren 357
  Hintergrund 338, 359
  Imagemaps 340
  Kartenreiter 338
  Mausereignisse 341
  Navigationsleiste 339
  Remote-Slices 348

Rollover 341
  Rollover-Slices 348
  Slice-Sets 346
  Slices 340
Scripting 19
  Aktionen-Manager 394
Scripting-SDK 19
ScriptListener 394
Scrub-Cursor 407
Segment 156
Selection-Objekt 391
Selektionsmethoden 93
Selektives Weichzeichnen 63
Selektive Farbkorrektur 307, 310
  absolut/relativ 308
  Wirkungsweise 308
Selektive Schärfung 68
Sepiatönung 239
SilverFast 180
Skripte 381, 383
  ausführen 392
  Fehlersuche 393
Skriptsprachen 388
Slice 337, 340
  Ausgabe 358
  automatisch 342
  bei Schriftumrissen 344
  Eigenschaften 346
  gruppieren 346
  ICC-Profil 344
  Metadaten 344
  optimieren 342
  Rand 342
  remote machen 346
Slice-Sets 346
Slice-Werkzeug 341
Soft-Proof 179, 192
Solidität 332
Solid Color-Objekt 391
Sortieren 30
Sortieren-Menü 30
Spaltenauswahlwerkzeug 96
Speicherort im Explorer anzeigen 26
Speicherort in Finder anzeigen 26
Speicherplatz 209
  freigeben 209
Spiegelartige Lichter 86
sprenkeln 215
sRGB-Farbraum 185
Standard-Gamma-Wert 174
Stapel 381
Stapelverarbeitung 24, 46, 386

Stark scharfzeichnen 68
Stichwörter 35
　fremde 35
　Ordner 35
　organisieren 35
Stichwörter-Palette 32, 34
Stil
　skalieren 408
　speichern 228
Störungen hinzufügen 194
Störungen wegretuschieren 251
Störungsfilter 343
Strahlendes Licht 221
Strahler 196
Strichgrafiken 87
Subproof 331
Suchabfragen speichern 42
Suche, Kriterien 41
Suchfunktion 15
Suchtipps 42
SWF-Export 336, 356
SWOP 328
Systemeinstellungen 363
Systemsteuerung 363

T

Tastaturbefehle
　bearbeiten 424
　speichern 426
Tastaturbefehle-Dialogfeld 424
Tastenkürzel 255
　exportieren 426
　festlegen 424
　importieren 425
　zurücksetzen 425
Teint 270
Tertiärfarben 327
Text
　umlaufend 155
Text-auf-Pfad 18, 233
Textebene
　als Schnittmaske 154
　erstellen 419
Textmodus
　beenden 419
Texturen 195
　für Cinema 4D 197
　kachelbar 195
　Stein 196
Textwerkzeug 419
Tiefen 83, 315
　entfernen 296

Tiefen-Map 17, 85
Tiefen/Lichter-Filter 296, 298
　Farbbilder 323
　Tonbreite 298
Tiefenschärfe 17
Tiefenschärfe-Effekte 84
Tiefenstruktur 85
Tiefenzeichnung 299
TIFF 334
Tontrennung 85
Tonwert 283
Tonwertbegrenzung 286
Tonwertcharakter 281
Tonwertkorrektur 87, 138, 140, 272, 281, 282
　Beschneiden 284
　mit Ebenenmodus 293
Tonwertkorrektur-Dialog 284
Tonwertspreizung 140, 309
Tonwertumfang 283, 286
　reduzieren 138
Tonwertzuwachs 326
Transformation
　Auswahl 115
　Tastenkürzel 256
　Techniken 257
Transformationstechniken 257
Transformieren 255
　illustrative Montage 257
　kräuseln 258
　neigen 255
　perspektivisch verzerren 255
　rotieren 255
　Schatten erstellen 257
　Schriftzug 259
　skalieren 255
　Standbild einblenden 257
　Tastenkürzel 255
　verbiegen 258
　verschieben 255
　verzerren 255
Transparente Buttons 339
Transparente Farbbereiche 254
　Fülloptionen 254
　Leuchtkörper 255
　Lichter 255
　RGB-Farbbereiche 255
　Transparenz formt Ebene 255
Transparenz
　erstellen 151
　in Layoutprogramm
　　übernehmen 162
　sperren 409

Transparenzinformation 136
Triplex-Farben 329
Trumatch 329

U

Überbelichtete Bilder 296
Überbelichtung
　Korrigieren 323
Überblendungsalgorithmen 250
übergroße Bildern
　Navigation 405
Überlagern 217
Überlagerungsmethoden 221
UCR 327
Umfärben 253
Umgekehrt multiplizieren 296
Umrandung 117
Umschalttaste
　für anderes Werkzeug 96
Unbuntaufbau 327
Ungestrichenes Papier 326
Unschärfe 68
Unscharf maskieren 69
　anwenden 70
　Parameter 70
unterbelichtete Bilder 296
Unterbelichtung
　korrigieren 323
　verbessern 323
Unterwasser-Filter 319
unverfälschte Bilddaten 33

V

VBScript 389
vektorbasiert 155
Vektorformate
　anzeigen 27
Vektormasken 166
　erstellen 164, 166, 170
　in Ebenenmaske konvertie-
　　ren 167
　rastern 167
Verantwortung 247
Verbiegen-Filter 258
Verblassen 72, 421
Verflüssigen 269
Verkleinerung 62
verknüpfte Ebenen löschen 411
Verlauf 237
　Banding-Problem 237
　bearbeiten 238

Dithering 238
multiplizieren 216
Verlaufsoptionsleiste 238
Verlaufsprotokoll 43
Verlaufsprotokoll-Funktion 43
Verlaufsüberlagerung 232
Verlaufsumsetzung 239
Verlaufswerkzeug 421
Verschiebe-Werkzeug 412
  Ausrichten-Option 412
verschieben
  auf der Arbeitsfläche 417
Verschiebungseffekt 195, 197
Versionierung 14
Versionsverwaltung 360
Version Cue 14, 360
  aktivieren 370
  Arbeitsbereich 363
  Arbeitsgruppe 363
  automatisch starten 363
  Benutzerrolle 365
  Benutzerverwaltung 364
  Duplizieren 365
  ein- und ausschalten 363
  Hardware-Grundvoraussetzungen 362
  Installation 361
  in Metadaten suchen 45
  in Photoshop 370
  Konfiguration 363
  Konfiguration der Installation 363
  Konfiguration im Webbrowser 364
  neuen Benutzer anlegen 365
  neues Projekt erstellen 366
  Passwort 364
  Praxisbeispiel 374
  Projekteinstellungen bearbeiten 367
  Projekte archivieren 367
  Projektsicherungskopien 367
  Projektverwaltung 365
  Projekt exportieren 369
  Projekt freigeben 366
  Projekt importieren 369
  Projekt sperren 366
  Sicherungskopien von Projekten anlegen 368

Speichernutzung 363
Voreinstellungen 370
Wartungsarbeiten 369
Web-Interface 14
Version Cue-Dialogfelder 370
Version Cue-Kontrollfeld 363
Version Cue in Photoshop
  Ansichten 372
  Datei zu Projekt hinzufügen 373
  neue Dateiversion anlegen 373
  Projekte anlegen 371
  Projekte durchsuchen 372
  Projekte löschen 371
  Versionen-Fenster 373
Verwackeln-Filter 17, 83, 84
Verwacklungseffekt 320
Video-Filter 195
Vignette-Effekt 54
Visual Basic 19
Vollbildmodus 405
Voreinstellungen
  Dateibrowser 30
Vorgehen
  Bildkorrektur 279

W

Warmfilter 319
Weaverslave 389
Web-Fotogalerie 21, 416
Web-Inhalt-Palette 342, 345
WebDAV
  Version Cue 378
Webgrafiken
  Animation-Palette 354
  Animationen 354
  Banneranimation 355
  Bewegungsanimation 356
  datengestützt 350
  Datensätze 352
  Ebenenstil-Animation 356
  exportieren 353
  Flash-Export 356
  Frames 354
  Parameter 350
  Pixel-Ersetzung 351
  Text-Inhalt 350
  Variablen 352
  Wetter-Banner 350

Weiches Licht 221
Weiche Bildübergänge 291
Weiche Kante
  ändern 94
  nachjustieren 122
  verstärken 122
Weichzeichnen-Filter 17
Weißbalance einstellen 51
Weißpunkt 283, 309
Weißpunkt-Regler 285
Weiss
  entfernen 119
Weiss beschneiden 299
Wellenmuster 61
Werkzeug-Palette 412
Werkzeug-Shortcuts 96
Werkzeuge
  Tastenkürzel 423
Wetter-Banner 350
Wiggle-Effekt 117
Windows-Eingabeaufforderung 387
Winkel
  mit dem Messwerkzeug 422

X

XHTML 336, 357
XMP 32
XMP-Metadaten 14
  auslesen mit PHP 39
XMP-Paket
  Aufbau 38
  Header 38
  Padding 39
  Trailer 38

Z

Zahlencursor 407
Zauberstab 103, 128
  Aufnahmebereich 104
  benachbart 103
Zauberstab-Auswahlen vergrößern 120
Zeichenstift 158, 163
zeichnende Tiefen 285
Zeitungspapier 326
Zoomwerkzeug 419

Die Photoshop-Bibliothek

Tipp für Fotografen

www.galileodesign.de

versandkostenfrei im Web bestellen

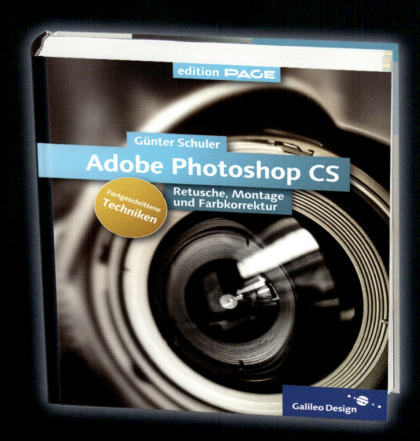

und weitere Profibücher zur Creative Suite von Adobe

... alles auf www.galileodesign.de

PDF/X-3 und Certified PDF

www.galileodesign.de
PDF 1.5 und Acrobat 6
in der Druckvorstufe

Hans Peter Schneeberger

PDF 1.5 und Acrobat 6 in der Druckvorstufe

Unser Buch für die Prepress-Experten macht zunächst mit den verschiedene Einsatzmöglichkeiten, Standards und Spezifikationen bekannt. Es erklärt Ihnen die Erzeugungsmethoden für prepress-optimierte PDF-Dateien und zeigt Möglichkeiten der Eingangs- und Qualitätskontrolle. Sodann erläutert es Ihnen, wie Sie Ihre PDFs prüfen, korrigieren, ausschießen und ausgeben (composite und separiert), und bietet Workflowbeispiele aus allen wichtigen Branchen. Weitere Themen sind: PDF/X, Farbmanagement, Schriften, Sicherheit, Überfüllungen, Überdrucken, Softproofs, OPI sowie Preflight-Checks und Datenmanipulation basierend auf PDF. Ergänzende Software, die behandelt wird, ist u.a. Pit-Stop, PDF-Creator, Quite PDF-Toolbox, Callas, Helios, JAWs.

Galileo Design, 416 S., 2004, geb., 4c, 59,90 Euro, ISBN 3-89842-390-5

Hat Ihnen dieses Buch gefallen?
Hat das Buch einen hohen Nutzwert?

Wir informieren Sie gern über alle Neuerscheinungen von Galileo Design. Abonnieren Sie doch einfach unseren monatlichen Newsletter:

www.galileodesign.de

Die Marke für Kreative.